Neo Sport Pedagogy and Andragogy

新時代のスポーツ教育学

小野雄大・梶将徳 編著

小学館集英社プロダクション

はじめに

2021年夏，東京オリンピック・パラリンピックが開催されました。新型コロナウイルス感染症の世界的流行によって開催をめぐり賛否が入り交じる中，多くの人々がスポーツに対する思いを馳せた夏になったのではないでしょうか。本書は，こうした2021年の東京オリンピック・パラリンピックの開催前の時期に企画されました。

さて，日本では，明治期に外来文化の1つとしてスポーツを受容して以降，スポーツは教育と強固に結びつきながら発展を遂げてきました。現代でもなお学校教育では，小学校段階から高等学校段階まで系統性を持って行われる教科体育，さらには運動部活動が存続し，子供たちへのスポーツ教育が施されています。一方でそれだけではなく，超高齢社会を迎えている現代では，学齢期以降の生涯にわたるスポーツとの親和性の構築がより重要となってくるでしょう。

しかしながら，スポーツの現場では教育や倫理をめぐる問題が多数顕在化しています。こうした現状に対し，スポーツ組織や行政が中心となって様々な方策を打ち出すものの，いまだ旧態依然のあり方から脱却できず，その問題は後を絶たないのが現状です。

こうした状況を背景に，本書はスポーツと教育の関係性や問題を考えるための重要な鍵となる，「スポーツ教育学」の入門書・教科書として編集されました。本書には，次のような特徴があります。

1）日本で初めてスポーツ教育学を冠したテキストであること

これまで，「体育科教育学」などスポーツ教育学に関連する学問領域を主としたテキストは脈々と世に送り出されてきましたが，「スポーツ教育学」に特化し，それを自覚的に論じたテキストは他に類を見ません。本書では，スポーツ教育学において伝統的に論じられてきた学説史的論点から，現代社会において新たに問題として注目されているような最新の事象まで，幅広いテーマを網羅しています。その中で，スポーツ教育学の現状を押さえつつ，将来の展望を明示しました。

2）スポーツ教育学の「学際性」を重視していること

本書の執筆者には，スポーツ教育学を専門としている研究者に加え，あえてスポーツ教育学を専門としていない研究者も多数参画しています。これは，スポーツ教育学の有する学際性を際立たせること，そして，従来のスポーツ教育学が論じきれなかった多面的な議論を浮かび上がらせることを狙いとしたからです。もちろん，これまでのスポーツ教育学では発現しなかった論点やキーワードなどに違和感を覚える人もいるかもしれません。しかし，「これまで」に縛られない自由な角度から論じていくことが，新時代のスポーツ教育学を切り拓く一歩になると信じています。

3）スポーツ教育学の将来に信念を持った「若手研究者」が中心となって執筆していること

本書は，編著者を含め，ほとんどの執筆者がいわゆる「若手研究者」です。それこそ，「教授」はひとりもいません。本書のように若手研究者が中心となって学術的なテキストが執筆されることは珍しいケースかと思いますが，学問は決してキャリアや権威で語るものではなく，研究に対する真摯な取り組みや積み重ねの上に築かれていくものと考えます。その過程の中には，若さゆえの非力さもあるかと思いますが，大志や情熱を大きな原動力に変えて，本書の執筆に取り組みました。本書を通して，私たちの新時代のスポーツ教育学に対する信念を読み取っていただけますと幸いです。

スポーツ教育は，誰もが一度は通る道の上にあります。このような，私たちが生きてきた道の上を論じるスポーツ教育学とはどのような学問なのか。そして，これからはどのような方向に進んでいくのか。若手研究者とアスリートたちが力を結集し，新時代のスポーツ教育学を真正面から考えてみたいと思います。本書をスポーツ教育学を学ぶ多くの方々に活用していただき，スポーツ教育学の諸領域についての関心と理解を深めるとともに，現代のスポーツ教育に関する様々な事象について，多面的・立体的に考察する視点と方法の習得につながることを心より願っています。

最後になりましたが，本書の刊行にあたっては，小学館集英社プロダクションの編集担当者の比嘉啓明さんに大変にお世話になりました。ここに記して，深く感謝申し上げます。

2022 年 7 月

小野 雄大・梶 将徳

目次——新時代のスポーツ教育学

第3部 スポーツと日本社会の関係

(第8章) クリーンスポーツ教育

(第9章) オリンピック教育, パラリンピック教育

(第10章) スポーツを通じた共生教育

(第11章) eスポーツと教育

(第12章) スポーツマンガと教育

(第17章) 運動学習と教育

(第18章) コーチング

(第19章) 諸外国におけるスポーツ教育の動向

おわりに

第1部

スポーツ教育学のこれまでと現在

1-1 近代スポーツの形成とスポーツ教育

Key word：イギリス，パブリックスクール，アスレティシズム

1. 誰もが通った道としての「スポーツ」

これまで人生の中で，誰しもが何らかの形でスポーツに携わったことがあるかと思います。学校の体育授業をはじめ，運動部活動，地域のスポーツクラブ，はたまた，近くの公園で友達とボールを追ってみたりなど。その際に，何かができるようになったり，苦しさを味わったり，夢を描いたり……と，スポーツを通した十人十色の人生経験が存在したはずです。

本書は，こうした誰もが通った道としての「スポーツ」という存在を，「教育」との関係を通して考えていくための本です。

2. イギリスのパブリックスクールとスポーツ教育

まずは，「スポーツ教育」という営みの始まりについて考えてみたいと思います。

今日において，私たちがオリンピックなどで慣れ親しんでいるスポーツは，いわゆる「近代スポーツ」と呼ばれるものです。近代スポーツは，18世紀から19世紀にかけてイギリスやアメリカを中心として成立しました。サッカーやラグビーの原型であるモブ・フットボール▶1などにみられるように粗野で野蛮であった民俗競技が，道具やルールの整備・統一をはじめとする近代社会の原理などを織り込むことによって，徐々に現代にも続くスポーツの姿へと装いを変えていったのです。その主たる舞台となり，かつ近代スポーツの発展に大きな貢献を果たしたのが，イギリスの「パブリックスクール」▶2です。

パブリックスクールでの教育上の目的は，将来の「大英帝国」を支えるジェントルマンとしての人格と教養を身につけることにありました。元来は聖職者の養成に重きを置いていましたが，19世紀になるとジェントルマン崇拝によって新興中産階級の間にパブリックスクールブームが起こり，エリートのための教育機関へと姿を変えていきました。

このように19世紀には，イギリスの支配層の子弟のための教育機関として位置づけられていたパブリックスクールですが，その内実は決して好ましいものではありませんでした。支配層の子弟である生徒たちは，賭け事や飲酒，はては色恋沙汰に明け暮れて，こうした生徒の「怠惰」や「色欲」の撲滅が大きな課題となったのです。また，パブリックスクールの特殊な教育システム▶3の功罪として，「いじめ」や「暴力」も横行していました。

そこで，19世紀半ばよりパブリックスクールでは内部改革が断行されることになりました▶4。そのときのキーマンとなったのがいわゆる「大校長たち」(Great headmasters)です。特に有名なのがアーノルド（Arnold, Thomas）校長であり，彼のパブリックスクール改革に対する熱意は他の校長・教師たちにも引き継がれていきました。そして，その改革の中で見出されたのが「スポーツ教育」です。

パブリックスクールでのスポーツは，当初は生徒管理やキリスト教教育の一環として，生徒たちの伝統的な自治活動の中で取り入れられる程度のものでした。この改革では，生徒たちのスポーツに対する自主性を保障する仕組みとして，放課後の課外としてのスポー

▶1　モブ・フットボールとは，多数の人々が，街なかをめぐりながらボールを取り合うという大規模な民俗競技である。

▶2　主に13歳から18歳までの地主・貴族階級と新興中産階級の子弟を教育する，寄宿制の私立中等学校のことを指す。
村岡健次（2003）近代イギリスの社会と文化. ミネルヴァ書房.

▶3　例えば，上級生が下級生を徹底的に管理する「プリフェクト・ファギングシステム」や，寄宿舎制で寮教師（ハウスマスター）も住み込む「ボーディングシステム」などが挙げられる。

▶4　この当時のパブリックスクールの様子を詳しく描いた著書として，『トム・ブラウンの学校生活』が挙げられる。
ヒューズ, T.：前川俊一訳（1952）トム・ブラウンの学校生活 上・下. 岩波文庫.

ツ活動が採用されました。具体的には，クリケットやフットボールなどの集団スポーツを積極的に奨励したといわれています。血気盛んな若者たちのエネルギーを発散させるためにも，スポーツは有効な手段であると考えられたのです。

そして，スポーツ教育は次第に「アスレティシズム」と呼ばれる独特な教育イデオロギーを纏いながら形成されていきました。アスレティシズムは，スポーツを人格形成のための有効な教育的手段とみなす思想であり，クリケットや，フットボールといった集団スポーツを通じて，男らしさや忍耐力，集団的精神，フェアプレイの精神などを養うことができるとしていました。これにより，スポーツによる人格教育が，まるでパブリックスクールの教育の根幹であるかのような様相を呈するまでになりました[▶5]。

▶5 石井昌幸（2018）イギリス：近代スポーツの母国．坂上康博ほか編 スポーツの世界史．一色出版，pp. 53-84.

また，アスレティシズムは，イギリスにおいてスポーツが新たな社会的価値を獲得する上での重要な思想的基盤となりました。すなわち，1800年代後半の帝国主義の風潮の高まりに呼応し，身体壮健論やゲーム崇拝論と結びつくことで，筋骨たくましいスポーツマンと理想的なジェントルマン像とが重なっていったのです。その際，スポーツと教育の結びつきはさらに強調され，スポーツ礼賛のムードの中でスポーツ教育は社会的なプレゼンスを獲得していきました。

3. 日本への体育・スポーツの流入と影響

イギリスにおけるスポーツ教育の成功は，開国以後の日本にも大きな影響を及ぼしました。

周知のとおり，日本は明治期に近代国家としての諸制度の整備に迫られました。「富国強兵」のスローガンのもと，殖産興業による資本主義化とそれに基づく近代的な軍隊の創設・増強が目指されたのです。

こうした中，1872年の「学制」公布に伴って，教科「体術」が設定されました。「後進国」の日本が欧米列強に伍するためには，何よりも近代的軍隊の整備が急務であり，それに耐えうる「身体」が求められたのです。そのため，現在でいうところの教科としての「体育」は，まずもって軍事の近代化に伴って導入されていきました。

他方で，近代スポーツは，当時の高等教育機関などを中心に，お雇い外国人教師や宣教師，留学帰国者たちによって導入され，野球，ボート，サッカー，陸上競技などが積極的に受容されていきました。その際，スポーツは単なる運動方法として紹介されたわけではなく，人間形成上の意義など，様々な形でスポーツの教育的価値が伝えられました[▶6]。例えば，パブリックスクールの名門・イートン校の出身であったストレンジ（Strange, Frederick William）[▶7]は，ルールや技術とともにスポーツマンシップやフェアプレイ精神の重要性を説き，弟子らによってその精神性は全国に広がっていきました。

▶6 木下秀明（1970）スポーツの近代日本史．杏林書院.

▶7 ストレンジの取り組みについては，第5章第1節を参照のこと.

このように，明治期の組織的な学校教育の展開とともに，学校は日本の体育・スポーツの受容の中心的役割を担うことになりました。学校体育や高等教育にみられる課外スポーツにおいても，それぞれの教育的意義が認識されて導入されるようになり，それは現在の日本におけるスポーツ観やスポーツのあり方に未だに大きな影響を与え続けています。ここに，日本におけるスポーツと教育の強固な結びつきの源流があるのです。

（小野雄大）

1-2 スポーツ教育学の学問的位置づけ

Key word：Sportpädagogik，スポーツ科学，教育学

1. スポーツ教育学とはなにか

「スポーツ教育学」とは，どのような学問なのでしょうか。これまで，スポーツ教育学に関わる研究者らは，長きにわたってこのことを問い続けてきました。

前節で詳述したように，スポーツ教育という営みは19世紀頃にはすでに存在していました。一方で，「スポーツ教育学」という学問がその形式を整えてくるのは，世界的にみてもそれほど古くありません。スポーツ教育学という用語自体は，海外において第二次世界大戦以前の時期から使用されていたようですが[1]，学説史を概観すると，学問的機運が高まっていったのは1970年前後の旧西ドイツにおける体育の教科名称変更などがその動因であると指摘されています[2]。

それから約半世紀の時を経て，スポーツ教育学はどのような学問として位置づけられているのでしょうか。

▶1 Widmer, K. (1977). Sportpädagogik: Prolegomena zur theoretischen Begründung der Sportpädagogik als Wissenschaft. Hofmann.

▶2 例えば，稲垣正浩（1983）「スポーツ教育学」の成立根拠について：スポーツ科学の体系論との関連を中心に．スポーツ教育学研究，2: 9-19.

2. スポーツ教育学の現在

はじめに，スポーツ教育学の定義について，ドイツのスポーツ科学事典における記述を確認しておきたいと思います。ドイツを代表するスポーツ科学事典である“Sportwissenschaftliches Lexikon”では，スポーツ教育学（Sportpädagogik）を下記のように定義しています。

> スポーツ教育学は，スポーツ科学分野（sportwissenschaft）に位置する一般名称であり，スポーツによる陶冶（Bildung）と教育（Erziehung）の関連についての研究を行う。それと同時に，スポーツ教育学は科学体系的に一般教育学（allgemeine Pädagogik）もしくは教育科学（Erziehungswissenschaft）の部分領域と見なすこともできる[3]。

この定義では，“Bildung”と“Erziehung”という概念を用いてスポーツ教育学を説明しています。ドイツ語のBildungの捉え方は諸論あるとされていますが，ここでは概ね，自己形成や人間形成の機能を含意する概念として理解することができそうです[4]。これに対してErziehungは，人間形成を可能にするための教授・援助など，教授—被教授の関係における意識的な働きかけを意味していると考えられます。したがって，スポーツ教育学は，スポーツにおける教育学的行為とその実践という両方の連関性において成立している学問であるといえます。

他方で，「スポーツ教育学」は，「スポーツ」と「教育学（Pädagogik）」を組み合わせた単語です。“Pädagogik”はギリシャ語に由来し“Paidagogike techne”から“techne”の省略によって成立した形容詞の名詞的用法とされています。すなわち，Paidagogikeは，Pais（子供）・Ago（導く）・Techne（技術）の3語を要素として成立しており，子供を導く技術と学問を意味するとされています[5]。

▶3 Röthig, P. et al. (2003). Sportwissenschaftliches Lexikon. Hofmann

▶4 三輪貴美枝（1994）Bildung 概念の成立と展開について：教育概念としての実体化の過程．教育学研究，61(4): 353-362.

▶5 小笠原道雄（2000）教育学．教育思想史学会編 教育思想事典．勁草書房，pp. 144-147.

しかし，現在の「スポーツ教育学」は，学校を超えた概念としてあらゆる場所で使われています。また，すでに海外では成人学習理論などの観点から，成人教育や生涯スポーツ教育と絡めて論じられており，その対象は子供にとどまりません。こうした意味で，Pädagogik という単語が現代のスポーツ教育学の実態や理念を表現できているのか，再考していく必要がありそうです。

3. スポーツ教育学の学問的位置づけをめぐる動向

次に，スポーツ教育学の学問的位置づけについて確認しておきたいと思います。そのために，スポーツ教育学の研究者らの見解を整理し，その一部を下記に挙げてみます。

☆クルム（Crum, Bart）(1986)▶6
スポーツ教育学とは，人間の「運動」におけるすべての教育的介入に関する学術的研究と規律ある探求の分野である

☆ハーグ（Haag, Herbert）(1989)▶7
スポーツ教育学は，身体活動の教育的側面（スポーツ，遊び，ゲーム，ダンスなど）を扱う理論研究を主としており，スポーツ科学の下位分野に位置している。また，スポーツ教育学は，スポーツ科学の中で，身体活動におけるすべての教育・学習プロセスにおいて中心的な位置を占めている

☆ティンニング（Tinning, Richard）(2008)▶8
スポーツ教育学は，不定形な学問でありつつも，スポーツ科学の中で，身体活動におけるすべての指導と学習のプロセスにおいて中心的な位置を占めている

☆プロール（Prohl, Robert）(2010)▶9
スポーツ教育学は，基礎づけ，方向づけ，既成事実の，そして助言的な科学である。それは，その時々の歴史的・社会的状況の考慮の下，運動文化の枠組みの中で現実の行為と意味への問いを立てて論じる。したがって，スポーツ教育学は問題史的視点，陶冶的視点，そして教育科学的視点を包括するものである

☆アーマー（Armour, Kathleen）(2011)▶10
スポーツ教育学は，スポーツに特化した内容の知識（スポーツについての学習，スポーツでの学習）と，より幅広い知識・スキル・属性を学ぶための「手段」（スポーツを通しての学習）として同時に理解される概念である

☆クルーガー（Krüger, Michael）(2019)▶11
スポーツ科学の下位分野の中でも，スポーツ教育学は，スポーツを教え，指導・助言し，またこうした教育に関わるすべての人にとって中心的かつ専門的な分野である。とりわけ，スポーツ教育学はスポーツ科学の分野の中でも，特別な位置づけを得ている

このように，スポーツ教育学は「スポーツ科学」の下位分野に位置づけられることが多くの論者によって指摘されています。一方で，スポーツ教育学を「スポーツ科学」と「教育学」の間に位置する学問としてもみることができそうです▶7。これらは，例えば図 1，図 2 のように図式化されます。

以上からわかるように，スポーツ教育学は「教育学」というカテゴリーを超えた研究領域として，さらには，スポーツ科学との関係から両学問の成果を統合する独自の理論領域として位置づけられるようになりました。本書では，こうしたスポーツ教育学の構造を踏まえて，様々なキーワードから読み解いていきます。

（小野雄大）

▶6 Crum, B. (1986). Concerning the quality of the development of knowledge in sport pedagogy. Journal of Teaching in Physical Education, 5, 211-220.

▶7 Haag, H. (1989). Research in 'sport pedagogy': One field of theoretical study in the science of sport. International Review of Education, 35(1), 5-16.

▶8 Tinning, R. (2008). Pedagogy, sport pedagogy, and the field of kinesiology. Quest, 60(3), 405-24.

▶9 Prohl, R. (2010). Grundriss der Sportpädagogik. Limpert.

▶10 Armour, K. (2011). What is 'Sport pedagogy' and why study it? Armour, K. (ed.) Sport Pedagogy: An Introduction for Teaching and Coaching. Routledge, pp.11-23.

▶11 Krüger, M. (2019). Einführung in die Sportpädagogik. Hofmann.

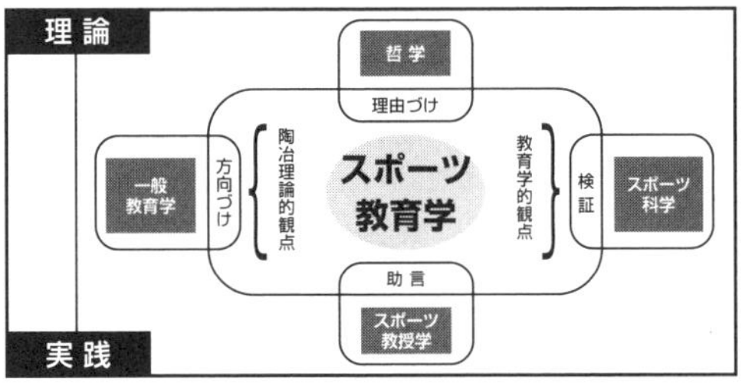

図 1. スポーツ教育学の基本図（▶9を翻訳し，作成）

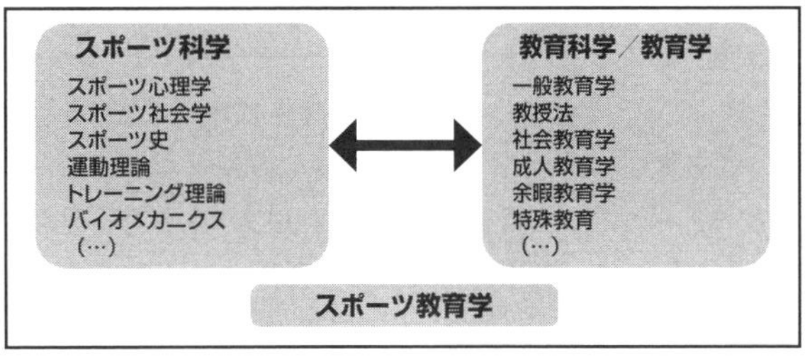

図 2. スポーツ科学と教育学の間のスポーツ教育学（▶11を翻訳し，作成）

1-3 スポーツ教育学の成立

Key word：生涯教育，西ドイツ，スポーツ科学

1. 生涯スポーツの誕生とスポーツ教育

日本における多くの学問分野と同様に，スポーツ教育学も，欧米の理論や研究方法に影響を受けながら発展を遂げてきました。

スポーツ教育学の発展を論じる上で欠かすことのできない概念が「生涯スポーツ」[1]です。自由主義諸国において，「生涯スポーツ」という用語が市民権を得て議論され始めたのは，1960年代以降とされています。具体的には，1960年にカナダのモントリオールで開かれた「国際成人教育会議」において，成人が教育を受ける機会をより多く享受できるよう，生涯にわたって教育を受けることを可能とするシステムの構築が提言されました。これにより，学齢期の子供や若者を対象とする学校教育だけでなく，成人が利用しやすい教育の場の拡充が求められるようになりました。

こうして誕生をした「生涯教育（life-long education）」という考え方はスポーツのあり方にも影響を及ぼし，自由主義諸国では一斉に生涯スポーツ論が展開されることになりました。そして，学校体育のあり方についても大きな見直しが求められることになり，身体教育を中心とした「体育」から，生涯スポーツとの接点を求める「スポーツ教育」の理念や実践のあり方が議論されるようになっていきました。

▶1 「生涯スポーツ」の全体像については，第2章を参照のこと。

2. スポーツの大衆化と教科の名称変更

スポーツ教育学の発展を論じる上で，最も重要な国が旧西ドイツです。西ドイツは，マーシャルプラン[2]をはじめとするアメリカの影響下において，資本主義市場経済と議会制民主主義，連邦制を原則としながら発展し，1950年代には世界トップレベルの経済大国になりました。

一方で，西ドイツでは，欧米諸国の重点的政治課題であった「脱工業化社会」[3]などを背景として，「第2の道」や「ゴールデン・プラン」と呼ばれた生涯スポーツ政策[4]が展開されました。それまでの国威発揚を目的としたエリートアスリート政策とは対照的に，一般国民を対象として，「だれもが」，「いつでも」，「どこでも」スポーツに参加することが目指されたのです。こうした政策を通して，国民の余暇活動の充実と健康・体力の保持・増進，さらには青少年の非行防止といった目的のもと，スポーツの大衆化が積極的に推し進められていきました。

他方で，西ドイツでは，1972年に体育の教科名称が「スポーツ教育（Sporterziehung）」に変更されました。その具体的な背景を整理すると，①主たる教科内容がスポーツであるという実情に合わせること，②「身体教育」を指し示す前近代的な名辞を払しょくしたかったこと，③生涯スポーツに橋渡しのできる教科名として「スポーツ教育」がふさわしいと考えられたこと，などが挙げられています[5]。そして，スポーツ教育は，体育に比して一層包括的な用語として，新しい社会のスポーツ需要に対応しようとする意図を明確に表すものであったとされています[6]。

▶2 1947年7月にアメリカ大統領トルーマン政権時における国務長官・G. C. マーシャルが発表した，ヨーロッパ復興計画（European Recovery Program）のこと。冷戦体制下において，西側諸国復興の原動力になった。

▶3 第二次産業（工業）中心から第三次産業（サービス産業）中心に移行した社会のマクロ・モデルとされ，「知識社会」や「情報化社会」といった新しい社会概念が論じられるようになった。

▶4 同時期の生涯スポーツ政策の全体像については，第2章第1節を参照のこと。

▶5 稲垣正浩（1983）ヨーロッパ諸国にみる「スポーツ教育」の動向と課題：西ドイツ，ソ連，東ドイツ，オーストリア，スウェーデンの場合．奈良教育大学紀要，32 (1): 129-148.

このように，西ドイツでは，スポーツの大衆化や体育をめぐる諸種の状況に後押しを受けるかたちで教科体育の名称変更が行われ，その結果，スポーツと教育の結びつきがさらに強調されていきました。それはやがて，単に文化としてのスポーツの継承・発展を主張するだけではなく，スポーツに取り組むことのできるスポーツ実践者の育成へとつながっていったのです。

▶6 髙橋健夫ほか(1983) スポーツ教育の基本問題の検討(I)：スポーツ教育の論拠と基本的性格．奈良教育大学紀要，32 (1): 149-167.

3. スポーツ教育学の台頭

スポーツ教育学は，先述したような西ドイツにおけるスポーツ教育論の台頭時期に学問的に形成されていきました。一方で，専門分野の名称としてのスポーツ教育学は，1969年にグルーペ（Grupe, Ommo）によって『スポーツ教育学の基礎（Grundlagen der Sportpädagogik)』▶7 が出版された頃から使用されていたようです。それまでの歴史において，体操（Turnen）や体育理論（Theorie der Leibeserziehung）など多様に呼称されてきた中で，1つの明確な方向性が示された時期であったといえます。この図書の刊行を皮切りに，1973年発刊の『スポーツ教育学への貢献（Beiträge zur Sportpädagogik)』▶8 など，「スポーツ教育学」を冠する著書が少しずつ散見されるようになりました。

また，スポーツ教育学に関わる学術団体や主要な国際誌も，この前後の時期に少しずつ発足されていきました。その中には，1963年刊行の“Quest”など，現在のスポーツ教育学系研究を牽引する主要な国際誌も含まれています。

▶7 Grupe, O. (1969). Grundlagen der Sportpädagogik. J.A. Barth.

▶8 Paschen, K. (1973). Beiträge zur Sportpädagogik. Hofmann.

4. 日本におけるスポーツ教育学の展開

日本では，若干のタイムラグはありながらも，西ドイツをはじめとする諸外国のあり方に影響を受けながらスポーツ教育学を受容していきました。

学問成立の目印となる学会の設立と専門学術誌の刊行について，日本の場合は，「日本スポーツ教育学会」の設立が1981年，『スポーツ教育学研究』の創刊が1982年です。当時の設立経緯を記した文献を確認してみると，設立に際しては，日本体育学会（現在の「日本体育・スポーツ・健康学会」）の会員であった「体育原理」や「体育科教育学」を専門とする研究者らが中心を担ったとされています▶9。

しかし，その当時，日本のスポーツの人文社会科学研究の大家・稲垣正浩は，スポーツ教育学について「大いに論議を要する新しい用語概念であり，学問領域であると言わざるを得ない」▶10 と率直な見解を述べています。すなわち，「スポーツ教育学」の独自の研究領域や方法・対象は，明確にされていたわけではなかったようです。

他方で，1980年代初頭にかけては，日本においても「体育科」から「スポーツ科」への教科名称変更議論が起きました▶11。当時の文献をいくつか確認すると，こうした日本の動きの背景には，運動・スポーツに対する新たな性格づけや需要をめぐる大きな社会変化が挙げられています▶12。いずれにせよ，日本のスポーツ教育学をめぐる議論は，ヨーロッパ諸国（特に西ドイツ）の影響を受けて活発化し，1980年代以降に少しずつ胎動していきました。

（小野雄大）

▶9 浅田隆夫(1982) 学会の経緯と本会の理念．スポーツ教育学研究，1: 5-9.

▶10 稲垣正浩(1983)「スポーツ教育学」の成立根拠について：スポーツ科学の体系論との関連を中心に．スポーツ教育学研究，2: 9-19.

▶11 例えば，前川峯雄(1981) 教科名の変更要求について：体育科からスポーツ科へ．学校体育，34(5): 8-9.

▶12 例えば，高橋健夫(1980) 世界の潮流にみる学校体育の改革：運動教育とスポーツ教育の方向．体育科教育，28(4): 24-27. など。

1-4 日本のスポーツ教育学の研究動向

Key word：スポーツ教育学研究，研究方法，研究対象

1. 日本のスポーツ教育学研究の40年間

これまでの日本のスポーツ教育学は，どのように / どのような研究を行ってきたのでしょうか。「これまでのスポーツ教育学」の研究動向を把握することは，「これからのスポーツ教育学」を考えていくための重要な材料となります。そこで，本節では，1）日本のスポーツ教育学で用いられてきた研究方法，2）日本のスポーツ教育学の研究内容，という2点について明らかにしてみたいと思います[▶1]。

分析対象は，「日本スポーツ教育学会」の学術誌である『スポーツ教育学研究』です。「学会」という組織は，特定の学問分野を支える公式の制度的基盤として大きな意味を持ち，その学会が発行する「学術誌」は，その学問分野の担い手に対してアイデンティティと指針を与える機能を果たすとされています。こうした点からも，『スポーツ教育学研究』は日本のスポーツ教育学の研究動向を表す目印として，分析上の意義が認められます[▶2]。

1982年に『スポーツ教育学研究』が創刊されてから約40年，その歩みを概観しながら研究動向を探ってみたいと思います。

2. 日本のスポーツ教育学の「研究方法」の動向

1)「研究方法」の分類方法

ここでは，日本のスポーツ教育学研究で用いられてきた研究方法について，単純集計で傾向を確認した後，時系列的な変化に着目していきます。

まず，『スポーツ教育学研究』の掲載論文について，「定量的研究」，「定性的研究」，「経験的研究」，「理論研究」，「混合研究」という5つのカテゴリーに分類しました[▶3]。カテゴリーの分類方法として，まず定量的方法が用いられているかどうかにより「定量的研究」[▶4]とそれ以外に分類しました。続いて，「定量的研究」以外の論文のうち，質的方法を用いている論文を「定性的研究」[▶5]と分類しました。その中でさらに，テキスト資料や歴史史料などの経験的分析を行っている論文を「経験的研究」とし，それ以外の論文を「理論研究」としました。そして，最後に定量的方法と質的方法などを組み合わせた研究を「混合研究」としました。

2)「研究方法」の分析

以上の方法によって，まず，『スポーツ教育学研究』掲載論文の方法論の分布（表1）を確認したところ，「定量的研究」を用いた論文（53.8%）が半数以上を占めていることがわかりました。次いで，主に歴史史料などを用いる「経験的研究」の論文（22.2%），「理論研究」を用いた論文（11.6%），「定性的研究」を用いた論文（6.3%）と続きます。「定量的研究」が圧倒的な割合を占めている一方で，文献研究や質的方法を用いた研究の少なさが際立っています。そして，様々な方法を組み合わせた「混合研究」（6.1%）もかなり少ないことがわかります。

▶1　この試みの前提として，『スポーツ教育学研究』に掲載された論文を，「スポーツ教育学の論文」として規定した。中には他分野の論文と判断できそうな論文も含まれているが，あくまでも「本誌に掲載=スポーツ教育学の論文と認められた」ものと判断した。

▶2　日本の他の関連学会学術誌にもスポーツ教育学研究の論文は投稿・掲載されているが，本分析では日本のスポーツ教育学研究の象徴として『スポーツ教育学研究』に焦点化した。

▶3　5つの上位カテゴリーの分類は，本田（2012）の方法を援用した。
本田由紀ほか（2012）日本の教育社会学の方法・教育・アイデンティティ：制度的分析の試み．東京大学大学院教育学研究科紀要，52: 87-116.

▶4　ここでは，アンケート調査などによって得られたデータの数値を用いて，その結果を「クロス集計」，「分散分析」，「相関分析」，「因子分析」，「回帰分析」などの統計的方法を用いて分析した研究を定量的研究とした。

▶5　ここでは，インタビュー調査やフィールドワークなどによって得られたデータを用いて，質的に分析した研究を定性的研究とした。

次に，こうした方法論の時系列の変化（図 1）を，10 年ごとに区分して確認しました。その結果，以下の 3 つの特徴が浮かび上がってきました。

1 つ目に，いずれの年代においても，「定量的研究」が主流を占めていることです。1991-2000 年の 10 年間に最も高い割合（57.9%）と掲載論文数（62 本）を記録して以降，掲載論文数自体の増減はありつつも，依然として 5 割を超えています。このことからも，「定量的研究」は，日本のスポーツ教育学研究の方法論のスタンダードであることがわかります。

2 つ目に，「理論研究」の大幅な減少です。1982-1990 年という創刊直後の 8 年間は「定量的研究」に次いで用いられていたにも関わらず（26.4%），2001-2010 年の 10 年間は 0 本となり，近年でもほとんど掲載されていません。「理論研究」が創刊直後の時期に多かった理由としては，学会の設立に「体育原理」の研究者が関与していたことが関係しているものと推察されます[6]。さらには，近年はほとんどみられませんが，「スポーツ運動学」に類似する論文も掲載されていました。しかし，その後，「日本体育・スポーツ哲学会」（1978 年設立）や「スポーツ運動学研究会」（1987 年設立）[7]の活動が興隆するにつれて，関連研究の投稿も減少していったものと考えられます。

▶6　浅田隆夫（1982）学会の経緯と本会の理念．スポーツ教育学研究，1: 5-9.

▶7　1991 年に「日本スポーツ運動学会」に名称変更，1993 年に日本学術会議に学術団体として認定された。

3 つ目に，論文数自体は少ないものの，「定性的研究」の比重が高まってきている点です。これは，教育社会学や教育心理学など，他の教育学分野の研究動向とも符合しています。近年は，海外の研究動向の影響も受けながら，以前にも増して多様な定性的研究の方法論が開発・紹介されています。今後も積極的に新たな研究方法論を取り込んでいくことで，研究方法論のさらなる幅の広がりが期待されます。

3. 日本のスポーツ教育学の「研究内容」の動向

1）「研究内容」の分析方法

続いて，日本のスポーツ教育学の研究内容について確認していきます。こちらも，「研究方法」と同様に単純集計で傾向をみるだけではなく，時系列的な変化にも着目していきます。

表 1.「スポーツ教育学研究』掲載論文の方法論の分布

研究方法	論文数	割　合
定量的研究	177	53.8%
経験的研究	73	22.2%
理論研究	38	11.6%
定性的研究	21	6.3%
混合研究	20	6.1%
合　計	329	100

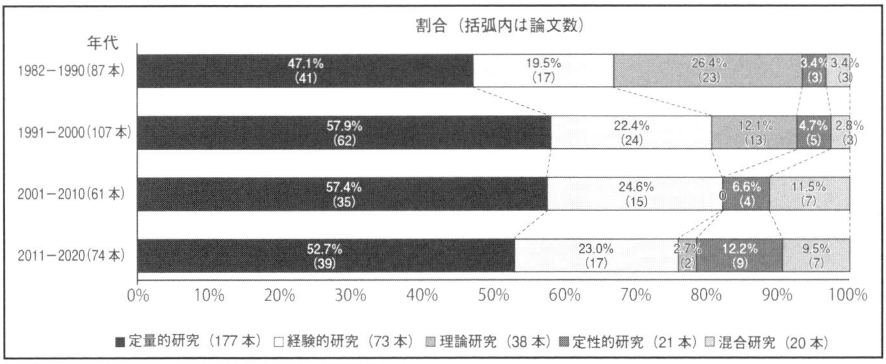

図 1.『スポーツ教育学研究』掲載論文の方法論の 10 年ごとの推移

「研究内容」の判断基準としては，主に論文内に明記されている「研究目的」に着目しました。その上で，改めて論文全体の記述を確認し，研究内容を精査の上，分類していきました。その後，抽出された各種の研究内容から，さらに上位カテゴリーを導出しました。すなわち，「具体的に何を研究してきたのか」という視点から見出された項目が下位カテゴリーであり，それらをさらに大きなまとまりとして分類したものが上位カテゴリーとなります。なお，論文数の少ない下位カテゴリーについては，そのまま上位カテゴリーとしました。

2)「研究内容」の分析：分布について

以上の方法によって，まず，「研究内容」の下位カテゴリーを，18 個に分類することができました（表 2）。最も多かった研究は「体育授業の学習指導プログラムの効果検証」（41 本）であり，2 番目に「パフォーマンスの測定・評価」（40 本），3 番目に「体育授業の学習者論」（35 本），4 番目に「体育教師論」（26 本），5 番目に「体育・スポーツに関わる諸概念」（24 本）と続いていきます。

そして，これらの結果から，7 つの上位カテゴリーを抽出しました。最も多かったのは「体育授業」に関する研究（45.0%）であり，この研究だけで半分近くを占めていました。2 番目には，子供の体力や運動能力，さらにはバイオメカニクス的な分析を中心とした研究などで構成される「パフォーマンス」に関する研究（17.6%）が続いています。以下，「体育・スポーツの原理」に関する研究（16.1%），「運動・スポーツの認知・心理」に関する研究（6.1%），「スポーツ方法論」に関する研究（6.1%），「運動部活動」に関する研究（2.7%），「その他」（6.4%）となっています。

総体的にみれば，何といっても「体育授業」に関する研究が量的にも種類としても圧倒的に多く，これ自体は日本のスポーツ教育学の特徴を表しているといえます[8]。こうした状況からは，日本の体育科教育学の興隆が認められる一方で，スポーツ教育学研究全体として俯瞰した際には，その関心はある意味で狭い範囲にとどまってしまっているということも指摘できそうです。日本の体育・スポーツが学校教育を中心として発展してきたという歴史的特質を踏まえれば，体育授業に関する研究が多くなることも必然なのかもしれません。

しかし，「学校体育」という括りで見た際に，「運動部活動」に関する研究となると極端に少なくなります。現在の運動部活動は様々な問題点が指摘されていますが，世界に類を見ない日本特殊的な教育活動の 1 つでもあります[9]。より良い運動部活動の姿を目指して，今後のあり方をめぐる議論に少しでも資することができるよう，さらなる研究の興隆が期されます。

▶8 日本には，日本体育科教育学会発行の学術誌『体育科教育学研究』も存在していることから，さらに多くの「体育授業に関する研究」がなされていると考えられる。

▶9 中澤篤史（2014）運動部活動の戦後と現在：なぜスポーツは学校教育に結び付けられるのか．青弓社．

3)「研究内容」の分析：時系列的な変化について

次に研究内容（上位カテゴリー）の変化を 10 年ごとに区分して確認しました（図 2）。その結果，以下の 3 点の特徴が浮かび上がってきました。

1 つ目に，「体育授業」に関する研究は，年代を追うごとに高い割合を示しており，繰り返しになりますが，改めて日本のスポーツ教育学研究の中核に位置づいていることがわかります。2011-2020 年の 10 年間における 62.2% という数値は，日本のスポーツ教育学の「現在地」といえるでしょう。その中でも，下位カテゴリーで 1 位であった「体育授業の学習指導プログラムの効果検証」は，2011-2020 年の 10 年間だけで 21 本もの論文が掲載されており，この研究だけでこの 10 年間の約 3 割を占めています。この背景には，2000 年代以降の各種の体育授業評価尺度を用いた研究方法の進展などを挙げることができそうです。

2つ目に，2000年頃までは一定の割合を占めていた「パフォーマンス」に関する研究が，近年はあまりみられなくなった点です。というのも，「パフォーマンス」に関する研究が2割を超えていた時期は，明らかにバイオメカニクスやスポーツ医科学研究と思われる論文が掲載されていました。そのため，こうした研究がスポーツ教育学研究の中で減少したというよりは，これらにより適した他の専門学術誌に投稿されるようになったと考えることができます▶10。

3つ目に，「スポーツ基本計画」をはじめ，諸種のスポーツ政策で声高に謳われ続けている「地域スポーツ」や「生涯スポーツ」，「健康教育」などに関する研究は，2010年代に入っても一向にみられないという点です。したがって，学校外での活動や成人などを対象とした多様なスポーツ教育学研究の蓄積もまた，重要な意味を持つことになると考えます。

▶10 もちろん，バイオメカニクスなどの知見は現在のスポーツ教育学研究にも存分に活かされており，方法論を援用した論文は「体育授業の学習指導プログラムの効果検証」などで確認することができる。

4. 日本のスポーツ教育学はどのような研究を行ってきたのか

以上の分析から，これまでの日本のスポーツ教育学研究の中心に位置づいてきたのは，「体育授業」に関する研究であることが確認されました。それは一方で，研究の範囲の狭さを指摘することにもつながります。スポーツ教育学がさらなる広がりを持った研究分野であるということを踏まえれば，こうした日本の研究状況にこそ，新時代のスポーツ教育学を構築するための手がかりが見出されます。

（小野雄大）

表2.「スポーツ教育学研究」掲載論文の研究内容の分布

割合	論文数	研究内容		論文数	割合
45.0%	148	体育授業	体育授業の学習指導プログラムの効果検証	41	12.5%
			体育授業の学習者論	35	10.6%
			体育教師論	26	7.9%
			体育授業のカリキュラム論	21	6.4%
			体育授業の教材論	10	3.0%
			体育授業評価法の開発・検討	9	2.7%
			体育授業のその他	6	1.8%
17.6%	58	パフォーマンス	パフォーマンスの測定・評価	40	12.2%
			パフォーマンスの動作分析	18	5.5%
16.1%	53	体育・スポーツの原理	体育・スポーツに関わる諸概念	24	7.3%
			体育・スポーツに関わる社会・人物の思想	12	3.6%
			スポーツ教育に関わる歴史	10	3.0%
			体育・スポーツに関わる倫理	7	2.1%
6.1%	20	運動・スポーツに関わる認知・心理		20	6.1%
6.1%	20	スポーツ方法論		20	6.1%
2.7%	9	運動部活動	運動部活動の集団・組織	6	1.8%
			運動部活動の発展史	3	0.9%
6.4%	21	その他		21	6.4%
100	329	合　計		329	100

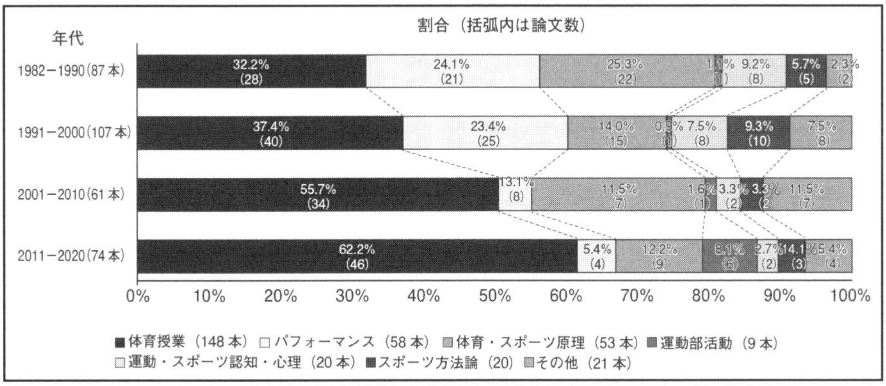

図2.『スポーツ教育学研究』掲載論文の研究内容（上位カテゴリー）の10年ごとの推移

1-5 近年のスポーツ教育に関わる「社会問題」

Key word：ハラスメント，安全，健康，共生，アンチ・ドーピング

1. スポーツに関わる「社会問題」を見つめる

近年，日本では，スポーツに関わる様々な事件・事故が生じており，ときには大きな社会問題にもなっています。これからのスポーツ教育を考えていくためには，こうした事件・事故をめぐる状況にも目を向けていく必要があるといえるでしょう。そこで，本節では，近年のスポーツに関わって社会問題となった事件・事故を整理し，これからのスポーツ教育に向けた手がかりを得たいと思います。

1）スポーツ教育の現場に生じるハラスメント

近年，運動部活動のあり方をめぐって活発な議論が展開されています。こうした議論の発端となったのが，2012年12月に大阪府の高等学校のバスケットボール部で起きた顧問による体罰事件です。この事件では，バスケットボール部主将の男子生徒が，顧問から暴力を受け，自死しました▶1。

この事件を契機として，各競技団体ないし都道府県行政におけるハラスメントの「相談窓口の設置」や「スポーツ界における暴力行為根絶宣言」が採択されるなど，ハラスメント撲滅の取り組みが進みました。しかしながら，文部科学省の報告によれば，部活動における体罰は2020年度時点でも93件報告されており▶2，未だに後を絶ちません。

2）安全とスポーツ教育

体育授業や運動部活動場面でのスポーツ活動によって引き起こされる負傷・死亡事故もまた，後を絶ちません。例えば，2009年11月には，高校3年生の男子生徒がラグビーの試合中に倒れて意識を失い，その3日後に死亡するという痛ましい事故が発生しました▶3。この他にも，柔道の練習によって重度の障害を負う事故や死亡事故が，毎年のように報告されています。

こうした中で，大きな話題となったのが，「組体操事故問題」です。2014年5月に組体操のリスクに警鐘を鳴らすウェブ記事▶4が掲載されたことをきっかけとして，注目が集まりました。この記事では，2012年度における小学校の組体操実施に伴う負傷事故件数が，跳躍運動とバスケットボールに続いて，3番目に多いことが示され，組体操の教育的な意義が問われることとなりました。

こうした負傷・死亡事故の事例は，スポーツの危険性を踏まえた安全なスポーツ実践のあり方を考えていく必要性を教えてくれます。

3）健康とスポーツ教育

2020年1月に，陸上競技の新谷仁美選手が，無月経に苦しんだ過去についてSNS上に投稿しました▶5。この投稿は，これまで日本ではタブー視されてきた問題に赤裸々な自己体験を含みながら切り込んだものとして，賛同の声が相次ぎました。

そもそも，高いパフォーマンスの発揮を目指すアスリートには健康リスクが付きまとい

▶1 朝日新聞（2013）1月8日. 大阪夕刊.

▶2 文部科学省（2021）体罰の実態把握について（令和2年度）. https://www.mext.go.jp/content/20211220-mxt_syoto01-000019568_007.pdf.（最終参照日：2022年7月11日）

▶3 朝日新聞（2009）11月7日. 埼玉朝刊.

▶4 内田良（2014）【緊急提言】組体操は，やめたほうがよい．子どものためにも，そして先生のためにも．組体操リスク（1）. https://news.yahoo.co.jp/byline/ryouchida/20140519-00035451/.（最終参照日：2022年7月11日）

▶5 「ある指導者から『生理なんて無くていい』と言われました」，「（月経は）生きていく上で無くてはならないものです」といった一連の内容をTwitterに投稿した。
新谷仁美（2020）1月31日（Twitter）. https://twitter.com/iam_hitominiiya/status/1223105078254432257?lang=ja.（最終参照日：2022年7月11日）

ますが，特に女性アスリートは，その身体的・発達的特性から，様々な問題に直面します。特に「無月経」は，持久系や体操や審美系の競技で多くみられ，現役中の健康維持はもちろんのこと，競技引退後の健康にまで影響を及ぼす可能性が指摘されています。

しかし，新谷選手の投稿からもわかるように，アスリートの健康を害するような指導を押し付けてくるコーチの存在は少なくありません。そこには，過剰な勝利至上主義の蔓延という倫理的問題だけでなく，成長期の子供や女性の身体に対する知識不足という問題も存在しています。その結果，女性の身体を軽んじるような事例[6]も数多みられます。

4）共生とスポーツ教育

2017年，2018年に告示された学習指導要領解説保健体育編／体育編では，初めて「共生の視点」という文言が明記されました[7]。共生社会の実現に向けて，学校教育も大きな転換期を迎えています。

そもそも，私たちの社会では，「他者と違う」ことは当たり前のことです。そして，体育授業やスポーツ実践においてもまた，年齢や性別はもちろんのこと，体力や技能，目標指向性，国籍・人種など，多くの違いを共有しながら関わり合っています。それゆえに，スポーツにおける共生教育の実践は，重要な社会的意義を有しているといえるでしょう。

しかし，昨今のスポーツの現場からは，共生社会の実現とはほど遠い現実が垣間見えます。マス・メディアでも取り上げられた事例からいえば，例えば，「女子マネージャーの甲子園練習参加制止問題」[8]や「大相撲女人禁制」[9]では，女性が「グラウンド」や「土俵」から立ち去るように促される事案がありました。そうした事例の多くは，古くからの伝統や慣習によるもので，「なぜそうであるのか」を問いません。特に，スポーツ界には「ジェンダー秩序」[10]が蔓延しており，その克服は容易ではありません。

5）アンチ・ドーピング教育

日本はドーピングに対して「クリーンな国」と思われがちですが，実際には毎年のように国内のドーピング事例が認められていることをご存じでしょうか。その中でも，2018年の「カヌー競技におけるパラ・ドーピング事件」は，私たちのドーピングに対する危機感を一層と高める出来事となりました。

これは，カヌー日本代表候補選手が，ライバル選手の飲み物に禁止薬物の筋肉増強剤を混入させた事件です[11]。この事件によって，自分の意識・行為だけではドーピングを防ぐことができないという課題が浮き彫りになりました。そして，この事件の問題は，単に「ドーピングを行った」という意味にとどまりません。すなわち，「競い合う仲間とは何か」，「よき敗者とは何か」，「成功とは何か」など，スポーツの本質についても改めて問い直す契機になったとみることができるでしょう。

こうした中，2021年に世界アンチ・ドーピング規程が改訂され，新たに「アンチ・ドーピング教育」の必要性が盛り込まれました。今後は，アンチ・ドーピング教育をどのように，どんな内容で実践していくのか問われます。

2. スポーツと教育のあり方をめぐって

このように，日本では，いつの時代もスポーツと教育に関わる様々な出来事が社会の注目を集めてきました。こうした状況に対して，スポーツ教育学に携わる人たちもただ手を拱いているだけではなく，具体的な議論を展開し，方策を講じていく必要があるといえるでしょう。

（梶将徳）

▶6 2018年12月に発覚した「駅伝強豪校における不適切な鉄剤注射問題」では，女子全国高等学校駅伝競走大会の出場校に対するアンケート調査によって，2割を超える学校において選手に「鉄剤注射」を行っている実態が明らかとなった。
読売新聞（2018）2018年12月21日. 東京朝刊.

▶7 例えば，文部科学省（2018）小学校学習指導要領（平成29年度告示）解説 体育編. 東洋館出版社.

▶8 2016年の第98回全国高等学校野球選手権大会の甲子園練習において，大会関係者が甲子園球場での練習補助をしていた出場校の女子マネージャーに対して，「危険」という理由からベンチに下がるように命じた。
朝日新聞（2016）2016年8月4日. 東京朝刊.

▶9 2018年に京都府舞鶴市で行われた大相撲春巡業において，女人禁制の土俵上で倒れた市長の救助をした女性に，行事が土俵から降りるように繰り返しアナウンスした。
朝日新聞（2018）4月6日. 東京朝刊.

▶10 ジェンダー秩序の主要な構成要素は，「性別分業」と「異性愛」とされており，「性別分業」では男性を活動の主体，女性を他者の活動を助ける存在と位置づけ，「異性愛」では男性を性的欲望の主体，女性を性的欲望の対象と位置づけられる。
江原由美子（2021）ジェンダー秩序 新装版. 勁草書房.

▶11 朝日新聞（2018）1月9日. 東京朝刊.

1-6 近年のスポーツ教育に関わる政策的動向

Key word：スポーツ基本計画，キャリア形成，運動部活動の在り方に関する総合的なガイドライン，障害者基本計画

1. スポーツ教育に関わる政策

近年，日本ではスポーツ教育に関わる様々な政策が策定されています。政策には，ある分野の問題についてどのような方針と理念で取り組むのかが示されています[1]。それゆえに，スポーツ教育に関わる政策を概観することで，これからのスポーツ教育のあり方を知ることができるといえるでしょう。

そこで本節では，近年のスポーツ教育に関わる主な政策について概観していきます。

▶1 真山達志（2021）スポーツと公共政策．真山達志・成瀬和弥編．公共政策の中のスポーツ．晃洋書房，pp.1-16.

2. スポーツ教育に関わる様々な政策

1) スポーツ基本計画と子供たち

2011年8月に施行された「スポーツ基本法」では，スポーツの振興に関する施策の総合的かつ計画的な推進を図るために，「スポーツ基本計画」を定めることが示されました。これを受けて，2012年3月に「第1期スポーツ基本計画」，2017年3月に「第2期スポーツ基本計画」，そして2022年3月に「第3期スポーツ基本計画」が策定されました。

第2期スポーツ基本計画では，「スポーツが『嫌い』・『やや嫌い』である中学生の割合を16.4%から8%に半減させる」という施策目標[2]が掲げられていましたが，2021年度時点で18.5%へと増加し，目標を達成できなかったことが報告されています[3]。そのため，引き続き第3期スポーツ基本計画においても，日常的な運動習慣の確立や体力の向上を軸としながら，スポーツや運動に親しむ子供を増やしていくことが施策目標の1つとされています。

当然ですが，こうした施策がスポーツをめぐる個人の志向性を押し付けることになってはなりません。子供の体育授業やスポーツ参加への動機づけ・方略などの実態解明を行いながら，子供や多様な個人にとって望ましい形で，スポーツや運動への親和性を育んでいくことが求められます。

▶2 文部科学省（2017）スポーツ基本計画．https://www.mext.go.jp/sports/content/1383656_002.pdf.（最終参照日：2022年7月11日）

▶3 文部科学省（2022）スポーツ基本計画．https://www.mext.go.jp/sports/content/000021299_20220316_3.pdf.（最終参照日：2022年7月11日）

2）アスリートのキャリア形成支援

近年，日本では，アスリートが競技引退後の生活に困難を感じたり，競技活動中心の生活から離れることでアイデンティティを保持できなくなるなど，主として競技活動からの引退を契機として生じる諸問題の存在が指摘されています。「セカンドキャリア」や「デュアルキャリア」という概念も社会的な広がりを見せ，以前にも増して，アスリート自身による啓蒙活動なども盛んになっています。

こうした状況を背景に，現在，国家行政・組織主導のもとで，様々なキャリア形成支援が展開されています。近年の代表的な施策としては，日本オリンピック委員会によって2008年から実施されている「JOCキャリアアカデミー事業」が挙げられます。その他に，上述した「スポーツ基本計画」においても重要な施策として位置づけられています。

3）大学スポーツの振興

2019年3月に「大学スポーツ協会」（UNIVAS）が設立されました。UNIVASは，「学業充実・デュアルキャリア形成」や「安心安全なスポーツ環境整備」▶4 に関する事業において，「入学前教育プログラムの提示・支援」や「キャリア形成支援プログラムの提供」，「安全安心ガイドラインの提示」などの取り組みを行っています。

こうした政策的展開の背景には，これまでの日本の大学スポーツが，大学が有するスポーツ人材育成機能や様々なスポーツ資源を活かしきれていなかったこと，さらには競技種目別に各学生連盟が設立されていることから，大学スポーツというカテゴリー全体での一体性を有していないことなどが挙げられます。日本のスポーツ界にとっての歴史的な画期として，これからの展開が注目されます。

4）オリンピック教育，パラリンピック教育の充実

2021年に開催された東京オリンピック・パラリンピックに際して，東京2020組織委員会が「東京2020教育プログラム」（愛称：ようい，ドン！）を展開しました。

具体的には，オリンピック教育，パラリンピック教育に取り組む学校を「東京2020オリンピック・パラリンピック教育実施校」（愛称：ようい，ドン！スクール）として認証しました。この教育プログラムでは，オリンピック・パラリンピックの価値の学習や多様な人々との交流，日本の伝統文化に触れることなどを通して，「自信と勇気」，「多様性の理解」，「主体的・積極的な社会参画」の３つのレガシーを残すことが目指されており，授業での活用を推進するための新たな授業用指導案や参考資料が制作・配布されました▶5。

5）運動部活動改革

運動部活動は，学校教育の一環として行われ，長きにわたって日本のスポーツ振興を支えてきました。また，運動部活動は体力の向上のみならず，人間関係の構築など教育的な意義が大きいとされています。しかしながら，昨今の運動部活動は，少子化や教師の多忙化，生徒のニーズが多様化するなどの様々な問題を抱えています。

こうした状況の中で，スポーツ庁は運動部活動を持続可能なものとするために，改革に取り組んでいます。例えば，2018年３月に策定された「運動部活動の在り方に関する総合的なガイドライン」では，「適切な運営のための体制整備」や「合理的でかつ効率的・効果的な活動の推進のための取組」などが示されました▶6。そして，2022年６月にはスポーツ庁の有識者会議によって，中学校運動部活動の休日指導の地域移行に関する提言がなされました▶7。

6）障害者基本計画とスポーツ

日本では，障害者の自立および社会参加の支援等に関する施策の総合的かつ計画的な推進を図ることを目的として「障害者基本計画」が策定されています。2018年３月に策定された「障害者基本計画」（第４次）▶8 では，共生社会の実現に向けて障害者の自立および社会参加等を支援していくことが図られ，第３次と比較して「文化芸術活動・スポーツ等の振興」が独立した施策分野として格上げされました。

そして，この施策分野では，地域においてスポーツに親しめる環境の整備やレクリエーション活動を通した障害者等の体力の増強を図ることが目指されており，具体的な数値目標として，障害者の週１回以上のスポーツ実施率を成人で40%程度，若年層で50%程度に，また，障害者スポーツの指導者数を３万人にすることなどが位置づけられました。

3．今後に向けて

スポーツ教育に関わる政策の中には，生涯スポーツや共生社会の実現など，新しい時代を見越したキーワードを看取することができます。新しい時代に向かっていく中で，これまで運動やスポーツに関わることがなかった人たちにもスポーツに触れてもらい，社会としてその価値を高めていくことが目指されているといえるでしょう。

（梶将徳）

▶4　この他にも，大学スポーツの認知拡大，会員サポートプラットフォームの提供，クローズアップUNIVAS活動に関わる事業を行っている。
日本スポーツ協会（online）ANNUAL REPORT. https://img.univas.jp/uploads/2021/06/ANNUAL-REPORT_0603.pdf.
（最終参照日：2022年7月11日）

▶5　公益財団法人東京オリンピック・パラリンピック競技大会組織委員会（online）東京2020教育プログラムリーフレット. https://www.mext.go.jp/sports/content/1413634_05-01b.pdf.
（最終参照日：2022年7月11日）

▶6　スポーツ庁（2018）運動部活動の在り方に関する総合的なガイドライン. https://www.mext.go.jp/sports/b_menu/shingi/013_index/toushin/__icsFiles/afieldfile/2018/03/19/1402624_1.pdf.
（最終参照日：2022年7月11日）

▶7　運動部活動の地域移行に関する検討会議（2022）運動部活動の地域移行に関する検討会議提言. https://www.mext.go.jp/sports/content/20220606-spt_oripara01-000023182_02.pdf.（最終参照日：2022年7月11日）

▶8　内閣府（2018）障害者基本計画（第4次）https://www8.cao.go.jp/shougai/suishin/pdf/kihonkeikaku30.pdf.
（最終参照日：2022年7月11日）

1-7 Edutainmentとスポーツ教育

Key word：コンテンツ産業，エンターテインメント，マンガ，ゲーム

1. Edutainmentとは

みなさんは，“Edutainment”という用語を聞いたことがありますか。Edutainmentとは，英語の“Education”（教育）と“Entertainment”（娯楽）を組み合わせた造語であり，「遊ぶことで学ぶ」,「学ぶことで遊ぶ」というように，娯楽を用いた教育の形式を指しています[1]。元々は，海外において1970年代頃から，学習理論に基づいた教育用コンピュータゲームを作成する際の意味づけとして用いられてきました。

例えば，アメリカでは，1969年の“Sesame Street”の放映開始以降,「教育番組」がテレビ番組の重要なジャンルを占めるようになりました[2]。現在の日本においてもまた，テレビ番組はもちろんのこと，テレビ（インターネット）ゲーム，映画，音楽，マンガなど，私たちの日常において馴染みのあるコンテンツが教育面でも幅広く活用されています。

また，人気マンガのキャラクターを用いた学習教材なども定着しています。学習者（特に子供）にとって親しみのあるキャラクターの存在はもちろんのこと，子供の知的好奇心をくすぐる内容・デザインによって，学習への動機づけを高めてくれています。

2. 成長を続ける日本のコンテンツ産業

Edutainmentの根幹をなすのは，多種多様な「コンテンツ」の存在です。上述のように，元々は海外を起点として発展を遂げてきたEdutainmentですが，日本が世界有数のコンテンツ産業[3]国であることもまた忘れてはなりません。

例えば，1983年に任天堂が家庭用ゲーム機「ファミリーコンピュータ」を世に送り出してから，日本企業はゲーム専用機とソフトの両方で市場を席捲してきました。現在でも世界的なゲームメーカーと言えば，PlayStationシリーズの「ソニー・インタラクティブエンタテインメント」やNintendo Switchの「任天堂」，コンシューマーゲームなどのゲームソフトの制作および開発を中心とする「バンダイナムコエンターテインメント」など，多彩な日本企業が挙げられます[4]。

そして，日本のコンテンツ産業は，その花形である「アニメ」・「マンガ」の存在，さらには，その生産・消費状況の拡大を抜きには語れません。例えば，アニメは単なる映像産業から，玩具・文具・他業種での広告使用など，多様かつ柔軟な形式を伴って産業化の階段を上ってきました。実際，日本のアニメのメディアミックス化の成功例として挙げられる「ポケットモンスター」は，ゲーム，アニメ，キャラクターと，海外現地での商品化や流通まで加味したビジネスモデルを構築し，日本国内にとどまらないコンテンツとして存在感を示しています[5]。

こうした状況の中，日本のアニメ市場は2010年代に入って成長を続け，2020年はコロナ禍にありながらも業界全体で2兆4,261億円（推定）という高位の売上高を記録しています[6]。マンガ市場（コミックス＋コミック誌＋電子コミック）もまた右肩上がりで成長を続け，2020年は6,126億円（推定）と，1978年の統計開始以来，過去最大の市場

▶1 Aksakal, N. (2015). Theoretical View to The Approach of The Edutainment. Social and Behavioral Sciences, 186: 1232-1239.

▶2 Jarvin, L. (2015). Edutainment, Games, and the Future of Education in a Digital World. New Directions for Child and Adolescent Development,147, 33-40.

▶3 「コンテンツ産業」とは，映像（映画やアニメなど），音楽，ゲーム，書籍などの制作・流通を担う産業の総称である。

▶4 newzoo (online) Top 25 Public Companies by Game Revenues. https://newzoo.com/insights/rankings/top-25-companies-game-revenues/. (accessed 2022-7-11)

▶5 玉川博章（2020）非創造的なクールジャパン政策におけるアニメ産業：創造産業とアニメへの無理解. 永田大輔ほか編 アニメの社会学：アニメファンとアニメ制作者たちの文化産業論. ナカニシヤ出版, pp. 97-117.

▶6 一般社団法人日本動画協会（2021）アニメ産業レポート2021. 一般社団法人日本動画協会.

規模になっています[7]。2017年は前年比2.8%減，2018年は1.9%増でしたが，2019年は12.8%増，2020年はコロナ禍による巣ごもり需要から23.0%増と，急成長を遂げています。

以上を踏まえた2020年の日本のコンテンツ産業の市場規模は，11兆6,795億円と報告されており[8]，今後も海外市場を含め，さらなる成長が期待されています。

3.「クールジャパン」と呼ばれて

他方で，2002年に発表されたマクグレイ（McGray, Douglas）[9]の論考以降，「クールジャパン」というキーワードが世界に広まりました。この論考では，1990年代初頭のバブル崩壊後に落ち込んだ日本の経済が，ポップ・カルチャーによる文化的勢力を増大させたことに起因して，「ソフト・パワー」を有していることが主張されました。「ソフト・パワー」とは，その国の有する文化や政治的価値観などを背景として，他国から信頼や支持を得て，国際社会で発揮される影響力のことを指します。すなわち，日本はマンガやアニメを中心に，ポップ・カルチャーの「クールさ」によって，世界に圧倒的な影響力を有しているとみられているのです。

こうした状況を踏まえて，日本政府はコンテンツ産業を重要な成長戦略に位置づけました。2010年に経済産業省製造産業局に「クール・ジャパン海外戦略室」が設置されて以降，国を挙げての「クールジャパン戦略」が展開されています。そこには，日本が誇るコンテンツ産業によって世界の「共感」を得ながら，日本のソフト・パワーを強化する狙いがあります。

4. Edutainmentを踏まえたスポーツ教育学の可能性

それでは，このような「クールジャパン」において，Edutainmentに関する研究はどのような位置づけにあるのでしょうか。

Edutainmentの起点となった海外では，主に「行動科学」や「メディア・コミュニケーション学」，「教育工学」などの研究分野を中心として，Edutainmentをテーマにした研究が発展しつつあります。それらの研究分野では，Edutainmentに内在するリスクへのアプローチも含めながら，その発展的可能性について多彩な議論が展開されています。しかしながら，日本に目を向けてみると，Edutainmentに関する研究は非常に少ないです。

そこで，本書ではEdutainmentを通したスポーツ教育学の可能性を考えてみたいと思います。本書が具体的に取り上げるコンテンツは，「eスポーツ」と「スポーツマンガ」です。例えば，今をときめく「eスポーツ」は，これまでの身体活動を中心としたスポーツを敬遠していた人も巻き込みながら，「他者とのコミュニケーション」や「勝負の面白さ」などを教えてくれます。あるいは，「スポーツマンガ」を読んで，「友情」や「正義」，「努力」や「夢」の大切さを知った人は少なくないでしょう。

これまでのスポーツ教育学の研究動向の概観やスポーツ教育に関連する諸政策の中にEdutainmentという言葉は登場してきませんでした。だからこそ，本書ではまだまだ一部にはなってしまいますが，「eスポーツ」と「スポーツマンガ」を通して，Edutainmentを踏まえたスポーツ教育学の発展的可能性について考えてみたいと思います。

（小野雄大）

▶7　公益社団法人全国出版協会・出版科学研究所（2021）2021年版出版指標年報．全国出版協会・出版科学研究所．

▶8　経済産業省商務情報政策局監／一般財団法人デジタルコンテンツ協会編（2021）デジタルコンテンツ白書2021．一般財団法人デジタルコンテンツ協会．

▶9　McGray, D.(2002). Japan's gross national cool. Foreign Policy, 130: 44-54.

1-8 新時代のスポーツ教育学を構築するキーワード

Key word：生涯発達，社会，文化，身体，パフォーマンス

1. 3つの視点とは

本節では，本章におけるこれまでの議論を踏まえた上で，新時代のスポーツ教育学を構築するためのキーワードを提案したいと思います。そのために，まず，以下の３つの視点を設定しました。

１つ目の視点は，「生涯発達とスポーツ実践」です。私たちのスポーツへの関わりは，発達段階ないしライフステージによって少しずつ変化を遂げていきます。それは，スポーツを行う場所や目標指向性・競技レベルなど多様です。この視点を通して，スポーツ実践の「ヒト」と「場」に関わるキーワードを見出していきます。

２つ目の視点は，「スポーツと日本社会の関係」です。近代スポーツの成立がそうであったように，現在でもなお，スポーツは社会のあり方や文化の映し鏡としての側面を有して変化しつつあります。この視点を通して，スポーツ実践から得られる教育的価値や文化，あるいはそれを脅かす諸要因に関わるキーワードを見出していきます。

３つ目の視点は，「身体・パフォーマンス」です。これまでに整理したように，スポーツ教育学はスポーツ科学の下位分野として位置づけられていることから，スポーツ科学における関連分野からの知識の吸収や分野の壁を超えた連携が重要になると考えます。この視点を通して，スポーツ教育を実践していくために必要となるスポーツ科学的知識に関わるキーワードを見出していきます。

2.「生涯発達とスポーツ実践」という視点から

１つ目に，「生涯発達とスポーツ実践」です。この視点を踏まえて，本書では以下のキーワードを取り上げていきたいと思います。

日本では，明治期に近代スポーツが流入して以降，「学校」が日本の体育・スポーツ活動の中心的役割を担ってきました。そのため，学校の中で行われる「体育授業」や「運動部活動（中・高・大）」は，これからも日本のスポーツ教育の実践を担う中心的な役割を果たしていくと考えられます。

また，近年ではサッカーのユースクラブなどのように，「学校外でのクラブ活動」も盛んになっており，そうした場所でのスポーツ教育の実態も注目されます。同時に，学齢期を経たトップアスリートが活動の舞台を移す「プロスポーツ」や「実業団チーム」の実態も無視できないでしょう。そして，こうしたスポーツ実践者のあり方を論じる上で，「キャリア形成」の問題も忘れてはなりません。

他方で，スポーツ教育は，学齢期の子供やアスリートのみが経験するものではありません。そこで，本書ではより広いライフステージや個人を対象としたスポーツ教育の実践の場として，「生涯スポーツ」とスポーツ教育の関係についても考えていきます。

それに加えて，これまでの日本ではあまり検討されてこなかった「セラピューティックレクリエーション」にも着目します。セラピューティックレクリエーションは海外を中心に研究されてきた概念であり，スポーツ参加者の多様なニーズに応えつつ，継続的なスポーツ参加への支援につながるアプローチとして注目されています。

3.「スポーツと日本社会の関係」という視点から

2つ目に，「スポーツと日本社会の関係」です。この視点を踏まえて，本書では以下のキーワードを取り上げていきたいと思います。

スポーツと社会の関係からスポーツ教育学を考えるとき，近年の社会的動向から浮かび上がってくるのが「共生」という概念です。スポーツを通して，どのように共生教育を実現していくのか，積極的に考えていく必要があるでしょう。

また，スポーツの価値を次代につなげていく「オリンピック教育，パラリンピック教育」，さらにはスポーツの倫理を守るための活動でもある「クリーンスポーツ教育」も，これからのスポーツ教育学を考える上では益々重要となっていきます。そして，文化という観点からは，日本伝統の修養文化である「武道」についても，教育との結びつきから考えてみたいと思います。

他方で，「クールジャパン」と呼ばれる日本社会において，「Edutainment」もまた，欠かすことができない存在です。Edutainment を日本のスポーツ教育学の中で取り上げることで，新たな地平の開拓につなげていきたいと考えます。

4.「身体・パフォーマンス」という視点から

3つ目に，「身体・パフォーマンス」です。この視点を踏まえて，本書では以下のキーワードを取り上げていきたいと思います。

本章第5節で整理した内容からもわかるように，スポーツ教育の現場は様々なリスクを抱えています。これに立ち向かうためには，スポーツに関わる人々の倫理，さらには安全なスポーツ環境を整えるためのリスク管理や事故が起きたときに適切に対処するための正しい知識の獲得などが求められます。他方で，アスリートの健康管理や栄養摂取に対してもまた，健康科学やスポーツ栄養学といった他分野の研究成果によってもたらされる多角的な知識の獲得が重要になってきます。そこで本書では，「コーチング」や「運動学習」という総括的な概念，それに付随する知識として「安全教育」，「健康教育」，「栄養教育」を結び付けながらこの課題について捉えてみたいと思います。

5. 本書のねらい

本書では，これらのキーワードを焦点化して各章を構成します。当然，そこには交錯する内容もあれば，これまでのスポーツ教育学では発現しなかったキーワードに，違和感を覚える見解もあるかもしれません。しかし，「これまで」に縛られない自由な角度から論じていくことで，スポーツ教育学という学問を立体的に描き出すことが可能になると信じて，歩を進めていきます。

（小野雄大）

第２部

生涯発達とスポーツ実践

2-1 生涯スポーツの歴史的変遷

Key word：生涯スポーツ，スポーツ・フォー・オール，TAFISA

1. ドイツにおける生涯スポーツの起源

第２次世界大戦後，東ドイツではイデオロギー的な優位性を示すだけでなく，国民の意識形成に向けた政治的な目標を達成するためにスポーツが利用されていました[1]。そして，東ドイツはソビエト連邦とともにエリートスポーツの強化・育成システムを構築し，世界に変化をもたらしました。ドイツではディーム（Diem, Carl）（1936年ベルリン五輪大会組織委員会事務総長）らによって第１次世界大戦の前後から，国民１人あたりへの施設・空間提供に関する基本原則を用いて，スポーツ・レクリエーション・体育のためのコミュニティ施設に関する政策が推進されていました。この原則は，ドイツオリンピック委員会が西ドイツなどで1960年から15年間実施した「ゴールデン・プラン」[2]を推進する際に取り入れられました[1]。ゴールデン・プラン推進の根拠としては，①健康の保持・増進の問題（医療政策とも関連），②青少年不良化防止の問題（青少年教育），③生活の充実（個人および集団）の３点を克服するための施策であることが強調されました[3]。

スポーツ界におけるドイツのもう１つの多大な貢献は，ドイツスポーツ連盟が1959年に開始した「第２の道（Zweiter Weg）」キャンペーンです。国威発揚を目的としたエリート選手育成のチャンピオンスポーツを「第１の道」とすることに対し[4]，「第２の道」は大衆的なスポーツ活動を促進するためのもので，クラブや協会で行われていたスポーツ活動を補完し，より幅広い社会的ニーズに応えることを目的としていました[1]。

2. スポーツ・フォー・オールの起源

1966年，欧州評議会（Council of Europe）において「スポーツ・フォー・オール（Sport for All）」という概念が初めて登場しました[5]。この背景には，① 近代文明は，社会問題や精神的不安，そして身体的問題に急速に病んでいる，②スポーツと身体活動は，このような問題状況の緩和に役立つと考えられるが，スポーツと身体活動の機会は，ほんの少数の名誉ある人々に限定されている，③スポーツは，個人的発達，社会文化的発展，そして生物学的発達と促進をもたらす装置として，普及すべきであるという３つの社会的状況がありました[6]。

前述した西ドイツにおける「第２の道」キャンペーンは，1967年にノルウェーで「トリム（Trimm）」という名前で開始された国を挙げての運動プログラムに大きな影響をおよぼしました[1]。池田[7]によると，このプログラムは，生涯スポーツを意味するスポーツ・フォー・オールという考え方を広めるきっかけとなりました。当時のヨーロッパにおけるスポーツは，オリンピアンやプロサッカー選手が行うものとして捉えられており，一般大衆は自分たちのことを観戦者やファンとして認識していました。つまり，「スポーツ＝運動」にはならないため，新しく「トリム」という言葉を使ったのです。このノルウェーのトリムから派生した運動プログラムは世界中に伝わりました。例えば，当時の西ドイツでは1970年に「スポーツで体を鍛えよう（Trimm dich durch Sport）」プログラ

▶1 Hardman, K. (2002). Context for sport and physical education in Germany. Naul, R. & Hardman, K. (Eds.) Sport and Physical Education in Germany. Routledge, pp. 21-34.

▶2 西ドイツが173億8,400万マルクを投入したスポーツ施設拡充計画のこと。計画当初の予想費用は63億1,500万マルクであったが，施設の規模，多機能性，安全性，材質等にこだわったため，大幅に膨れ上がったことが報告されている（Roskam, 2002）。
Roskam, F. (2002) Sport facilities. Naul, R. & Hardman, K. (Eds.) Sport and Physical Education in Germany. Routledge, pp. 191-203.

▶3 稲垣正浩（1983）ヨーロッパ諸国にみる「スポーツ教育」の動向と課題：西ドイツ，ソ連，東ドイツ，オーストリア，スウェーデンの場合．奈良教育大学紀要，32（1）：129-148.

▶4 野川春夫（2018）生涯スポーツの歴史と定義．川西正志・野川春夫編著，生涯スポーツ実践論，市村出版，pp. 1-4.

ムが導入されました[1]。また，イギリスは1972年に設置されたスポーツ審議会において独立機関として「Sport for All」を宣言し，生涯スポーツの推進を始めました[4]。その後，異なる名称ではあるものの，様々な国がこのコンセプトを次第に取り入れていくことになります。

1975年には，全8条で構成されるスポーツ・フォー・オール憲章（European Sport for All Charter）が，ベルギーで開催されたスポーツ担当国務大臣会議において制定され，ヨーロッパからアジア，オセアニア，アメリカ，アフリカへと世界的なムーブメントとして広がっていきました[6]。この憲章には，すべての人がスポーツに参加する権利を有する（第1条）ことや，政府は公的機関とボランティア団体間の協働を促進して，スポーツ・フォー・オールの発展のための国家的組織の設立を奨励しなければならない（第4条）ことなどが明記されました[8]。

3. TAFISAを中心としたスポーツ・フォー・オール団体

TAFISA（国際スポーツ・フォー・オール協議会）は，世界170カ国・地域に360を超える加盟団体を持つスポーツ・フォー・オールの国際統括団体です[9]。TAFISAの変遷については山口[6, 10]に詳しく書かれていますが，そのルーツは1969年にノルウェーで開催された国際トリム会議（International Trim Congress）にあります。その後，1989年にカナダで開催された会議において，これまでの2年に1回の会議開催から恒常的な統括団体を設立することが決定しました。そして，1991年フランスにおいてスポーツ・フォー・オールを振興する団体としてTAFISAが設立されます（現在の拠点はドイツ）。当時の英文名称はTrim & Fitness-International Sport for All Association（TAFISA）でしたが，2009年にThe Association For International Sport for All（TAFISA）に改称されました。TAFISAの主な活動は，ワールドウォーキングデー，ワールドチャレンジデー，認定指導者講習会，ワールド・スポーツ・フォー・オール・ゲームズ，ワールドコングレスなどの開催です。また，TAFISAは様々な国際機関と連携しています（図1）。例として，UNESCO（国際連合教育科学文化機関），ICSSPE（国際スポーツ科学・体育協議会），WHO（世界保健機関），IOC（国際オリンピック委員会）と長きにわたり連携しながら，様々な取り組みを実施しています[10]。

日本においては，生涯スポーツの推進を目的に，1992年に日本体育協会（現・日本スポーツ協会），健康・体力づくり事業財団，笹川スポーツ財団，日本レクリエーション協会の4団体で日本スポーツ・フォー・オール協議会（TAFISA-JAPAN）が設立されました。1993年には千葉でワールドコングレス，2012年には東京で理事会，そして2019年には東京でワールドコングレスが開催されるなど，日本でのTAFISAの活動も活発化しています。

（高松祥平）

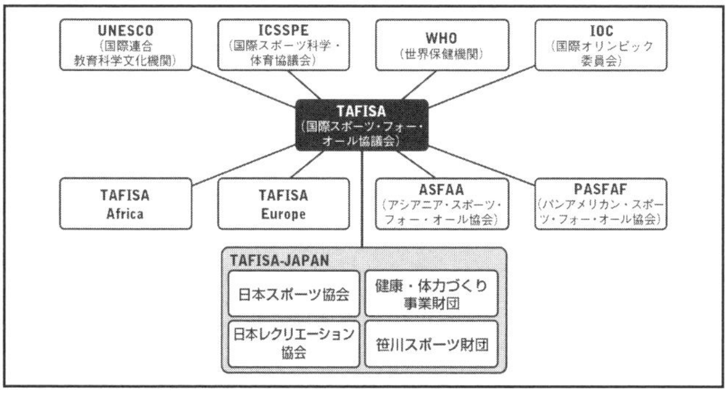

図1. TAFISAを中心としたスポーツ・フォー・オール団体の組織図（▶10より作成）

▶5 Gasparini, W. (online). The Council of Europe and sport: Origin and circulation of a European sporting model. https://ehne.fr/en/node/12231/printable/pdf. (accessed 2022-7-11)

▶6 山口泰雄（2002）世界の生涯スポーツの潮流. 池田勝編著, 生涯スポーツの社会経済学, 杏林書院, pp. 20-30.

▶7 池田勝（2002）生涯スポーツの現在・未来. 池田勝編著, 生涯スポーツの社会経済学, 杏林書院, pp. 2-18.

▶8 Council of Europe (1975). Ad Hoc Conference of European Ministers Responsible for Sport. https://rm.coe.int/090000168067b610. (accessed 2022-7-11)

▶9 TAFISA (online). Members. http://www.tafisa.org/members. (accessed 2022-7-11)

▶10 山口泰雄（2014）21世紀におけるスポーツ・フォー・オールの国際動向を探る：国際団体の動向と国際会議に着目して. 生涯スポーツ学研究, 11 (1): 1-12.

2-2 現代社会における生涯スポーツの見方・考え方

Key word：生涯スポーツ，ライフステージ，スポーツボランティア

1. 生涯スポーツとは

生涯スポーツとは，幼児期から高齢期に至る各ライフステージにおいて，個人の年齢，体力，志向に合った運動・スポーツを継続して楽しむことです[1]。また，ライフステージとは，人生にみられる重要なできごとや，加齢に伴う生活行動の特徴を反映した段階（乳幼児期，児童期，青年前期，青年後期，成年前期，中年期，老年前期，老年後期）のことであり，さらにこれらはスポーツ・ライフスタイルとして萌芽期，形成期，充実期，享受期の4つに分類することができます[2]（図1)。もちろん，各ライフステージの区分は研究者や文脈によって変わることもあり，各区分における運動・スポーツとの関わり方は多かれ少なかれ異なりますが，生涯スポーツの中心にあるのは「楽しむこと」です。

▶1 山口泰雄編著（1996）フィットネスシリーズ1 健康・スポーツの社会学. 建帛社.

▶2 山口泰雄（2007）健康・スポーツへの招待：今日から始めるアクティブ・ライフ. 体育施設出版

2. 各ライフステージにおけるスポーツ

1）萌芽期（乳幼児期・児童期）

笹川スポーツ財団の2019年の調査[3]によると，多くの未就学児と小学生（4～11歳）が，運動・スポーツを高頻度で行っています。週7回以上運動・スポーツを実施している割合は，未就学児が44.3%，小学1・2年生が45.7%，小学3・4年生が54.7%，小学5・6年生が38.2%であったことが報告されています。この時期の子供たちは，家族からの影響を強く受けて運動・スポーツに参加します。スポーツ用品会社のNIKEが中心となって作成した2012年の報告書“Designed to Move”[4]によると，身体活動が活発でない親の子供は活発になりにくく，身体活動が活発な親の子供は活発になりやすいことが明らかにされています。

また，子供たちにとってポジティブな経験を多く積むこともとても重要です。この時期の楽しかったことや，褒められた経験などは将来の運動・スポーツ活動に大きく影響します。そして，ゴールデンエイジ[5]，発育・発達の観点から，特定の種目に特化してトレーニングを続けるよりも，様々な遊びやスポーツを通して身体の動かし方や社会性を身につけていくことが望まれます。

▶3 笹川スポーツ財団（2020）子ども・青少年のスポーツライフ・データ2019：4～21歳のスポーツライフに関する調査報告書. 笹川スポーツ財団.

▶4 Nike (2012). Designed to Move: A physical activity action agenda. https://www.sportsthinktank.com/uploads/designed-to-move-full-report-13.pdf. (accessed 2022-7-11)

▶5 一般的に，神経系が著しく発達し，運動学習に最適な9-12歳の時期のことを指す。その前後を，「プレゴールデンエイジ」，「ポストゴールデンエイジ」と表現することもある。

2）形成期（青年前期・青年後期）

形成期（青年期）に入ると，運動・スポーツの実施率は段々と減少していきます。非実施層に着目すると，中学校期が7.9%，高校期が20.6%，大学期が28.2%，勤労者が44.9%であり[3]，過去1年間で全く運動・スポーツをしなかった人の割合はライフイベントが進むにつれて増加することが示されています。この理由の1つとして，児童期までは様々な遊びやスポーツを経験しやすい時期ですが，中学校以降は運動・スポーツに参加する機会の中心が運動部活動への参加になることが挙げられます。1つの競技に特化しその頂点を目指す仕組みの中で，競技志向でない場合や運動・スポーツに対する自信がない場合，ドロップアウト[6]の可能性が高くなります。その受け皿として，総合型地域スポーツクラ

▶6 バーンアウト（燃え尽き症候群）に陥ったり，スポーツとは異なる分野にトランスファー（移行）することが考えられる。

ブをはじめとする地域スポーツが着目されていますが，まだ十分に若者の多様なスポーツ活動を支える基盤があるとは言い難い状況です。

また，運動・スポーツとは異なる趣味や活動に興味を持ち，勉強や仕事に集中する時期でもあるため，身体を動かすことから遠ざかってしまうことも考えられます。この時期においては，運動部活動などの組織化されたスポーツ活動以外で，子供が楽しく運動・スポーツができるような環境づくりや周囲のサポートが重要になってきます。

3）充実期（成年前期・中年期）

20歳代～40歳代は，他の世代と比べて運動・スポーツの実施率が低くなっています。例えば，20歳代の非実施（28.9%）と週1回未満（17.0%）を合わせると45.9%となっており，30歳代は44.6%，40歳代は44.8%です▶7。働き盛りのビジネスパーソンの運動・スポーツ実施率の向上は，スポーツ庁においても大きな課題として捉えられており，その解決に向けて様々な取り組みが実施されています。

例えば“FUN + WALK PROJECT”では，日常生活に歩く楽しさをプラスするために歩きやすい服装での通勤を推奨したり，歩数に応じてクーポンを受け取ることのできるアプリなどが開発されています。また，“スポーツエールカンパニー”では，社員の健康増進のためにスポーツ実施の積極的な取り組みを行っている企業を認定しています。この制度によって，認定される企業の社会的評価を高め，結果的にビジネスパーソンの運動・スポーツ実施率が向上することが目指されています。

そして，この年代になると，「する」スポーツを楽しむとともに，「ささえる」スポーツであるスポーツボランティアとしての活躍が期待されます。スポーツボランティアとは，「地域におけるスポーツクラブやスポーツ団体において報酬を目的としないで，クラブ・団体の活動を日常的にささえたり，また，国際競技大会や地域スポーツ大会などにおいて専門的能力や時間を進んで提供し，大会の運営をささえる人」▶8のことであり，大きく「クラブ・団体ボランティア」，「イベントボランティア」，「アスリートボランティア」の3つに分けられます▶9。アスリートボランティアはトップアスリートによる社会貢献活動のことを指しますが，特に地域スポーツクラブなどで日常的に活動を行うクラブ・団体ボランティアと，スポーツイベントや大会などで非定期的に活動を行うイベントボランティアは，地域スポーツの振興にとって欠かせないものです。過去1年間にスポーツボランティアを行ったことのある人の割合は6.7%（2018年），5.3%（2020年）を推移しており▶7，今後，スポーツボランティアの理解をさらに深めるとともに，魅力的な活動づくりが望まれます。高齢者のスポーツ（享受期）については第2章第4節を参照してください。

（高松祥平）

▶7 笹川スポーツ財団（2020）スポーツライフ・データ2020：スポーツライフに関する調査報告書．笹川スポーツ財団．

▶8 文部省（2000）スポーツにおけるボランティア活動の実態等に関する調査研究報告書．スポーツにおけるボランティア活動の実態等に関する調査研究協力者会議．

▶9 山口泰雄（2004）スポーツ・ボランティアへの招待：新しいスポーツ文化の可能性．世界思想社．

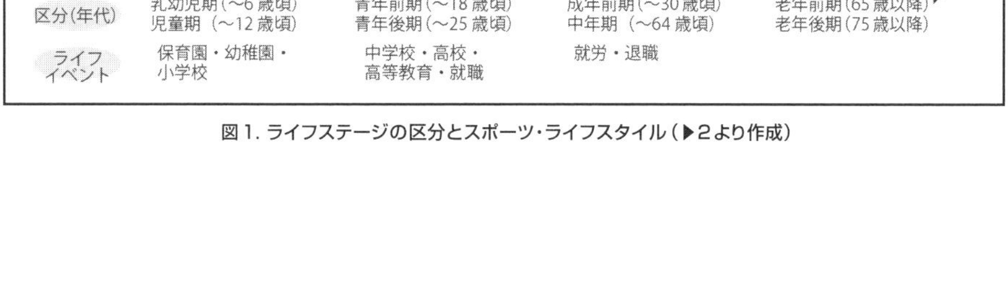

図1．ライフステージの区分とスポーツ・ライフスタイル（▶2より作成）

2-3 地域社会を対象としたスポーツ教育

Key word：地域スポーツ，コミュニティ，総合型地域スポーツクラブ，スポーツツーリズム

1. 地域スポーツとコミュニティ形成

地域スポーツとは，地域に住む人々の生活範域や生活シーンで彩られるスポーツ活動の総称であり，その担い手は地域住民，学校，スポーツチーム，競技団体，地域スポーツクラブ，地方公共団体など多岐にわたります[1]。スポーツには，個人的効果（例：QOL[2]の向上，健康増進）のみならず，経済的効果（例：経済波及効果，ツーリズムの促進）や社会的効果（例：コミュニティ形成，人材育成）に対する期待も寄せられています。

コミュニティとは「共通の関心や活動を基軸とした地理的範囲または関係性のあるグループ」[3]と定義され，そこには主に「社会的相互作用」，「地域」，「共通の絆」といった構成要件があるといわれています[4]。つまり，地域スポーツによるコミュニティ形成は，地域において「する・みる・ささえる」といった多様なスポーツとの関わりの中で人々が交流し，コミュニティが形成されていくと考えることができるでしょう。

また，「三助（自助・公助・共助）の精神」も地域スポーツを理解する上で重要な用語です。中西[5]に基づくと，「自助」とは自分でできることは自分で行うことを意味し，個人・家族・グループ中心のスポーツを指します。「公助」とは個人や地域住民でできないことを行政が支援することを意味し，行政支援に基づくスポーツを指します。そして，「共助」は自分でできないことを住民で助け合うことを意味し，共助行為としてのスポーツを指します。この「共助」こそ，まさに以下で説明する総合型地域スポーツクラブにおいて体現し得ると考えられます。

2. 総合型地域スポーツクラブ

総合型地域スポーツクラブ（総合型クラブ）とは，ヨーロッパ型の地域スポーツクラブを参考に，日本において1995年（文部省の「総合型地域スポーツクラブ育成モデル事業」）より展開・普及されているクラブのことです。総合型クラブは，①複数の種目が用意されている，②子供から高齢者まで，初心者からトップレベルのアスリートまで，地域の誰もが年齢，興味・関心，技術・技能レベルなどに応じて，いつまでも活動できる，③活動の拠点となるスポーツ施設およびクラブハウスがあり，定期的・継続的なスポーツ活動を行うことができる，④質の高い指導者のもと，個々のスポーツニーズに応じたスポーツ指導が行われる，⑤以上について地域住民が主体的に運営する，という特徴があります[6]。2000年に策定されたスポーツ振興基本計画において，全国の各市区町村において少なくとも1つは総合型クラブを育成するという方策が立てられましたが，2020年度時点で育成率（創設済み＋育成準備中のクラブ数／市区町村数）は80.6%であり，ここ数年約80%を推移しています[7]。第2期スポーツ基本計画では，総合型クラブに関する具体的な施策としてこれまでの「量的拡大」から「質的充実」へと方針転換が示され，第3期スポーツ基本計画でも総合型クラブの質的な向上が施策として掲げられています。つまり，現在設立されている総合型クラブにおいては，地域での認知度向上や財政的な自立に向け

▶1　長積仁（2016）第9章1　地域スポーツの担い手．山下秋二ほか編著．図とイラストで学ぶ新しいスポーツマネジメント．大修館書店．

▶2　クオリティ・オブ・ライフ：個人における人生の内容の質や社会的にみた生活の質を示し，個々人が人間らしい生活を送り，人生に幸福を見出しているか，ということを尺度としてとらえる概念（長ヶ原，2018）

▶3　Scotto di Luzio, S., et al. (2017). Construction and validation of the Sport Sense of Community in Adolescence Questionnaire (SSCAQ). Journal of Community Psychology, 45(6): 783-795.

▶4　Hillery, G. A. (1955). Definition of community: Areas of agreement. Rural Sociology, 20(2): 111-123.

▶5　中西純司（2016）第9章3「新しい公共」の形成と地域スポーツ．山下秋二ほか編著．図とイラストで学ぶ新しいスポーツマネジメント．大修館書店，pp. 102-113.

▶6　文部科学省（online）総合型地域スポーツクラブ育成マニュアル　1－1　総合型地域スポーツクラブって何？（2）．https://www.mext.go.jp/a_menu/sports/club/005.htm.（最終参照日：2022年7月11日）

ての活動が一層求められています。

また近年では，大学を拠点に活動する総合型クラブも増加しています。少し古いデータになりますが，2012年の調査報告[8]によると，スポーツ科学系学部・学科・専攻（コース）を有する全国145大学および12短期大学のうち，約4分の1が総合型クラブの活動を大学内の施設で実施しています（大学が中心となって総合型クラブを設立しているのが16%，総合型クラブに施設を貸与している大学が8%）。大学を拠点に総合型クラブを運営するメリットに「学生教育の場の提供」と「人的・物的資源の活用」が挙げられます。

前者については，学生が実際に指導者，アシスタントコーチ，運営スタッフとして関わることで，アクティブ・ラーニングの場を提供することができます。実際，総合型クラブでの活動を授業の単位として認定している大学もみられます。しかしながら，本来であれば自発的に行われるべきクラブの運営が，学生にとっての義務や単位取得のための手段とならないように注意しなければなりません。そのため，単なる実践の場として総合型クラブを活用するのではなく，総合型クラブの理念やその活動の意義に関しても理解を深めた上でクラブへの参画を促す必要があります。

後者の「人的・物的資源の活用」については，学内施設や用具の利用，研究知見からのフィードバック，プログラムの共同開発，教員や学生によるスポーツ教室の開催，教員や学生によるクラブ運営，授業での関わりなどが挙げられます。大学の資源を有効活用することができれば，地域住民にとっても大学の社会貢献としても大きな意味合いを持ちます。一方，大学の資源に頼り過ぎると，大学関係者への負担が大きくなり，クラブの発展を妨げる可能性もあるため，地域から多様な人材を発掘・確保していくことが求められます。

3. 地域におけるスポーツのこれから

第3期スポーツ基本計画において，「スポーツによる地方創生，まちづくり」など，今後5年間に総合的かつ計画的に取り組む12の施策が掲げられました[9]。特に，近年の日本ではスポーツツーリズムが積極的に推進されています。スポーツツーリズムとは「一定の期間生活圏から離れ，独自のルール，優れた身体能力に基づく競争，遊び戯れるという特徴をもつスポーツの要素を含む旅行」[10]と定義され，スポーツ庁は2018年以降の指針を示す「スポーツツーリズム需要拡大戦略」においてアウトドアスポーツツーリズムと武道ツーリズムの推進を重点テーマとしました。訪日外国人にとって日本ならではの大相撲・武道（柔道，空手，剣道，合気道など）や，四季折々の豊富な自然資源を活用したアウトドアスポーツは非常に人気があります。スポーツ庁のウェブサイトにて，様々な事例が紹介されているため，詳しくはそちらをご参照ください[11]。

また，休日の部活動の段階的な地域移行（学校部活動から地域部活動への転換）が検討されています。具体的には，2021～2022年度にかけて，休日の部活動指導や大会引率を地域の人材が担うことができる「地域部活動」を推進するための調査研究が行われています。そして，2023年度以降，休日の部活動の段階的な地域移行を進める方針が打ち出されました[12]。このことから，今後益々地域におけるスポーツが重要になってくると考えられます。一方，兵庫県内の公認スポーツ指導者に対する調査[13]では，「休日の中学校部活動の段階的な地域移行」の賛否に関して約4割が「どちらともいえない」と回答しており，その理由として平日と休日での指導体制の違いに対する懸念や部活動の教育的価値などが挙げられました。各地域で対応可能な仕組みを構築するとともに，地域部活動の趣旨について共通理解を深めていくことが求められています。

（高松祥平）

▶**7** スポーツ庁（2020）令和2年度総合型地域スポーツクラブ育成状況調査. https://www.mext.go.jp/sports/b_menu/sports/mcatetop05/list/detail/1412250_00003.htm.（最終参照日：2022年7月11日）

▶**8** 海老島均（2012）大学を拠点とした総合型地域スポーツクラブに関するアンケート. 大学体育, 39(2)：115-118.

▶**9** スポーツ庁（2022）第3期スポーツ基本計画の概要. https://www.mext.go.jp/sports/content/000021299_20220316_1.pdf.（最終参照日：2022年7月11日）

▶**10** Hinch, T. D. et al. (2001). Sport tourism: A framework for research. International journal of tourism research, 3(1): 45-58.

▶**11** スポーツ庁（online）スポーツによる地域・経済の活性化. https://www.mext.go.jp/sports/b_menu/sports/mcatetop09/1371880.htm.（最終参照日：2022年7月11日）

▶**12** スポーツ庁（online）運動部活動の地域移行に関する検討会議　議事要旨・議事録・配付資料 https://www.mext.go.jp/sports/b_menu/shingi/035_index/giji_list/index.htm.（最終参照日：2022年7月11日）

▶**13** 兵庫県体育協会（2022）中学生のスポーツ機会の充実に向けた中学校運動部活動と総合型地域スポーツクラブとの連携等に関する調査研究. https://www.hyogo-sports.jp/images/439.pdf.（最終参照日：2022年7月11日）

2-4 高齢者を対象としたスポーツ教育

Key word：超高齢社会，マスターズスポーツ，Andragogy

1. 人口減少と高齢化

近年，日本における人口減少と高齢化が加速度的に進んでいます。2020年時点での総人口は前年と比べて29万人減少の1億2586万人となり，一方で高齢者（65歳以上）人口は前年と比べて30万人増加し，その割合は28.7%で過去最多となりました[▶1]。総人口に対して65歳以上の人口が占める割合を高齢化率といい，これが7%を超えると「高齢化社会」，14%を超えると「高齢社会」，21%を超えると「超高齢社会」と呼ばれます。日本は10年以上前から超高齢社会に突入しており，2020年時点での高齢化率は世界一となっています。このような社会の中で，加齢とどのように向き合い運動・スポーツを実施していくかは非常に重要なテーマです。

2. 高齢者におけるスポーツとの関わり

笹川スポーツ財団の2020年の調査[▶2]によると，60歳代の週1回以上の運動・スポーツ実施率は60.6%，70歳代では69.4%と非常に高くなっています。この理由として，他の世代と比較して「お金」と「時間」に余裕があることが挙げられます。家計資産総額（金融資産残高−金融負債残高＋宅地資産＋住宅資産）は，年齢が高くなるにつれて多くなり，60歳代以上が特に多いことが示されています[▶3]。また，65歳以上の就業率は25.1%であり[▶4]，余暇活動に使える時間も多いことが示唆されています。運動・スポーツ実施の内訳としては，ウォーキング，散歩（ぶらぶら歩き），体操の割合が高く，道路や公園で気軽に身体を動かせる種目の人気が高い傾向にあります。日常的に運動・スポーツを実施することで，健康寿命[▶5]の延伸やQOLの向上が期待されます。

この高齢者におけるスポーツは「ヘルススポーツ」，「レジャースポーツ」，「マスターズスポーツ」に3分類することができます[▶6]。個人の志向が多様化する今日においては，健康・体力づくりを主目的とする「ヘルススポーツ」だけでなく，余暇充足と楽しさを追求する「レジャースポーツ」や，技術向上や目標達成を追求する「マスターズスポーツ」も発展してきています。「マスターズスポーツ」においては，マスターズ甲子園[▶7]やワールドマスターズゲームズが特に注目されています。

ワールドマスターズゲームズは，概ね30歳以上であれば誰もが参加できる生涯スポーツの世界大会です。第1回大会は，1985年にカナダのトロントで開催され，その後4年毎に世界各地で開催されています。2017年に開催されたニュージーランドのオークランド大会は約3万人の参加者を集め，その数字は2016年のリオデジャネイロオリンピックの参加者数（約1万1千人）の約3倍となりました。新型コロナウイルス感染症の拡大により残念ながら延期となってしまいましたが，2021年にはアジアでは初となるワールドマスターズゲームズ2021関西（35競技59種目）が開催される予定でした。マスターズアスリートが，加齢のネガティブなイメージである「衰え」や「身体・認知機能の低下」にチャレンジすることで，世間のステレオタイプを打ち破る可能性があると指摘されてお

▶1 総務省統計局（online）1. 高齢者の人口. https://www.stat.go.jp/data/topics/topi1261.html.（最終参照日：2022年7月11日）

▶2 笹川スポーツ財団（2020）スポーツライフ・データ2020：スポーツライフに関する調査報告書. 笹川スポーツ財団.

▶3 総務省（2021）2019年全国家計構造調査. https://www.stat.go.jp/data/zenkokukakei/2019/pdf/youyaku0518.pdf.（最終参照日：2022年7月11日）

▶4 総務省統計局（2021）労働力調査（基本集計）2020年（令和2年）平均結果の要約. https://www.stat.go.jp/data/roudou/rireki/nen/ft/pdf/2020.pdf.（最終参照日：2022年7月11日）

▶5 日常的・継続的な医療・介護に依存せず，自分の心身で生命維持し，自立した生活ができる生存期間のことを指す（長ヶ原，2018）。
長ヶ原誠（2018）高齢者のスポーツ参加とQOL. 川西正志・野川春夫編著，生涯スポーツ実践論，市村出版，pp. 149-153.

▶6 長ヶ原誠（2007）ジェロントロジースポーツ総論. 株式会社ジェロントロジースポーツ研究所編，ジェロントロジースポーツ. フジサンケイビジネスアイ.

り[8]，前述した「ヘルススポーツ」，「レジャースポーツ」，「マスターズスポーツ」が相互に関連しながら，益々高齢者におけるスポーツが発展していくことが望まれます。

3. 高齢者におけるスポーツ教育

教育学の原語であるPedagogyは，ギリシャ語で「子供」を意味するPaidと「指導」を意味するAgogusに由来します[9]。つまり，Pedagogyは元々子供に教えることを意味しています。一方，成人以降の教育に対して用いられる用語に，Andragogy[10]があります。Andragogyとは，「大人に変化をもたらすことを目的とした，意図的かつ専門的に導かれる活動」[9]を意味し，以下の6つの前提があります。

①知る必要性（The need to know）
大人は，何かを学習する前にそれを学ぶ理由を知る必要がある。

②自己概念（The learners' self-concept）
大人は，自分の意思決定や人生に責任を持つという自己概念を持っている。

③学習経験（The role of the learners' experiences）
大人は，若者とは異なる量と質の経験値を持って教育活動に参加する。

④学習準備（Readiness to learn）
大人は，実際の状況で効果的に対処するために知っておくべきことやできるようにしておくべきことを学ぶ準備ができている。

⑤学習志向（Orientation to learning）
子供や若者が（少なくとも学校では）教科中心の学習志向であるのに対して，大人は生活中心（あるいは課題中心or問題中心）の学習志向である。

⑥動機づけ（Motivation）
大人は，外発的動機づけ（より良い仕事，昇進，高い給料など）にも敏感であるが，最も強力な動機づけは内発的なもの（職務満足，自尊心，QOLなどの向上への欲求）である。

2015年の研究では[11]，クラブチームで指導を受けている10名のマスターズスイマーにインタビュー調査を実施し，Andragogyの観点から考察が行われました。選手たちは，自分たちが練習に取り組んでいる理由を理解することや，理想と現実のギャップを埋めるために指導者が必要であったと語っています。また，選手たちは，指導者に学習体験デザインや練習方法の選定について共有することを求めており，バラエティ豊かでやりがいのある練習を提供し，練習や競技力向上のための長期的計画を持ってほしいと考えていることが示されました。この一連の研究において，マスターズアスリートを対象とする指導者に求められるアプローチとAndragogyの6前提が一致することが明らかにされています。これらの結果を踏まえて，マスターズアスリートを対象とする指導者は，①選手と学習経験について共有し，選手の学びへのコミットメントを高める，②選手の性格や過去の経験に照らし合わせて戦略を立てる，③選手が自分の目標を認識し，その目標に推進していると感じられる環境を整える，ことが重要であるとされています[12]。

年齢層の高い人々にとって，「健康づくり」や「運動・スポーツの定期的な実施」が長い間キーワードとなってきましたが，今後平均寿命のさらなる延伸やマスターズスポーツの発展に伴って「競技力の向上」も重要な選択肢の1つになってきます。その際，一般的なアスリートや子供を対象としたコーチングカリキュラムをそのまま当てはめるのではなく，マスターズアスリートを対象とした独自のカリキュラムが必要になると考えられます。

（高松祥平）

▶7 全国の高校野球OB/OGが，性別，世代，甲子園出場・非出場，元プロ・アマチュア等のキャリアの壁を超えて出身校別に同窓会チームを結成し，「甲子園球場」で白球を追いかける夢の舞台を目指す大会のことである。2004年に第1回大会が開催された。
神戸大学マスターズスポーツ振興支援室 (online) マスターズ甲子園とは. https://www.masterskoshien.com/about.html.（最終参照日：2022年7月11日）

▶8 Horton, S., et al. (2008). Understanding seniors' perceptions and stereotypes of aging. Educational Gerontology, 34: 997-1017.

▶9 Knowles, M. S., et al. (2014). The adult learner: The definitive classic in adult education and human resource development. Routledge.

▶10 Andragogyの概念を用いたスポーツ教育学の考え方については，「おわりに」第1節も参照のこと。

▶11 Callary, B., et al. (2015). Masters swimmers' experiences with coaches: What they want, what they need, what they get. SAGE Open, 5(2): 1-14.

▶12 Young, B. W., et al. (2018). Doing 'More for Adult Sport': Promotional and Programmatic Efforts to Offset Adults' Psycho-social Obstacles. Dionigi, R. A., et al. (eds.). Sport and Physical Activity Across the Lifespan. Springer, pp. 263-282.

2-5 生涯スポーツ社会を軸としたスポーツ教育の新たな展開

Key word：スポーツイベント，ソーシャルビジネス，ゆるスポーツ

1. 生涯スポーツのユニークな取り組み

近年，スポーツと何かを組み合わせた（スポーツ×「●●」）スポーツイベントが増加しています。例えば，スポーツ×「スイーツ」＝スイーツマラソン，スポーツ×「ゴミ拾い」＝スポーツ GOMI 拾い，スポーツ×「雪かき」＝国際スポーツ雪かき選手権，スポーツ×「出会い」＝スポーツ婚活などがあります。

スイーツマラソンは，コース内に設置された“給スイーツ所”にてスイーツが食べ放題のランニングイベントです[1]。コスプレをしたり，記念撮影をしたりしながら走ることができるため，通常のマラソンイベントと比べると女性やマラソン経験のないランナーの参加が多いのが特徴です。スポーツ GOMI 拾いは，指定エリアでゴミを拾い，制限時間内に拾ったゴミの量と質でポイントを競い合うチームスポーツです[2]。最終的にはスポーツ GOMI 拾いというスポーツがなくなることを目標としており，環境保全に重きを置いたスポーツならではのヴィジョンといえるでしょう。また，イベントに参加することで参加者同士のつながりや絆が醸成され，まちへの愛着が高まることも期待されます。国際スポーツ雪かき選手権は，雪かき作業をスポーツにしたイベントです[3]。このスポーツイベントがつくられた背景として，少子高齢化によって除雪作業の担い手が不足していることが挙げられます。そのため若者を募るために，雪かきを楽しみながら地域に貢献する要素が組み込まれているのがポイントです。スポーツ婚活は，スポーツ活動を通じた結婚活動のことであり，スポーツサークルを通じた結婚活動の他，スポーツ体験をしながらのカップリングパーティ，スポーツ観戦婚活も含まれ，最近では運動・スポーツ経験による差が顕著に出ないニュースポーツや運動会形式のレクリエーショナルスポーツ，鬼ごっこなどが行われています[4]。スポーツを通して参加者間のアイスブレイクが行われ，チームプレイの中で参加者同士の人間性がわかりやすいことが特徴といえるかもしれません。

以上に紹介してきた取り組みはユニークなスポーツイベントではありますが，共通点として何らかの社会課題の解決に貢献していることが挙げられます。運営側の目線で見ると，まさにスポーツを活用したソーシャルビジネス[5]を展開しており，今後生涯スポーツを持続的に発展させていくためにも，このようなビジネスやイノベーションは欠かせないものとなるでしょう。

2. 新しいスポーツの登場

みなさんも，一度はニュースポーツという言葉を聞いたことがあると思います。ニュースポーツは 1980 年代後半から生涯スポーツの振興とともに，気軽に楽しめるスポーツとして普及したといわれており，軽スポーツやレクリエーション・スポーツと呼ばれることもあります[6]。ニュースポーツは「輸入型」，「改良型」，「開発型」の 3 タイプに分けられます。「輸入型」は，日本人には目新しく映るような諸外国から輸入されたスポーツのことを指します（例：ペタンク，ローンボウルスなど）。「改良型」は，既存のスポーツを地

▶1 株式会社インターナショナルスポーツマーケティング（online）Sweets Marathon. https://www.sweets-marathon.jp.（最終参照日：2022年7月11日）

▶2 一般社団法人ソーシャルスポーツイニシアチブ（online）スポGOMIとは？ https://www.spogomi.or.jp/about/.（最終参照日：2022年7月11日）

▶3 一般社団法人日本スポーツ雪かき連盟（online）Facebookページ. https://www.facebook.com/spoyuki/.（最終参照日：2022年7月11日）

▶4 高見彰ほか（2015）スポーツが効果的な婚活イベントに果たす役割. 笹川スポーツ研究助成研究成果報告書, 127-134.

▶5 多様な社会的課題の解決を目的とする持続的かつ革新的な事業活動。利潤追求を主目的とする民間企業の活動やボランティア活動とは，「社会的課題の解決の最優先」と「採算性」の観点から異なる。中西淳司（2016）地域スポーツのイノベーションモデル. 山下秋二ほか編著, 新しいスポーツマネジメント, 大修館書店, pp. 114-125.

▶6 山口泰雄編著（1996）フィットネスシリーズ1 健康・スポーツの社会学. 建帛社.

域特性や対象者の年齢や体力に合わせて用具やルールを改良したものです（例：ソフトバレーボール，ラージボール卓球など）。そして「開発型」は，日本で新たに開発されたスポーツです（例：グラウンド・ゴルフ，ゲートボールなど）。こうしたニュースポーツが普及した理由として，以下の３点が挙げられています▶6。

１つ目は誰にでも手軽に容易にゲームを楽しむことができる「大衆性」，２つ目はこれまでに見たこともない用具を使う「新奇性」，３つ目は諸外国では長い歴史と伝統を持ったスポーツであり国際的な広がりを持っている「文化性」です。特に，従来の競技スポーツとは異なり，老若男女問わず楽しく取り組めることが広く受け入れられている要因といえます。

最近では，「ゆるスポーツ」という新しいジャンルのスポーツも登場しました。ゆるスポーツとは，一般社団法人世界ゆるスポーツ協会が開発・普及を進めるスポーツです。ニュースポーツと異なる点は，「スポーツ弱者」▶7でも活躍できるスポーツを新たに創作していることが挙げられます。ゆるスポーツは：①「老・若・男・女・健・障」誰でも参加できる，②勝ったら嬉しい，負けても楽しい，③プレイヤーも観客も笑える，④第一印象がキャッチー，⑤何らかの社会的課題の解決につながっている，という５つの要件を満たして初めて成り立ちます▶8。

こうしたゆるスポーツの特徴は，単なるレクリエーションにとどまらず，勝ち負けがあり，スポーツ弱者も楽しみながら活躍できるように創意工夫されている点にあります。例えば，100cm 走やハンぎょボールといった競技があります。100cm 走は細かなルールはありますが，その名の通り 100cm（1m）をいかに遅く走るかを競う競技です。また，ハンぎょボールはハンドボールとブリの街氷見市で生まれたご当地ゆるスポーツで，各選手は脇にブリのぬいぐるみを抱えてプレイします（写真 1）。得点をすると脇に抱えたブリが出世（コズクラ→フクラギ→ガンド→ブリへと巨大化）していき，最終的に各選手が保持している魚に割り当てられた得点の合計を競います。シュートを決めた選手はより大きな魚を脇に挟まなければならなくなるため，シュートを決めるほどプレイ面で不利になっていきます。つまり，プレイの状況に応じて能力差がなくなるように設計されているのです。さらに，氷見市の名産であるブリの PR も兼ねることで，地域活性化にも貢献しています。

その他にも，何十種類ものゆるスポーツが開発されています。ゆるスポーツの理念や目的を知ることは，「ダイバーシティ」や「インクルーシブ」が一層必要となるこれからの時代の生涯スポーツやスポーツ教育を考える上で，大きなヒントが得られるかもしれません。

（高松祥平）

▶7　世界ゆるスポーツ協会代表理事の澤田智洋氏が考案した名称である。運動嫌いで日常的に運動・スポーツを実施していない人たちのことを指す。

▶8　澤田智洋（2020）ガチガチの世界をゆるめる. 百万年書房.

写真１　ハンぎょボールをプレイしている様子

3-1 教科としての体育

Key word：身体の教育，運動を通しての教育，運動の中の教育，運動に関する教育

1. スポーツ教育の中心としての体育授業

学校の教科の1つである体育では，様々な運動やスポーツを経験します。そこでの経験は，学校外でのスポーツ活動や，その後のスポーツとの関わり方に大きな影響を及ぼす可能性があり，スポーツ教育に果たす体育の役割は大きいといえるでしょう。また，第1章第4節でも確認したように，日本のスポーツ教育学に関する研究では，体育授業を対象とした研究がその多くを占めており，スポーツ教育学においても，その重要さは認知されています。

そこで，本章では，スポーツ教育の実践の場やスポーツ教育学として，重要な位置づけにある体育授業に着目していきます。

2. 教科名の変遷

そもそも，現在の教科体育は，学生の発布当初（1872年）は，「体育科」ではなく「体術科」という教科名が用いられていました。その後，「体操科」（1873年），「体錬科」（1941年）を経て，第二次世界大戦終結後の1947年に示された「学習指導要領一般編（試案）」において，「体育」と明記されました。

学習指導要領は1958年に告示されて以降，約10年ごとに改訂されています。体育は，その存在意義が問われ，学習指導要領の改訂の際には年間授業時数が削減されるなど，教科としての位置づけが危ぶまれることもありましたが，現在においても教科の1つとして位置づけられています。 このように，戦前・戦後を通して教科名が「体術」や「体操」，「体錬」，「体育」へと変遷する中で，体育の理念も変化してきました。

3. 体育の理念

体育の理念については，主に「身体の教育」，「運動を通しての教育」，「運動の中の教育」，「運動に関する教育」の4つから捉えることができます。以下では，これらの体育理念を概観していきます。

1）身体の教育

「身体の教育」とは，身体の機能向上を求める考え方です。例えば，1878年に設立された「体操伝習所」[▶1]では，人々の健康の維持・増進を志向した普通体操が取り上げられ，その卒業生が全国へ普及させていきました。他方で，「体錬科」では，身体を鍛錬し精神を錬磨して濶達剛健なる心身を育成し献身奉公の実践力を培うこと[▶2]が目的として位置づけられていました。このように，「身体の教育」では，個人の健康の増進のみならず，強い国家を作るための基盤として強靭な身体が重視されました。

2）運動を通しての教育

「運動を通しての教育」とは，教育目標などを達成するために運動やスポーツを手段的

▶1 体育の研究と体操科の教員を養成することを目的として設立された。現在の筑波大学体育専門学群の前身にあたる。

▶2 文部省普通学務局（1941）国民学校令及国民学校令施行規則．内閣印刷局．

に位置づける考え方です。この考えは，戦後の学校教育改革において，民主的な人間の育成が求められている中で登場しました。そして，1947年に示された「学校体育指導要綱」[3]では，日本が民主国家として出発するにあたって，健全で有能な身体と社会的・道徳的性格を育成するという方針が掲げられ，小学校では「遊戯」，中学校では「スポーツ」という区分に，様々なスポーツが取り上げられました[4]。

3）運動の中の教育

「運動の中の教育」とは，運動やスポーツそれ自体が備えている内在的価値を評価し，学校教育において学習・発展していく文化として運動やスポーツを位置づける考え方です。こうした考え方が登場した背景には，1960年代後半からヨーロッパで起きた「スポーツ・フォー・オール」運動[5]や，国内の社会状況の変化（技術革新の進展や生きがいの変化，高齢社会への変化など），それに伴う国民のスポーツに対する欲求・必要性の高まりなどが挙げられます[6]。そして，1977年に告示された小学校学習指導要領の体育科の学年目標では，「各種の運動の楽しさを体得するとともに，その特性に応じた技能を養う」ことが示され，体育の目標や学習内容の中心に「楽しさ」が位置づけられました[7]。

4）運動に関する教育

「運動に関する教育」とは，スポーツ科学の成果を教科の内容として位置づける考え方で，実践される運動をわかりやすく，意味のあるものにするための理論的背景になり得るものです。2017年・2018年に告示された小学校・中学校・高等学校の学習指導要領解説体育編・保健体育科編では，自己の適性などに応じて「する・みる・支える・知る」といった運動やスポーツとの多様な関わり方を学ぶことが重視されました[8]。また，各運動領域の指導においては，運動の行い方に関する具体的な知識と，運動の実践や生涯スポーツに関わる概念や法則などの汎用的な知識とを関連づけて学ぶことが求められています。

このように，体育はその長い歴史の中で，単に教科名だけでなく，理念も変化しながら，その時々の学習指導要領で示される体育の目標や内容に反映されてきたといえるでしょう。

4. 子供たちの姿から体育授業を捉える

2017年・2018年に告示された小学校・中学校・高等学校の学習指導要領の体育科・保健体育科では，生涯にわたって豊かなスポーツライフを実現するための資質・能力として，運動に関する「知識・技能」，運動課題の発見や解決などのための「思考力・判断力，表現力」，主体的に学習に取り組む態度などの「学びに向かう力，人間性等」を育成することが目指されました[8]。こうした生涯にわたり運動やスポーツに親しむ資質・能力の育成を志向した動きは，海外においても確認することができ，例えば，アメリカのナショナルスタンダードでは，体育の目的として「健康によい運動を生涯楽しく行うための知識，スキル，自身を併せ持った個人を育てること」[9]が示されています[10]。

このように，体育授業において生涯にわたって運動やスポーツに親しむ資質・能力を育成していくことは，日本に限らず国際的にも認識されているといえるでしょう。しかし，そうした資質・能力を育むことは容易ではありません。実際に，運動やスポーツを実施しない人と実施頻度が週1回未満の人を合わせた割合は，各年代において，3割を超えていることが報告されています[11]。こうしたことからも，体育の理念や目的・目標などを検討するのみでは，理想と現実のギャップを埋めることは困難であるといえるでしょう。次節では，こうした理想と現実のギャップを埋めるために，子供たちの視点から体育授業を捉えていくことの重要性について論じていきたいと思います。

（梶将徳）

▶3 「学習指導要領」と示されなかったのは，「学校体育研究委員会」の検討した内容が，連合国総司令部（GHQ）の民間情報教育局（CIE）の考えていた内容とは異なっていたことによるとされている。
木村吉次編（2017）現代体育・スポーツの動向．体育・スポーツ史概論．市村出版，pp. 172-185.

▶4 文部省（1947）学校体育指導要綱．大日本圖書株式会社．

▶5 スポーツ・フォー・オール運動については，第2章を参照のこと。

▶6 嘉戸脩（1990）生涯スポーツと学校体育．松田岩男ほか編，新しい体育授業の展開・総則編．大修館書店，pp. 43-52.

▶7 文部省（1977）小学校学習指導要領．大蔵省印刷局．

▶8 文部科学省（2018）小学校学習指導要領（平成29年告示）解説体育編．東洋館出版社．
文部科学省（2018）中学校学習指導要領（平成29年告示）解説保健体育科編．東山書房．
文部科学省（2019）高等学校学習指導要領（平成30年告示）解説 保健体育編 体育編．

▶9 SHAPE America (2014). National Standards & Grade-Level Outcomes for K-12 Physical Education. Human Kinetics.

▶10 アメリカの体育授業の詳細については，第19章1節を参照のこと。

▶11 笹川スポーツ財団（2020）スポーツライフ・データ：スポーツライフに関する調査報告書2020．笹川スポーツ財団．

3-2 学習者は体育授業で何を学び，どのように学ぶのか

Key word：メタ認知，学習観，学習方略

1. 体育は何を学ぶ教科なのか

全国の中学生約2,000名を対象に行った質問紙調査において，「これまで，体育の授業で学ぶ内容について考えたことがあるか」と質問したところ，71％の中学生が「考えたことがない」と回答しています[1]。さらに，自由記述欄には，「体育は学ぶというよりも勉強の息抜きの時間」や「体育はレクリエーションみたいなものだ」と回答する中学生も散見されました。このことから，体育が学習者にとって「学習」であると認識されていないという問題点が指摘できます。

他方で，自己の学習に対する認知状態を把握することは，自身の学習行動を効果的に調整するために不可欠な行動と考えられています[2]。このような，自らの知的な活動を客観的に捉え，行動を調節することを「メタ認知」といいます。

2. メタ認知による学習観・学習方略

メタ認知は，知的な状態を自ら診断する「モニタリング」と，モニタリングの結果を踏まえて行動を調整する「コントロール」，メタ認知的活動[3]を行うために必要とされる「メタ認知的知識」から捉えられます[2]。これらのうち，どれか1つが欠けても，認知活動はうまくいかないといわれています。

そして，メタ認知の働きを学習との関連の中で考えるとき，重要な概念となるのが「学習観」[4]と「学習方略」です。学習観は，「学習とはどのようなものか」という抽象的な思考を表しており，知識の獲得や利用を方向づけるメタ認知的知識です[5]。そして，学習方略は，「学習の効果を高めることを目指して意図的に行う心的操作あるいは活動」[6]と捉えられており，学習方法を意味します。以上を踏まえ，体育においても，自身の現状を正しく分析し，学習観に基づいて適切な学習方略を選択できるような学習者を育成していくことが重要であるといえます。

3. 体育授業における学習観の構造

学習一般に関わる学習観を検討した研究では，学習観が，主に①学習内容に意味を付与することや，学習内容を他の情報と関連づけて理解する「意味理解志向学習観」，②答えの理由がわからなくても，問題のやり方を暗記する「暗記再生思考学習観」，③学校や教師によって学習が成立する「学校依存的学習観」，④学習を「しなければならないもの」とする「義務的学習観」から構成されることが明らかにされています[7]。こうした学習一般に関わる学習観研究の一方で，体育独自の学習観に関する研究も行われてきました。

まず，小学校の体育授業における学習者の学習観は，「運動技術の習得」，「心身の向上」，「コミュニケーション能力の涵養」，「運動の魅力の感受」，「身体と運動に関わる知識の修得」の5因子から構成されています（図1）[8]。そして，中学校の体育授業における学習者の学

▶1 小野雄大ほか（2018）中学校の体育授業における学習観および学習方略の関連に関する研究．体育学研究，63（1）：215-236.

▶2 植阪友里（2014）メタ認知・学習観・学習方略．市川伸一編，現代の認知心理学5 発達と学習．北大路書房，pp.172-200.

▶3 モニタリングとコントロールを合わせて，メタ認知的活動と呼ばれている。

▶4 本節では，広義の学習観に焦点を置いている。

▶5 藤村宣之（2008）知識の獲得・利用とメタ認知．三宮真智子編，メタ認知：学習力を支える高次認知機能．北大路書房，pp.39-54.

▶6 辰野千壽（1997）学習方略の心理学：賢い学習者の育て方．図書文化社．

▶7 鈴木豪（2013）小・中学生の学習観とその学年間の差異．教育心理学研究，61(1)：17-31.

▶8 Ono, Y. et al. (2020). Study on the concept of learning by elementary school students in physical education classes in Japan. Journal of Physical Education and Sport, 20(3): 1415-1422.

習観は,「運動技術の習得」,「コミュニケーション能力の涵養」,「身体と運動に関する知識の修得」,「運動の魅力の感受」,「身体能力の向上」の５因子から構成されています（図１）[1]。

このように，小学校と中学校の体育授業における学習者の学習観では,「運動技術の習得」,「コミュニケーション能力の涵養」,「身体と運動に関する知識の修得」,「運動の魅力の感受」において，概ね近似した学習観が形成されていることがわかります。一方で,「心身の向上」（小学生）と「身体能力の向上」（中学生）については，小学生では基礎的な体力や精神力の向上を通して健康な身体を獲得する教科と捉えるのに対し，中学生では身体能力を向上する教科と捉えており，学校段階で異なる学習観が形成されているといえます。

4. 体育授業における学習方略の構造

続いて，学習一般に関わる学習方略を検討した研究では，学習方略が，主に①学習内容の修得に向けて工夫を行う「認知的方略」,②自身の知的な状態に注意を向ける「メタ認知方略」,③道具や他者といった外的リソースを活かす「外的リソース」から構成されることが明らかにされています[2]。

学習方略についても，体育に特化した研究が行われており，小学生の体育授業に対する学習方略は,「学習規律の重視」,「挑戦的な取り組み」,「教師の指示の重視」,「仲間との協力的な取り組み」,「思考・判断」の５因子から構成されています（図１）[9]。そして，中学生の体育授業の学習方略は,「学習規律の重視」,「仲間との協力的な取り組み」,「楽しさの創出」,「挑戦的な取り組み」,「公正な取り組み」,「教師への関わり」,「思考・判断」の７因子から構成されています（図１）[1]。

▶9 Kaji M. et al. (2021). A Study on Learning Strategies in Elementary School Physical Education. Journal of physical education and sport, 21(6): 3211-3217.

このように，小学生と中学生の学習者は体育授業において多様な学習方略を使用していることがわかります。さらにここから，小学生は中学生よりも教師の指示を重視して体育授業に取り組んでいる可能性，中学生は「楽しさの創出」や「公正な取り組み」といった体育特有の学習方略を使用して体育授業に取り組んでいる可能性を読み取ることができるでしょう。

5. 体育授業で育成したい学習者とは

自己の学習に対する認知状態を把握することは，自身の学習行動を効果的に調整するために不可欠な行動であるとされています。しかし，学習者にとってみれば簡単なことではありません。私たちは，こうした子供たちの実態を踏まえた上で，体育を通してどのような学習者を育成していくのか，改めて考える必要があるといえるでしょう。

（梶将徳）

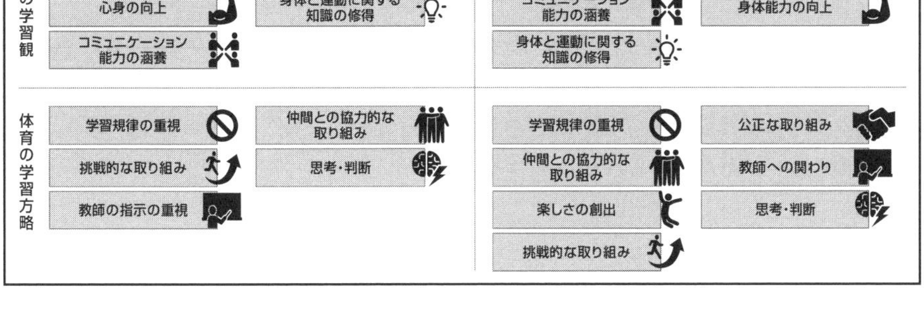

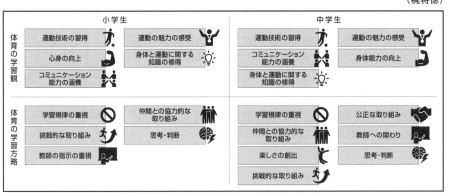

図1.
小学生と中学生における体育の学習観・学習方略の構造

3-3 動きの質が未熟な学習者と体育授業

Key word：体力，運動能力，運動技能

1. 動きの質が未熟な子供たち

日本の子供の体力・運動能力は，近年その低下傾向に歯止めがかかりつつあることが指摘されてはいるものの，依然として低い状態にあります[1]。一方で，子供の身長や体重などの体格については向上傾向にあります[2]。一般的に，体格の向上や筋力の増加に伴って，体力・運動能力も一定程度向上すると考えられていますが，それにもかかわらず，子供の体力・運動能力が低い状態にあるということは，私たちの想像以上に子供の体力・運動能力の低下は深刻な状態といえるでしょう。

この問題を考えていく上で，1つの手がかりとなるのが，「動きの質」です。上述のような子供の体力・運動能力は，時間や回数，距離などを測定し，数量的に捉えられています。しかし，この方法では，子供の走り方や投げ方といった動きの質を十分に把握することは困難です。

そこで，「子供の動きの質」を対象とした研究に着目してみると，例えば，1985年当時と2007年当時の幼児の基本的動作を比較した研究[3]では，1985年の年少児の習得状況と，2007年の年長児の習得状況が同等であることが明らかにされています。また，小学生の50m走，立ち幅跳び，ボール投げの各動作を分析した研究[4]では，小学校高学年においても，小学校4年生までに身につけてほしい動き[5]が十分に習得されていないことが明らかにされています。これらの研究結果は，単に子供の体力・運動能力が低下しているだけではなく，動きの質も熟達していないことを示唆しているといえるでしょう。

2. 子供の運動発達モデル

ガラヒュー（Gallahue, David L）は，人間の運動を発達的な視点から理解するための理論モデルとして，「砂時計モデル」を提唱しています（図1）[6]。このモデルでは，運動発達段階が「反射的な運動の段階」（～1歳頃），「初歩的な運動の段階」（～3歳頃），「基本的な運動の段階」（～10歳頃），「専門的な運動の段階」（10歳～）の4段階で捉えられており，さらに，各段階複数のステージに細分化されています。そして，ほとんどの基礎的な運動は，6，7歳頃に熟達ステージに到達するといわれています。

一方で，就学前や小学校期に運動技能を発達させて熟練することができないと，それ以降に専門的なスポーツの技術を習得することが難しく，未習得のままになることが多いとされています。その要因としては，悪い習慣の積み重ねやパフォーマンスの低さに対する自己軽蔑的な見方，パフォーマンスの低さに対する周囲からの見方などが挙げられます。

これらを踏まえると，幼少期に適切な運動経験を積むことは必要不可欠であるといえるでしょう。そのために，小学校の体育において，学習者が適切な動きを身につけることができるような授業が展開されていくことが求められます。

▶1 スポーツ庁（2021）令和2年度体力・運動能力調査報告書. https://www.mext.go.jp/sports/content/20210927-spt_kensport01-000018161_6.pdf.（最終参照日：2022年7月11日）

▶2 文部科学省（online）学校保健統計調査. https://www.e-stat.go.jp/stat-search/files?page=1&layout=datalist&toukei=00400002&tstat=000001011648&cycle=0&tclass1=000001020135&tclass2val=0.（最終参照日：2022年7月11日）

▶3 中村ほかの研究では，基本的動作として，疾走動作，跳躍動作，投球動作，捕球動作，まりつき動作，前転動作，平均台移動動作が比較されている。中村和彦ほか（2011）観察的評価法による幼児の基本的動作様式の発達. 発達発育研究, 51：1-18.

▶4 加藤謙一（2010）小学生の走・跳・投における運動能力とそれらの動きの観察的評価との関係. 平成21年度日本体育協会スポーツ医・科学研究報告Ⅳ. 子どもの発達段階に応じた体力向上プログラムの開発事業, 43-48.

▶5 例えば，ボール投げでは，全身を使って，腕をむちのように振って投げる動作とされている。

3. 体育授業における運動技能の習得

体育では，様々な運動領域がありますが，その中でも，動作に関する指導が軽視されやすいと考えられる領域の１つに，陸上競技（運動）領域が挙げられます。なぜなら，陸上競技を構成する走・跳・投といった動作は，幼少期の日常生活や運動遊びの中で繰り返されて，一定程度習得しているからです。そのため，陸上競技（運動）領域の授業では，動作に関する特別な指導が行われず，記録の測定のみに終始してしまう傾向があります。このことからも，陸上競技（運動）領域の授業において，学習者が適切な動き方を身につけることができるような授業が展開されていく必要があります[7]。

そこで，体育授業において，走・跳・投に関する動作の習得を目的とした研究を概観してみると，走動作については，小学校中学年を対象とした実践研究を通して，中間疾走局面の体幹の動作が改善したことが明らかにされています[8]。また，跳動作については，小学校中学年を対象とした実践研究を通して，「助走」，「踏切準備」，「踏切」，「空中」，「着地」のすべての局面において，動作が改善したことが明らかにされています[9]。さらに，投動作においては，小学校低学年を対象とした実践研究を通して，男子は「助走」を中心に，女子は「助走」，「肘の高さ」，「体の回転」，「足の踏み出し」のすべての観点において，動作が改善したことが明らかにされています[10]。

このように，走・跳・投といった既に一定程度身についている動作は，体育授業を通して，十分に改善することができます。その際，学習者の興味や関心を高めることができるような様々な工夫のある教材が必要不可欠であることはいうまでもありません。

4. 運動技能が可視化されやすい教科

体育は，運動学習を主とする学習方法が用いられるため，できる・できないといった運動技能が可視化されやすい教科です。それゆえに，体力・運動能力が低く，動きが未熟な子供にとってみれば運動能力の低さが他者の目にさらされやすい状況にあるといえるでしょう。こうした状況は，子供に運動やスポーツに対する劣等感を抱かせ，体育授業に対して回避的な態度や行動を助長する可能性があります．そのため，体育授業では，子供たちの実態や運動発達を踏まえながら，適切な運動技能が習得できるような学習環境を保障していくことが求められています。

（梶将徳）

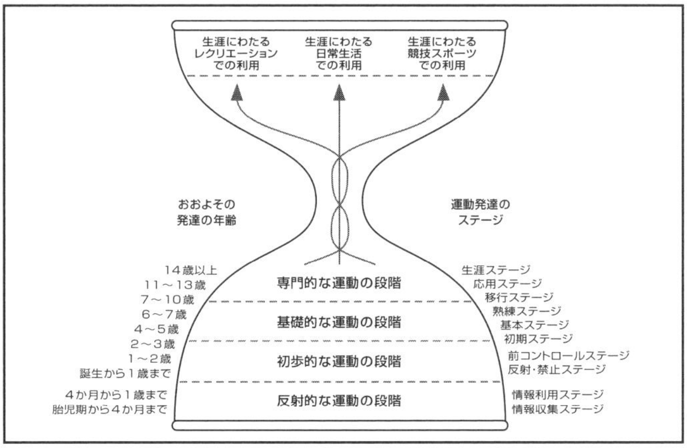

図 1. 運動発達の段階とステージ[6]

▶6 ガラヒュー：杉原隆監訳（2009）幼少年期の体育：発達的視点からのアプローチ. 大修館書店.

▶7 2017年に告示された小学校学習指導要領解説では，陸上運動領域において，投動作に関する指導を行うことが可能である旨が記載された。

▶8 梶将徳ほか（2018）小学校中学年の体育授業における「かけっこ」の学習指導に関する研究. スポーツ教育学研究, 37（2）: 31-46.

▶9 陳洋明ほか（2014）小学校中学年における幅跳びの学習指導に関する一考察：3年生と4年生の授業成果の比較を通して. 体育科教育学研究, 30（1）: 17-32.

▶10 長野敏晴ほか（2018）投運動の基本的動作習得を目指した体育学習：低学年児童を対象とした授業実践を通して. 発育発達研究, 80 : 17-29.

3-4 体育授業に対する内発的動機づけ

Key word：運動有能感，楽しさ，適応感

1. 体育やスポーツが嫌いな子供たち

皆さんは，体育やスポーツが「好き」でしょうか。あるいは「嫌い」でしょうか。スポーツ庁の調査によれば，運動やスポーツをすることが「やや嫌い・嫌い」と回答した小学生男子は9.0%，小学生女子は16.4%，中学生男子は12.7%，中学生女子は24.7%でした[1]。また，別の調査によれば，体育が「あまり好きではない・全く好きではない」と回答した小学生は15.0%，中学生は22.5%と報告されています[2]。このように，体育やスポーツが好きではない子供は一定数存在しており，さらにそれは学校段階が上がるにつれて顕著な傾向を示します。

これらの調査結果を踏まえると，体育授業では，体育やスポーツが好きではない子供の存在を踏まえた上で，自主的に学習活動に取り組む態度の育成をし，運動・スポーツに対して，主体的な関わりを持つことができる学習者を育成することが求められます。

2. 学習に対する内発的動機づけ

学習者が学習に意欲的に向かっていくためには，学習に対する「内発的動機づけ」を高めることが重要であるといわれています。内発的動機づけとは，活動自体に内在する報酬のために生起する行為の過程であり，自己の内面から規定される動機づけとされています[3]。

こうした内発的動機づけを学習場面との関連からみると，学習者は，「もっと知りたいから調べてみる」，あるいは，「もっと上達したいから練習する」というように，行為そのものが目的となって動機づけられていきます[4]。そのため，体育においても，学習者が運動・スポーツに主体的に取り組み，それを継続していくためには，学習者の体育授業に対する内発的動機づけを促すことが重要と考えられます。

3. 体育授業に対する内発的動機づけに関わるキーワード

体育授業を対象とした研究では，体育授業への内発的動機づけとの関連から，これまでに「運動有能感」や体育授業における「楽しさ」，体育授業への「適応感」などに着目した研究が蓄積されてきました。以下では，これらについて概観していきます。

1）運動有能感

運動有能感とは，運動に対する有能さの自己認知，すなわち運動に対する自信を表しています[5]。運動有能感は，体育科教育学において人気のあるテーマの1つであり，それゆえに，運動有能感を高めることを意図した実践研究が数多く蓄積されてきました。

他方で，これまでの心理学分野で行われてきた「有能感」に関する研究では，他者の能力を批判的に評価・軽視することによって形成される有能感の存在が指摘されてきました。それを踏まえれば，他者に運動の成果が可視化されやすい体育授業は，より他者比較・軽

▶1 スポーツ庁（2021）令和3年度全国体力・運動能力，運動習慣等調査報告書. https://www.mext.go.jp/sports/b_menu/toukei/kodomo/zencyo/1411922_00003.html.（最終参照日：2022年7月11日）

▶2 ベネッセ教育総合研究所（2015）小中学生の学びに関する調査. https://berd.benesse.jp/up_images/research/Survey_on_learning_sheet_1.pdf.（最終参照日：2022年7月11日）

▶3 Deci, E.L. et al. (1985). Intrinsic motivation and self-determination in human behavior. Plenum Press

▶4 鹿毛雅治（2013）学習意欲の理論：動機づけの教育心理学．金子書房．

▶5 Ono Y. et al. (2020). Development of the Physical Competence Scale for Elementary School Students in Japan. International Journal of Sport and Health Science, 18: 122-133.

視がなされやすい学習環境にあると考えられます。しかし，これまでの体育科教育学ではこのことが一切考慮・検討されてきませんでした。

こうした課題を踏まえて，運動有能感がどのような要素で構成されるのか，改めて検証した結果，努力を積み重ねることによって運動ができるようになるという自信を表す「統制感」，他者からの承認によって得られる自信を表す「承認感」，身体的な有能さに対する強い自信を表す「全能感」，他者への優越性を見出すことによって得られる自信を表す「優越感」，明確な目標や高い目標を持つことによって得られる自信を表す「向上感」から構成されていることがわかりました▸5。ここで重要な点は，「優越感」が高まることによって学習者同士の関わり合いに不和が，また「向上感」が高まることによって現実との乖離が生じる恐れがあるということです。そのため，運動有能感は単に高めればいいというわけではなく，授業者は運動有能感の多層性や特徴への理解を踏まえて，適切に育んでいく必要があるといえます。

2）体育授業における楽しさ

体育では，1977 年に告示された小学校学習指導要領の学年目標に「楽しさ」が明示されて以降，学習者にスポーツの楽しさを味わわせることで，運動やスポーツへの親和性を育むことが目指されてきました。しかしながら，そこで味わわせたいとする楽しさとは，いったい何なのでしょうか。こうした問いについて，これまでの体育科教育学では十分には検討されてきませんでした。

そこで，「体育授業の楽しさの構造」を検証した結果，それは，学習者同士の相互作用によって感じられる「仲間との協力」，運動に熱中して取り組むことによって得られる「運動への没入」，できなかったことができるようになることによって得られる「達成感」，他者からの注目や称賛によって得られる「他者からの承認」，運動することを通して得られる「運動の本質の体感」，学習者が意思決定を行い，創意工夫をして取り組むことによって得られる「自己裁量の行使」から構成されることが明らかになりました▸6。このように，体育授業の楽しさとひと言にいっても，その内実は十人十色といえるでしょう。

3）体育授業への適応感

適応感とは，個人が環境に対して抱く感情や認知の総称と捉えられており，主体がその環境に「合っている」という感覚を意味します▸7。体育授業を対象とした研究では，かねてより，体育授業に不適応を起こしている学習者の存在が指摘されており，そのような学習者は社会的スキルが低い▸8 ことなども指摘されてきました。

そこで，「体育授業への適応感の構造」を検証した結果，それは，他者からの信頼や受容されている感覚を表す「被信頼・受容感」，授業内の課題や目標があることによって充実して取り組めている感覚を表す「課題・目標の存在」，自己の運動技術が向上している感覚を表す「成長の実感」，仲間と協力しながら取り組めている感覚を表す「仲間の存在」，体育授業中に自己を表現できている感覚を表す「自己の表出」，体育授業に対する肯定的な感覚を表す「体育授業への親和性」から構成されることが明らかになりました▸9。

4. 学習者の心的内面を理解することの重要性

学習者の体育授業に対する内発的動機づけに関わる諸概念は，複雑に交絡しながら存在しています。また，当然ではありますが，これらの構造は学習者によって異なります。したがって，体育では学習者の心的内面への理解を深めていくことが求められます。

（梶将徳）

▸6　梶将徳ほか（2020）小学校の体育授業における楽しさ尺度の開発：小学校高学年児童を対象として．スポーツ教育学研究，40（2）：1-16.

▸7　大久保智生（2005）青年の学校への適応感とその規定要因：青年用適応感尺度の作成と学校別の検討．教育心理学研究，53(3)：307-319.

▸8　佐々木万丈（2004）中学生の体育授業における社会的スキルの分析：性，学年，体育授業への適応感に着目して．体育学研究，49(5)：423-434.

▸9　Kaji M. et al. (2020). Structure of Subjective Adjustment to Physical Education Classes for Elementary School Students. International Journal of Sport and Health Science, 18: 57-66.

体育授業

3-5 これからの体育授業に向けて

Key word：尺度開発，学習者，定性的研究

1. 学習者に関わる体育科教育学の研究の課題

本節では，まず，学習者に関わるこれまでの体育科教育学の研究の主な課題について概観した上で，これからの体育授業と体育授業に関する研究の展望を述べていきます。

1）授業評価や概念に関わる尺度開発の研究

1つ目は，授業評価や概念に関わる尺度開発が，量・質の両面において不十分であることが挙げられます。第1章第4節にて明らかになったように，日本のスポーツ教育学では，近年，体育授業を対象とした学習指導プログラムの効果検証に関する研究が蓄積されています。これらの研究の多くは，学習者が学習指導プログラムの効果を評価する授業評価尺度が用いられています。

しかしながら，近年では，用いられる評価尺度がパターン化しており，実践研究のオリジナリティも乏しくなってきています。教育心理学などの他分野では，学習者や授業者に関わる研究が進んでいることから，こうした他の研究分野の知見なども踏まえながら，体育科教育学オリジナルの授業評価尺度が開発されていくことが望まれます。

また，体育科教育学で使われる授業評価尺度の中には，20年以上経過した現在でも，ブラッシュアップされることなく使用され続けているものもあります。こうした背景には，尺度開発の方法論を把握していない可能性，既存尺度を絶対視している可能性が考えられます。いずれにしても20年前と比較して，学習者や学習者を取り巻く環境は大きく変化していることから，使用する尺度がそぐわない場合もあるかもしれません。

そして，特に危機感を持って認識しなければならないのは，信頼性と妥当性を十分に検討されていない尺度が跋扈してしまっている現状です。一般的に尺度開発は，信頼性や妥当性が検討されて実践に耐え得る尺度となりますが，体育科教育学で用いられている尺度の中には，それが十分に含まれていないものも散見されるため，改善が必要です。

2）既存のモデルと学習者の実態を結びつける研究

2つ目は，既存のモデルと学習者の実態を結びつけるような研究が十分に蓄積されていないことが挙げられます。体育科教育学では，技術・戦術に関わる「運動技術による学習」とルールやマナーなどに関わる「社会的行動の学習」は，「認知的・反省的学習」を媒介として行われ，これらの学習の結果として楽しさや喜びを体験するような「情意的学習」がもたらされると捉えられています[▶1]。

他方で，中学生の体育学習方略の研究[▶2]では，「楽しさの創出」が抽出されたことから，学習者は体育授業において楽しさを意図的に見出している可能性があるとされています。これはすなわち，従来の体育科教育学で捉えられてきたモデルとは異なる構図であるといえるでしょう。このように，体育科教育学で提示されているモデルとその実態の間には，乖離がある可能性を指摘することができ，既存のモデルと学習者の実態を結びつけるような研究が蓄積されていくことが求められます。

3）体育やスポーツが好きな学習者に着目した研究

3つ目は，「体育やスポーツが好きな学習者」に着目した研究があまりなされていない

▶1 Crum, B.（1992）The Critical-Constructive Movement Socialization Concept: Its Rational and Its Practical Consequences. International Journal of Physical Education, 29（1）: 9-17.

▶2 小野雄大ほか（2018）中学校の体育授業における学習観および学習方略の関連に関する研究．体育学研究，63（1）: 215-236.

ことが挙げられます。どちらかといえば，これまでの体育科教育学の研究対象の主流となってきたのは，「体育やスポーツが嫌いな学習者」，あるいは「運動が苦手な学習者」（技能下位児）でした。当然そうした学習者の学習支援は，十分になされる必要がありますし，小学校学習指導要領解説体育編では，運動が苦手な児童の配慮の例が示されていることもあり，引き続きそうした学習者に関する研究は蓄積されていくでしょう。

しかし，現状では，体育やスポーツが好きな学習者，あるいは得意な学習者を満足させるための授業づくりという観点からは，十分な研究がなされていないように思います。こうした学習者が，さらに充実した学習効果を得られるようになるためにも，体育やスポーツが好きな学習者に着目した研究も蓄積されていくことが望まれます。

4）教育現象が生じるメカニズムやプロセスを明らかにする定性的研究

4つ目は，教育現象が生み出されているメカニズムやプロセスに関する研究が十分に蓄積されていないことが挙げられます。教育実践は「生き物である」などといわれるように，様々な要因が複雑に交絡し合い，変容しながらかたちづくられています。体育授業においてもまた，授業者や学習者，他の学習者との関わり，教材など，それらは刻々と変化していきます。学習指導プログラムの効果検証などの研究では，結果に焦点が置かれるため，その結果が生じたプロセスについては形成的評価[▶3]などから推察される程度にとどまります。そのため，教育実践の中で生じる現象そのものをつぶさに検討していくことは，まだ十分には行われていないといえるでしょう。こうした意味において，教育現象が生じるメカニズムやプロセスを明らかにしていくことができる定性的研究などの蓄積が求められます。

▶3 形成的評価とは，単元中に実施される評価のことであり，学習者の学習状況を把握し，学習の見通しを得るために行われる。田中耕治（2018）教育評価. 岩波書店.

これまでみてきたように，体育科教育学の学習者に関わる研究では様々な課題が挙げられ，こうした研究の知見が学校教育現場へ還元されていくことが期待されます。

2. 今後に向けて

本章では，学習者の視点から体育授業を捉えるために，学習者が有する体育の学習観・学習方略（第2節），学習者の動きの質（第3節），体育授業への内発的動機づけに関わる諸概念（第4節）に着目しながら論じてきました。各節の内容からもわかるように，「学習者」と一言でいってもその内実は多様であり，学習者を理解することはたやすいことではないといえるでしょう。また，学習者にとってみれば，体育授業は運動技術をはじめ様々な資質・能力を身につけることができる一方で，自己の学習に対する認知状況の把握が難しく，さらに劣等感や優越感を感じやすいなど，認知的・心理的な難しさを抱えやすいといえるかもしれません。こうした意味において，これからの体育授業では，学習者の認知や心的内面を踏まえた学習指導の展開が期待されます。

他方で，前項でも示したように，教育心理学などの他分野では，学習者や授業者の心理に関わる研究が進んでいます。そのため，スポーツ教育学において，例えば，体育授業で生じる学習者の心の動きや行動を心理学の手法を用いて探求するのであれば，「スポーツ教育心理学」（スポーツ教育学×教育心理学の造語）とでもいうべき新たな視点を見出すことができます。「スポーツ教育心理学」の成立条件や独自性などは，これから慎重に検討していかなければなりませんが，研究が進めば体育授業にとどまらず，生涯発達という広い視野を持って，スポーツ教育実践で生じる人間の心の動きまでを体系的に読み解くことができるかもしれません。

（梶将徳）

4-1 多様化するユーススポーツの現在

Key word：運動部活動，スポーツクラブ，地域移行，対外競技基準

1. 運動部活動を中心としたユーススポーツの再考

日本のユーススポーツ（中学生・高校生年代のスポーツ活動の総称）は，中学校・高校の教育課程外に位置づく「運動部活動」を中心として発展してきました。一方で，学校外のスポーツクラブも数多く存在しており，例として，青少年を対象とした入学金・月謝などによって経営される「民間スポーツクラブ」や「総合型地域スポーツクラブ」などが挙げられます。現在，運動部活動に所属する中高生は約52%，学校外のスポーツクラブに所属する中高生は約11%であることが報告されています[1]。

しかし，日本のようにユーススポーツの中心が学校の運動部活動にあり，かつ，それが大規模に成立している状況は，国際的にみると珍しいといえるでしょう[2]。近年では，少子高齢化社会による生徒数の減少と教員負担の増大に伴って，部活動中心のユーススポーツの構造が限界を迎えつつあり，「部活動を学校単位から地域単位の取組とする」ことが目指されるようになりました[3]。

実際，プロスポーツや民間のスポーツクラブの全国的な普及・発展を背景として，学校外のスポーツクラブは近年，益々とその規模を拡大しています。特に，サッカーやテニス，体操競技，水泳などでは，競技志向の民間スポーツクラブにおける活動が活発に展開されています。さらに，1995年には旧文部省が，「総合型地域スポーツクラブ」の設置を推進し，地域社会を基盤とした新しい形でのユーススポーツの実現を企図してきました。

このように，日本のユース年代のスポーツ環境は近年多様な選択肢が生まれており，子供たちがスポーツに親しむ場所は，決して運動部活動のみにとどまるものではありません。そのため，ユーススポーツの新しい姿を模索していくためには，運動部活動以外の様々なスポーツ環境に対しても目を向けていく必要があるでしょう。

▶1 地域×スポーツクラブ産業研究会（2021）第1次提言 参考資料集. 経済産業省webサイト, https://www.meti.go.jp/shingikai/mono_info_service/chiiki_sports_club/pdf/20210625_3.pdf.（最終参照日：2022年7月11日）

▶2 中澤篤史（2014）運動部活動の戦後と現在：なぜスポーツは学校教育に結び付けられるのか. 青弓社.

▶3 2020年9月のスポーツ庁「学校の働き方改革を踏まえた部活動改革について」を受けて，運動部活動の地域移行に関する検討会議が2021年10月から開催された。

2.「対外競技基準」から考えるユーススポーツの展開

日本のユーススポーツの歴史的展開について理解する上で，重要となる政策が「対外競技基準」[4]です。「対外競技基準」とは，文部省の通達・通知として出された対外試合のあり方に関する基準であり，主に中高生の競技大会が教育的な配慮のもとで開催されることを求めるものでした。

「対外競技基準」が設けられた当初は，全国規模での競技大会の開催は認められていませんでしたが，日本体育協会[5]や各種競技団体からの要請により，徐々に緩和されていきました。そして1964年の東京オリンピック開催決定を契機として，「対外競技基準」の緩和は加速していきます。またこのとき，学校の運動部活動依存型の競技力向上システムには限界があるとして，各種競技団体の側から，新たに競技力向上を担える場所・環境の創出が目指されるようになります。その1つの形が，民間スポーツクラブです。

具体的には，まず1965年に水泳や体操競技，サッカーなどを対象とした民間スポーツクラブが誕生し始めます[6]。また同年には，旧文部省によって「スポーツ少年団」も創

▶4 1948年に文部省の通達である「学徒の対外試合について」をはじめとして，その後，5度の通達（1954年，1957年，1961年，1969年，1979年）を経て対外競技の基準が緩和され，2001年に廃止された。本稿では，これらを総称して「対外競技基準」という用語を用いている。

▶5 現在の「日本スポーツ協会」を指す。

設され，幅広く子供の体力向上を企図した取り組みが作興していました。そして，1979年に通達された6度目の「対外競技基準」において，中学校では年1回，高校では2回の全国大会が認められます。それ以降，競技実績を重視する高校の「強化指定部」が出現し始め[7]，競技志向の民間スポーツクラブの統括団体の組織化や全国大会が開催されていきました。

このように競技大会の教育的配慮が緩和されていく中で，ユーススポーツはその中心にある運動部活動だけでなく，民間スポーツクラブにも競技力向上の役割を部分的に任せるといった構造を形成してきたことがわかります。

3. 学校「内」と学校「外」の区別を超えて

ここまで，特に競技志向の民間スポーツクラブと運動部活動の関係について述べてきましたが，その他の学校外のスポーツクラブも，運動部活動の周辺に位置づきながら，物質的・人的・時間的な制限を補うようにして展開されてきました。しかし，それでもなお，日本のユーススポーツの中心は，運動部活動が担っていることに注意を向けなければなりません。

かつて，1990年代に運動部活動の地域移行が目指されていた時期があったのですが，結局は実現せず，運動部活動は学校内にとどまることになりました。このことからもわかるように，運動部活動はうまく学校「外」に移行できずにいたのです。こうした状況の背景には，日本における「スポーツ」と「教育」の強い結びつきが挙げられます。

今日まで，日本においてスポーツは，学校教育を中心として普及・発展を遂げてきました。その際に大きな役割を担ったのが運動部活動であり，運動部活動はスポーツを通した教育活動の場としても機能してきたのです。それゆえに，「運動部活動＝教育機関」という実態が，教育機関ではない学校「外」への移行の障壁になったと考えられます。

しかし，冒頭で述べたように，少子化や教員の多忙化などの社会の変化に伴って，現在の運動部活動には限界が生じています。そこで，現在議論されているのが運動部活動の地域移行です。

2022年6月にスポーツ庁の有識者会議が，中学校における運動部活動の休日の指導を民間スポーツクラブや地域の人材に移行させることを柱とする提言をまとめました[8]。これにより，教員の長時間労働の是正や，少子化を背景として学校単位での活動が難しい状況にあった子供たちのスポーツ機会の確保などが目指されていきます。

しかし，この提言内容を実現するためには，財源や受け皿の確保，さらには指導者への教育・保障など，多くの課題が立ちはだかっています。運動部活動が担ってきた教育的機能を地域のスポーツクラブにおいて実現するためにも，理想と現実の乖離に注意しつつ，少しずつ基盤を作り上げていくことが重要ではないでしょうか。

運動部活動には，長きにわたって日本の教育を支えてきた功績があるのも事実です。単に運動部活動を「悪」と捉えるのではなく，その長所も生かしながら，地域との連携のもとで新たなあり方を構築していくことが必要です。ユース年代に期待されるスポーツの教育的意義を考えながら，学校の「内」と「外」という枠組みを超えて，地域単位でのユーススポーツのあり方を構築していくことが目指されます。

（日髙裕介）

▶6 松尾哲也（2015）アスリートを育てる〈場〉の社会学：民間クラブがスポーツを変えた．青弓社．

▶7 「強化指定部」とは，学校が独自に定めた競技力向上を目指す運動部活動のことを指す。
日髙裕介ほか（2020）高校教育の発展史にみるスポーツ強豪校の形成過程に関する研究：学校経営と運動部活動の関係史に着目して．スポーツ教育学研究，40（1）：31-50.

▶8 運動部活動の地域移行に関する検討会議（2022）運動部活動の地域移行に関する検討会議提言．https://www.mext.go.jp/sports/content/20220606-spt_oripara01-000023182_02.pdf.（最終参照日：2022年7月11日）

4-2 運動部活動のこれまでとこれから

Key word：学習指導要領，教育課程外活動，教育の論理，競技の論理

1. 教育課程外に位置づく運動部活動

日本の学校における運動部活動は，放課後の時間や休日に学年単位を超えて行われるスポーツ活動として，世界に類を見ないシステムの1つとされています。しかし，運動部活動を教育制度という観点からみると，教育課程[1]の基準となる学習指導要領には，目標や内容が十分に明記されていません。それゆえに，「教育課程外」という「曖昧」な位置にあるわけですが，一方で，自らの選択のもとで活動できるという教育的意義も認められてきました。

しかしながら，「ブラック部活動」[2]と称されるように，以前より運動部活動には様々な問題が噴出しています。こうした状況に呼応するように，スポーツ庁の「運動部活動の在り方に関する総合的なガイドライン」（ガイドライン）[3]策定などによって，運動部活動のあり方が問い直されています。

2. 学習指導要領にみる運動部活動の意義と課題

部活動の教育課程上の位置づけを明確にするために，これまでの中学校・高校の学習指導要領における部活動に関する記述の変遷を確認しておきたいと思います。

1）戦後初期の「クラブ活動」期

1947年（試案）・1951年・1958（1960）[4]年の学習指導要領において，部活動は，教育課程に含まれる「自由研究」，あるいは「特別教育活動」内の「クラブ活動」というかたちで位置づけられていました。ただし，1958（1960）年に学習指導要領が法的拘束力を持つようになってからも，クラブ活動の実施時間や内容に関する具体的な記述はなされませんでした。その背景としては，「戦後教育改革」のもとで，クラブ活動に対しては，生徒が自主的・自発的にスポーツを楽しめるような民主主義的な色彩が付与されていたことが挙げられます。

2）1970年代以降の「必修クラブ活動」と部活動の併存期

1969（1970）年・1977（1978）年に改訂された学習指導要領では，自主的・自発的・自治的な活動であったクラブ活動が必修化され（必修クラブ活動），授業時間内で全生徒が参加する必修クラブ活動と，授業時間外に行われる自発的な参加による部活動が併存することになりました。1989年改訂の学習指導要領では，教育課程外の部活動に参加することによって，必修クラブ活動の履修を認める「代替措置」[5]が示されました。この代替措置によって，部活動と教育課程との結びつきが示されることとなりました。

3）2000年代以降の部活動と教育課程との関連期

しかし，1998（1999）年改訂の学習指導要領で，部活動の拡大を背景として，「必修クラブ活動」が廃止されます。これにより，部活動は再び教育課程から切り離された存在となりました。

こうした変遷の中で特筆すべきは，2008（2009）年の改訂です。この改訂では，部活動

▶1　各学校が定める，教科の時間配分や特別活動の内容等に関する総合的な教育計画のことを意味する。

▶2　内田良（2017）ブラック部活動：子どもと先生の苦しみに向き合う．東洋館出版社．

▶3　スポーツ庁（2018）運動部活動の在り方に関する総合的なガイドライン，https://www.mext.go.jp/sports/b_menu/shingi/013_index/toushin/__icsFiles/afieldfile/2018/03/19/1402624_1.pdf.（最終参照日：2022年7月11日）

▶4　学習指導要領の改訂年の表記は，「中学校改訂年（高校改訂年）」としている。なお，同年の場合は，括弧の表記は省略する。

▶5　必修であったクラブ活動の履修を，教育課程外の部活動への参加をもって認めることができるという制度である。

が「学校教育の一環」と位置づけられ，教育課程との関連が図られるよう留意することと明記されました。しかし，どのように関連づけるべきかといった具体的な内容は明記されず，結果的に，各学校での工夫によるところとなりました。

以上を踏まえて注意しなければならないのは，こうした学習指導要領における変遷は，あくまでも法令上の部活動の位置づけを確認するにとどまるという点です。つまり，各時代において実際の部活動がどのように展開され，人々に捉えられてきたのか，それを十分に示すものではないのです。実際に，現在の運動部活動に目を向けてみると，少子化をはじめとした学校をめぐる社会・経済の変化により，そのあり方は複雑化・多様化しています。また，安全上の問題や教員の多忙化の問題，体罰や暴力の問題なども噴出しています▶6。

▶6 近年の運動部活動の問題をめぐる詳細は，第1章第5節を参照のこと.

そのため，これからの運動部活動について考えていくためには，単に「運動部活動」という言葉で一括りにして検討するのではなく，各学校の特色や生徒のニーズ，ひいては「目標指向性」，「競技レベル」の相違など，運動部活動に内在する多様性を考慮する必要があるでしょう。

3. 運動部活動における「教育の論理」と「競技の論理」

これまでの運動部活動をめぐる議論では，「教育の論理」と「競技の論理」のどちらを優先すべきなのかという「プライオリティ」をめぐる葛藤が存在しました。この問題は，スポーツ教育学において運動部活動を論じていく上でも，避けては通れないテーマとなっています。すなわち，これまで運動部活動の過熱化を教育問題として議論する際は，「教育の論理」と「競技の論理」の対立構造が前提としてあり，「競技の論理」が「教育の論理」よりも優先されることによって，行き過ぎた勝利至上主義による弊害が生じているものと捉えられてきました。

時を遡ってみると，例えば，1911 年には，すでに「教育の論理」と「競技の論理」をめぐる議論がいわゆる「野球害毒論争」▶7として現れていました。学生野球の弊害をめぐってなされたこの論争では，学業の軽視，金銭が絡むことが問題とされた一方で，学生の人間形成に野球は重要であるという主張もされました。

▶7 東京朝日新聞が，約1カ月間にわたり野球排斥論を掲載したことを発端とし，読売新聞や東京日日新聞などが野球擁護論を展開したことによって過熱化した全国的な論争である。

そして，全国規模の競技大会を主催する中学校体育連盟（中体連）の形成過程に焦点を定めた研究では，「教育の論理」と「競技の論理」が結びつくプロセスが明らかにされました▶8。ここでは，中体連が競技大会の過熱化を防ぐために，自らが主体となって競技大会を教育的に活用した結果，この２つの論理の結びつきが形成されたとしています。こうした研究は，今後の議論の発展において重要な示唆を与えてくれます。

▶8 中澤篤史（2021）中学校体育連盟の形成過程（1947-1967）：運動部活動における教育と競技の関係性を再考する. 体育学研究, 66 : 497-514.

「教育の論理」と「競技の論理」をめぐる議論において，「こうあるべきだ」という明確な答えはすぐに出てくるものではありません。さらに，学校の運動部活動は，「教育」の文脈から逃れることはできず，さらにスポーツの本質といえる「競技（争）」を蔑ろにすることもできません。そのため，戦前の「野球害毒論争」にも昨今の「ガイドライン」にも通底している運動部活動をめぐる２つの論理の議論は，スポーツ教育学にとってはもちろんのこと，学校を中心に発展を遂げてきた日本のスポーツ文化を考えるにあたっても重要な論点といえるでしょう。だからこそ，２つの論理が実際に生じている現象を照らし合わせながら，運動部活動のあり方を模索していくことが，これからの時代に不可欠だと考えられます。

（日髙裕介）

4-3 学校外のユーススポーツ：サッカー・ユースクラブ

Key word：高校サッカー，アオアシ，Jリーグ，プレミアリーグ，下部組織

1. サッカー・ユースクラブへの注目

近年，日本の高校生年代のサッカーでは，「運動部活動」のみならず「ユースクラブ」の興隆も目立ちます。日本のサッカーのユースクラブは，主に日本プロサッカーリーグのクラブ（Jクラブ）の下部組織と，いわゆる「街クラブ」と呼ばれる地域に根付くユースクラブの2つのタイプが存在します。2021年に開催された東京オリンピックでは，U-24日本代表として14名（全体で18名）の選手がユースクラブ出身でした。また，近年は，人気サッカーマンガ『アオアシ』[1]（小林有吾著）の題材にもなっており，社会的な注目度も高まっているといえるでしょう。

このように，サッカーのユースクラブは，日本のサッカー界の発展を考える上でも重要な育成機関へと発展してきましたが，果たしてどのような構造で成り立っているのでしょうか。本節では，学校外のユーススポーツの中でもとりわけ発展が進んでいるサッカーに注目し，高校サッカー部との違いを意識しながら，ユースクラブについてみていきます。

▶1 これまでのような運動部活動におけるサッカーを描いてきた作品と異なり，Jクラブの下部組織に焦点を定め，プロ直結の環境だからこそ生じる試練の数々や，高校サッカー部とのイデオロギーの違いなどがリアルに描写されている。作品の詳細については，第12章第4節を参照のこと。

2. サッカー・ユースクラブの展開

まず，2021年度の日本のサッカー・ユースクラブの数は，133チーム（人数4,078名）あり，全国高等学校体育連盟（高体連）に加盟するサッカー部は3,801部（16万3,406名）となっています[2]。数的にみれば，ユースクラブは高校のサッカー部に比して圧倒的に少なく，少数精鋭によるエリート集団化しているクラブもあります。

しかし，ユースクラブの歴史は必ずしも順風満帆なものではありませんでした。例えば，1973年までは，学校・企業単位でしか日本サッカー協会における選手登録が認められなかったため，小規模ながら活動していたユースクラブは，制度上，チームとして認められていませんでした。その後，1974年以降にユースクラブの登録も認められるようになりましたが，高体連が主催する大会には高校サッカー部でないという理由から出場資格が認められず，独自の大会を開催していくことになります。

具体的には，1977年にユースクラブ独自の大会として，「第1回ユースリーグ」（現 日本クラブユースサッカー選手権（U-18）大会）が開催され，翌年にはユースクラブを統括する団体である「全国サッカークラブユース連合」（現・日本クラブユースサッカー連盟）が設立されました。しかし，第1回大会の参加チーム数は4チームのみであり[3]，規模としては高校サッカー部には遠く及ばない状態であったため，競技者養成へとつながる実績も残せていませんでした。

そして，1993年にJリーグが創設されます。ここで特筆すべき点は，Jリーグの参加要件[4, 5]として，登録種別の第1種（年齢制限なし），第2種（18歳未満），第3種（15歳未満）および第4種（12歳未満）に属するチームをすべて有することが定められたことです。これにより，全国各地において，有望な子供たちがユースクラブに加入していく下地が出来上がりました。

▶2 日本サッカー協会（2022）種別区分別男女区分別登録数集計表（2021年度），https://www.jfa.jp/about_jfa/organization/databox/category_detail.pdf.（最終参照日：2022年7月11日）

▶3 読売サッカークラブ（現・東京ヴェルディ1969）と神戸フットボールクラブ，枚方フットボールクラブ，三菱養和サッカークラブの4チームである。

▶4 Jリーグ規約第19条第3項により規定される。
日本サッカー協会（1993）Jリーグ規約・規程集．https://aboutj.jleague.jp/corporate/wp-content/themes/j_corp/assets/pdf/1993_regulation.pdf.（最終参照日：2022年7月11日）

Ｊリーグの創設は，ユースクラブの地位を大きく向上させました。その結果の一例として，高校サッカー部とユースクラブが一堂に会し雌雄を決す高円宮杯全日本ユース（U-18）サッカー選手権大会において，1989 年の大会発足以降，2000 年までユースクラブの優勝が一度あったきりでしたが，2004 年以降にはユースクラブが上位を占めるようになりました。高校サッカー部に遅れて発足したユースクラブでは，こうして，プロサッカー選手になるための育成機関としての価値が認められ，全国的にその数を増加させていきました。

▶5　2013年以降は「クラブライセンス制度」が導入され，その中で選手の育成体制（アカデミーチーム）の保有が定められている。日本サッカー協会（2021）Jリーグクラブライセンス交付規則．https://www.jleague.jp/docs/aboutj/clublicense2021_01.pdf.（最終参照日：2022年7月11日）

3．サッカー・ユースクラブの構造

次に，ユースクラブの中でも，特にＪクラブの下部組織に注目し，ユースクラブの選手がトップチーム（プロ選手）に昇格していくプロセスについてみていきます。

運動部活動では，中学から高校に進学する際に指導者や環境が変わることが多いですが，Ｊクラブの下部組織では，小学生年代からトップチームまでのピラミッド構造で，同じ設備，同じ理念を持って指導するスタッフのもとで活動できるため，系統的な育成システムが整っているといえます。また，入会金や月会費，遠征活動費などが無料である場合が多く，経済的なサポートを十分に受けながらサッカーに集中できる環境となっています。さらに，地域の高校と提携することで，学業面でのサポート体制も整えられています。

一方，こうした恵まれた組織体制の中では熾烈な競争も繰り広げられています。トップチームへと昇格するためには，小学生年代からＪクラブの下部組織に所属する必要があり，学校段階が上がるタイミングでは，他チームからのスカウトで入団する選手もいるため，入団段階や昇格段階において生き残りをかけた競争が行われています。特に，U-18 のチームに入る際には，内部昇格と少人数のスカウトあるいはセレクションが行われる場合が多く，さらに，U-15 を２チーム以上有するＪクラブも少なくないため▶6，Ｊクラブの下部組織の選手たちは，トップチーム昇格に向けて，日々チームメイトとしのぎを削る環境となっています。

▶6　例えば，FC東京には「FC東京U-15むさし」と「FC東京U-15深川」があり，セレッソ大阪には「セレッソ大阪U-15」と「セレッソ大阪 西U-15」，「セレッソ大阪 和歌山U-15」がある。

他方で，日本の高校年代のサッカーでは，ユースクラブと高校サッカー部の出場できる大会が明確に区別されています。そのため，U-18 のチームに昇格できなかった選手でも，高校サッカー部員としてインターハイや全国高等学校サッカー選手権大会で活躍することで，プロ選手になることが可能です。また，2011 年から高校サッカー部とユースクラブが対戦する機会として，競技レベルに応じた全国規模のリーグ戦が始まりました。プレミアリーグ（東西）を頂点として，プリンスリーグ（全国９地域），都道府県リーグ，地域リーグというように，地域から全国規模までつながるリーグ戦です。リーグ戦参加に際しては，１クラブ（部活）から複数チームの出場が可能となっており，セカンドチームにも公式戦の場が提供される形式となっています。

本節ではサッカーに着目しましたが，ユースクラブは体操やテニス，水泳などの個人種目でも学校外のクラブとして重要な位置を占めています。現在，運動部活動の地域移行が目指されていますが，ユースクラブという存在についての理解を深めることによって，ユース年代にとって望ましいスポーツ環境を実現していくことができるのではないでしょうか。

（日高裕介）

4-4 学校外のユーススポーツ：「甲子園」への道

Key word：高校野球，中学野球，運動部活動，クラブチーム

1.「甲子園大会」に出場する選手が歩んできた道とは

高校野球におけるいわゆる「甲子園大会」▶1は，長きにわたって社会的に注目を集めるイベントとなっています。野球に取り組む多くの子供たちは，甲子園大会が行われる「阪神甲子園球場」を憧れの場所（＝「聖地」）として位置づけ，将来，「甲子園大会でプレーすること」を目指して，日々の練習に励んでいます▶2。

このように，「甲子園大会」は，日本のユーススポーツの中でも注目を集める大会の1つといえますが，その裏で，実はあまり論じられてこなかった世界があります。それが，「中学野球」です。そこで，本節では，甲子園につながる道としての中学野球の実態について記述したいと思います。

▶1 全国高等学校野球選手権大会および選抜高等学校野球大会のこと。なお，本節において高校野球の軟式野球には言及していない。

▶2 高校野球において女子選手は甲子園大会に出場することができないが，2021年の高校女子硬式野球の全国大会の決勝戦が阪神甲子園球場で行われるなど，女子選手にも「聖地」が開かれつつある。

2. 中学野球の多様な選択肢

中学野球を統括する団体は多数存在しています。各団体によって微妙にルールが異なり，使用されるボールにも違いがあります。そのため，中学生は多くの選択肢の中から自身に合った活動環境を選ぶことになります。大別すると，以下に示す「軟式野球」と「硬式野球」の2つがあります（図1）。

1）「軟式野球」の場合

軟式野球では，ゴム素材で安全性が高い軟球が用いられます。そのため第一に考えられるメリットとして，身体的な負荷が少ないことが挙げられます。

そして，中学生にとって最も身近な選択肢として考えられる学校の運動部活動では，その多くが軟式野球を選択しています▶3。学校の軟式野球部において活動することの利点として，活動場所や時間を確保しやすいことや，活動費用を抑えやすいことなどが挙げられます。しかし，学校の運動部活動は，顧問の競技経験の有無や異動のタイミングに左右されてしまい，必ずしも専門性に即した，あるいは高度な指導を受けられるとは限りません。

学校の運動部活動以外の選択肢としては，学校外の軟式野球クラブ（軟式野球連盟の少年の部，スポーツ少年団の中学生の部など）があります。特に，クラブチームも出場する「中学生の甲子園」▶4大会は有名であり，軟式野球に取り組む中学生たちにとって憧れの大会の1つとなっています。

2）「硬式野球」の場合

甲子園大会で行われるのは，硬式野球です。そのため，中学生のときから硬式野球の経験を積んでおくことは，高校野球への接続を考えたとき，軟式野球出身者よりも有利であると考えられます。しかし，硬式野球には，早期に硬球を扱うことによる身体的負荷や，比較的高価である硬式野球用具の購入といった経済的な負担の大きさといったデメリットも挙げられます。

硬式野球に取り組む場合には，学校外の中学硬式野球クラブに所属することになります▶5。なお，中学硬式野球の統括団体は1つではありません。主な団体としては，「ボー

▶3 硬式野球を選択する中学生の割合の増加や，他のスポーツの人気の台頭などと相まって，近年では，部活動の「軟式野球離れ」が問題視されている。加盟生徒数は約28万人（2011年度）から約15万人（2021年度）と10年間で約半数になり，少子化を考慮しても非常に高い減少率である。
日本中学校体育連盟（2011）平成23年度加盟校・加盟生徒数調査集計表. https://nippon-chutairen.or.jp/cms/wp-content/themes/nippon-chutairen/file/kameikou/平成23年度.pdf.（最終参照日：2022年7月11日）
日本中学校体育連盟（2022）令和3年度加盟校・加盟生徒数調査集計表. https://nippon-chutairen.or.jp/cms/wp-content/themes/nippon-chutairen/file/kameikou/令和3年度.pdf.（最終参照日：2022年7月11日）

イズ」,「リトルシニア」,「ヤング」,「ポニー」,「フレッシュ」(いずれも呼称)の５つが挙げられ，これら５つの団体によって「日本中学硬式野球協議会」が構成されています。その中でも，「ボーイズ」と「リトルシニア」の２団体は，それぞれ約２万人の選手が登録されており[6]，中学硬式野球界を牽引する存在といえます。

中学硬式野球の公式戦は，各団体の成立の歴史や目標・理念などの違いを背景として，基本的に団体毎で行われていますが，主要団体すべてが参加可能な大会もあります。特に，毎年８月に開催される「全日本中学野球選手権大会ジャイアンツカップ」[7]は，いわば「中学硬式野球の頂点」を決める全国交流大会として位置づいており，注目を集めています。

3. ユース年代の「野球」における諸課題

中学生を対象とした野球団体が多数存在している現状は，中学生に多様な選択肢を与える一方で，中学野球界全体の足並みを揃えた指導体制を確立することの難しさも表しています。こうした状況の背景には，「中学野球のあり方」に対する考え方の違いが存在すると考えられます。日本において野球は，歴史的に見ても大きな人気を誇り，大規模に展開されているスポーツです。だからこそ，人々の野球に対する想いは多種多様であったと考えられます。中学野球が発展していく上で，１つの団体だけで合意形成を図ることは現実的に難しかったのかもしれません。

他方で，高校野球に進んだ途端に「運動部活動」に選択肢が絞られる現状は，子供たちが甲子園中心の高校野球の世界へと，半ば強制的に収斂されているともいえます。高校野球では，しばしば「甲子園」が有する影響力の大きさゆえの，過剰な練習や勝利至上主義などの問題が指摘されています[8]が，こうした現状は，身体への過度な負荷はもちろんのこと，学業との両立やその後のキャリア形成[9]に弊害をもたらす危険があるという点からも看過できません。こうした子供たちや周囲の加熱化・過剰化ともいえる問題は，甲子園中心の高校野球へとつながる「中学野球」においても影を落としており，野球に頼りきった進路決定，勉学を疎かにした猛練習などという形となって随所に現れています。

(森田達貴)

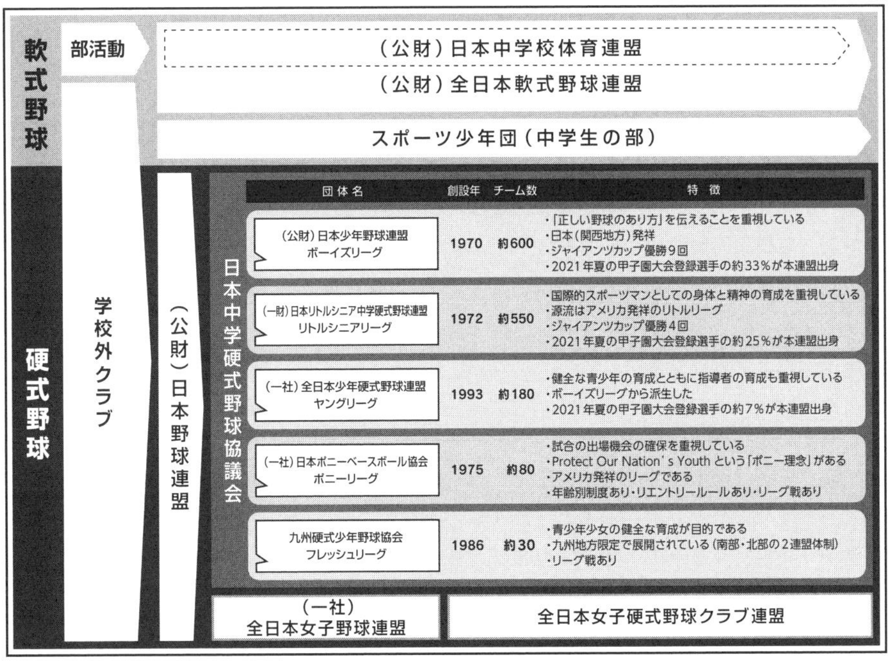

図1. 中学野球の主な選択肢[10, 11]

▶4　正式には「全日本少年軟式野球大会」であり，全日本軟式野球連盟に加盟するチーム（中学校体育連盟のチームを含む）が出場資格を持つ。なお，軟式野球部の日本一を争う「全国中学校軟式野球大会」に参加するチームおよび選手の重複参加は認められていない。

▶5　近年では，いわゆる強豪の私立中学の運動部活動が「ボーイズ」や「リトルシニア」を名乗り，硬式野球クラブ化する例もみられる。

▶6　日本リトルシニア中学硬式野球協会（online）リトルシニアとは. http://www.littlesenior.jp/about/.（最終参照日：2022年7月11日）
日本少年野球連盟（online）連盟組織図. https://www.boysleague-jp.org/outline/soshikizu.html.（最終参照日：2022年7月11日）

▶7　読売巨人軍（online）社会貢献：野球大会・教室：全日本中学野球選手権大会ジャイアンツカップ. https://www.giants.jp/.（最終参照日：2022年7月11日）

▶8　朝日新聞（2018）3月25日付　東京朝刊.

▶9　アスリートのキャリア形成の全容については，第6章を参照のこと。

▶10　各団体のWebサイトおよび全日本野球協会が示す「野球団体関係図」などをもとに筆者が作成した。「チーム数」は，2021年時点の中学生を対象とした加盟チームのおおよその数である。 全日本野球協会（online）野球団体関係図. https://baseballjapan.org/jpn/bfj/organization_japanbaseball.html.（最終参照日：2022年7月11日）

▶11　ジャイアンツカップの記録は，第1回大会（2007年）から第13回大会（2019年）までの記録である。

4-5 海外からみた日本のユーススポーツ①：男女混合の学校スポーツをめぐる指摘

Key word：コーチ，ジェンダー規範，エスノグラフィー

1. 日本の男女混合競技への興味

私は，母国であるアメリカで約10年間，ユーススポーツにおける男女混合の学校スポーツについて研究してきました。その中でも，特にユーススポーツをめぐる日米間の違いに興味を持ち，「日本の部活動制度における男女混合競技の位置づけ」について研究を行ってきました。

研究を進める中で，現在の日本の部活動制度に，男女混合競技を発展させるための土壌が存在していないという興味深い現状を知り，2020年から2021年にかけての19カ月間，実際に日本に行って，日本の都市部と地方における男女混合の学校スポーツについて調査を行いました▶1。

その中でも特に注目されるのが，日本の「バドミントン」をめぐる状況です。日本は世界でもトップレベルのバドミントン強豪国ですが，他の多くの強豪国が，男女のシングルスとダブルスだけでなく混合ダブルスの強化も行っているのに対し，日本は長らく，混合ダブルスには力を入れてきませんでした。

その背景には，学校スポーツにおける男女混合競技の未発展な状況が，バドミントンの育成システムや強化体制に影響をおよぼしていると考えられます。そこで，本節と次節では，日本における男女混合競技の現状と学校スポーツの関係について，バドミントン競技の発展状況と絡めながら論じてみたいと思います。

▶1 私は，日本学術振興会の外国人特別研究員として活動しながら，日本の男女混合競技に関する研究を行ってきた。メディアや記録文書の分析，民族誌学的フィールドワーク，日本国内の様々な場所（公立校，私立校，大学チーム，実業団チーム，ナショナルチーム）での観察調査の他，アスリートやコーチへのインタビュー（公式，非公式）を行った。

2. 男女混合競技の発展と学校スポーツにおける現状

男女混合競技は2021年の東京オリンピックでは10競技，パラリンピックでは6競技が行われました。よく知られている競技種目としては，陸上競技や水泳競技の「男女混合リレー」，テニスや卓球，バドミントンの「混合ダブルス」などが挙げられます。また，東アジア競技大会やパンアメリカン競技大会などの地域的な国際大会では，さらに多くの男女混合競技が開催されています。このように，男女混合競技は，国際レベルの競技会において珍しいものではなくなってきました。しかし，学校スポーツに目を向けてみると，こうしたシニアレベルの現状とは裏腹に，男女混合競技はあまり普及していません。

私はアメリカの南カリフォルニアの公立学校において，バドミントンのコーチングに携わっていた際に，水泳競技や陸上競技，ラケットスポーツといった各競技において男女混合のトレーニングが行われているのをよく目にしました。しかし，アメリカにおいても，実際に正式競技として「男女混合競技」が位置づいている学校は少ないのが現状です

日本においても，大規模な男女混合での活動を学校単位で行う機会は少ないですが，個別の競技に着目すると，例えばバスケットボールのような人気のあるスポーツや，剣道や弓道などの伝統競技で見かけます▶2。その中で特徴的なのは，日本のコーチがチーム作りを行う場合，男女別のチーム作りでは「競技力向上」と「人間的成長」の両面を理由としてチームメイトの絆を強める経験を重視しますが，男女混合でのチーム作りになると，そ

▶2 Sylvester, K. (2015). Negotiating kendo capital and gendered identity in a Japanese sports university kendo club. PhD dissertation, Victoria University.

の意義をほとんど説明しないということです。これは，男女混合でのトレーニングが，パフォーマンスやチームの団結力を向上させることに寄与する可能性を，コーチ自身が理解していないことが一因にあると考えられます。

3. 男女混合競技に関する教育学的研究の動向

そこで参照したいのが，武道における男女混合での稽古が持つ教育的可能性について論じた研究です。

例えば，武道場におけるエスノグラフィー研究[▶3]では，男女混合での稽古において，アスリート間に存在するジェンダー規範を打ち破るための方法として[▶4]，①女性というだけで軽視するのではなく，経験豊富な女性アスリートの実績や能力を尊重すること，②男女混合での稽古の機会を積極的に設ける，という2つの視点が有効であることを導き出しています。

また，別の研究では，男女混合の武道の稽古に参加することで，男女間に友情が生まれることも検証されています[▶5]。稽古を通じて男女は，道場では互いに対等な立場であるというアイデンティティを共有するようになり，結果として，男女混合での活動から生まれる友情を阻むような固定観念に疑問を抱くようになりました。この検証は，アスリート間に存在する根強い社会的規範を打破することは時間もかかり，容易ではないものの，一貫したメッセージを発信し続け，堅実に男女混合のコーチング術を活用することで，この目標をある程度実現できるとしています。

上記の分析結果は，バドミントンのようなノンコンタクトスポーツ[▶6]にも当てはめることができそうです。例えば，バドミントンのシングルスのパターン練習の場合，基本的には選手同士で連続してラリーを行います。その際，選手の能力の向上に比例して，ラリーの強度や質も上がってきます。しかし，このトレーニングの目的は，試合とは異なり選手同士が相手の動きを窺いながら，様々なショットや動き（フットワーク）を試すことにあります。つまり，これは両者の呼吸が合わなければ効果的なトレーニングを行うことができないという特性上，何よりも「協調性」が鍵となるのです。

実際，パフォーマンスに関する研究と認知科学の両分野を跨いだ武道の研究では，男女混合のトレーニングがもたらす効果も裏付けられています[▶7]。この研究では，トレーニングという行為は，勝つことよりも学習や失敗経験を重視することで，競技力の向上に偏重したスポーツ観を覆すことができると説明しています。それと同時に，男女が協働のもと切磋琢磨することにより，精神的なつながりが強化され，結果的に性差という壁を打ち破ったコミュニティが形成されやすいことも示唆しています。このことから，男女混合のもとで行われるトレーニングは，スポーツが持つマイナス面を軽減する重要な方法になり得ると考えられます。

▶3 エスノグラフィー研究とは，フィールドノートや資料を用いて，ある時代・場所の出来事を描く研究手法である。主に，文化人類学や社会学において用いられている。

▶4 Channon, A. (2014). Towards the "undoing" of gender in mixed-sex martial arts and combat sports. Societies, 4(4): 587-605.

▶5 Maclean, C. (2016). Friendships worth fighting for: Bonds between women and men karate practitioners as sites for deconstructing gender inequality. Sport in Society, 19(8-9): 1374-1384.

▶6 選手同士が直接接触しない競技のこと。

▶7 O'Shea, J. (2017). It Matters How You Move: An Ethnographic Memoir on Collaboration Between Dance Studies and Neuroscience. Dance Research Journal, 49(3): .6-23.

4. 男女混合コーチングのための能力開発

ここで紹介した研究は主に武道を取り上げたものですが，コーチングの実践に関する上記の提言は武道場以外でも通底しているのではないでしょうか。私はコーチたちの考え方に一石を投じ，男女混合トレーニングを取り入れるよう現役のアスリートたちに促すことで，ジェンダー規範と競技重視の指導方法を覆すきっかけになることを願っています。

(Hernandez, F. A)

4-6 海外からみた日本のユーススポーツ②：学校スポーツにおける男女混合競技に関する提言

Key word：バドミントン，混合ダブルス，実業団

1. 日本における男女混合競技の概略

前節でも述べたように，男女混合競技は様々な競技で採用されるようになってきています。こうした中，日本における男女混合競技を理解する上で重要な対象が，バドミントンにおける混合ダブルスの発展状況です。

この10年間，日本のバドミントン選手はオリンピックや世界選手権など数多くの権威あるタイトルを獲得してきました。一方で，東野有紗・渡辺勇大ペアが2021年の東京オリンピックで銅メダルを獲得するまで，日本は混合ダブルスでなかなか成果を挙げることができませんでした。その理由には，日本のバドミントン界がジュニアの育成から実業団チームに至るまで，混合ダブルスをあまり重視してこなかったことが考えられます。

そこで本節では，日本のバドミントン界に焦点を定め，「チームの活動形態」，「コーチの見解」，「アスリートの見解」の3つの視点から，混合ダブルスの発展を妨げている構造的要素について論じたいと思います。

2. チームの活動形態

まず，共学の高校のバドミントン部の活動状況を調査したところ，「男女一緒に練習」，「同時間帯に男女に分かれて練習」，「完全に男女別に練習」の3つのタイプに大別することができました。これらは，学校の設置者（公立・私立）によっても差が認められます。男女両方のチームが存在する学校の場合，各チームはそれぞれ別の時間帯に練習施設を使用する傾向が多くみられました。その中で「男女一緒に練習を行っている」というチームが最も少なかったのは，競技レベルの高い学校でした。

次に，トップリーグの活動状況を確認してみると，日本のバドミントン選手は，企業とアスリートがスポンサー契約や雇用関係を結んでおり，日本代表選手もほとんどが実業団チームに所属しています。その中で，トップリーグにおいて男女両方のチームを有している企業は，「NTT東日本」と「BIPROGY（旧日本ユニシス）」という大手企業2社にとどまっています▶1。そのため，同じ実業団に所属していない限り，日本のナショナルレベルの選手が混合ダブルスの練習をするのは日本代表合宿時のみと限定的です。それゆえに，練習量を増やすことができないことはもちろんのこと，男女混合競技で重要となる「連帯感」を高めることも難しい環境にあるといえます。

このように，日本ではトップリーグでさえ混合ダブルスに注力できるような環境が整っていません。トップリーグがこのような状況では，運動部活動を中心としたジュニア年代の強化体制もなかなか改善されないでしょう。

▶1　S/Jリーグ（日本のバドミントンのトップリーグ）のチームに所属する選手のプロフィールを参照のこと。
バドミントンS/Jリーグ委員会事務局（online）チーム＆選手情報ページ．https://www.sj-league.jp/team-info/.（最終参照日：2022年7月11日）

3. コーチの見解

男女両方のチームが存在する有力校では，それぞれコーチも異なることが一般的です。

多くのコーチが，競技レベルの高いバドミントン選手を育成するためには男女別に活動することが有効であると考えているのでしょう。そこには，男女では身体的発達はもちろんのこと，競技スタイルや戦略も大きく異なるからという理由があります。

一方で，平均レベルのチームのコーチは，練習を男女混合で行うことにより，限られたコーチングスタッフ，時間，施設を上手く活用できると考えています。また，地方の場合，学校には体育館が1つしかないため，体育館の割り当ての調整に苦慮します。このような場合，男女別に練習するよりも，男女一緒に練習した方がより時間効率が良いといえます。

しかし，コーチらに対して練習環境や競技力向上に関するインタビュー調査・観察調査を行った際には，混合ダブルスに対する取り組みについて積極的な考えを持っている例はほとんどありませんでした。その理由には，インターハイで混合ダブルスが種目化されていないため，練習をする意味を見出せないことが挙げられました[▶2]。こうした点にも，混合ダブルスの発展を妨げている要因を窺い知ることができます。

▶2 インターハイにおけるバドミントンの種目は，「男子団体戦」，「女子団体戦」，「男子シングルス」，「女子シングルス」，「男子ダブルス」，「女子ダブルス」の6種目であり，「混合ダブルス」は実施されていない。

他方で，日本のナショナルチームのコーチは，ジュニア担当グループとシニア担当グループに分かれています。前者は有力校のコーチから選ばれることが多く，後者は海外で活躍した元選手や実業団でコーチを務めた者が多く選ばれます。しかし，日本代表合宿の頻度は，学校や実業団単位で行われるものに比べると少ないのが現状です。特にジュニアレベルでは，選手は学校のチームでの活動を主軸としているため，合宿中のトレーニングも男女別が中心となります。また，ジュニアナショナルチームのコーチも学校のチームでの活動に多くの労力を割いているため，混合ダブルスの指導経験を有していないことが一般的です。

4. アスリートの見解

シニアナショナルレベルの選手に「混合ダブルスの現状」についてインタビューをしたところ，日本で混合ダブルスが発展しない理由として，「実業団のトップリーグ（団体戦）で混合ダブルスの試合が設けられていない」こと，そして，「強化合宿で混合ダブルスの機会が限られていること」を挙げていました。また，トップアスリートの立場からすれば，最も優先度が高いのは「男女別の種目」であると考えられており，混合ダブルスは，あくまでも「掛け持ち的な活動」に位置づけられていることがわかりました。

選手は競技成績が低下すると，スポンサー契約や大会の賞金だけでなく，所属する企業・チームでの地位を失いかねません[▶3]。そのため，トップリーグに試合が設けられていない混合ダブルスの優先度は低くなるのでしょう。また，シニア選手の多くは，少なくとも小学生・中学生の頃から競技や数多くの試合に打ち込んできたため，別の形式への新たなチャレンジは負担になりやすいということも考えられます。

▶3 Leitner, K. J. (2011). The Japanese Corporate Sports System: A Unique Style of Sports Promotion. Vienna Journal of East Asian Studies, 2(1): 27-54.

5. ユーススポーツにおける男女混合競技の発展に向けて

ここまで，日本のバドミントン界の混合ダブルスをめぐる現状を，多様な視点から明らかにしてきました。こうした現状からわかるように，ユーススポーツにおける男女混合競技は未だ発展途上です。

しかし，すでに一部の学校では男女が一緒に日々の練習を行っており，施設やコーチを共有している姿もみられます。このことからも，男女混合でのチーム作りのための環境整備のハードルは，想定よりも低いかもしれません。ユース年代から積極的に男女混合での活動を拡大させ，競技の新たなチャンスを生み出すことは，日本のアスリートがこの先，成功を収めるための布石となるのではないでしょうか。

（Hernandez, F. A）

5-1 日本における大学スポーツの社会的位置づけ

Key word：UNIVAS，NCAA，学生アスリート，日本社会

1. 日本の近代スポーツのはじまりの場所

皆さんは，「大学」が日本のスポーツの「はじまりの場所」とされていることを知っているでしょうか。

日本においていわゆる「近代スポーツ」▶1は，明治時代の開国時期に，欧米文化の1つとして輸入されました。その際に，日本の各種スポーツの普及に貢献した賢人やスポーツを受容した日本人の集いし場所となったのが，後に「大学」に昇格・改組となる各種の「高等教育機関」でした。例えば，日本の「近代スポーツの父」と呼ばれるストレンジ（Strange, Frederick William）や，「日本野球伝来の祖」として知られるウィルソン（Wilson, Horace）もまた，東京大学の前身校にスポーツの種を蒔き，のちにそれは見事に開花しました。

こうした経緯もあり，明治時代から高等教育機関では，学生のスポーツ団体である「運動部活動」が発達していきました。日本で初めての運動部は，1886年に発足した「帝国大学運動会」▶2とされています。この帝国大学運動会は，スポーツを通して身体・精神の健全なる発達を図り，それによって学術や道徳の向上に資することなどを目的として創設されました▶3。つまり，これらの活動に対しては，創設当時から競技だけでなく，教育面でも大きな価値を見出され，奨励されていきました。

▶1 「近代スポーツ」の詳細については，第1章第1節を参照のこと。

▶2 創設当初は，「漕艇部」，「陸上運動部」，「球戯部」，「水泳部」，「柔道部」，「撃剣部」，「弓術部」の7部からなる統括組織であった。

▶3 東京帝国大学（1932）東京帝国大学50年史 下冊．東京帝国大学．

2. 日本の大学スポーツはいま

それから130年の時が経ち，日本の社会構造はもちろんのこと，大学をめぐる状況・制度も時代を追うごとに変化を遂げてきました。そして，現在，大学教育に豊かな人格形成や高い教養，専門的能力の開発など幅広い役割が求められる中で，大学スポーツに期待される役割は大きいものがあります。そもそも，日本の大学には，教育研究機関としての知的資源はもとより，高い競技力を持つアスリートや優秀なコーチなどの貴重な人材が存在します。さらには，多くの大学ではスポーツ施設が整備されています。このように，大学はスポーツを通じて社会貢献を果たしてきた貴重な機関であるといえるのです。

一方で，学生アスリートをめぐる問題は後を絶ちません。2018年に社会問題となった「大学アメリカンフットボール部悪質タックル事件」は，皆さんの記憶に新しいところでしょう。いわゆる「体育会文化」の負の側面に象徴されるような問題を，大学スポーツは少なからず抱えてきました。

こうした事件によって，大学運動部に内在する勝利至上主義，さらには組織の閉鎖的体質や脆弱なガバナンスが露呈しました。そして，批判は日本の大学教育そのもののあり方にまで及んだのです。

3. UNIVASの設立

こうした状況を背景としつつ，日本の大学スポーツのあり方をめぐる抜本的な制度改革の切り札として期待されているのが「大学スポーツ協会」（UNIVAS）です。UNIVASは，アメリカの全米大学体育協会（NCAA）▶4をモデルとして，2019年3月に発足しました。

これまで，日本の大学運動部は，各大学で学内の体育会組織▶5への関与のあり方が異なってきました。また，競技種目別に各学生連盟が設立されており，大学スポーツというカテゴリー全体での一体性を有していないことが課題とされてきました。さらに商業面においても，興行権等の各種権益は各学生連盟に専属しており，その利益は各大学に十分には分配されていません。そのため，活動資金の乏しさから十分な活動を展開できない大学や部活も多く，大学スポーツの振興や自立のための資金調達力を向上させることが求められていました。このように，これまでの日本の大学スポーツは，大学が有するスポーツ人材育成機能や様々なスポーツ資源を生かしきれていなかったのです。

UNIVASの設立理念は，「大学スポーツの振興により，『卓越性を有する人材』を育成し，大学ブランドの強化及び競技力の向上を図る。もって，わが国の地域・経済・社会の更なる発展に貢献する」▶6とされています。具体的活動としては，「学業充実」，「安全安心」，「事業マーケティング」の3本の柱を掲げ，試合出場のための学業基準の導入や，暴力・体罰，ハラスメントなどに関する相談窓口の設置，試合の映像配信サービスなど，多岐にわたる事業展開を目指しています。UNIVASに対する社会的期待や意義は大きく，日本のスポーツ界にとっても歴史的な画期といえるでしょう。

しかし，UNIVASの出足は必ずしも好調とはいえないようです。現在，219校の大学が加盟していますが（2022年6月末時点），日本全国の大学数が約800校であることを考えると，それほど多いとはいえません。特に，国立大学の2/3は加盟しておらず，私立大学においてもまた，大学スポーツで存在感を示している大学の何校かが加盟していません。すなわち，そのプレゼンスを十分には示せていないという現実があります。

また，見方を変えれば，こうした一連の学生アスリートへの支援は，大学においてごく一部の学生（つまり学生アスリート）の「特権階級化」を助長しないかという恐れも生じます。そのため，全学的なスポーツ推進や地域との一体感の醸成なども大きな課題となっています。これらの課題を乗り越え，より多くの大学・競技団体，そして学生の理解と協力を得ながら，日本の大学スポーツの礎となっていくことが期待されます。

▶4 NCAAは，アメリカの大学スポーツを統括する組織として1906年に創設され，現在では約1,100大学が加盟している。大学横断的かつ競技横断的統括組織であり，主に競技間の連絡・調整，学生アスリートの学修支援・管理，収益の管理などを行い，アメリカの大学スポーツ全体の発展を支えている。

▶5 「体育会」の詳細については，第5章第2節を参照のこと。

▶6 一般社団法人大学スポーツ協会（UNIVAS）設立概要．https://www.mext.go.jp/sports/b_menu/sports/univas/index.htm.（最終参照日：2022年7月11日）

4. スポーツ教育学から見た大学スポーツの存在

「持続可能性」が問われていく現代社会において，大学スポーツもまた，今後より一層と社会的なプレゼンスを示していく必要があるでしょう。それと同時に，大学は「教育機関」です。大学スポーツが教育活動の一環であることに鑑みれば，高等教育機関の前提となる「教育」そのもののあり方が問われなければならないでしょう。こうした意味で，大学スポーツは，スポーツ教育学の観点からみても，重要なキーワードをたくさん抱えています。

次節以降では，大学スポーツの主体である学生アスリートの位置づけやそれを支える制度などに焦点を定めながら，大学スポーツと教育の関係について具体的に考えていきます。

（小野雄大）

5-2「体育会系」とは何者なのか

Key word：体育会，大学紛争，暴力，セミプロ

1. 大学スポーツと「体育会系」

私たちはよく「体育会系」という言葉を耳にします。昨今は「さわやか」，「礼儀正しい」といったポジティブなイメージから，「絶対服従」や「暴力的」などネガティブなイメージまで，様々なイメージを伴って使用されています。このように，「体育会系」は現代社会になじみのある呼称ですが，大学スポーツの歴史，さらにいえば，学生アスリートの社会的位置づけの解明に関わる重要なキーワードでもあるのです。

2. 現代社会に息づく「体育会系」という呼称

まず，「体育会系」とは，具体的にどのような人のことを指すのでしょうか。日本語において「系」とは，名詞に付いて特性や属性を表す用語になるとされ，特に人物を表す接辞語として用いられることが多いとされています▶1。とするならば，体育会系とは人物をめぐる呼称であることが想像されます。

次に「体育会」とは，大学直轄の組織に位置づき，主に運動部と保健体育科科目を統括・管理する組織のことを指します。日本では，第二次世界大戦終結後に大規模な学制改革のもとで新制大学▶2が誕生し，その頃から全国の大学で「体育会」が発足しました。

こうした「体育会」が，特に力を発揮したのが運動部への優遇措置です。多くの大学では「体育会」が各運動部に対して活動経費・補助金を分配していましたが，その上で一部の大学では，授業料免除相当の奨学金の給付や入試の優遇なども行われていたといわれています。このように大学当局と体育会，運動部は強い結びつきにあったわけですが，これらの複雑な関係性を背景として「体育会系」は誕生していきました。そして，その歴史的契機となった出来事が「大学紛争」▶3です。

▶1 中島晶子（2010）新造語における「度」「系」「力」の用法．大島弘子・中島晶子・ブラン・ラウル編，漢語の言語学．くろしお出版，pp. 59-175.

▶2 学校教育法（1947年）によって法制化され，1948年に私立大学11校と公立大学1校として発足した。戦前から戦後に至る高等教育の転換の歴史については，天野郁夫（2016）『新制大学の誕生上・下』（名古屋大学出版会）を参照のこと。

▶3 大学の運営・教育・研究活動などのあり方をめぐって，大学当局と学生の主張が対立して起きた大規模な紛争のことを指す。

3. 大学紛争と学生アスリート

日本社会が第二次世界大戦終結後の混乱から立ち直り，高度経済成長期を迎えると，高等教育の量的拡充が急速に進行していきました。その結果，大学が抱える諸種の問題が噴出し，1960年代半ばから1970年代前半にかけて全国の大学で紛争が繰り広げられていきました。

そして，大学紛争では，学生が活動団体を形成し，大学当局と対峙しました。その中でも，代表的な学生活動団体が「全学共闘会議」（全共闘）です。全共闘とは，既成の学生自治会とは別に，各大学において無党派の一般学生が結集して作られた学生活動団体のことを指します。全共闘は様々な要求を掲げて，授業放棄や大規模なストライキ，キャンパスの封鎖や占拠を行いました。

大学紛争の激化は，大学運動部に所属する学生アスリートにも多大な影響をおよぼしました。学生アスリートは，大学当局側の要請を受けて全共闘などの学生団体を取り締まる

実行部隊として機能していったのです。学生アスリートによる取り締まりの主な内容は，①キャンパスを封鎖・占拠するために築かれたバリケードの撤去，②全共闘の学生のデモ活動の制圧，③全共闘の学生の集会開催の妨害などでした。

それでは，なぜ学生アスリートは大学当局の「ボディガード」となったのでしょうか。先述したように，同時期の多くの運動部が「体育会」に組み込まれ，特別な優遇措置を受けていました。そのため，学生アスリートは，自己の意思や政治的信条に関係なく，全共闘の学生と対峙せざるを得なかったのです。実際，当時の『体育会誌』などの資料を確認すると，学生アスリートの苦しい胸の内が明かされています。一方で，学生アスリートが中立的な立場を取った大学もあり，大学紛争への参加は，学生アスリート自身のリスクを伴う活動であったことがわかります。

4. 大学紛争を通した学生アスリートのイメージ形成

こうした大学紛争は，学生アスリートのイメージ形成を推し進める機会になりました。まず，大学紛争における学生アスリートの働きは，「暴力的行為」という側面から報道されました。実際，大学紛争における物理的な衝突の多くは，学生アスリートと全共闘の学生によるものでした。中には全共闘の学生が学生アスリートに襲撃されて死亡する事件が起きるなど，学生アスリートの行動は徐々に暴力性を極めていったとされます。

また，大学紛争とは異なる文脈ですが，同時期に起きた「東京農業大学ワンダーフォーゲル部暴力事件」[4]も拍車をかけました。これは，部活の登山訓練の際に下級生が上級生から暴力を受けて亡くなった事件です。文部省が事態収束のために介入するなど，重大な社会問題と化しました。この事件を通して，大学運動部が有する過剰かつ陰湿な封建性が改めて認識されるとともに，学生アスリートと暴力の親和性が浮き彫りになりました。

さらに，この時期に議論されたのが学生アスリートの「セミプロ化」です。「非公式」な形で実施される入試の優遇措置[5]をはじめ，授業の単位認定に特別な配慮を求める学生アスリートのあり方などが問題視されました。その中心にあったのは「学業と競技活動の両立」をめぐる問題であり，学生の本分を忘却した学生アスリートの姿は，一般学生や広く社会の人々から反発を引き起こしたのです。

▶4　1965年5月に新入部員を対象とした「新人錬成山行」を実施し，監督および上級生らが新人部員に暴行を加え，うち1名が死亡，2名が重傷を負った。これにより，「死のシゴキ事件」と評された。

▶5　「学生アスリートに対する入試の優遇措置」の詳細については，第5章第3節を参照のこと。

5.「体育会系」の誕生

そして，同時期には一般学生と学生アスリートの対立構造が鮮明化しました。学生アスリートは一般学生から「遊離した存在」と目されるなど，難しい立場にありました。こうした状況を打開すべく，大学紛争の鎮静化とともに，各大学では両者の融和を目指した各種の取り組みがなされたようです。

注目すべきは，新聞各紙が大学紛争の報道を通して，学生アスリートに対して「体育会系」という呼称を用いるようになったことです。元々，大学紛争の時期は，新聞各紙が「反代々木系」や「全共闘系」というように，「系」を用いて大学紛争の参加者の立場を分類して報じていました。したがって，新聞各紙は学生アスリートに固有の呼称を付与することで，カテゴライズを試みたことが窺えます。

以上のように，大学紛争を通して，一般学生とは違う「特別な存在」としての学生アスリートが社会的に位置づけられていきました。現代社会に息づく「体育会系」像は，このような特殊な時代のもとで誕生したのです[6]。一般学生と学生アスリートの融和という意味では，現在にも通じる問題性を投げかけているのかもしれません。

（小野雄大）

▶6　さらに詳しい内容は，Ono, Y. et al. (2020). Who is the student athlete? Focusing on positioning in the campus unrest period in Japan. Sport in Society, 23(12): 1986-2004. を参照のこと。

5-3 日本における大学のスポーツ推薦入試の形成過程

Key word：新制大学，大学紛争，体育学部，大学入学者選抜実施要項

1. スポーツ推薦入試の重要性

大学スポーツと教育の関係を考える上で，以前より取り沙汰されてきたのが「スポーツ推薦入学試験制度（スポーツ推薦入試）」▶1です。「スポ推」という略称は，大学教育やスポーツに関わる多くの人にとって，馴染みのある用語となっているでしょう。本節と次節では，スポーツ推薦入試の歴史や現在地を，日本の社会的文脈との関係に焦点を定めながら読み解いてみたいと思います。

▶1 推薦入試制度の一種であり，主に大学入試においては，高校時の競技実績を評価して選抜される。

2. 推薦入試公認以前におけるアスリートに対する入試の優遇措置

第二次世界大戦終結直後，大多数の高等教育機関が新制4年制大学に統合再編されました。こうした統合再編の中で，各大学では，大学運動部を統括する組織として「体育会」が設置され，大学運動部の活動も活発に行われるようになりました▶2。

また，それに伴って，すでに新制大学の発足直後から，「多くの私立大学では，アスリートは形だけの試験で優先的に入学させていた」と言われていたように，アスリートに対する入試の優遇措置が取られていたといいます▶3。しかしながら，この時期の優遇措置は入試要項に記載されるものではなく，表向きには了承された入試制度ではなかったようです。中には，これが「情実入試」として問題視され，早々に制度を全廃した大学もありました。

▶2 詳しくは，Ono, Y. et al. (2020). Who is the student athlete? Focusing on positioning in the campus unrest period in Japan. Sport in Society, 23(12): 1986-2004. を参照のこと。

▶3 読売新聞（1960）4月18日付 東京朝刊．

3. 推薦入試公認後の「体育学部」における推薦入試の興隆

推薦入試の拡大の直接的な契機となったのは，1967年度入試であったといわれています▶4。当該年度の「大学入学者選抜実施要項」では，推薦入試の位置づけが明確化され，大学入学定員の一部について学力検査を免除し，出身学校長の推薦に基づいた判定を行うことができるようになりました▶5。こうした推薦入試の導入には，18歳人口の増大による受験競争の過熱化や，学力検査偏重による受験準備教育の負担軽減が期待されました。他方で，この時期の大学は「大学紛争」▶6の渦中にありました。全国規模で大学紛争が激化する中で，アスリートに対する入試の優遇措置は批判にさらされ，従来のような優遇措置を実施することが困難となりました。そのため，1960年代後半から1970年代初頭にかけて，各大学ではアスリートに対する入試の優遇措置が縮小ないし撤廃され，これは1970年代にみられる大学運動部の活動の停滞の一要因となりました。

こうした状況を尻目に，拡大の一途をたどったのが私立大学の体育学部における推薦入試です。日本では，1969年までに私立大学の12校に体育学部が設置されており▶7，これらの体育学部では積極的に推薦入試が導入されました。体育学部の推薦入試が他学部の推薦入試と決定的に異なる点は，運動の「実技試験」を主たる判定材料とした点です。競技実績に優れたアスリートは，運動能力そのものが優れている可能性が高く，実技試験の実施はアスリートにとって有利な条件となりました。このように体育学部では，求める学生

▶4 文部省によって初めて推薦入試が公認されたのは，1966年度入試からである。

▶5 文部省（1966）昭和42年度大学入学者選抜実施要項．文部時報，1066：50-55.

▶6 「大学紛争」の詳細については，第5章第2節を参照のこと。

▶7 1969年までに体育学部を有していた私立大学は，日本体育大学（1949年設置），順天堂大学（1951），天理大学（1955），国士舘大学（1958），中京大学（1959），東京女子体育大学（1962），中京女子大学（1963），大阪体育大学（1965），日本女子体育大学（1965），東海大学（1967），仙台大学（1967），福岡大学（1969）である。

像とアスリートが有する運動能力を合致させることで，アスリート向けの「特別枠」を設けなくとも，アスリートを確保できる仕組みができあがっていました。

4. 1980年代の私立大学におけるスポーツ推薦入試の確立

現在にも受け継がれるスポーツ推薦入試の原型となったのは，筑波大学体育専門学群と早稲田大学教育学部体育学専修で実施された2つの推薦入試です。

まず，1973年10月に東京教育大学を母体として創設された筑波大学では，1974年度入試から体育専門学群において推薦入試を導入しました。この推薦入試の特筆すべき点は，「ある分野に特にすぐれた能力を持つ者」という推薦要件です[8]。筑波大学はその具体例として，「陸上競技においてその能力抜群であった者」などと示していました。筑波大学はこの推薦要件を明示することによって，学力以外の「能力」，すなわちアスリートが有する競技実績を1つの能力として位置づけたのです。

次に注目されるのが，1983年度入試から早稲田大学教育学部体育学専修で実施された「体育学専修特別選抜」です。体育学専修特別選抜は，アスリート向けの「特別枠」入試として競技種目を指定し，競技実績に基準を設けました[9]。また，入試要項は一般に公開しており，本入試の公正感を担保する意図があったと考えられます。

ただし，体育学専修特別選抜は，運動部強化のための制度か否かという点で，その位置づけに難しさを抱えていました。たとえ大学当局に運動部強化の意図がなかったとしても，実質的にこの入試が運動部強化の一端を担うことは間違いなく，本音と建前の部分でジレンマを抱えた制度であったといえます。

その後，1980年代末の臨時教育審議会答申を経て，「昭和64年度大学入学者選抜実施要項」[10]において，競技実績が入試の評価対象の1つとして明確に位置づけられました。これ以降，私立大学を中心に類似の入試が実施されるようになり，徐々にスポーツ推薦入試の門戸が開かれていきました。

▶8 筑波大学（1973）筑波大学入学者選抜における推薦入学実施要項．筑波大学．

▶9 早稲田大学教育学部（1982）昭和58年度体育学専修特別選抜要項．早稲田大学．

▶10 文部省（1989）昭和64年度大学入学者選抜実施要項．大学資料，110：40-54．

5. 日本のスポーツ推薦入試の歴史的特質

日本では，明治国家設立以後，陸上競技や野球をはじめとする近代スポーツの多くが，高等教育機関の運動部活動の中で醸成されていきました[11]。こうした系譜は，特に1964年の東京オリンピックを中心とした戦後の選手強化体制にも引き継がれ，運動部活動が盛んであった「伝統校」がアスリートの受け皿になりました。そのため，こうした伝統校におけるアスリートに対する入試の優遇措置は，古くから日本の選手制度を支える重要な手段として位置づいていたといえます。

一方で，推薦入試公認直後から，推薦入試を用いて積極的にアスリートの確保に励んだのは，体育学部を有する各大学でした。これらの大学の推薦入試では，「運動部の強化」という意図がより鮮明に映し出され，こうした流れが1980年代のスポーツ推薦入試の確立へとつながっていったと考えられます。

したがって，大学のスポーツ推薦入試は，日本のアマチュアスポーツを支える選手制度の一環として，一部の伝統校において実施されていたアスリートに対する優遇措置が，文部省による推薦入試の公認を背景に，各大学の運動部強化という思惑と結びつきながら形成された入試制度であったといえます。スポーツ推薦入試は，大学をめぐる諸種の社会的文脈に合わせながら，徐々に入試制度としての内容と基盤を整えていったのです[12]。

（小野雄大）

▶11 「近代スポーツの受容と高等教育機関の関係」の詳細については，第5章第1節を参照のこと。

▶12 さらに詳しい内容は，小野雄大ほか（2017）わが国における大学のスポーツ推薦入学試験制度の形成過程に関する研究．体育学研究，62(2)：599-620．を参照のこと。

5-4 大学のスポーツ推薦入試の多様化と現在地

Key word：大学設置基準の緩和，スポーツ科学系学部，新しい能力

1. 大学をめぐる社会状況の変化とスポーツ推薦入試

第二次世界大戦終結後からほぼ一貫して増え続けてきた18歳人口は，1992年度の204.9万人をピークとして，翌1993年から急減期を迎えました[1]。それと同時に，「大学設置基準の緩和」が政策的に打ち出され，多種多様な学部・学科の設置・編成が可能になった一方で，より一層と各大学の自助努力が求められました。特に私立大学にとっては「冬の時代の到来」と評されるなど，この時期は「生き残り戦略」が大学経営上の重要課題となりました。

そして，1990年代以降の大学入試改革において最も重視されたのが，選抜方法の多様化政策であり，それは，学力評価の多様化から，やがて学力以外の多様な選抜方法の導入へと進んでいきました[2]。こうした状況と相まって，スポーツ推薦入試の形態もまた，実施校数の増加だけではなく，新たに登場したAO入試を併用しながら，バリエーションを増やしていったのです。

その後，2000年代に入ると「キー・コンピテンシー」や「21世紀型スキル」といった「新しい能力」の大合唱をはじめ，「情報化」や「グローバル化」の進展を背景に，大学教育も新局面を迎えました。他方で，旧文部省はさらなる18歳人口の減少に対応すべく大学定員の抑制を図りましたが，医療分野や福祉分野，情報分野など，時代の要請に合った実学的な学部・学科の新設については特例的に認めていました。こうした潮流に乗って，2000年代はスポーツ科学系学部・学科の新設もブームとなりました。

実際，2000年から2020年までの20年間において，29校が学部名に「スポーツ」を含む学部を新設しています。その他のスポーツ関連の学部・学科の新設を含めればさらに大きな値となるでしょう。この背景には，スポーツをめぐる社会構造の変化があり，従来は主に保健体育科教員を養成する機関として考えられてきたスポーツ科学系学部が，「健康」や「生涯教育」，「ビジネス」など幅広いキーワードのもとで社会的ニーズを高めたことが挙げられます。このような，スポーツ科学系学部・学科の相次ぐ新設は結果的にアスリートの新たな受け皿の創出につながり，スポーツ推薦入試もまた，競技実績の評価の細分化および対象競技種目を増やすことで，さらに裾野を広げていきました。

2. スポーツ推薦入試の現在地

それでは，「スポーツ推薦入試の現在」とはどのようなものでしょうか。筆者の研究グループは，2021年度入試を実施予定の日本の全大学（762校）[3]の入学試験要項の分析を通して，「スポーツ推薦入試の実施校数および実施率」（図1）と「大学の設置者（国立・公立・私立）×スポーツ推薦入試実施学部のクロス集計結果」（図2）を算出しました。まず「スポーツ推薦入試」は247校で実施されており，2021年度入試実施予定大学に占める実施率は32.4%（国公立：1.7%＋私立：30.7%）です。一方で，スポーツ推薦入試の非実施校のうち「競技実績考慮型入試」[4]は161校で実施されており，2021年度入試実

▶1 総務省統計局（2008）我が国の推計人口 大正9年-平成12年. https://www.stat.go.jp/data/jinsui/2.html#series.（最終参照日：2022年7月11日）

▶2 天野郁夫（2006）大学改革の社会学. 玉川大学出版部.

▶3 大学院大学や大学校は除いた。

▶4 分析の大枠として，①対象をアスリートに限定し，かつ競技実績の評価に特化した「スポーツ推薦入試」と，②総合型選抜・学校推薦型選抜を実施する中で，「多様な評価対象のうちの1つに競技実績を位置づけている入試」（競技実績考慮型入試）の2種類に分類した。

施予定大学に占める実施率は21.1%（国公立：4.3%＋私立：16.8%）です。

両入試を足した実施校数は408校，実施率は53.5%に達しています。ここで何より重要なのは，入試形態に差はあれ，競技実績が入試の評価対象としてこれほどまでに多くの大学において採用されているという事実です。これまでのスポーツ推薦入試の実施に関する公式なデータは残っていないため，速断はできないものの，事実上，競技実績を用いた大学進学はアスリートにとっては「当たり前」の進学手段になっているといえます。そして，大学が積極的に競技実績を評価しているということは，社会もまたそれを受容し，アスリートの経験や能力に何らかの価値を見出しているのでしょう。

次に，スポーツ推薦入試は709学部で実施されており，そのうちの半数以上が「人文社会科学系学部」（62.8%）で占められています。人文社会科学系学部は元々の母数が多いことから[5]，スポーツ推薦入試の重要な受け皿になっていると考えられます。

これを大学の設置者ごとに整理すると，まず国公立大学では「教育学部」（50.0%）が中心になって実施されていることがわかります。日本各地に点在する国公立大学の「教育学部」は，伝統的に各地域における教員養成を担っていることから，保健体育科の教員養成との関連でスポーツ推薦入試を実施していると考えられます。また，国公立大学においてスポーツ科学系学部を有する大学は2校しか存在しませんが，そのどちらにおいてもスポーツ推薦入試が実施されています。一方で，私立大学については，概ね全体的な傾向と同様の実施状況が示されました。

ここで注目されるのは，アスリートと関連が強いと考えられる「スポーツ科学系学部」（5.8%）の位置づけです。全体に占める割合は低いものの，日本全体の「スポーツ科学系学部」のほとんどで実施されており，個別としての実施率は極めて高いといえます。

元々，スポーツ推薦入試が公認される以前に競技実績の高いアスリートの主たる受け入れとなったのは私立大学の「スポーツ科学系学部」でした[6]。こうした歴史的展開を踏まえた上で，改めてスポーツ推薦入試と実施学部の関係の現在地を捉えてみると，依然として「スポーツ科学系学部」とスポーツ推薦入試の関係は強固であるといえます。一方で，確実にその門戸は他学部にも開かれており，それ自体がスポーツ推薦入試の拡大を証明しているといえるでしょう。

（小野雄大）

▶5 旺文社教育情報センター（2022）の調査によると，学部設置数の上位10分野のうち7分野を人文社会科学系の学部が占めている。
旺文社教育情報センター（2022）日本の大学数 2022年度は790大学. https://eic.obunsha.co.jp/pdf/educational_info/2022/0621_1.pdf.（最終参照日：2022年7月11日）

▶6 小野雄大ほか（2017）わが国における大学のスポーツ推薦入学試験制度の形成過程に関する研究. 体育学研究, 62(2): 599-620.

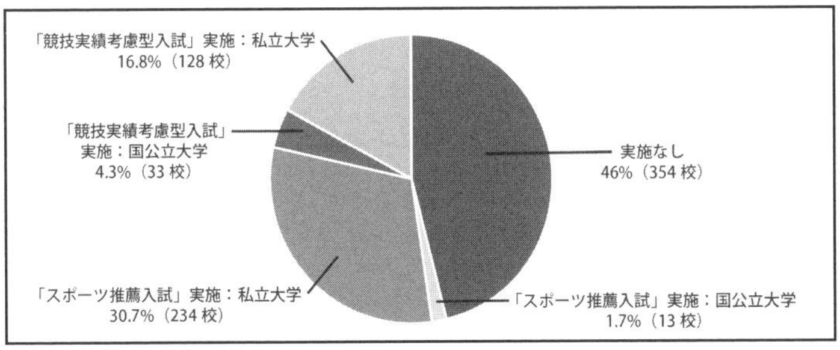

図1. 2021年度入試実施予定大学のスポーツ推薦入試をめぐる動向（N=762大学）

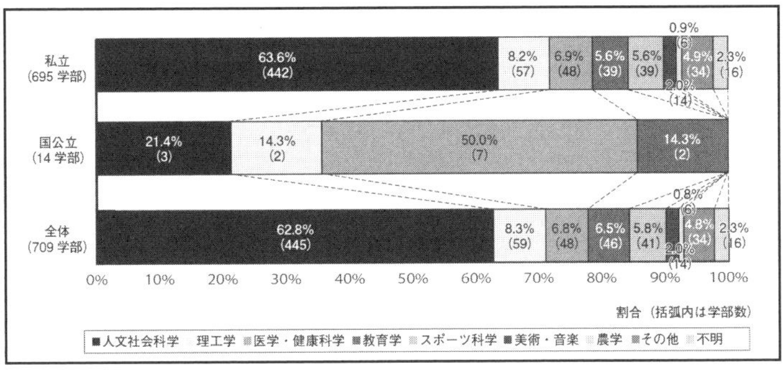

図2. 2021年度スポーツ推薦入試実施大学のクロス集計結果：大学設置者×実施学部（N=247大学，709学部）

5-5 大学スポーツと教育の関係を考えるために

Key word：高大連携，学業と競技活動，キャリア形成

1. 大学とは何をする場なのか

大学スポーツを考える上で忘れてはならないことがあります。それは，「大学は何をする場なのか」という問いです。

元来，日本において大学とは「アカデミズムを体現する場」であると解されますが[1]，そうであれば，大学という場にふさわしい学生アスリートのあるべき姿を考えていく必要があります。そこで，本節では「学生の本分」という観点から，大学スポーツと教育の関係について論じておきたいと思います。

▶1 学校教育法 昭和22年3月31日 法律第26号.

2. スポーツ推薦入試が抱える問題

スポーツ推薦入試はアスリートに「大学進学への道を開く制度」として評価することができますが，いくつかの問題も抱えています。

1つ目に，スポーツ推薦入試では評価基準として「競技実績」に比重が置かれるあまり，学業への動機づけが弱くなってしまうことがあります。スポーツ推薦入試では，選抜要件について，「高校時の学業成績（評定基準）を問わない」とする大学が一定数存在します。その上で，多くの大学では，いわゆる「五教科」のような学力試験を課さず，小論文や面接試験を実施しています。一般入試などで求められるような「学力」を問わないわけですから，その分，多くのアスリートが受験しやすくなりますが，この点にこそスポーツ推薦入試の危うさがあるといえるでしょう。

これに関連して，2つ目に「受験する学部・学科が選べない」というケースが多いことが挙げられます。スポーツ推薦入試では，事前に大学運動部と受験生がコンタクトを取った上で，初めて出願が認められるケースがあります。その際に，大学の運動部側が受験学部・学科を指定することがあるのです。一方で，「学部はどこでもいいからとにかく大学に入りたい」という受験生・保護者がいるのも現実です。「入学する学部・学科はどこでもいい」と考えてしまっている時点で，すでに学問への志向性が破綻してしまっています。

3つ目に，アスリート本人の意思よりも周囲の利害関係が優先されることがあります。それは，出身高校と大学運動部との関係性が優先される場合や，コーチの意向が優先される場合など，事情は様々です。たとえ，アスリート自身が大学で学びたいことがあったとしても，自分の意思を示すことができないケースがあるのです。

総じて言えるのは，これらの問題は大学入学後の学業や学生生活への不適応の要因になりやすいということです。重要なことは，アスリート自身が進路選択の段階で，しっかりと「大学」という場への理解を深めることです。そのことが，大学入学後の「こんなはずではなかった」という思いを回避することにつながるのではないでしょうか。

3. 学生アスリートの学業と競技活動の両立をめぐって

次に，大学入学後の学生アスリートの現状において，特に問題となるのが「学業と競技活動の両立」です。

以前より，十分な学力を持たないアスリートが大学に入学し，それによって学業に不適応を起こす現状や，学業に対する意識が低い学生アスリートの存在が指摘されてきました▶2。実際，約4割もの学生アスリートが学業と競技活動の両立に困難を感じているという報告もみられます▶3。幼少期から競技活動一筋であったため，「勉強の仕方がわからない」という学生アスリートも少なくはないでしょう。

そのため，こうした現状に危機感を覚えた各大学では，学生アスリートに対して，①公式戦出場のための単位基準，②修学支援プログラム，③豊かな人間形成に関わる教育プログラムの整備・運用などに取り組み始めています。各大学では，学業と競技活動の両立を実現することによって，大学の理念と目標に沿った人材育成を目指しています。

一方で，学生アスリートには，競技活動を通して大学の「広告塔」としての貢献が期待されており，大学スポーツは，大学のブランド力を高めて志願者を集めるための有力な経営資源になっているのも現実です。大学における学生アスリートの位置づけは，「学生の本分」と「競技活動に生じる価値」の狭間で揺れ動いているといえるでしょう。

▶2 朝日新聞（2019）問われ始めた「学業軽視」．3月9日 東京朝刊．

▶3 日本スポーツ振興センター（2014）「デュアルキャリアに関する調査研究」報告書．https://sportcareer.jp/wp-content/uploads/2021/01/dualcareer_report_jsc_2013.pdf.（最終参照日：2022年7月11日）

4. 大学卒業後のキャリア形成に向けて

そして，学生アスリートの卒業後のキャリア形成にも目を向けていく必要があります。大学卒業に伴う「就職」は，アスリートとしてのキャリアの「区切り」のタイミングになりやすいとされています。日本では，「新卒一括採用」と呼ばれる独自の雇用慣行が定着しており，就職先を得られないまま大学を卒業した場合に，その後の就職機会が著しく不利になりやすいことが指摘されています▶4。実際，日本のアスリートの引退のタイミングの1つとして大学卒業時の「就職」が挙げられています▶3。そもそも，多くの大学生にとって大学から社会への移行は重要な人生の転機であり，それ自体が心理的リスクの生じやすいライフイベントなのです▶5。

大学4年間の道のりの中で，どのように卒後後の世界に目を向けていくのか。学生アスリートという特殊な立場にある大学生の社会への移行，いわゆる「キャリアトランジション」に対する支援もまた，大学教育全体の充実にとって重要な課題です▶6。

▶4 本田由紀（2010）日本の大卒就職の特殊性を問い直す：QOL問題に着目して．苅谷剛彦・本田由紀編 大卒就職の社会学：データから見る変化．東京大学出版会，pp. 27-59.

▶5 Sung, Y. et al. (2013). Career development skills, outcomes, and hope among college students. Journal of Career Development, 40(2): 127-145.

▶6 Ono, Y. et al. (2022). A study of the worries that emerge in the career selection of Japanese student athletes. Journal of Physical Education and Sport, 22(4): 1009-1017.

5. 今後に向けて

学生アスリートの教育をめぐる問題が取り沙汰される際，しばしば大学側の支援体制などが問題視されます。しかし，これを単に大学側のみの問題と捉えては解決には向かいません。1つは，送り出す側の高校においても「大学とはどのような場所か」というように，アスリートに対するキャリア教育の充実に努めてもらう必要があります。こうした意味で，今後，「アスリートの教育をめぐる高大連携」の発展によって，円滑な接続がなされていくことが望まれます。

そして，アスリート自身も大学という場に対する理解を深め，「学問」に勤しむ場として大学を捉え直す必要があります。真の意味で大学スポーツのプレゼンスを示すためにも，大学スポーツに関わるすべての人々の努力が求められていきます。

（小野雄大）

6-1 優秀なアスリートを生産する仕組み：競技力向上システム

Key word：国際競技力，オリンピック，競技力向上システム，グローバルスポーツ軍拡競争

1. オリンピックメダルを規定する要因

オリンピック憲章には「オリンピック競技大会は，個人種目または団体種目での競技者間の競争であり，国家間の競争ではない」[1]と明記されており，国際オリンピック委員会（IOC）や組織委員会が国別のメダル獲得ランキング表を作成することは禁じられています。一方で，オリンピックが始まると，マスメディアは連日のように日本のメダル獲得ランキングを報道し，多くの視聴者の関心事になっています。また，メダル獲得数やランキングは国のスポーツ政策の成果指標としても活用されます。

各国・地域のメダル獲得数にはどのような要因が関係するのでしょうか。一般的に，メダル獲得数は，国の人口や経済的豊かさに伴って増加します。人口の多い国は，スポーツの人的資源（タレントプール）が豊富ですし，裕福な国は国民の健康度が高く，エリートスポーツ分野に投資できる経済的資源が多いといったアドバンテージが存在します。また，旧ソ連圏や社会主義国では国威発揚のためにスポーツを重視する動機が働くように，国の政治体制もメダル獲得数を左右します。そして開催国は，自国開催の大会を成功させるために強化予算を大幅に拡充する傾向にあり，競争優位となります。選手は慣れ親しんだ試合会場で地元ファンの声援を浴びながら競技ができるため，ホームアドバンテージを享受することもできるでしょう。そして，それぞれの国が「競技力向上システム」と呼ばれる，優秀なアスリートを持続的に生産する独自の仕組みを持っています。換言すると，メダル獲得数は，人的資源，経済的資源，スポーツに力を入れるインセンティブ，競技力向上システムの関数といえます[2]。

▶1 International Olympic Committee (2021) OLYMPIC CHARTER. https://stillmed.olympics.com/media/Document%20Library/OlympicOrg/General/EN-Olympic-Charter.pdf. (accessed 2022-7-11)

▶2 舟橋弘晃ほか（2012）国際競技力に関する研究の動向：マクロレベルのオリンピック研究に着目して．Japanese Journal of Elite Sport Support, 5: 33-49.

2. 競技力向上システムを構成する9つの柱

メダル獲得数を伸ばすために，人口や経済的豊かさを増やすという発想は現実的ではありません。そこで，近年多くの国・地域は，競技力向上システムの整備に力を入れています。競技力向上システムは，①財政支援，②スポーツ政策の統治・組織体制・構造，③スポーツ参加基盤，④タレント発掘・育成システム（TID），⑤アスリート支援・引退後のキャリア支援，⑥トレーニング施設，⑦コーチ確保・養成，⑧国内・国際競技大会，⑨科学研究・技術革新という9つの柱によって構成されます（図1）[3]。国の社会・文化・歴史・政治的背景によってアプローチは違いますが，概してこれら9領域を充実化させることで，持続的な国際競技力向上が図られています。

日本では，主に国からの補助金・交付金，スポーツ振興基金助成，スポーツ振興くじ助成という3つの財源が，「スポーツ基本計画」や「競技力強化のための今後の支援方針（通称：鈴木プラン）」といった計画に基づいて，競技団体や各種強化事業，環境整備に充当されています。国際競技力向上施策の政策アクター[4]は，スポーツ庁，日本スポーツ振興センター，日本オリンピック委員会，日本パラリンピック委員会，日本スポーツ協会，各種競技団体，都道府県と多岐にわたります。

▶3 De Bosscher et al. (2015). Successful Elite Sport Policies: An International Comparison of the Sports Policy Factors Leading to International Sporting Success (SPLISS 2.0) in 15 Nations. Meyer & Meyer Sport.

▶4 政策アクターとは，公共政策の立案や遂行に影響を与える個人・集団を意味する。

TIDについては，全国規模で未来のトップアスリートを発掘する国家事業「J-STARプロジェクト」と各地方公共団体で実施されている地域TID事業が展開されています。TIDに関わる関係団体が円滑な連携が図れるよう，ワールドクラス・パスウェイ・ネットワーク（WPN）という協働体制を構築しており，43地域が加盟しています（2021年12月現在）。

アスリート支援については，「ハイパフォーマンス・サポート事業」が展開されており，オリンピックにおいてメダル獲得の期待度の高い競技・選手に重点的に支援をする「選択と集中」型の資源配分が採用されています。

トレーニング施設としては，「ナショナルトレーニングセンター」が2008年に開所し，トップレベル競技者の競技力強化の拠点施設として活用されています。また，オリンピックなどの大きな国際競技大会では，選手村外にスポーツ医科学・情報の支援拠点「ハイパフォーマンスサポートセンター」を設置しています。近年の日本のメダル獲得状況をみても，こうした施策が成果を挙げていると考えられます。

3. グローバルスポーツ軍拡競争と社会全体の理解促進の重要性

こうしてメダル獲得競争は，オリンピック憲章による規約とは裏腹に，激しい政策競争の様相を呈しています。各国がメダル獲得のためにしのぎを削り，多額の国家予算をエリートスポーツにつぎ込んでいる現象は，軍備拡張競争になぞらえて「グローバルスポーツ軍拡競争」とも呼ばれます。

メダルの供給量は限られている中で（夏季オリンピックのメダル総数は約1,000），メダル獲得を求める国・地域が増えている状況ですので，自ずと1つのメダルを獲得するために必要なコストは上昇しています▶5。こうした各国間のにらみ合いによって競争はエスカレートの一途をたどり，グローバルスポーツ軍拡競争に参加している国々は，「囚人のジレンマ▶6」に陥っているのです。

スポーツの勝ち負けへの投資は一種のギャンブルであり，投資を続けるためには「軍拡競争」に対する社会全体の理解促進が必須です。そのためには自国の選手やチームが国際舞台で活躍することが，私たちに何をもたらすのかについて理解を深めることが必要でしょう。

（舟橋弘晃）

▶5 経済原則では，需要過多は価格上昇で解消される。昨今のオリンピックでは，前回大会のパフォーマンス水準を維持するためにも，前回大会以上のコストを費やす必要性があるといわれている。

▶6 それぞれが利己的な行動をする結果，全体として損となる状態を指す。

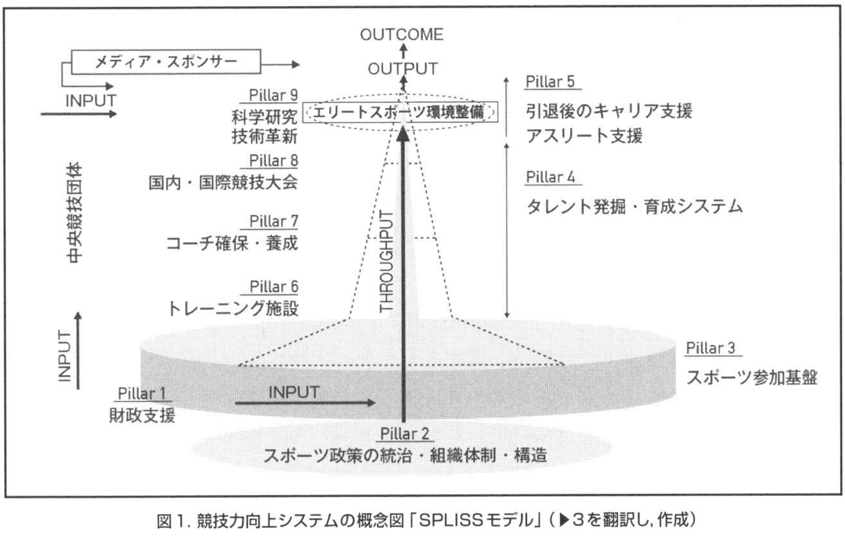

図1. 競技力向上システムの概念図「SPLISSモデル」（▶3を翻訳し，作成）

6-2 トップアスリートのキャリア形成の現状と課題

Key word：デュアルキャリア，包括的アスリートキャリアモデル，キャリアトランジション

1. 厳しいアスリートとしての労働市場とデュアルキャリアの重要性

地域の子供はどのくらいの確率で主要スポーツのトップアスリートになれるのでしょうか。全米大学体育協会（2020）[1]によると，全米でバスケットボール部に所属している高校生のうち3.5%が大学でも競技を続け，さらに学生アスリートのうちNBA選手になったのは1.2%です。つまり高校生からプロバスケットボール選手になれる確率は0.04%（1万人に4人）ということです。アメリカの部活動は入部人数が制限された少数精鋭主義ですので，日本の場合，より厳しい確率となるのではないでしょうか。成功者の陰には，報われない人が大勢いるのは当然で，彼らは必然的に競技外のキャリアに目を向けることになります。

他方で，プロスポーツや実業団のトップアスリートになっても，スポーツを志した人には必ず引退がやって来ます。競技や種目によって引退年齢は異なりますが，多くの場合30代前後で選手生活にピリオドを打つことになります。このように選手寿命にはリミットがあるため，アスリートは競技生活を送る「競技人生」と，学業や友人，一般社会との関わりなど「人として成長していく人生」を同時に歩み，引退後を含めた人生設計を考えながら，将来に備える必要があります。

競技者としてのキャリア形成と学生・社会人としてのキャリア形成に同時に取り組むことを「デュアルキャリア」と呼びます。より正確には，欧州委員会によって「アスリートが生涯にわたるライフキャリアの中で，学業や仕事，その他人生の各段階における重要な出来事と組み合わせながら，トップアスリートとしてのキャリアを成功させ，発展させ，完成させること」と定義されています[2]。デュアルキャリアを実践することには，競技以外の人々との関わりが増える，雇用適正が高まる，より充実した引退後の人生が送れる，競技面での自己調整能力が高まるといった多面的な効果が期待できます。

2. 全人的・包括的にみるアスリートのキャリア形成

デュアルキャリア実践の第一歩は，アスリートとしての人生が「人」としての人生の一部分に過ぎないことを認識することから始まります。つまり，アスリートのキャリアを競技面だけでなく精神面，学業・仕事，社会性なども含めて全人的・包括的に（whole person/holistic）捉えるということです。「人」としてアスリートキャリアの様態を理解するためには，包括的アスリートキャリアモデルという理論的枠組みが有用です[3]（図1）。包括的アスリートキャリアモデルは，競技面，精神面，心理社会面，学業・就業面，財政面，法律面という6領域における発達段階に焦点を定めて，アスリートがキャリアの中で迎える転機や節目（キャリアトランジション[4]）を模式化したものです。

競技面では，①競技開始期，②育成期，③成熟期，④引退期という4つの発達段階が存在します。精神面は，①幼少期，②思春期・青年期，③成人期というアスリートの心理的

▶1 National Collegiate Athletic Association (2020). Estimated Probability of Competing in Professional Athletics. https://www.ncaa.org/about/resources/research/estimated-probability-competing-professional-athletics. (accessed 2022-7-11).

▶2 European Commission (2012). EU Guidelines on Dual Careers of Athletes: Recommended Policy Actions in Support of Dual Careers in High-Performance Sport. https://ec.europa.eu/assets/eac/sport/library/documents/dual-career-guidelines-final_en.pdf. (accessed 2022-7-11).

▶3 Wylleman, P. (2019). A Developmental and Holistic Perspective on Transitioning out of Elite Sport. In APA Handbook of Sport and Exercise Psychology: Vol. 1. Sport Psychology, edited by M. H. Anshel, 201-216. Washington, DC: American Psychological Association.

発達を反映しています。心理社会面では，アスリートの発達段階に応じて重要視される人物の変化を表しています。アスリートの社会的支援ネットワークは，①親・兄弟・仲間，②仲間・コーチ・親，③恋人・家族・コーチ・サポートスタッフ・チームメイト・学校の友人，④家族・コーチ・仲間というように発達段階に応じて移り変わります。学業・就業面では，学校教育制度やその後の進路におけるアスリートの成長を表現したもので，①小学校，②中学校・高校，③大学・大学院・（セミ）プロ選手，④引退後の仕事といった段階があります。財政面では，競技活動やその後のライフステージにおけるアスリートの経済環境を支える主体を意味しており，成長段階に応じて①家族，②家族・競技団体，③競技団体・政府・NOC・スポンサー・家族，④家族・雇用主と変遷します。法律面は，未成年・成年の法的区分を表しています。

このモデルによると，アスリートキャリアの中で起こるトランジションと，アスリートの人生の他の領域で起こるトランジション（学業・仕事，心理社会など）は，強い同時性と相互性を持っていることがわかります。例えば，アスリートの育成期から成熟期にかけてのトランジションは，人間としての精神的な発達，進学に伴う学校適応，社会的支援ネットワークの変化といった他の領域におけるトランジションとも重なります。つまり，大学生の時期は，環境が大きく変化し多面的なトランジションに直面する時期であるということです。学生アスリート向けのデュアルキャリア支援体制が整備されるとともに，学生アスリート自身にも意識改革が必要です。

（舟橋弘晃）

▶4　アスリートのキャリアトランジションには，予期できるものと，予期することが困難なものが存在する。包括的アスリートキャリアモデルは，アスリートキャリアの中で予期されるキャリアトランジションを整理したモデルである。後者には，怪我，イップス，オーバートレーニング，戦力外通告・代表メンバー落ちといった突発性が高く，対処が困難な出来事が挙げられる。

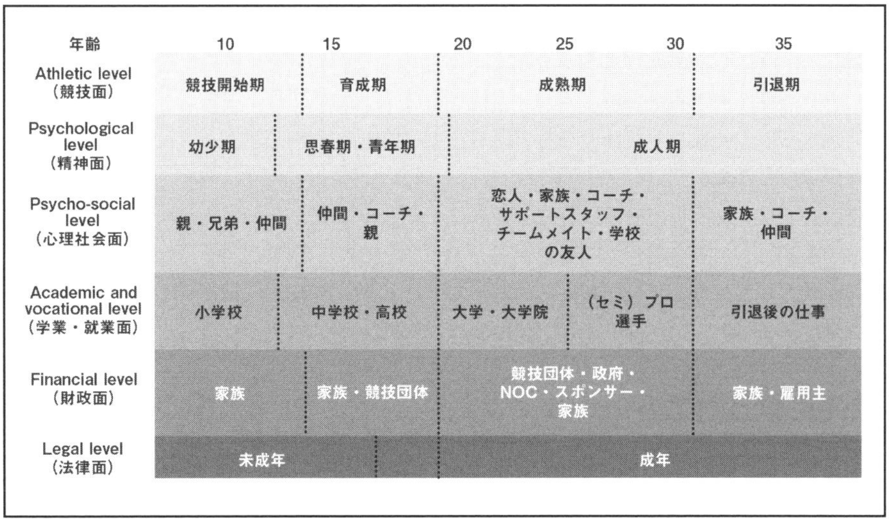

図 1. 包括的アスリートキャリアモデル（▶3を翻訳し，作成）

「トップアスリート」のキャリア形成

6-3-1 トップアスリートのキャリア形成の実際①

Key word：セカンドキャリア，自己投資，引退，ビジネス

☆横田真人（元陸上競技選手）
立教池袋高校 ― 慶應義塾大学総合政策学部 ― 富士通株式会社 ― University of Florida College of Health and Human Performance Master of Science in Sport Management
現在は，TWOLAPS TRACK CLUB　代表兼コーチに就任

1. 不安だった学生時代

引退後のキャリアには，国内外で活躍をするプロアスリートや五輪に出場するようなトップアスリートでさえ，大きな不安を抱えています。日本野球機構がフェニックス・リーグに参加した12球団所属の若手選手233人に行った「セカンドキャリア」に関するアンケート結果によると，49.8％の選手が引退後の生活に不安を抱えています[1]。「セカンドキャリア」という言葉の存在からもわかるように，アスリートにとっては，アスリートとして過ごす「ファーストキャリア」と，引退後のキャリアが完全に分断されているのが実情です。引退後のキャリアがアスリートとしての現在と分断されていては，そうした不安を抱えるのも仕方ないといえるでしょう。事実，私もそのうちの一人でした。

▶1　日本野球機構（2021）2020年　現役若手プロ野球選手への「セカンドキャリアに関するアンケート」. https://npb.jp/npb/careersupport2020enq.pdf.（最終参照日：2022年7月11日）

私の場合，大学在学時に，一般企業に就職をするか，あるいは実業団選手になるかという二択を迫られていました。当時，実業団選手になるという決断をなかなかできずにいた理由としては，選手で活躍することの難しさだけでなく，引退した後のキャリアの道筋に想像がつかなかったことが挙げられます。

しかし，アスリートでなくても，就職後の生活は想像がつきにくいものです。誰もが経験する初めての仕事へのチャレンジが少し遅れて「セカンドキャリア」という名前で訪れること，その準備の期間が人よりも長くとれると考えることができたとき，無理なくアスリートになるという選択ができました。

2. アスリート時代に培ったこと

「セカンドキャリア」という言葉にとらわれすぎると，そのキャリアが分断しているように感じてしまいます。そのため，私はいつも，引退後のキャリアをアスリートとしてのキャリアの延長線上に位置づけて考えるようにしてきました。

アスリートには，自己投資をするための時間が一般の方々よりも多くあると考えています。私が専門としていた陸上競技中距離だと1日の練習時間は長くても4時間で，移動を含めても6時間ほどです。それ以外の時間は仕事をしている選手もいれば，コンディショニングや自主練に充てる選手もいるでしょう。私は，その時間をアスリートのキャリアにも，そして，引退後のキャリアにもプラスになる学びに費やすことにしました。

最初に始めたのは英語力の向上でした。将来的に海外を拠点とし，世界で戦うアスリートになることを目標としたときに，海外のコーチや選手と対等にコミュニケーションをとるためには英語力は必須であると考えたからです。また，引退後のキャリアや拠点に幅ができるという点においても英語力は有効であると感じたため，最優先事項として取り組み

ました。

実際に海外遠征や世界大会などでは，培った英語力が生きる場面が多々ありました。審判との会話，大会ディレクターとの交渉，海外選手とのコミュニケーションなど，英語ができることで世界が広がったように感じます。その後，アメリカを拠点にすると決めたのもヨーロッパのレースで知り合った選手との会話がきっかけでした。なにより，引退後のキャリアにおいて最も役立ったのは，英語力でした。トップアスリート出身で英語ができる人材は多くなく，希少性の高い人材になり得るからです。

次に取り組んだのは，ビジネスの知識を深めることでした。そのためにアメリカの公認会計士の資格をとることにしました。英語の勉強を継続しながら，会計や経営学の勉強ができるため，よりキャリアの選択肢を増やせると考えたためです。資格を取得できたのは，勉強を始めてから4年後の2015年で，競技を引退する1年前のことでした。このような，空き時間を利用しながらの「自己投資」を欠かさなかったことが，結果的に引退後のキャリアにつながったことはいうまでもありません。

3. キャリア形成していく上での課題

アスリートは，「目標を立て，仮説を立て，取り組みを考え，実践する」というパフォーマンスを最大化するための作業を，日常的に実践しています。キャリア形成においても，それは同じですが，目標設定の時点で躓くことも多いと思います。

こうした目標設定の難しさは，アスリートの問題認識と現実に大きなギャップがあるからではないかと考えています。アスリートは幼少期から常に競争にさらされており，世代が上がれば上がるほど，トップにいるための競争は激しくなります。当然のことながら，引退後のキャリアでもスポーツ界では熾烈な競争が繰り広げられていますが，アスリートの多くはそのことを認識できていないのです。

アスリートの引退後のキャリアで一番イメージしやすいのは，指導者やチームスタッフです。しかし，ほんの一握りのアスリートだけが現場に残ることができます。多くのアスリートは，スポーツの現場にそのまま残ることはなく他のキャリアを歩む必要が出てきます。そのためには，スポーツの現場以外のキャリアを歩む準備をアスリートのときからしておかなければなりません。しかし，それを実行することは非常に困難であるのが現実です。要因としては，問題認識と現実にギャップがあることと，引退後のキャリアのイメージがつかみきれないことが挙げられます。イメージをつかむことができなければ明確な目標設定をすることはできませんし，目標が定まらなければ，アスリートが持っている集中力を発揮することも困難であるからです。

したがって，アスリートがキャリア形成をしていく上での一番の課題は，「引退後のキャリアを想像できないこと」であるといえるでしょう。そのため，選択肢を増やす作業，あるいは逆に選択肢を絞る作業を行っていく必要があります。それには多様な人と出会い，多様な文化や価値観に触れることが大切です。アスリートであるという武器を最大限に利用して，多様な経験をすることがキャリアを形成する上での第一歩であると考えています。

（横田真人）

6-3-2 トップアスリートのキャリア形成の実際②

Key word：プロ野球，戦力外通告，就職活動

☆久古健太郎（元プロ野球・東京ヤクルトスワローズ投手）
国士舘高校―青山学院大学―日産自動車―日本製紙石巻―東京ヤクルトスワローズ
引退後はデロイト トーマツ コンサルティングにスポーツビジネススペシャリストとして参画

写真提供：共同通信社

1. アマチュア選手時代を振り返って：大学野球と社会人野球

私は大学にはスポーツ推薦入試を経て入学したこともあり，大学時代はとにかく野球漬けの毎日を送っていました。ビジネスに関わるようになった今でこそ，学びたいと思うことはたくさんありますが，当時は学業よりは練習，という考え方だったと思います。大学時代は，プロ野球選手になるような先輩と初めて間近に接し，そこで自分もプロへの道を歩みたいと強く思うようになったタイミングでもあります。

大学卒業後は，社会人野球の世界に進みました。社会人野球は基本的には正社員（終身雇用）として雇用してくれる企業が多く，私もそうした雇用条件の中で，野球に専念させてもらいました。そのため，もしプロの世界に進めなければ，引退後は会社に残って社業に専念するつもりでいました。

2. プロ野球選手時代を振り返って：「戦力外通告」という経験

その後，2010年のドラフト会議[1]にて東京ヤクルトスワローズから5位指名を受け，晴れてプロ野球選手になるという夢が叶いました。今振り返ってみると，プロ野球の世界では恐らく一般社会ではなかなか味わえない経験をたくさん得られたと思います。特に2015年にリーグ優勝を達成し，日本シリーズの舞台で本拠地・明治神宮野球場の大観衆を前に投げたときに見た景色は生涯忘れないものです。

8年間のプロ生活を経て，人生の転機になった，「戦力外通告」[2]を受けました。戦力外通告を受けてからトライアウト[3]に臨むまでの1カ月間は，なぜか「楽しかった」という思い出があります。それは，明確な目標に向かって，自分で考えながら練習・準備をしていくという流れを，とても新鮮な気持ちで受け止められたからだと思います。

私は，「戦力外」になったときこそ，一個人としての振る舞いが試されるのだと思います。戦力外通告は選手にとって受け入れ難いことですが，そこで卑屈になるのか，あるいは現実を受け入れて踏ん張れるのか。そのときの態度が，後の人生の分岐点になるだろうと当時考えていました。そのため，戦力外になった時は，今できることをしっかりやろうと，強い気持ちでいました。この経験は現在のキャリアにおいても大きな糧となっています。

▶1　ドラフト会議とは，プロ野球12球団が選手を指名し，指名した選手の入団交渉権を獲得するための新人選手獲得会議である。

▶2　戦力外通告とは，選手が戦力として球団の構想から外れていることを通告されることを指す。各球団は，翌シーズンに契約を希望しない選手を自由契約選手として公示し，選手は引退やトライアウトへのチャレンジなどを選択することになる。

▶3　トライアウトとは，プロ野球12球団が合同で実施する入団テストのことである。

3. コンサルティングの世界へのチャレンジ

将来のキャリアに対する危機感は，自分の思うようなピッチングができなくなってきた6，7年目あたりに芽生えていました。現役最後となった年には，次のキャリアのことを真剣に考え始め，キャリア関連の専門書を購読するなど，仕事の種類やキャリアステップの方法についての情報収集に努めていました。その中でコンサルティングという仕事が，汎用性のあるビジネススキルを身につけることができるということを知り，次のキャリアのイメージが具体的になっていきました。

引退を決めてからは，地道に就職活動に取り組みました。はじめに行ったのは，プロ野球を経験したこれまでの人生をどのように企業にアピールできるのか，それを具体的に考えることです。一般企業に就職した，元プロ野球選手の先輩方のアドバイスなどを参考にしながら進めていきましたが，職務経歴書の書き方さえもままならず，とにかく多方面で四苦八苦しました。

その後，苦労の甲斐もあり，2019年にコンサルティング会社に入社することができました。社会人としての土台となるスキルを早く身につけたいという思いが根底にあり，かねてからコンサルティング業界に行きたいという希望を持っていましたので，またしても願いが叶ったわけです。

しかし，入社当初は，「メール」というコミュニケーションツールに慣れず，どのように伝えるべきか，1本打つのに何分も費やしていました。また，業務上のコミュニケーションでは，ビジネス用語がわからず，何を話しているのか理解できないこともありました。現在は基礎的な部分で苦労することはなくなりましたが、話している内容を整理してアウトプットするという作業は未だに難しさを感じています。

一方で，目標に向かって何かを積み上げていくという仕事のしかたは，私には合っているように思えました。コンサルティングという仕事は成果型であるため，仕事のスタイルがタイムカードに縛られるようなものではありません。選手時代も，例えばフォームを改善するといった目標に向けて，試行錯誤をしながら練習を重ねてきました。9時から17時まで定時で働くという仕事より，こういった成果主義型の仕事であったことは選手時代にも似たスタイルだったんだと思います。あとは人並みではありますが，「粘り強さ」のような選手時代に培った精神力も生きています。

4. プロ野球選手のキャリア形成をめぐる課題

プロ野球を経験した立場から，プロ野球選手のキャリア形成を考えるといくつかの課題があるように思います。その中から，ここでは端的に2点のみ挙げておきたいと思います。

1つ目に，良くも悪くもプロ野球の世界には現選手・指導者を含めて「実社会に出ていない人が多い」ということです。その世界の中で人間関係も回っていますので，換言すれば「プロ野球外の世界との分断」が起きているように思います。

2つ目に，選手引退後のキャリアを考えることが憚られる雰囲気があることです。選手である以上は目の前の野球にのみ集中すべきだという考えが根強いため，「次の人生を考える時間があるなら野球の練習をしろ」という雰囲気があります。

キャリア形成を考えることの必要性は多くのプロ野球選手も触れていますが，実際に選手に真の意味での問題意識が届くまでには，かなりの障壁があるように感じます。一方で，日本野球機構など諸団体を中心とした支援制度も十分とはいえず，現状では個人レベルでの意識改革に任されているといわざるを得ません。そのため，今後はプロ野球界が一体となった制度改革が求められていくと考えます。

私個人としては，これからの自分の取り組みを通して，少しでも多くの人にアスリートのキャリア形成の重要性を示していきたいと思います。誰にでも多様な道が開かれています。

（久古健太郎）

6-3-3 トップアスリートのキャリア形成の実際③

Key word：実業団選手，海外生活，セカンドキャリア

☆木村文子（元陸上競技選手）
広島県立祇園北高校―横浜国立大学教育人間科学部―株式会社エディオン
広島大学大学院人間社会科学研究科博士前期課程在学

1. 学生時代を振り返って

私の学生時代の夢は，教師になることでした。そんな私が，実業団に入ってなぜここまで長くアスリートとしてのキャリアを歩むことになったのか。これまでのキャリア形成について，執筆させていただきます。

陸上競技を始めたのは，小学生時代です。小学校の先生が，放課後の時間を使って，陸上競技だけではなく，球技や遊具での遊びを取り入れながら指導して下さっていたことを覚えています。当時は，友達と一緒に外で遊べる時間が楽しくて通っていました。中学生・高校生になってからも，その考え方は変わらず，部活の仲間たちと協力しながら練習を行うことにやりがいを感じ，陸上競技を続けてきました。

その後，高校３年生で進路を決める際に，陸上競技と学業の両面から自己分析をしました。私自身，陸上競技の強豪校といわれる環境に身を置いたことがなかったため，そうした環境と変わらない大学がいいと考えました。また，小学校・中学校・高等学校の教員免許状を４年間ですべて取得したいとも考えました。こうした条件を踏まえ，横浜国立大学への進学を決めました。

私は，進路選択の際に，自分の目で直接見て感じたこと，疑問に思ったことを細かく確認し，納得した上で決断しました。振り返ると，この過程はとても大切なことだったと感じています。そのときは，陸上競技を仕事として続けることは想像していなかったため，教職に就くというキャリアを優先して志望校を選択しました。進路選択で自分自身について考え，決断し実行したことは，その後のアスリート生活にも大きく役立ったと感じています。

2. 実業団生活を通して

大学４年生になるまでは，「陸上競技は大学まで」と考えていました。しかし，２つの出来事をきっかけとして，漠然とではありますが大学卒業後も競技を続けてみたいと考えるようになりました。

１つ目は，日本選手権での入賞です。初めての入賞を経験したことにより，「もっとできる」という気持ちが芽生えました。２つ目は，教育実習校へ挨拶に行った際に，校長先生から「選手として競技生活を継続して，様々な経験を積んでから教師になった方がいい」という言葉をいただいたことです。

そして，大学卒業後は，地元・広島を拠点としている「エディオン」に入社し，実業団での競技生活が始まりました。エディオンへの入社を決めた理由は，自分の出身地の企業で頑張りたいと思ったからです。エディオン女子陸上競技部が掲げる「地域社会への貢献」や「世界へのチャレンジ」という競技活動ミッションは，常に私の心の支えになってきました。

実業団選手になったことにより，常に結果が求められる過酷な世界へと身を置くことになりました。実業団選手が競技を継続していくためには，常に結果が求められます。結果を残すためには，何をする必要があるのかと，試行錯誤する毎日でした。

また，実業団選手は，その姿だけをみるとキラキラと輝いている仕事にも見えますが，日常はとても地味なものです。そこで，実業団選手としての生活を継続的に行っていくためには，モチベーションをどのように維持していくかが重要であると考えました。競技結果を追い求めるだけでなく，自分自身が競技を続ける目的を探求し続けることで，そこでの経験を自身のキャリア形成につなげていきたいと考えてきました。

具体的な経験としては，2013年のアジア選手権優勝後の，単身でのヨーロッパ転戦や米国・豪州合宿へのチャレンジが挙げられます。学生時代の私から考えると，アジア選手権での優勝は，十分過ぎる結果でした。しかしながら，2012年のロンドンオリンピック出場という経験から，「世界」の壁の高さを痛感するとともに，「世界」をより一層と意識するようになっていたのです。

そして，こうした海外転戦・合宿へのチャレンジによって，様々な言語や文化の違いを目の当たりにしました。文化の相違があったとしても，周りのスタッフとともに協調しなければなりません。また，わからない英単語がありながらも，積極的にコミュニケーションをとる必要があります。これらは，言葉にする以上に難しいものでしたが，この経験は，必ずや競技を引退した後のセカンドキャリアにつながると信じていました。国内に身を置き，淡々と競技生活を送ることもできましたが，アスリートは競技成績だけを伝えるのではないという思いがありました。競技を通して様々な世界を見ることができること，そしてその価値を伝えたいと思い，それを体現すべく競技に取り組んできたといえます。

3. 後進に伝えたいこと：学び続けることの大切さ

2020年は新型コロナウイルス感染症の影響で，東京オリンピックをはじめ，様々な大会やイベントが中止・延期となりました。その中で，海外へ行くことができなくなった時間を活用して，大学院への進学を決意しました。競技を引退してからチャレンジすることもできましたが，現役のアスリートだからこそ，今のスポーツ現場で起きている「生きた」問題の提示や，研究で得られた知見を速やかにスポーツ現場に還元することができるのではないかと考えました。実際に，大学院ではこれまでの競技経験を通して，選手のマネジメントがパフォーマンスに大きく影響を及ぼしているのでないかという観点から，主にスポーツ心理学を専攻しています。

また，広島大学大学院への進学にあたり，長期履修制度▶1を利用しています。社会人学生には利用しやすい制度であり，実業団選手の立場からも自分のライフスタイルに合わせて通学することができています。私以外にも，企業や学校に勤務しながら学ばれている方が多く在学しており，そうした方々の真摯な姿に，学び続けることの大切さを感じさせられています。

こうした意味で，私にとって大学院への進学は，セカンドキャリアの可能性を開く扉といえます。実業団選手にとって，競技結果を残すことが最も重要な仕事であることは間違いありません。ですが，練習や試合以外の時間を有効に利用しながら，競技引退後の生活にも目を向けていってほしいと思います。それは決して競技生活から逃げているわけではなく，実業団選手の社会的プレゼンスの向上にも寄与することにもつながると信じています。

（木村文子）

▶1 長期履修制度とは，職業を有している者や育児・介護などを行う必要がある者，また，障がいを有している者など，標準修業年限では卒業・修了が困難となる事情を抱えている者を対象として，所定の在学年限の範囲内で修業年限を延長し，教育課程を履修することを認める制度である。高等教育機関における学習機会の拡大という観点から，国内の大学・大学院にて広く普及している。

6-3-4 トップアスリートのキャリア形成の実際④

Key word：大学院，実業団，デュアルキャリア

©Takao Fujita

☆冨田洋之（元体操競技選手）
洛南高校—順天堂大学スポーツ健康科学部—セントラルスポーツ株式会社/順天堂大学大学院修士課程スポーツ健康科学研究科　競技引退後は順天堂大学スポーツ健康科学部助教—准教授

1.「デュアルキャリア」の構築

私が学生時代を過ごし，現在の職場にもなっているのが順天堂大学です。スポーツ科学を学びたかったということ，そして，レベルの高い環境で体操競技に打ち込みたかったことから，順天堂大学に入学しました。

大学4年間は，学業に励む一方で，とにかく「体操競技一色」の学生生活を送っていました。スポーツ科学と医学の融合が進んでいる順天堂大学ならではの学びを，うまく体操競技にも還元できていたと思います。仲間にも恵まれ，非常に充実した4年間を過ごすことができました。

大学卒業後は，体操競技の実業団（セントラルスポーツ）に入社すると同時に，セカンドキャリアを意識して順天堂大学大学院の修士課程に進学しました。競技引退後はコーチングに携わっていきたいと考えていましたので，将来に向けた準備として，仕事・競技・学業を両立させる道を選びました。

一方で，こうした自分の選択に対して，「体操競技1本に専心すべきだ」という意見が投げかけられることもあり，少なからず悩みました。今でこそ「デュアルキャリア」の重要性が語られるようになりましたが，私が現役選手だった時期はまだ，デュアルキャリアに対する世間の認識は低かったように思います。

2.「金メダリスト」と呼ばれて

実業団選手であった2004年に，アテネオリンピックの体操競技男子団体で金メダルを獲得しました。オリンピックに出場することや金メダルを獲得することは子供の頃からの夢でしたので，その目標を達成できたことには大きな充実感と達成感を覚えました。

また，金メダルを獲得したことで，世の中の反応も大きく変わりました。オリンピック後に帰国した途端に，マスメディアへの露出を含め，様々な環境の変化を感じました。しかし，一選手としての発言や振る舞いなど，それまでの自分が積み重ねてきたスタンスは一切変えないようにしようと心がけていました。

他方で，今でもよく「金メダリスト」と呼んでいただきますが，私としては「金メダリスト」である自分に特別な意味を見出したことはありません。もちろん，金メダルを取ったからこそ様々な人に出会えたり，経験できたことがありますが，金メダルを取ったという過去にすがってしまうと，自分の成長はそこで止まってしまうと考えていました。こうした意味で，「金メダル」の獲得は，自分の中では競技生活における1つの区切りという程度で捉えていました。

3. 大学教員・コーチとしての新たなキャリアのスタート

その後，2008年の北京オリンピック出場を経て，同年12月に体操競技選手を引退しました。その際，様々な進路を模索しましたが，幸運が重なり，2009年度より母校・順天堂大学スポーツ健康科学部の教員に着任しました。以前より，引退後は体操競技のコーチングに携わりたいと思っていた中で，その夢を母校で叶えられるということは何よりも幸せなことだと思いました。

このように，引退後は大学教員，そして大学の体操競技部のコーチとしてのキャリアを歩むことになったわけですが，はじめは慣れない仕事に四苦八苦しました。授業づくりや事務作業のスキルに始まり，大学という組織への理解など，未知の世界に戸惑うことが多かったです。しかし，親しい先輩や先生方に支えていただきながら，今日までやってくることができました。

他方で，コーチとしては，自分が体操競技選手として培った「経験則」や「感覚」を1つの柱としつつも，そこに頼りすぎないような指導を心がけてきました。自分の経験を押し付けるのではなく，各選手の興味・関心や主体性を尊重した指導に重点を置きたいと考えたからです。最初は，選手一人ひとりの思いや感覚に寄り添うことに難しさがありましたが，それを突き詰めていくことが指導の幅の広がりや自分自身の成長にもつながっていると感じます。

4. 体操界への貢献に向けて

かねてから，順天堂大学での取り組みとは別に，日本の体操界全体に対しても恩返しや貢献を果たしていきたいと考えていました。そうした思いに駆られて競技引退後に尽力してきた活動として，国際体操連盟（FIG）の「技術委員」▶1 の仕事が挙げられます。技術委員は，私の就任以前から名立たる日本の体操界の先輩方が務められていたのですが，様々なめぐり合わせによって携わる機会をいただきました。

▶1 FIGの技術委員とは，世界から選出された7名で構成される委員会である。主な活動は，体操競技のルールの制定および審判員教育であり，体操競技の発展を，「採点」という立場から思索する委員会である。

技術委員就任後は，世界各国の委員と連携・協働しながら，体操競技の発展に向けて9年間活動しました。体操競技に対する考え方の違いや文化・言語の壁など様々な苦労がありましたが，それを乗り越えながら，職務を全うすることができました。ほんの僅かかもしれませんが，体操界に恩返しができていれば嬉しいです。

昨今では，スポーツ庁や日本オリンピック委員会を中心として，アスリートのキャリア支援に関する取り組みが活発になされるようになってきました。現在のスポーツ界にとって，アスリートのキャリア形成は最重要課題であるため，こうした機運の高まりは社会的に見ても非常に意味のあることだと思います。

一方で，体操競技は，（特に女子がそうであるように）他競技に比して選手寿命が短い傾向にあります。そのため，体操競技選手のキャリア形成については，日本体操協会による独自の取り組みなども求められていくかと思います。現役選手の頃は，とにかく体操競技で実績を残したいという思いに駆られてしまうため，その他のことが何も見えなくなってしまう風潮があるのも事実です。

しかし，このような現状は変えていかなければなりません。体操競技も頑張りつつ，それと並行して，その後の人生を見据えた行動がなにより重要な意味を持つのです。アスリートが，自分の将来の青写真を体操競技以外のところでも見定めることができる目を養うこと，コーチには，そうしたことも意識した指導や教育の実践が求められます。

（冨田洋之）

6-3-5 トップアスリートのキャリア形成の実際⑤

Key word：女性アスリート，科学的，デュアルキャリア

©URAWA REDS

☆安藤梢（サッカー選手）
宇都宮女子高校 ― 筑波大学体育専門学群 ― 筑波大学大学院人間総合科学研究科 ―
三菱重工浦和レッズレディース，1.FFCフランクフルト（ドイツ）ほか／筑波大学体育系助教

1. 大学までの歩み

私は，3歳のときに父とボールを蹴って遊んだことがきっかけで，サッカーを始めました。とにかくボールを蹴るのが大好きな子供だったそうです。当時は女子がサッカーをするのは珍しく，練習環境も十分ではありませんでした。そのため，幼稚園から中学生までは，園長先生や校長先生，サッカー部の監督にお願いをして，男子に混ざってプレーしていました。幼稚園のときから将来の夢はサッカー選手になることで，小学生のときには日本代表選手になって世界一になりたいと思っていました。

そして，高校生のときに初めて日本代表に選ばれて1999年のW杯アメリカ大会に出場しました。しかし，世界のスピードとパワーの中で戦うための運動能力が圧倒的に不足しており，世界との差を痛感しました。世界トップレベルの選手と対等に戦うためには，運動能力の向上やサッカーに関する技術・戦術の習得，科学的なトレーニングを自身のトレーニングに導入する必要があると考え，スポーツ科学の最先端を学ぶことができる筑波大学に進学しました。

2. 科学で世界との差を埋める

大学ではフィジカル面や技術面だけでなく，栄養面やメンタル面の強化など，世界で戦うために必要となる様々なことに取り組みました。また，世界トップレベルの選手やクラブの技術・戦術を分析し，実際に自分自身が被験者となって新しいトレーニング方法の開発などを行ってきました。試合後すぐに研究室▸1に帰り，その日のうちに試合を分析し，自分のできたこと・課題を見つけ出し，次の週のトレーニング戦略を立てました。また，男子サッカー部や陸上部の練習にも参加させてもらいました。

▸1　学部・大学院生時は，「体育測定評価学」の研究室に所属していた。

すべてを捧げて取り組んでも，結果が出ないことが多々ありました。「自分のやっていることは正しいのだろうか」と立ち止まることもありましたが，それでも諦めずに継続していきました。そして，科学的なトレーニングを始めた10年後のW杯で，ついに世界一になることができました。私は，「世界一になれた」ということ以上に，そこに向かう過程の大切さを実感するとともに，その過程で自分が取り組んできたこと・培ってきたことに誇りを持っています。

3. デュアルキャリア・ロールモデル

このように学生時代からサッカーと研究を並行した生活を行ってきました。ドイツでプレーしていた7年半の間▸2も，休暇で日本に帰国した際は大学の近くに住み，トレーニ

▸2　2010年1月から2017年5月まで，女子ブンデスリーグ1部においてプレーをした。所属したクラブは，FCR2001Duisburg / 1.FFC Frankfurt / SGS Essenの3クラブである。

ングと博士論文に関わる研究活動に没頭する生活を行うなど工夫しながら取り組んできました。

現在は三菱重工浦和レッズレディースに所属し，選手として日本初の女子プロサッカーリーグ「WE リーグ」[3] でプレーをしつつ，筑波大学の教員としても勤務しています。

▶3 日本初の女子プロサッカーリーグとして，2021年9月12日開幕した。「女子サッカー・スポーツを通じて，夢や生き方の多様性にあふれ，一人ひとりが輝く社会の実現・発展に貢献する」ことを理念に掲げている。

自分の強みは，研究活動で得た知見を自身の競技力向上に生かし，さらに，女子サッカーの最先端の現場で体感した課題を，研究活動につなげていけることだと考えています。こうした自分の強み・自分らしさを，経験を交えながら学生たちに伝えていくことを目標に掲げ，教員になりました。一方で，大学教員になったことで，サッカーだけでなくスポーツ界全体や今後のスポーツ界における女性の活躍についてなど，社会的な立場からサッカーとは何なのか，スポーツとは何なのかを考えるという，新たな取り組みも生まれました。

サッカーの現場では，ベテラン選手としてこれまでの経験を若い選手たちに伝えていく役割を担っている一方で，大学教員としては，まるで若手選手のように新たな学びのスタートです。一から新しいことに取り組んでいく今，ちょうどドイツに初めて移籍したときのような感覚がよみがえっています。まずは恐れずにチャレンジしていくこと，1つずつクリアしていく中で周りの方々からの信頼を得ていくことが現在の課題だと思っています。

4. アスリートのライフシフト

現役選手を続けながら教員になるという選択に，最初は「できるのだろうか」と不安な気持ちもありました。一方で，自分が新しいことに挑むことで，「今後の女性アスリートの新しい道を拓くことができたらいいな」という想いもありました。

私自身，サッカーを通して学んだことは，「目標設定，分析して計画する・練習や試合で実行する・評価する・見直す」というサイクルを繰り返して成長していくということです。サッカーを通して学んだこのサイクルは，研究活動においても同じでした。このように，自分自身を成長させるためのプロセスは，どの職業においても同じだと考えています。

一方で，現在，「サッカー選手」と，「大学教員」という異なる自分の立場に対して，うまくバランスを取ることの難しさに直面しています。日常的に考えることも増えたため，脳を休ませて整えることの重要性についても改めて実感しています。フィジカル面のコンディション調整には慣れていますが，大学での実生活に生じる，あるいはそれに伴う心身の調整は新たな課題です。ただ，これもサッカー選手と大学教員というデュアルキャリアを始めたからこそ発見できたことでもあります。

このようなアスリートのデュアルキャリアの形は，日本ではまだ珍しく，競技生活をメインとしながらアルバイトなど非正規の仕事に従事する，という程度にとどまっているアスリートも多いように感じます。他方で，私がプレーしていたドイツではセカンドキャリアを意識しながらサッカーをしている選手が多く，デュアルキャリアをクラブや社会がサポートしていました。

アスリートのデュアルキャリアを真の意味で実現するには，デュアルキャリアに対してアスリートが抱える問題点と改善に関する研究の蓄積や，社会がそれを受け入れるさらなる風土づくりが不可欠です。その上でアスリートという存在が，次の時代を築いてくれる子供たちにたくさんの夢を与えていけるように，自らの社会的プレゼンスの向上に努めていくことが求められると思います。

（安藤梢）

6-3-6 トップアスリートのキャリア形成の実際⑥

Key word：資格，公認会計士，選手会，Bリーグ，デュアルキャリア

☆岡田優介（バスケットボール選手）
土浦日本大学高校 — 青山学院大学国際政治経済学部 — トヨタ自動車アルバルクほか
現在は，アルティーリ千葉に所属しながら，TOKYO DIMEの代表取締役兼選手としてプレー

1. 大学の進路選択と学生アスリートとしての自覚

高校時代は，スポーツクラスに在籍して競技に打ち込んできましたが，同時に学業にもしっかりと取り組んできました。そのため，大学選択の際は，バスケットボールが強く，かつ学びたいことができる環境を重視しました。いくつかの選択肢があったのですが，最終的には「英語」・「政治」・「経済」が学べるという点に惹かれ，2003年に青山学院大学国際政治経済学部に入学しました。

私はスポーツ推薦入試で入学したため，一般入試のような筆記試験は経ていません。そのため，アスリートには珍しいかもしれませんが，入学前に，いわゆる『赤本』を購入して，進学先の過去問題集を自主的に解いていました。そこに求められる学力レベルを理解していなければ，入学後に様々なミスマッチが起きてしまう可能性があると考えたからです。

大学入学後は，バスケが生活の中心であったことは間違いありませんが，当初の目的の通り，とにかく熱心に学業に取り組んだ4年間でした。その中でも特に大事にしていたのは，「競技活動を言い訳にしない」ことです。物事の難易度を判断基準にせず，将来に役立つことや興味・関心を尊重しながら，その時々の歩みを選択していました。

2. 公認会計士試験へのチャレンジ

大学3年時になると大学生活もますます充実し，「プロバスケ選手になる」という夢にも手が届きかけていましたが，同時に，「誰もやったことがないことにチャレンジしたい」という思いを抱くようになっていました。そんな中で，たまたま目に入ってきたのが，「公認会計士」▶1という資格の存在です。

公認会計士という職業は社会的な信頼も厚く，そんな資格を取得することができたら自分の名刺代わりにもなるだろうと思いました。だとしたら，チャレンジする以外の選択肢はありません。率直にいうと，高尚なビジョンなどはあまりなく，とにかくチャレンジ精神に駆られて邁進しました。

▶1 公認会計士とは，企業の監査と会計を専門分野とする国家資格。主に監査業務・コンサルティング業務・税務業務を行う。

その後，競技との両立の中で苦心することも多々ありましたが，公認会計士を志してから約5年後の2010年に，晴れて公認会計士試験に合格することができました。大きな壁を突破できたことを，本当に嬉しく思いました。資格取得以降は，監査法人にて非常勤で活動しています。

しかし，当時はこうした活動は，世の中から全く理解されませんでした。バスケ界からもそうですし，公認会計士関係者からの風当たりも強かったです。「デュアルキャリア」という言葉がありますが，日本ではまだまだ理解されていないことを実感しました。しかし，最近になってようやく，多様性の中の1つの形として認められてきたように感じます。

3. バスケットボール選手として，そして選手会長として

大学卒業後はトヨタ自動車[2]に入団して，競技を続けました。このときもまた，誰もできないようなことをしてバスケ界に何かを還元したいという思いに駆られていました。

そもそも，Bリーグ[3]ができる以前のバスケ界は，リーグの分裂や国際試合の禁止など，非常に難しい状況[4]にありました。私には，世界的な人気を誇るバスケという競技が日本でこのような憂いな目にあっていることに対する歯がゆさがありました。この状況を打破し，もっと盛り上げていくために何ができるのかをずっと考えていました。しかし，いくら口先でそのような思いを語るだけでは「所詮選手だ」と言われてしまうだけで，土俵に上がることすらできません。そこで，そんな状況を変えるために，とにかく勉強することにしました。

その後，2013年に「一般社団法人日本バスケットボール選手会」の初代会長に就任しました。選手会の創設を自分自身が持ちかけたこと，公認会計士へのチャレンジを通じて専門的な知識を有していたことも就任の理由として挙げられますが，バスケ界の変革に対する熱い思いを汲んでいただいたこと，特に年上の選手の方々に背中を押していただいたことが大きかったと感じています。

何かの矢面に立つということは，それなりにリスクがあります。そのため，実際には誰もやりたがらないポジションであったのかもしれません。しかし，だからこそ，「これは自分にしかできないことだ」と思って，2016年までの3年間の任期中，とにかく選手会長としての活動に奔走しました。

▶2　現在のBリーグ「アルバルク東京」。

▶3　Bリーグは，2015年4月に実業団中心のナショナル・バスケットボールリーグ（NBL）と，地域中心のプロリーグであったbjリーグが統合されて設立された，日本の男子プロバスケットボールリーグの通称である。

▶4　Bリーグ発足以前の日本の男子バスケには，実業団チームも所属するNBLと，プロのみのbjリーグの2つのトップリーグが存在しており，両団体が事実上の分断状態であることが問題視されてきた。こうした状況において国際バスケットボール連盟は，日本バスケットボール協会に対し，統治能力の確立やリーグ問題の解消などの改善案を示すように要求していたがそれが叶わなかったため，無期限の資格停止処分が科された。

4. 日本のバスケットボール界のキャリア形成をめぐる課題

日本のバスケ選手のキャリア形成の現状に対しては，大きな危機感を覚えています。実際，Bリーグの選手の中には，それまでの部活動の延長線上の感覚のままでいる選手が少なくありません。こうした選手が競技引退後に社会に放り出されたときに，果たしてうまく順応していけるでしょうか。また，Bリーグの創設以来，選手の母数も増えているわけですから，例えば，競技引退後にそのままチームに残ってコーチやフロントスタッフになるということも，以前に比べて難しくなっています。バスケ界のキャリア形成をめぐる課題は，今後のBリーグの発展とともに，より先鋭的な形で顕在化すると想定されます。

一方で，選手へのキャリア形成支援が十分になされているかといわれると，決して十分とはいえません。今後，体系的かつ継続的な取り組みを通して，量と質の両面を担保するような制度・体制づくりが必要です。

日本においてバスケという競技は，幸運にも「プロ」という職業が目指せるものになりました。しかし，プロ選手というのは，いうなれば「個人事業主」であって，1つの会社の社長と同じです。すべて自分で判断しなければいけないし，誰かが教えてくれるわけではありません。ただ周りと同じことをやっていればいいとか，自分の考えは出さなくてもいいというのであれば，プロの世界で生き残るのは難しいと思います。最終的な意思決定と責任は自分自身にあるということを自覚することが，プロ選手としての価値を高める上で最も重要です。そのために，バスケ以外の勉強に向き合うなど，もっと外の世界を見てほしいと思います。

（岡田優介）

6-3-7 トップアスリートのキャリア形成の実際⑦

Key word：結婚，出産，育児，引退

写真：長田洋平／アクロスポーツ

☆荒木絵里香（元バレーボール選手）
成徳学園高校—東レアローズ—ベルガモ（イタリア）—東レアローズ—上尾メディックス—トヨタ車体クインシーズ　現在は，トヨタ車体クインシーズチームコーディネーター／早稲田大学大学院スポーツ科学研究科修士課程在学

1. 人生の転機となった高校時代

小学校5年生から2021年に競技を引退するまでの26年間，常にバレーボールとともに人生を歩んできました。そうした人生の転機となったのは，東京都の成徳学園高校[1]への進学です。中学校卒業と同時に生まれ故郷の岡山県を離れ，遠く東京の高校に進学するということは精神的に簡単なことではありませんでしたが，「より強いチームで頑張りたい」という思いや両親のサポートに支えられ，東京行きを決断しました。

高校入学後は，すでに日本代表に名を連ねているようなハイレベルのチームメイトに囲まれて過ごしました。そのため，私も早く同じ舞台に上がりたいというもどかしさから，時に悔しさや劣等感にさいなまれることもありました。しかし，今になって高校時代を振り返ってみると，尊敬できる指導者のもとで，「日本一になりたい」という目標を叶えることができましたし，苦しさを乗り越えて頑張ってきたからこそ見ることのできた景色があったように思います。

▶1　現在の下北沢成徳高校（2003年に改称）。

2. 実業団への入団とオリンピックへの挑戦

高校卒業後は，実業団の「東レアローズ」に入団しました。東レアローズを選んだ理由は，日本代表選手が多く在籍しており，ハイレベルな環境で揉まれることが，自分が日本代表に入るための近道であると考えたからです。

実業団選手になった当初は，高校よりもさらに濃密なバレーボール中心の生活を送る中で，それまで置かれてきた環境や責任感の重さなどのギャップに苦しみました。しかし，バレーボールでお金がもらえるということに喜びも感じつつ，とにかく早く日本代表になりたいという「向上心」だけで突き進みました。

その後，残念ながらアテネオリンピック（2004年）の出場には手が届きませんでしたが，その悔しさを糧として4年後に北京オリンピック（2008年）への出場を叶えました。北京オリンピックを目指した4年間は，これまでの人生で最も濃い時間を過ごしたように思います。その4年間を経験したことで，オリンピックに至るまでの「過程」の大切さを知ることができました。そして，2012年のロンドンオリンピックでは銅メダルを獲得し，かけがえのない仲間と築き上げてきた時間を，メダル獲得という1つの「形」にできたことが何よりも嬉しかったです。

他方で，北京オリンピック後の2008年にイタリアプロリーグ・セリエAに挑戦をした際に，その後の人生に影響を及ぼす貴重な経験をしました。イタリアのチームメイトたちは，現役のアスリートでありながらも，それと並行してモデル活動や大学への進学，そして，結婚，出産など多様な形で自分の人生を謳歌していました。こうした姿に刺激を受けて，これまでとらわれていた「女性アスリートはこうあるべきだ」というステレオタイプが払しょくされたのです。これによって，自分のバレーボール選手としてのキャリアを，それまでとは全く違う視点で考えられるようになりました。

3. 結婚，出産，そして競技への復帰

ロンドンオリンピック終了後，大きな達成感を覚えていましたが，「競技引退」については一切考えていませんでした。一方で，この先の自分がバレーボール選手としてどうありたいのか，その価値観について見直す機会となりました。そのときに決断をしたのが，「結婚」と「出産」です。出産後にはすぐに競技に復帰したいと思っていましたので，年齢に考えてもこのタイミングしかないと考えていました。

その後，無事に出産を経て，2014年に「上尾メディックス」から競技復帰をしました。上尾は初めてトップリーグに昇格した新しいチャレンジのチームであるとともに，総合病院を母体としていることから，女性の社会進出にも先進的な理念を持ったチームでした。こうした点に魅力を感じ，そして温かいサポートと理解を得ながら，再スタートを切ることができました。1年以上のブランクがあり，腰痛や骨盤の歪みなど，それまでにはなかったような身体の変化を抱えながらも，とにかく「新しい自分」になることに徹し，新鮮な気持ちで楽しく取り組むことができました。

一方で，困難なことも多々ありました。特に大変だったことは，大会や合宿による拘束期間の長さです。日本代表に選ばれると海外遠征などが続き，必然的に子供と長期間会えなくなります。それこそ，子供が初めて歩いた瞬間にも立ち会えませんでしたし，運動会にも行けませんでした。情緒が不安定になったり，泣きすがりながら離れたがらない子供の姿に，「自分のやっていることは正しいことなのか」と自問自答をしながら葛藤する日々でした。世の中の人々からは「子供を置いて何をやっているんだ」という批判的な意見も聞こえ，それに傷つくこともありました。このときに，世間の理解を得ることはまだ簡単なことではないということを身に染みて感じました。しかし，日本代表チームに必要とされているうちは期待に応えたいと強く思い，家族のサポートと子供の応援を得ながら，2016年にトヨタ車体クインシーズへの移籍，そして，リオデジャネイロオリンピック（2016年），東京オリンピック（2021年）へと挑戦を続けました。

4. これからの女性アスリートのキャリア形成に向けて

以前は，女性アスリートのキャリア形成の実態など話題にすら上りませんでした。しかし，注目を集め，議論されるということは，少しずつでも進歩しているといえるのではないでしょうか。女性アスリートが結婚，出産を得て競技に復帰しやすくなるような，多様な選択肢と価値観を共有できる社会が，これからのスポーツ界や社会全体で広がっていってくれることを願います。

私自身としては，以前から競技引退後は学びの場に飛び込むことを決めていたため，早稲田大学大学院に入学をしました。慣れない研究活動に四苦八苦していますが，日々充実感にあふれています。これから続く人たちには，ぜひ「こうあるべきだ」というステレオタイプに縛られず，広い視野のもとで自分の人生を選んでいってほしいと思います。

（荒木絵里香）

6-4 トップアスリートのキャリア形成のこれからに向けて

Key word：デュアルキャリア，進路決定，引退

1. 近年の日本のトップアスリートのキャリア形成をめぐる現状

近年の日本では，アスリートのキャリア形成支援に対して，国家行政・組織主導を中心としながら様々な取り組みが展開されてきました。近年の代表的な施策としては，日本オリンピック委員会（JOC）によって2008年から実施されている「JOCキャリアアカデミー事業」が挙げられます▶1。この事業は，トップアスリートやコーチが安心して競技に取り組めるよう，将来に向けたキャリア形成を様々な方法で支援することを目的として展開されてきました。

具体的な内容としては，ジュニア選手・シニア選手それぞれに向けた「スキルアップ研修」の実施，企業と現役アスリートをマッチングするための就職支援制度である「アスナビ」の展開，そして，アスリート個々の適職検査やアドバイスを行う「キャリアカウンセリング」などが挙げられます。これらは，調整や拡大を経て，現在においても継続的に実施されています。また，2014年には，日本パラリンピック委員会とも協定を結び，パラリンピックを目指すトップアスリートへの就職支援も行われています。

他方で，文部科学省も諸種のスポーツ関連政策を通して，アスリートのキャリア形成に言及してきました。まず，2010年に策定された「スポーツ立国戦略」では，トップアスリートが現役選手時に形成したキャリアを引退後に社会全体へと還元していくことを目指して，「奨学金による競技引退後の生活支援」，「トップアスリートの企業，総合型地域スポーツクラブ，学校等への紹介・斡旋」など，キャリア形成支援のための「ワンストップサービスの実現」を提言しています▶2。

続いて，2012年に策定された第1期の「スポーツ基本計画」の中では，競技引退後の生活を見据えた「デュアルキャリア」についての意識啓発を行うとともに，そのための支援を推進していくことが掲げられました▶3。スポーツにおける「デュアルキャリア」とは，「競技生活を『学業』や『仕事』の他，人生の各段階で占める重要な出来事などと組み合わせながら，競技以外のキャリア形成をアスリートの時期に準備・支援すること」と定義されます▶4。デュアルキャリアは，以前の日本ではあまり聞きなれない概念とされていましたが，現在では少しずつ，その考え方への理解も広まってきています▶5。

2. スポーツ教育学とトップアスリートのキャリア形成支援

こうした取り組みの背景には，アスリートの競技引退後の職業生活への移行の困難や，アスリートが競技中心の生活から離れることでアイデンティティを保持できなくなるなど，主として競技引退を契機として生じる諸問題の存在が指摘されています▶6。すなわち，アスリートのキャリア形成は，アスリート自身の引退後の生活に立ちはだかる困難な問題として，ネガティブな形で顕在化することが多いと考えられます。

それでは，こうした日本のトップアスリートのキャリア形成の現状に対して，スポーツ教育学はどのように貢献することができるのでしょうか。前節の7名のトップアスリート

▶1 これ以前の日本におけるアスリートのキャリア形成をめぐる議論は，例えば，1989年の保健体育審議会答申「21世紀に向けたスポーツの振興方策について」や，2000年に文部科学省によって策定された「スポーツ振興基本計画」の中でも展開されている。

▶2 文部科学省（2010）スポーツ立国戦略：スポーツコミュニティ・ニッポン．https://www.mext.go.jp/component/a_menu/sports/detail/__icsFiles/afieldfile/2010/09/16/1297203_02.pdf.（最終参照日：2022年7月11日）

▶3 文部科学省（2012）スポーツ基本計画．https://www.mext.go.jp/component/a_menu/sports/detail/__icsFiles/afieldfile/2012/04/02/1319359_3_1.pdf.（最終参照日：2022年7月11日）

▶4 European Commission (2012) EU Guidelines on Dual Careers of Athletes: Recommended Policy Actions in Support of Dual Careers in High-Performance Sport. https://ec.europa.eu/assets/eac/sport/library/documents/dual-career-guidelines-final_en.pdf. (accessed 2022-7-11)

の記述も引き取りながら，現状において考えられる研究の発展的可能性について，その一部を列挙してみたいと思います。

1つ目に，トップアスリートに特化した「キャリア形成支援プログラムの開発」です。現状，様々な団体・組織が各々にキャリア形成支援活動を行っていますが，前節では，プログラムが未整備，あるいは機能していない競技団体の存在にも触れられていました。プログラムの有効性の検証も含めて，効果的な成果に結びつくようなエビデンスベースでのプログラムを開発・提供することができれば，キャリア形成支援の裾野も広がっていくと考えます。スポーツ教育学が特に体育授業を対象とした実践研究などで培ってきた方法論などを援用することで，それらの実現によりアプローチしやすくなるのではないでしょうか。

2つ目に，アスリートの「進路決定に関する実態の解明」です。これについても，例えば「進路決定方略の因子構造」や「進路決定のプロセスモデルの構築」など，様々な研究の展開が考えられます。前節では，トップアスリートが個々の信念のみならず，所属するチーム・運動部活動の環境，さらには人間関係のあり方など，多様な背景や要因のもとで進路決定を行ってきた姿が看取されました。こうした意味で，多様な因子との影響関係などを考慮しながら，定量的ないし定性的研究の両面からアプローチができるのではないでしょうか。

3つ目に，アスリートの「キャリア移行に伴う心理構造の解明」です。前節では，多くのトップアスリートがセカンドキャリアに円滑に移行できた要因として，競技引退後の生活にアスリートとして培った経験やメンタリティをうまく還元できていることを挙げていました。そして，アスリートとしての業績と実生活をうまく切り離すことでバランスを取っている姿も看取できました。一方，キャリア形成の難しさを語る上では，アスリートとしての過去の栄光から脱却できずにいる人が存在する事実にも着目しなくてはなりません。こうした意味で，ポジティブ / ネガティブの両面から，キャリア移行に関する心理や思考様式の解明に迫ることによって，キャリア移行に伴う心理的モデルの構築などが可能になると考えられます。

▶5 「デュアルキャリア」の詳細については，第6章第2節を参照のこと。

▶6 吉田毅（2012）競技者の現役引退をめぐる困難克服プロセスに関する社会学的研究：車椅子バスケットボール競技者へのキャリア移行を遂げた元Jリーガーのライフヒストリー. 体育学研究, 57（2）: 577-594.

3. スポーツ教育学とトップアスリートのキャリア形成支援

上記で挙げた研究の事例は，ごく一部にしか過ぎません。スポーツ教育学によって得られる知見は，必ずやトップアスリートのキャリア形成支援に貢献を果たしていけるものと考えます。様々な政策が展開されている中で，理論と実践を中心としたアカデミズムの知見を積極的に還元することで，良い相乗効果が生まれることが期待されます。

アスリートが競技引退後の生活に必要となる職業的知識や技能を習得する機会を享受できるよう，これからさらなる研究の推進が求められます。

（小野雄大）

7-1 セラピューティックレクリエーションとは何か

Key word：レクリエーションセラピスト，APIE プロセス，健康，ウェルビーイング

1. 日本のスポーツ現場における問題点

昨今，世界規模で猛威を振るう新型コロナウイルス感染症の危機により，私たち一人ひとりが今まで持っていた価値観，理想や考え方は，大きな転換点を迎えつつあります。しかしながら，日本のスポーツ現場は必ずしもそうではありません。未だにコーチ中心の指導法が浸透しており，コーチの価値観の押しつけや体罰などの問題が山積しています[1]。また，障がいのある人たちや高齢者など，多様化するスポーツ人口のニーズなどにも十分に対応できておらず，だれもが，いつでも，どこでもスポーツに参加できる環境とは程遠い現状があります[2,3]。2021 年に開催された東京オリンピック・パラリンピックのレガシーとして，すべての人が生涯にわたってスポーツに親しんでいけるような環境の創造が掲げられています[4]。では，これからのスポーツ教育を考えていく上で，コーチはどのように選手たちにアプローチしていくのが望ましいのでしょうか。

このような重要な問題に対し，解決の一途を示してくれるのが，アメリカ・カナダで発展している「セラピューティックレクリエーション」という学問領域です。その方法論は，参加者中心の視点に基づいて共同意思決定を行ったり，動機づけへのアプローチを用いてスポーツ参加者たちのモチベーションを高め，スポーツ参加者個人の目標へ到達する支援を行うものです。これらは，旧来のコーチ中心かつスポーツが上手にできる人が中心のスポーツ教育の方法とは全く異なるアプローチですが，現代の多様化するスポーツ参加者がスポーツに親しみ，継続していけるような支援を行うのに適したアプローチであると考えられます。この章では，セラピューティックレクリエーションの概念や方法論について説明し，それがどのようにスポーツ教育を豊かにすることができるか考察します。

2. 北米におけるセラピューティックレクリエーション

アメリカ・カナダには，余暇・レクリエーションを専門とするセラピスト職が存在します。その分野はセラピューティックレクリエーションと呼ばれており，その専門家であるレクリエーションセラピストは，理学療法士や作業療法士，言語聴覚士などと並んで認知されているリハビリテーション職です。レクリエーションセラピストは一般病院やリハビリテーションセンターに限らず，退役軍人病院，精神科病棟，老人ホームやコミュニティセンター，学校などに勤務する他，障がいのある人のためのアウトドアプログラムに従事しています。セラピューティックレクリエーションを定義するとすれば，健康とウェルビーイング，そして Quality of Life を最大化するために，意図的に余暇・レクリエーションを使用すること[5]といえそうです。米国労働省労働統計局によると，2020 年において，全米で約 2 万 800 名のレクリエーションセラピストがいることが報告されています[6]。

レクリエーションセラピストの資格としては，Certified Therapeutic Recreation Specialist (CTRS) があります。CTRS の取得要件には，セラピューティックレクリエーションの学士号に加え，計 560 時間のインターンシップが含まれます。また，その要件を

▶1 大峰光博 (2016) 運動部活動における生徒の体罰受容の問題性：エーリッヒ・フロムの権威論を手掛かりとして．体育学研究，61(2): 629-637.

▶2 笹川スポーツ財団 (2018) 地域における障害者スポーツ普及促進事業（障害者のスポーツ参加促進に関する調査研究）報告書．https://www.ssf.or.jp/Portals/0/resources/research/report/pdf/2018_report_40.pdf.（最終参照日：2022年7月11日）

▶3 スポーツ庁 (2018) スポーツ実施率向上のための行動計画：「スポーツ・イン・ライフ」を目指して．https://www.mext.go.jp/prev_sports/comp/b_menu/shingi/toushin/__icsFiles/afieldfile/2018/10/02/1408815_01.pdf.（最終参照日：2022年7月11日）

▶4 東京都 (2021) 大会後のレガシーを見据えた東京都の取組：2020のその先へ．https://www.2020games.metro.tokyo.lg.jp/979e9b616cf9c59c77d001f6ed3d323e_2.pdf.（最終参照日：2022年7月11日）

▶5 Long, T. et al. (Eds.) (2020). Foundations of Therapeutic Recreation (2nd Ed.). Human Kinetics: New York.

クリアした後に行われる，計3時間に及ぶ筆記試験に合格することが必要です。アメリカの州によっては州法によりレクリエーションセラピーが免許化され[7]，免許を持たない者のレクリエーションセラピー医療行為が禁止されているところもあります。これはつまり，北米においてレクリエーションセラピーが重要であると考えられており，専門家の養成が着実に行われていることを示しています。

北米で行われているセラピューティックレクリエーションの学位プログラムでは，APIE（エーパイ）プロセスと呼ばれる対象者個人の目標達成を支援するための枠組みを使い，対象者の興味関心や身体・認知・心理・社会機能を評価することによって，対象者に適した余暇・レクリエーション活動を特定する方法を学びます。また，フロー理論や自己効力感，自己決定理論などの動機づけ方法を用いて活動のプロセスを支援する技術を学びます。さらには，小さな階段を上らせるように（スモールステップ）成功を重ねることによって，余暇・レクリエーション活動をライフスタイルの一部として持続可能なものとする方法を学びます。セラピューティックレクリエーションにおいて重要なこれらの概念については，本章第4節で解説します。

▶6 Bureau of Labor Statistics (2021). U.S. Department of Labor, Occupational Outlook Handbook, Recreational Therapists. https://www.bls.gov/ooh/healthcare/recreational-therapists.htm. (accessed 2022-7-11)

▶7 現在，ユタ州，ニューハンプシャー州，ノースカロライナ州，オクラホマ州においてレクリエーションセラピーが免許化されている。

3. セラピューティックレクリエーションの方法論：APIEプロセス

セラピューティックレクリエーションで使われているAPIEプロセスと呼ばれる枠組みは，セラピストと対象者が協力して，対象者個人の目標（健康を取り戻すことや，スキルを身につけることなど）の達成可能性を最大化するためのプロセスです。APIEとは，Assessment, Planning, Implementation, Evaluationの頭文字をとったものです。

最初のステップであるAssessmentでは対象者に対して面接や質問紙を使った様々な精察を行い，その人の障がいの程度や活動に関する興味関心，そして個人の目指す目標について理解します。ここでは主要評価項目を設定し，ベースラインを測定します。次のPlanningのステップでは，前のステップで得られた情報を基にどのようにその人の目指す目標に立ち向かうか，どのようなプログラムを組むかということを検討します。そして，Implementationのステップはその計画の実行です。計画した活動が最も有効に作用するように働きかけたり，その個人の反応によっては柔軟に計画に変更を加えたりします。最後のEvaluationのステップでは，主要評価項目の測定や面接などにより，セラピーの効果測定を行います。

実はAPIEは，この枠組みを使わなければセラピューティックレクリエーションではないといわれるほど重要な方法論です。なぜなら，個人のニーズを理解できなければその人の目標達成のために適切な活動を選択できませんし，スモールステップで目標が達成できるように順序だてたプログラムを組むこともできないからです。また，活動中に起こる小さなつまずきに適切に対処するためにも重要な方法論であり，これができなければ活動そのものの有効性が失われてしまう可能性もあるのです。

（永田真一）

7-2 余暇としてのスポーツ

Key word：シリアスレジャー，余暇学，自己決定理論

1. シリアスレジャー：余暇としてのスポーツ

セラピューティックレクリエーションは，余暇学（Leisure Studies）という学問の一部とされています。余暇学は，欧米やオセアニアで盛んに研究されており，“Leisure Sciences”や“Leisure Studies”という専門の研究誌で余暇活動に関する学際的な研究が発表されています。多くの方が想像されるように，余暇としてスポーツに取り組む人は非常に多いため，余暇学の中でもスポーツに関する研究は多くなされています。

余暇学でよく知られている概念の1つに，シリアスレジャー（Serious Leisure）というものがあります。余暇時間に取り組んでいる活動▸1が，①挑戦的であること，②多大な時間や努力を必要とすること，そして，③その活動をしている自分が「自分らしい」と感じること，という3条件が満たされる場合，その活動をシリアスレジャーと呼びます。

例えば，高校生が甲子園を目指して野球に必死に取り組んでいる姿など，私たちは日常的にスポーツをシリアスレジャーとして取り組んでいる姿を目にしています。これまでの研究においてシリアスレジャーに取り組む人は，「生きる意味」(meaning in life) をより深く感じていることが示されています▸2。このように，スポーツはシリアスレジャーになり得る活動であり，真剣に取り組むことによる恩恵があることがわかっています。

▸1 仕事や学業などの義務的活動外の時間に取り組む活動である。アマチュアスポーツや部活動など職業的に行っていない活動を含む。

▸2 Kano, S. et al. (2020). Empirical investigation of the relationship between serious leisure and meaning in life among Japanese and Euro-Canadians. Leisure Studies, 39(1): 131-145.

2. 余暇の定義

第1項では，スポーツがシリアスレジャーになりやすいことを紹介しましたが，セラピューティックレクリエーションの利点を最大限に生かしてスポーツ教育を考えるとすれば，余暇としてのスポーツはもっと広範な意味で捉えられるべきです。そこで，セラピューティックレクリエーションの真意である余暇の定義を確認する必要があります。

まず，セラピューティックレクリエーションという言葉には「レクリエーション」という言葉が入っています。日本においてほとんどの人は，小学校のときに学級活動の1つとして取り組んだ活動を思い浮かべることでしょう。学級活動としてのレクリエーション活動では，教員または児童・生徒が考案する，楽しみを目的とした遊戯・ミニゲームを行うことが多いですが，学級（もしくは学年）という大集団に対する画一的な活動であるという特性があり，得てして活動が好みに合わない人や十分に楽しめない人が出ることがあります。このように，日本で一般的に理解されている「レクリエーション」は，セラピューティックレクリエーションでいう「レクリエーション」の概念とは全く違うものです。

セラピューティックレクリエーションにおける「レクリエーション」は，余暇学において「余暇」とほぼ同義で使われています。余暇学において，余暇は様々に定義されていますが，ほとんどの研究者たちが，以下の3つの側面から捉えています。

1つ目の側面は，「時間としての余暇」です。1日の時間の使い方を考えたとき，私たちは多くの時間を仕事もしくは学業・家事などの，いわば義務と責任を伴う活動に割いていますが，その時間を除いた時間は，義務や責任から解放されて自由に使用できます。これが余暇の時間的側面です。

2つ目の側面は,「活動としての余暇」です。それは,楽しみを求めて行う活動として位置づけられており,個人の興味関心をもとにした個人的趣味活動,すなわちプラモデル作りやスポーツへの取り組み,書道などの芸術的活動が挙げられます。それに加え,さらに非形式的な活動として,例えば誕生日パーティへの参加やお祭りへの参加などが含まれます。

3つ目の側面は,「心理状態としての余暇」です。これはいわゆる内発的に動機づけられている状態や,フロー状態[3]のような心理状態にあるときを指します。余暇活動は他者に強制されて行うものではなく,個人が主体的にその活動を選択して取り組むことであるため,自己決定理論[4]に基づいた状態,つまり内発的に動機づけられた状態が余暇活動中にみられます。また,フロー状態とは個人が活動に集中し,時間を忘れて熱中するような心理状態を指しますが,余暇活動中に経験されやすいことが明らかになっています[5]。加えて,フロー状態のときには,楽しさを感じているということもわかっています。

上記の3つの側面に鑑みると,余暇は内発的に動機づけられた活動であり,何かに没頭する楽しさを包含した概念であるといえます。

▶3 Csikszentmihalyi, M. (1997). Finding flow: The psychology of engagement with everyday life. Basic Books: New York.

▶4 Ryan, R. M. et al. (2000). Self-determination theory and the facilitation of intrinsic motivation, social development, and well-being. American psychologist, 55(1): 68-78.

▶5 Mannell, R.C. et al. (1988). Leisure states and "flow" experiences: Testing perceived freedom and intrinsic motivation hypotheses. Journal of Leisure research, 20(4): 289-304.

3. 余暇の考え方をスポーツに応用する

前項で確認した余暇の定義から,スポーツは余暇の範疇として捉えることのできる活動です。実際に,日常的にスポーツを継続している人たちは,それぞれが自己決定した競技に取り組んでおり,内発的動機づけがなされた状態を保っています。つまり,スポーツを通して「心理状態としての余暇」を経験しているのです。

しかし,スポーツ教育の文脈,例えば中学校・高校での部活動や体育授業におけるスポーツではすべての人が「心理状態としての余暇」を感じているでしょうか。残念ながら,部活動や体育授業では,必ずしも好きだからスポーツに取り組んでいるわけではありません。部活動や体育授業においてスポーツに対する嫌悪感が生まれ,スポーツ離れが起こるという研究結果[6]もありますが,そうした人たちには今までほとんど目を向けられていませんでした。しかし,現在この問題に真剣に向き合わなければいけない時期に来ています。

このような問題を解決しようとするならば,当事者たちの興味関心をよく知ることが重要となるでしょう。もしかすると,別の競技であれば本人の好みと合っているものがあるかもしれませんし,体育のプログラムを当事者たちに合わせて変容することができれば,その活動の成功体験を通してスポーツが好きになっていくかもしれません。このようなアプローチが社会の体育・スポーツ嫌いの問題を解決していく上で重要です。

(永田真一)

▶6 大坪健太ほか(2020) 女子児童・生徒の運動・スポーツおよび体育授業に対する嫌悪感の加齢変化. 教育医学, 65: 211-216.

7-3 セラピューティックレクリエーションとアダプテッドスポーツの関係

Key word：アダプテッドの考え方，個人の特性，用具・ルールの適合

1. セラピューティックレクリエーションとアダプテッドスポーツの関係

「アダプテッドスポーツ」という言葉は，近年のパラリンピック・ムーブメントや東京パラリンピックの成功により，日本においても知れ渡るようになってきました。セラピューティックレクリエーションは，セラピーとしての活動の一環でアダプテッドスポーツを使うことも多いのですが，その概念はアダプテッドスポーツと完全に一致するものではありません。図1に示すように，両者ともにスポーツ活動を個人のニーズに合わせて工夫・適合・調整することが領域に含まれていますが，セラピューティックレクリエーションにおいては，スポーツ以外の余暇活動の取り扱いやスポーツ選手引退後への配慮などが特徴的です。一方，アダプテッドスポーツでは，スポーツパフォーマンスへの注目が特徴として挙げられます。

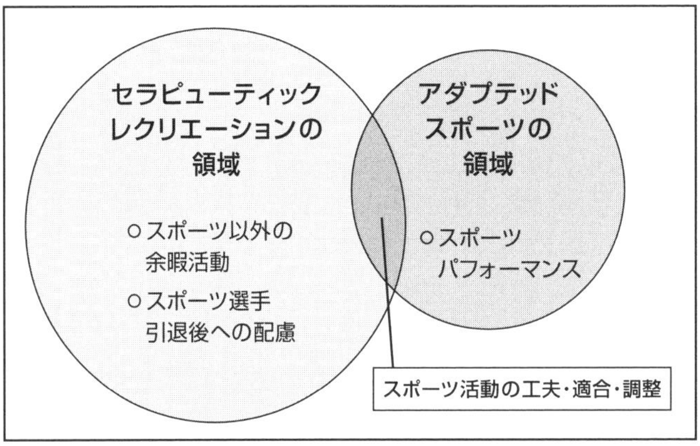

図1. セラピューティックレクリエーションとアダプテッドスポーツの関係図

2. 日本におけるアダプテッドスポーツの定義

アダプテッドスポーツとは，そのスポーツを実施しようとする人の特性に，施設，用具やルール，方法などを適合（アダプテッド）させたスポーツであるとされています[▶1]。例えば，バスケットボールをしようとする人の下肢に障がいがあり，足を使って動くことができないという特性があるとします。それを踏まえて，車いすを使ってバスケットボールをすることを前提とした，車いすバスケットボールが作られました。これがアダプテッドスポーツの例です。

▶1 佐藤紀子（2018）わが国における「アダプテッド・スポーツ」の定義と障害者スポーツをめぐる言葉．日本大学歯学部紀要 46: 1-16.

アダプテッドスポーツの定義で確認した「その人の特性」には様々なものがあります。その特性としては，身体部位の切断や，脊髄損傷による運動機能の障がいを例とした，身体の障がいに起因するものが数多く挙げられます。そして，アダプテッドの方法は，運動機能障がいの部位によって異なってきます。

例えば，片足の切断がある人で，もう一方の足が正常に使えるのであれば義足を使って立位で競技をすることもできます。つまり，車いすバスケットボールなどの車いすを使ってスポーツに参加することもできれば，義足を使い，陸上競技の走種目に参加することもできます。

しかし，脊椎損傷により胸から下の運動機能が全くない場合，車いすを使った競技が参加できる主なものになります。これが手にも障がいのある人になるとまた別の工夫が必要となります。例えば，同じ脊椎損傷でも損傷部位が首の周辺になると手の機能障害も発現します。指の機能が使えなくなり握力が弱くなることで，ボールを投げることが困難になります。そのため，その人が車いすバスケットボールをしようとすると，投げたボールがゴールに全く届かないという問題が起こります。この問題に対して，その選手のために低いゴールを用意するというアダプテッドの方法があります。これが「ツインバスケットボール」▶2 という競技です。

それでは，視覚や聴覚に障がいのある人のスポーツはどうでしょうか。「見る」という行為はスポーツの中で非常に多くの技能と関連しています。例えば，卓球のようにバウンドしたボールを打つという技能は，ボールの位置を視覚的に捉えられなければできません。このような特性に対して，音の出るボールを使い（用具の適合），ボールを転がして競技する（ルールの適合）ことによって，視覚障がいのある人が卓球をできるようになります。これがアダプテッドスポーツの一種であるサウンドテーブルテニスです。また，陸上競技のスターターピストルやサッカーの笛のように，スポーツの試合中には様々なシグナルが音で伝達されています。聴覚の障がいがあると，それらのシグナルに気づくことが困難となります。そのため，フラッシュランプや旗などの視覚的にはっきりと確認できる方法でシグナルが伝達されます。このような工夫で音が聞こえないという特性に適合させることによって，聴覚障がいのある人のスポーツ参加が達成されるのです。

▶2 別府重度障害者センター（2015）車椅子ツインバスケットボール．在宅生活ハンドブックNo. 27.

3.「アダプテッドの考え方」の重要性

ここで，スポーツ教育学における「アダプテッドの考え方」▶3 の重要性について述べておきたいと思います。一般のスポーツ指導においては，スポーツの特性に合わせて選手を適合させるというアプローチが採られていることが多くあります。例えば，野球の内野手であればボールをベースマンに正確に投げられるように反復練習が行われます。

しかし，野球をやろうと集まった人たちの投動作の技能が低い場合は，こうした状況に合わせて塁間を狭めるというようなルールの調整をした方がよい場合があります。また，体育の授業などでテニスをしようとするとき，一般のボールだと速すぎて対応できない場合，スポンジボールに変更するなど，用具の調整をするとよりレベルに合った環境の中でプレーできる可能性があります。

ここで１つ注意したいのは，アダプテッドスポーツのコーチたちも暗に競技の特性に選手を適合させていることが多々あるということです。確かに車いすバスケットボールはすでに一般的な身体障がいのある選手への適合がなされている競技ですが，目的や参加者の特性をよく考える必要があります。例えば，楽しみのためにプレーするという目的で車いすバスケットボールをするとします。その中で，ほとんどの参加者がゴールの高さまでボールを投げられない，そしてドリブルも上手にできないという場合，ゴールをポートボールのように，台の上に乗った人に変更することや，ドリブルをしなくてもいいようなルールへと変更することが有効です。

（永田真一）

▶3 岩岡研典（2016）アダプテッド・スポーツ(adapted sports) とは: パラリンピック，そしてその先にあるもの．日本義肢装具学会誌.32: 216-219.

7-4 スポーツ教育を豊かにするための諸概念

Key word：学習性無力感，自己効力感，フロー，意味生成

1. 学習性無力感

「あなたはできない」と言われ続けると，誰でも自信をなくしてしまうのではないでしょうか。「学習性無力感」という理論[1]は，このように他者から自分の能力に関して否定的な言及を受け続けることによって，自分の能力がないと信じ，挑戦する意欲がなくなってしまう現象を説明するものです。セラピューティックレクリエーションでは，参加者に学習性無力感を経験させないこと，そして，学習性無力感に対する耐性を高めることを重視し，活動中に参加者が取り組んだ課題の結果に対する言葉がけに気を配ります。

その際に留意すべき点として，①その成功および失敗が内在的／外在的のどちらに起因するのか（内在性），②その成功および失敗が続くのか（継続性），そして，③その成功および失敗は他のことに波及するのか（一般化可能性），ということが挙げられます。例えば，活動中の課題がうまくいかなかった場合，「あなたのせいではないよ，失敗は続かないよ，他の課題は失敗しないよ」と伝えると，失敗の原因を内在化させず，失敗の継続性と一般化を否定するメッセージとなり，その人の能力についての否定的なメッセージを排除することができます。

▶1 Seligman, M.E. (1972). Learned helplessness. Annual Review of Medicine, 23(1): 407-412.

2. 自己効力感

自己効力感とは，ある特定の課題に取り組む際に感じる，自分なら達成できるという自己能力に対する信念です。言い換えれば，「自信」や「自己信頼」などと表現できます。このような自己効力感理論[2]は，教育やスポーツにおける動機づけへの応用が認められることから急速に広まっていきました。スポーツ教育者にとって，スポーツ参加者個人の自信の程度に気を配ることは，スポーツ活動への意欲を高め，ドロップアウトを防ぐ要点であると考えられます。これまでの研究によって，自己効力感を高める4つの要素が明らかになっています。

1つ目は成功体験です。「過去に成功したことは自信を持ってできる」という感覚は，理解に難しくないことと思われますが，自己効力感を高める上で最も有効であると知られています。この成功体験を中心とした実践として，スモールステップの実践[3]というアプローチがあります。これは，習得しようとする技能を分析し，数段階に分けて教える方法で，各段階をクリアするごとに成功体験を得ることができます。2つ目は代理体験と呼ばれるもので，自分と同じような境遇にある人が成功しているところをみることです。追体験とも呼ばれるこの要素は，「あの人ができるのだったら私にもできるはず」と思わせることによって自信を高めるものです。3つ目は言語的説得と呼ばれるもので，他者から応援されたり，激励の言葉をもらったりすることによって，「自分はできるんだ」と思えるようになるということです。4つ目は生理的・感情的状態と呼ばれるもので，自身のメンタルおよび身体的コンディションが整っている際に，自信を持って物事に取り組むことができるといわれています。

▶2 Bandura, A. (1977). Self-efficacy: Toward a unifying theory of behavioral change. Psychological Review, 84(2): 191-215.

▶3 橋本大佑 (2017) 車いすユーザーのための車いすスキルハンドブック．心力舎．

3. フロー理論

フロー理論はどのような状況のときに人が「フロー状態」，いわゆる熱中状態に入れるのかということを説明した理論です[4]。フロー状態とは，ある物事に熱中することを指し，時間を忘れるほど集中し没頭する状態のことをいいます。フロー理論によれば，取り組んでいる課題の難しさのレベルと，その課題に取り組んでいる者の能力のレベルが均等であるときに，人はフロー状態に入るといわれています（図1）。

課題の難しさと当事者の能力のバランスにより，当事者は様々な感情を経験します。例えば，対象者の能力と比べてあまりにも簡単な技能練習に取り組ませる場合，その対象者は退屈だと感じることが多いでしょう。一方で，対象者の能力と比べてあまりにも高いレベルの技能練習に取り組ませた場合，その当事者は不安に感じることでしょう。

したがって，コーチや教師は，アセスメントを通してスポーツ参加者の個人個人の能力を把握しておくこと，そして与える課題の難しさのレベルを把握しておくこと，そして必要であればグループ分けなどによって個々に合ったレベルの課題を与えることが有効です。

▶4 Csikszentmihalyi, M. (1997). Finding flow: The psychology of engagement with everyday life. Basic Books

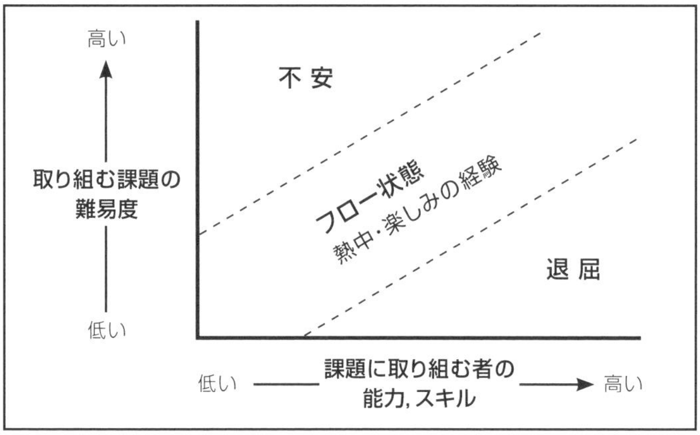

図1. 課題の難易度と課題に取り組む者の能力のバランスによって引き起こされる感情

4. 余暇ベースの意味生成論

最後に，余暇の意味生成理論 (Leisure-based meaning-making)[5, 6]について紹介します。この理論は余暇活動における経験が意義深い人生につながっていることを示すものです。

例えば，ある人が余暇活動としてサッカーに取り組んでいるとします。その人がサッカーをしているとき，一緒に頑張っているチームへの帰属意識や，仲間たちとの絆を感じることがあるでしょう。また，サッカーをすることで，自分がサッカー選手であるというアイデンティティの表現，いわば自分が自分らしいことをやっていると感じることもあるでしょう。日本の大学生を対象とした研究においても，上述したような他者とのつながりや自己アイデンティティの表現を通して，人々は生きがいを感じていることが示されています[7]。

そのため，今後益々盛んになるであろう生涯スポーツにおいては，「生きがい」というものが非常に重要な意味を持つことになります。これからスポーツ教育に携わる人たちは，参加者間のポジティブな関係性の形成を促進すること，そして，参加者個々が自分らしく取り組めるように多角的に配慮することが求められます。

（永田真一）

▶5 Porter, H. et al. (2010). Conceptualizing meaning-making through leisure experiences. Loisir Et Société/Society and Leisure, 33(2): 167-194.

▶6 Iwasaki, Y. (2008). Pathways to meaning-making through leisure-like pursuits in global contexts. Journal of Leisure Research, 40(2): 231-249.

▶7 Kono, S. et al. (2021). Understanding leisure's roles among sources of life worth living: A multi-domain approach. Leisure Studies, 41(3): 310-325.

7-5 セラピューティックレクリエーションのスポーツ教育的可能性

Key word：当事者中心の視点，強みを伸ばすアプローチ，スポーツへの関心

1. セラピューティックレクリエーションによる現状打破の可能性

これまでの日本におけるスポーツコーチングは，コーチがよいと思ったことを選手に押し付けたり，コーチと選手，あるいはスポーツが上手にできる人とできない人のパワー（権力）の差が当たり前のように保持されるといった負の側面が少なからず存在しました。

セラピューティックレクリエーションの知識・技術は，そのような負の側面を打ち崩し，従来の体育・スポーツ指導において排除されてきた人たちや，スポーツにあまりなじみのなかった人たちの意欲を高めていける可能性を秘めています。

2.「当事者中心の視点」と「強みを伸ばすアプローチ」

近年，セラピューティックレクリエーションにおいて「当事者中心の視点」と「強みを伸ばすアプローチ」という概念が注目されており，これらは，スポーツ教育においても有用であると考えられます。

まず，「当事者中心の視点」は，医療提供者中心の物事の進め方に対するアンチテーゼとして提唱されてきた概念です。すなわち，サービスの提供者の都合に受給者が合わせるのではなく，受給者の都合やニーズに基づいてサービスを提供するという姿勢です。

これをスポーツの文脈に落とし込んでみると，例えばアスリートには学習スタイルの違いなど，様々な嗜好性や特性があります。こうした中，古い価値観を有するコーチは，公平性を盾にしてアスリートたちの個人差や多様性に目もくれず，全員を同じように取り扱うことがあります。これは一見正当な姿勢ではありますが，一方で，個々の特性が考慮されず，ニーズに対応できていない可能性があります。

また，アスリートの視点からコーチを見たときに，コーチは意図せずともアスリート自身は排除されていると感じることがあるかもしれません。あるいは，体育授業においては，児童・生徒自身が苦手にしている試技を公の場でやらされることによって負の感情を抱くこともあるでしょう。一般的に，これらの感情は体育・スポーツ嫌いにつながりやすいと考えられています▶[1]。だからこそ，コーチが当事者中心の視点に基づいた指導に徹することによって，体育・スポーツ嫌いの減少に貢献できる可能性があります。

そして，「強みを伸ばすアプローチ」は，弱みを矯正することに焦点を定めた従来の方法とは異なり，個人の長所や強みに着目し，それを磨くことに焦点を定めた方法です▶[2]。従来のスポーツコーチングで焦点化されてきたのは，「弱点の克服」です。しかし，そのような方法では突出した選手に育てることが難しいことがわかってきました。

このような「強みを伸ばすアプローチ」は，単に技術的な強みに着目するだけのものではなく，従来の多様性を否定する見方から，個性を認め個性を伸ばすという見方への「パラダイムチェンジ」を可能にします。なぜならば，強みを伸ばすアプローチはトップダウン型の指導法から会話型の指導計画への変更，すなわち，コーチの独裁的な意思決定からアスリートとの共同意思決定への変更を余儀なくされるものだからです。

▶1 内田純子 (2005) 体育嫌いの要因を探る：実態調査から．初等教育論集, 6: 77-89.

▶2 Anderson, L.S. et al. (2013). A strengths approach to assessment in therapeutic recreation. Therapeutic Recreation Journal, 47(2): 89-108.

3. アダプテッドスポーツを超えて

ここで再確認したいのは，アダプテッドスポーツと比べたセラピューティックレクリエーションの強みです。第3節の図で示したように，両者ともにスポーツ活動のための用具やルールに工夫が求められるわけですが，基本的な考え方が少し異なります。アダプテッドスポーツは特定のスポーツを行うことを前提に工夫を凝らしますが，セラピューティックレクリエーションは，まず個人の興味関心を探ることによって最も適した活動を選んでいきます。活動が先に来るのではなく，個人の興味関心が先に来るという全く新しいアプローチであるといえます。

また，第3節で述べたようにアダプテッドスポーツではスポーツパフォーマンスの向上が大きな関心分野であるといえますが，セラピューティックレクリエーションではスポーツ以外の生活領域にも目を向けています。例えば，アダプテッドスポーツの選手になることによって，競技者としてのアイデンティティを育むことは非常に意味のあることですが，それが必要以上に大きくなり，「競技者であることがすべてである」とまで自身を追いつめてしまうと，競技からの引退後に鬱病などを引き起こしてしまう可能性があります。そのため，必要に応じてレクリエーションセラピストが，その選手がアスリートであること以外に社会的役割を見出せるように支援することがあります[3]。したがって，コーチは，アスリートのスポーツ以外の生活領域のあり方にも気を配っていく必要があるのです。

4. スポーツ活動を通して最高の経験を味わってもらう

以上からわかるように，セラピューティックレクリエーションの知識・技術を用いることによって，コーチがアスリートたちへの向き合い方を根本的に変え，その結果としてスポーツに対する参加者の動機づけを高めることができる可能性があります。

これらが重要である理由は，現在のスポーツに対する危機的な関心の低さです。例えば，2017年に行われた調査では，障がいのある人の約半数が「スポーツ・レクリエーションに興味がない」と答えています[4]。潜在的な理由としては，学校において障がいのある児童・生徒が体育に完全参加できていないことが多いために，スポーツの楽しみを十分に享受できていない可能性が考えられます[5]。また，スポーツ庁は，障がいの有無に関わらず，スポーツを始めてみたものの，自分には合わないと感じてすぐさまやめてしまうケースがあることにも，対策が必要であると述べています[6]。そのため，旧来のトップダウン型の指導方法ではこのような状況への対応が難しくなってきており，多くのスポーツ参加者が楽しさを味わえるように活動をファシリテートすることが重要となっています。

現在の危機的なスポーツへの関心の低さを改善するためには，スポーツ教育に携わる指導者にセラピューティックレクリエーションの知識を習得し，技術を用いてもらうことが必要だと考えます。当事者中心の視点を持ち，エビデンスや理論に基づいたファシリテーションをすることによって，スポーツ参加者がその活動を通して最高の体験を得ることにつながるでしょう。そしてこの体験が，個人のスポーツに対する動機づけを高め，ひいては社会的なスポーツへの関心を高めることになると期待しています。

（永田真一）

▶3 Nagata, S. (2014). A pilot study of exclusivity of athletic identity among wheelchair rugby players. Therapeutic Recreation Journal, 43(4): 320-331.

▶4 笹川スポーツ財団 (2018) 地域における障害者スポーツ普及促進事業（障害者のスポーツ参加促進に関する調査研究）. https://www.ssf.or.jp/Portals/0/resources/research/report/pdf/2018_report_40.pdf.（最終参照日：2022年7月11日）

▶5 松浦孝明 (2017) 障害児の通常の学級での体育学習における合理的配慮に関する調査研究. アダプテッド・スポーツ科学 15 (1): 69-80

▶6 スポーツ庁 (2018) スポーツ実施率向上のための行動計画：「スポーツ・イン・ライフ」を目指して. https://www.mext.go.jp/prev_sports/comp/b_menu/shingi/toushin/__icsFiles/afieldfile/2018/10/02/1408815_01.pdf.（最終参照日：2022年7月11日）

第3部

スポーツと
日本社会の関係

8-1 クリーンでフェアなスポーツ環境を創るため

Key word：世界アンチ・ドーピング規程，インテグリティ，WADA

1. スポーツの世界共通ルールの目的

「スポーツにおける世界アンチ・ドーピング・プログラムの基礎となる基本的かつ全世界共通の文書」[1]として，世界アンチ・ドーピング規程（Code）があります。Codeは，クリーンでフェアなスポーツ環境に参加するすべての人の権利を護るだけでなく，スポーツの健全な発展を促進し，スポーツを未来につなげていくことを目的としています。

2021年1月1日から施行されている「2021年版Code」（2021Code）[1]の「世界アンチ・ドーピング規程基本原理」には，以下の記載があり，「アスリートの健康を守り，人間の卓越性（エクセレンス）を追求する権利を守ること」が強調されています[3]。

> *アンチ・ドーピング・プログラムは，スポーツ固有の価値に基づいている。この固有の価値は，しばしば「スポーツの精神」と呼ばれる。これは，各競技者に自然に備わった才能を磨き上げることを通じ，人間の卓越性を倫理的に追求することでもある。*
>
> *アンチ・ドーピング・プログラムは，競技者の健康を保護し，禁止物質又は禁止方法を使用することなく人間の卓越性を追求する機会を競技者に付与することを求めている。*
>
> *アンチ・ドーピング・プログラムは，世界に対し，規則，他の競争者，公正な競争，公平な競技の実施，及びクリーンなスポーツの価値を尊重することにより，スポーツのインテグリティを維持することを求めている。*
>
> *スポーツの精神は，人間の魂，身体及び心を祝福するものである。それはオリンピズムの真髄であり，次に掲げる事項を含む，スポーツに内在し，スポーツを通して実現する価値に反映されている。*

この2021Codeで初めて基本原理としてアンチ・ドーピングに限らず，スポーツの競技大会に関する広い概念である「スポーツのインテグリティ」[2]という用語を使用し，スポーツを通して実現できる価値を守ることが明示されました。

2. 世界アンチ・ドーピング機構の設立とCodeの成立

スポーツの価値を護るための世界的な統一ルール，そして，独立した国際機関の必要性は，1960年代から提唱されていました。まず，1964年東京オリンピック前に開催された「世界スポーツ科学会議」において，「競技力を向上させる薬の不適切使用」が初めて話題となりました。その後，1968年のメキシコシティーオリンピックの前に，国際オリンピック委員会（IOC）が禁止物質のリストを公表し，ドーピング検査が開始され，それ以降，オリンピックにおいては，IOCがドーピング検査を実施してきました。ところが，アンチ・ドーピング・プログラムは，世界のスポーツを束ね，独立して共通のルールを適用していくといった動きにはつながらず，国際競技連盟が独自のルールを自身の競技の中だけ

▶1 World Anti-Doping Agency. (2021). World Anti-Doping Code. https://www.wada-ama.org/sites/default/files/resources/files/2021_wada_code.pdf.（accessed 2022-7-11）（日本語訳・参照：日本アンチ・ドーピング機構 https://www.playtruejapan.org/entry_img/wada_code_2021_jp_20201218.pdf）

▶2 欧州評議会（Council of Europe）は，「インテグリティ」の主要な3つの柱として，①暴力や虐待，人の安全や安心を含む，人々のインテグリティ，②競技大会の操作やドーピングへの戦いを意味する，競技大会のインテグリティ，③グッドガバナンスを含む，組織のインテグリティを掲げている。その上で，スポーツのインテグリティを，人と社会の持続的な発展にスポーツが貢献する前提条件であるとしている。Council of Europe (2020) Guidelines on Sport Integrity: Action 3 of the Kazan Action Plan. https://edoc.coe.int/en/doping/8480-guidelines-on-sport-integrity-action-3-of-the-kazan-action-plan.html.（accessed 2022-7-11）

▶3 「次に掲げる事項を含むスポーツに内在し，スポーツを通して実現する価値」には，健康，倫理観，フェアプレーと誠意，本規程に規定される競技者の権利，卓越した競技能力，

で適応させてきました。その後，1999年に世界アンチ・ドーピング機構（WADA）[4]が設立され，2004年からCodeと国際基準が施行されました。その背景には，2つの大きな要因を挙げることができます。

1つ目に，1988年のソウルオリンピックの100 mにおいて，1位でゴールしたベン・ジョンソン選手（カナダ）から陽性反応が確認され，金メダルのはく奪，記録の失効がなされたことが挙げられます。カナダ代表からは，ベン・ジョンソン選手のみならず，さらに4名のウエイトリフティングの代表アスリートもステロイド使用によりドーピング検査が陽性となりました。このことを受け，カナダ政府は“Dubin Inquiry”と呼ばれる，「競技力向上目的の薬物使用及び禁止行為に関する調査委員会」を設置しました。

連邦政府と州政府が協働し，スポーツにおける競技力向上を目的とした薬の使用状況などが調査されました。本調査の主査であるドゥビン上級判事は，財政的な目的を含む名声への欲求から，競技力向上目的のための薬物使用が，カナダのみならず国際的に蔓延している調査結果を明らかにし，70分野にわたる勧告を出しました[5]。調査結果を受けカナダ政府は，1990年にイギリス，オーストラリアと，アンチ・ドーピングに関する3者協働関係を構築し，1991年に「スポーツにおけるドーピングに対する制裁に関するカナダの政策」を公表しました。また，カナダ政府ユース・フィットネス・アマチュアスポーツ大臣が，独立性が担保されているアンチ・ドーピング機関の設立を宣言し，それを受け1992年にカナダ・アンチ・ドーピング機構（CADO）を設立，1995年にはFair Play Canadaを統合してカナダ・スポーツ倫理センター（CCES）へと再編成しました。

これら世界的にも初めての事例となる一連の流れは，カナダ代表からのドーピングによる違反が勝利至上主義を象徴することになってしまったことへの深い反省に基づくものでした。これにより，政府が主導すべき領域としてカナダ政府自らが，「スポーツの精神」を護るための政策を打ち出し，アスリートの健康とパブリックヘルスを護り，スポーツの社会的な意義・価値を護るための独立組織を世界に先駆けて設立することになりました。

2つ目の大きな要因として，1998年のツール・ド・フランス開幕直前にあった，フランス警察によるフェスティナ・ロータスのチームドクターの逮捕に端を発し，フェスティナ・チームに対する家宅捜査，他チームの捜査，逮捕などにつながった「フェスティナ事件」[6]が挙げられます。この事件を受け，1999年にIOCが「スポーツにおけるドーピングに関する世界会議」を開催した後，「ローザンヌ宣言」が採択されました。

ローザンヌ宣言の冒頭では「教育，予防，アスリートの権利」が掲げられ，「教育的及び予防的キャンペーンは，主にユース，アスリートやそのオントラージュに焦点を当て，強化されているものである」[7]として，当初から教育の重要性が強調されていました。また，ローザンヌ宣言において，“International Anti-Doping Agency”を2000年シドニー・オリンピック競技大会までに設立することを謳い，政府とIOCを代表とする国際スポーツの両者が平等に代表権を持つ「ハイブリッド機関」として，WADAが設立されました。そして，「スポーツの精神」の言葉をCodeの目的・基本原則に用いた全世界・全スポーツの統一のルールが制定されることになりました。

また，2003年には第2回「スポーツにおけるドーピングに関する世界会議」が開催され，政府関係機関が「コペンハーゲン宣言」を起草し，新たに国際規約を通してCodeを承認していくことが決定しました。そして，各国において政府関係機関の積極的な関与のもとでCodeを施行していくための国際的な枠組み作りとして，国際連合教育科学文化機関（UNESCO）が「スポーツにおけるドーピング防止に関する国際規約」を起草し，2007年2月1日に発効，2022年1月の時点で191カ国が署名しています。

（山本真由美）

人格と教育，楽しみと喜び，チームワーク，献身と真摯な取組み，規則・法を尊重する姿勢，自分自身とその他の参加者を尊重する姿勢，勇気，共同体意識と連帯意識が例示されている。

▶4 World Anti-Doping Agency（世界アンチ・ドーピング機構：WADA）は，1999年11月に，各国政府と世界のスポーツ・ムーブメントにより設立された，ハイブリッドの国際非政府機関である。

▶5 Dubin調査の結果は，以下の報告書として公表されている。
Dubin, C. L. (1990). Commission of Inquiry into the Use of Drugs and Banned Practices Intended to Increase Athletic Performance. https://www.doping.nl/media/kb/3636/Dubin-report-1990-eng%20(S).pdf. (accessed 2022-7-11)

▶6 フェスティナ事件とは，1998年ツール・ド・フランスの開始時にフランスとベルギーの国境で，多量のアナボリックステロイド，エリスロポエチンなどの所持のためフェスティナ・チームのチームドクターの逮捕に端を発し，チームライダーとチームオフィシャルが逮捕され，その後他チームの捜査や逮捕へとつながっていった一連の事件のことをいう。

▶7 World Conference on Doping in Sport. (1999). Lausanne Declaration on Doping in Sport. https://www.wada-ama.org/sites/default/files/resources/files/lausanne_declaration_on_doping_in_sport.pdf. (accessed 2022-7-11)

8-2 アンチ・ドーピング教育から「クリーンスポーツ教育」へ

Key word：教育に関する国際基準，スポーツの価値，スポーツの精神，アスリートAct

1. 2021年版Codeと8つの国際基準，アスリートAct

「Code」と「国際基準」の初版は，2004年のアテネオリンピック前に，各国のオリンピック委員会からの署名があり，施行されました。その後Codeは，世界のハイパフォーマンス・スポーツのあり方や，アンチ・ドーピング規則違反，さらには医科学の発展の状況も加味しながら，2009年，2015年，そして2021年に改訂されています。Codeと国際基準の改訂過程においては，オープンコンサルテーションが必ず実施され，すべての人がスポーツの価値・精神を護り・育むためのルール作りに参画できるようになっています。

最新版のCodeは，2021年1月1日から施行されている2021年版Code（2021Code）です[▶1]。2021Codeでは，『教育に関する国際基準（ISE）』およびアンチ・ドーピング規則違反が疑われたときから発生する手続きとして『結果管理に関する国際基準（ISRM）』が新しい国際基準として施行されました。

Codeに付随する8つの国際基準[▶2]は，そのすべてが，全世界・全スポーツで適用される，標準化・調和化されたルールです。2021Codeでは，実効性を伴うアンチ・ドーピング・プログラムを5つの戦略領域として，「教育（Education）」，「抑止（Deterrence）」，「検出（Detection）」，「執行（Enforcement）」，「法の支配（Rule of Law）」を明示しています。また，一般的にアンチ・ドーピングは，二重否定の消極的なイメージが一般的にはあるため，そこから脱却すること，さらにはアンチ・ドーピング・プログラムの根本的な目的を強調するために，スポーツの内在的な価値を発信するため「クリーン」といった用語を使ってポジティブなイメージを強く押し出しています。

2021Codeで最も重要なことの1つとして，『アンチ・ドーピングにおけるアスリートの権利宣言（アスリートAct）』の制定が挙げられます。世界中のアスリートの声を集約したアスリートActは，Codeや国際基準のような義務的拘束力はないものの，アスリート自身が有する権利への認識を促すとともに，その権利を行使しやすくしたものです。さらに，アスリートActは，アスリートが適切な意思決定をすることができるよう，教育的配慮も踏まえた，アスリートのエンパワメントも狙いとしています。また，アスリートの権利として，「教育を受ける権利」についても明示されています。

▶1　Codeの発展に関する詳細については，下記論考を参照のこと。
山本真由美（2020）改訂版2021年世界アンチ・ドーピング規程：クリーンでフェアなスポーツ環境はどのように発展するか．臨床スポーツ医学，37(12): 1364-1369.

▶2　8つの国際基準とは，「署名当事者の規程遵守に関する国際基準」，「教育に関する国際基準」，「分析機関に関する国際基準」，「禁止表国際基準」，「プライバシー及び個人情報の保護に関する国際基準」，「結果管理に関する国際基準」，「検査及びドーピング調査に関する国際基準」，「治療使用特例に関する国際基準」を指す。

2.「クリーンスポーツ教育」の推進

「教育」については，2003年版のCodeから18条に記載され，アンチ・ドーピング・プログラムの構成要素として位置づけられてきました。しかし，2021CodeとISEが施行されるまで，「教育」の定義，教育を構成する内容・要素の各用語についても全世界・全スポーツ共通の理解となる定義がなく，共通認識が図りづらい状態が続いていました。この状況を打開し，「教育」の位置づけをより明確にするべく，2021CodeとISE，またISEに付随するグッドプラクティスとして提示するガイドライン“Guidelines for International Standard for Education”を施行し，「教育（Education）」の定義，教育の目的，教育の構成要素，Code の署名当事者が要請されている事項などの統一化が図られました。ただし，「教育」は各国の教育行政や教授法における受容状況のあり方，そして各スポーツにおけるハイパフォーマンスアスリートの年齢層やパスウェイのあり方などが多様なことから，ISE は手順の詳細を統一化する他の国際基準とは異なり，基本的な「原則」と「最低要件」のみ明示した義務的な国際基準となっています。

2021Code における「教育」とは，「スポーツの精神を育成し保護する価値観を浸透させ，かかる行為を発展させ，また，意図的及び意図的ではないドーピングを予防するための，学習の過程」▶3 と定義されています。2021Code と ISE では，アンチ・ドーピングのみにとどまらない，スポーツの価値を基盤としたアンチ・ドーピング教育＝「クリーンスポーツ教育」の推進を謳っています▶4。

ISE の全体的な指針となる目的は，「世界規程に示されているスポーツの精神の保護を支持し，クリーンスポーツ環境の醸成を支援すること」であり，「教育は，世界規程で強調されている予防戦略の一つとして，クリーンスポーツの価値に沿った行動を奨励し，競技者及びその他の人によるドーピングの予防に寄与すること」▶5 としています。さらに，ISE を施行するためのグッドプラクティスを示したガイドラインにおいては，ISE 目的を達成するため，教育を「クリーンスポーツに関係するものとし，あなた自身，アスリート，サポートスタッフに関係するもの」▶6 として定義しています。ガイドラインでは，より明示的に，スポーツの価値・精神を護り，クリーンスポーツ環境を護り・推進するための教育を「クリーンスポーツ教育」としています。

2021Code と ISE は，アンチ・ドーピング規則違反とならないために必要な手続きやルールを伝達することを目的としているわけではありません。これまでアンチ・ドーピングに関する教育は，アスリートやサポートスタッフの役割と責務，ドーピング検査に対応するための手順，禁止物質を摂取しないための注意点や，禁止物質を使用せざるを得ない状況において特別に使用を認めてもらうための手続きや方法的な知識を養うことが目標とされ，それが各所からのニーズとされてきました。しかし，2021Code と ISE では，「クリーンスポーツ教育」の推進によって，若年層から教育を積み上げ，スポーツの価値に自身が働きかけられるスキルや，個々人の倫理観・価値観を醸成し，スポーツの価値を体現する人材の育成を目的としています。また，アンチ・ドーピングのルールに関する概念的な知識や手続きに関する理解をもとに，それらの知識を活用しながらアスリート自身が適切な判断・意思決定をすることができるスキルを育み，「クリーンスポーツアクション」を取れるようになることを目指しています。それらを通して，スポーツの価値・クリーンスポーツ環境の意義を表現・発信し，社会へ働きかけるスキルが育まれ，スポーツの価値・精神を護り・創る担い手を育成することが目的です。

「クリーン」とは，“doping-free” の状態（意図的なドーピング行為の排除も含む）はもちろんのこと，スポーツのインテグリティ，フェアネス（公正公平さ），平等なスポーツへのアクセス，スポーツの尊厳と個々人の尊厳が保たれた状態のことを指します。自身の価値観・信条に照らし合わせて「真なる姿」でいられること，そしてスポーツにとって「真なる価値」を発揮できることが「クリーンな状態」であり，クリーンであることによってスポーツの未来，そしてスポーツを通した未来に働きかけていくことができる，といった探求的な意味も込められています。

（山本真由美）

▶3 2021Codeにおける「定義」を参照のこと。World Anti-Doping Agency. (2021). World Anti-Doping Code. https://www.wada-ama.org/en/resources/world-anti-doping-program/world-anti-doping-code. (accessed 2022-7-11)（日本語訳・参照：日本アンチ・ドーピング機構 https://www.playtruejapan.org/entry_img/wada_code_2021_jp_20201218.pdf).（最終参照日：2022年7月11日）

▶4 “Anti-Doping informed by sport values”

▶5 World Anti-Doping Agency. (2021). International Standard for Education. https://www.wada-ama.org/sites/default/files/resources/files/international_standard_ise_2021.pdf. (accessed 2022-7-11)（日本語訳・参照：日本アンチ・ドーピング機構 https://www.playtruejapan.org/entry_img/kyouiku_jp.pdf）

▶6 World Anti-Doping Agency. (2021). Guidelines for the International Standard for Education. https://www.wada-ama.org/sites/default/files/resources/files/guidelinesforeducation_final.pdf. (accessed 2022-7-11)

クリーンスポーツ教育

8-3 スポーツの価値を基盤とした教育の推進

Key word：UNESCO，コアバリュー，11トピックス

1. ISEにおける教育

ISEでは，「教育」の構成要素を，「スポーツの価値を基盤とした教育（Values-Based Education）」，「啓発（Awareness）」，「情報提供（Information Provision）」，「アンチ・ドーピング教育（Anti-Doping Education）」の4つとし，それぞれ以下の通り定義をしています[1]。

- 価値を基盤とした教育：個人の価値観及び信条の育成に重点を置いたアクティビティを実施することをいう。それは，学習者が倫理的に行動するために意思決定を下すための能力を開発する。
- 啓発：クリーンスポーツに関わるトピックスおよび課題を強調すること。
- 情報提供：クリーンスポーツに関する正確で最新の内容を提供すること。
- アンチ・ドーピング教育：クリーンスポーツ行動を可能にする能力を開発し，十分な情報に基づく意思決定を下すために，アンチ・ドーピング・トピックスに関する研修を実施すること。

ISEでは，「アスリートのアンチ・ドーピングに関する最初の経験が，ドーピング・コントロールではなく教育を通じて行われるべきである」（ISE, 4.3.2項）とし，競技大会に派遣される前に派遣元が教育を実施することを，原則として謳っています。教育の内容としては，以下の「11トピックス」があります。

- クリーンスポーツに関する原則および価値
- 本規程に基づく競技者，サポートスタッフおよびその他のグループの権利及び責務
- 厳格責任の原則
- ドーピングの結果。例えば，身体的および精神の健康，社会的および経済的な影響，並びに制裁措置
- アンチ・ドーピング規則違反
- 禁止表上の物質および方法
- サプリメント使用のリスク
- 薬の使用および治療使用特例
- 尿，血液およびアスリート・バイオロジカル・パスポートを含む検査手続
- 居場所情報およびADAMSの使用を含む登録検査対象者リストへの要件
- ドーピングに関する懸念を共有するために声を上げること（speaking up）

また，教育ターゲットに応じて適切な教育目標の設定，教育内容・方法を組み合わせられる教育実施者“Educator”の育成と認定を署名当事者の義務事項としています。さらに，各国やスポーツの事情に合わせ，パフォーマンスパスウェイに即した教育プログラムの推進が推奨され，ハイパフォーマンスに関わらない学年齢にある若年層も「スポーツの価値を基盤とした教育」の教育ターゲットとして想定に入れており，学校や公的機関との連携・推進が推奨されています。

2. UNESCOを中心としたスポーツの価値の教育推進

2003年第2回「スポーツにおけるドーピングに関する世界会議」で，政府関係機関が「コペンハーゲン宣言」を通して，新たに国際規約を通してCodeを公認していくことが決定されたことで，UNESCOにより「スポーツにおけるドーピング防止に関する国際規

▶1 World Anti-Doping Agency. (2021). International Standard for Education. https://www.wada-ama.org/sites/default/files/resources/files/international_standard_ise_2021.pdf. (accessed 2022-7-11)（日本語訳・参照：日本アンチ・ドーピング機構 https://www.playtruejapan.org/entry_img/kyouiku_jp.pdf.）

▶2 UNESCO. (online). Values Education through Sport. https://en.unesco.org/themes/sport-and-anti-doping/sports-values-education. (accessed 2022-7-11)

約」が起草され，2007年2月1日に発効しました。UNESCOは，本国際規約を署名した政府間における遵守状況を確認する，締約国会議を2年に一度開催しています。本国際規約では，教育の実施・推進の支援を政府の役割としています。

UNESCOは，WADA，IOC，国際パラリンピック委員会のアギトス財団，国際フェアプレー委員会，オリンピック基金文化ヘリテージ，国際スポーツ科学・体育協議会といった国際機関と協働し，“Sport Values in Every Class Room（スポーツの価値をすべてのクラスルームに）”を教材ツールキットとして作成，スポーツの価値を通した人間性を育むことを推奨しています▶2。本ツールキットでは，特に8～12歳の学年齢を対象とし，「Respect, Equity, Inclusion（尊敬・リスペクト，公平，インクルージョン）」をある程度万人が共通して理解し体現できる「コアバリュー」として設定し，以下の通り定義しています。

- Respect：自分自身そして他者への尊厳を持つこと
- Equity：すべての人が達成することができる機会を持つこと
- Inclusion：すべての人が参加することができること

このツールキットは，学校教員などが活用しやすいように指導案やアクティビティカードが含まれており，教育ターゲットと目標に合わせて柔軟に活用されることを意図して提供されています。日本では，高等学校の学習指導要領に基づき，2013年度より日本アンチ・ドーピング機構が「スポーツの価値を基盤とした教育：スクールプロジェクト」を推進し，指導案，教材，学校現場での実践の共有などを行っています▶3。

3. スポーツの価値の教育：今後の展望

2020年からの新型コロナウイルス感染症による世界的なパンデミックを経て，スポーツの社会における意義・あり方が再考されてきました。それは，1年延期された東京2020オリンピック・パラリンピック競技大会において，IOCがオリンピズムの精神として追加した“Together（ともに）”を用いてスポーツを通した世界中の結束を強調したことに象徴されます。翌2022年の北京オリンピックの開閉会式では，IOC会長が“Give Peace a Chance（平和に機会を）”，そしてオリンピアンにより見せられた“solidarity and peace（団結と平和）”▶4, 5という2つのメッセージを世界の政治のリーダーに訴えました。北京パラリンピックの閉会式では，IPC会長が，「希望の星，平和へのチャンピオンとして，パラリンピアンのアクションが言葉よりもはるかに大きな声となりました…（中略）この結束を通して我々は希望を持ちます。インクルージョンへの希望，調和への希望，そして重要なことに平和への希望です。人間としての経験の一部として，平和への感情があります。人類は，対話が優先される世の中に住むことを望んでいます。」▶6, 7として平和への想いを訴えました。東京2020大会では，スポーツを通した人と人とのつながり・結束の重要性，そして北京2022大会中・大会後には，スポーツを通して平和に働きかけられるための結束が強調されました。

スポーツは，社会経済的な状況に影響を受けやすいことからも，社会の広範囲にわたって発信力・影響力を発揮できる可能性を持っています。スポーツの根底にある価値を護り，スポーツの健全な発展のため，さらに，その価値を平和やインクルージョン，多様性のある社会の構築につなげられるような広い視野を養い，スポーツを創り・スポーツの価値を通して社会を創ることができるような人を育てるための「スポーツの価値を基盤とした教育」の推進が一層望まれています。

（山本真由美）

▶3 日本アンチ・ドーピング機構（online）「スポーツの価値」を基盤とした教育：スクールプロジェクト. https://www.school.playtruejapan.org/.（最終参照日：2022年7月11日）

▶4 International Olympic Committee. (2022). IOC President's speech: Beijing 2022 Opening Ceremony. https://olympics.com/ioc/news/ioc-president-s-speech-beijing-2022-opening-ceremony. (accessed 2022-7-11)

▶5 International Olympic Committee. (2022). IOC President's speech: Beijing 2022 Closing Ceremony. https://olympics.com/ioc/news/ioc-president-s-speech-beijing-2022-closing-ceremony. (accessed 2022-7-11)

▶6 International Paralympic Committee. (2022). IPC President Andrew Parsons' Beijing 2022 Opening Ceremony speech. https://www.paralympic.org/feature/ipc-president-andrew-parsons-beijing-2022-opening-ceremony-speech. (accessed 2022-7-11)

▶7 International Paralympic Committee. (2022). IPC President Andrew Parsons' Beijing 2022 Closing Ceremony speech. https://www.paralympic.org/feature/ipc-president-andrew-parsons-beijing-2022-closing-ceremony-speech. (accessed 2022-7-11)

クリーンスポーツ教育

8-4 アンチ・ドーピングにおけるアスリートの権利宣言

Key word：アスリートAct，WADAアスリート委員会，権利

1. アスリートActをめぐる背景

2021年のCode改訂のポイントの1つに，「アンチ・ドーピングにおけるアスリートの権利宣言」（アスリートAct）の制定が挙げられます。アスリートActは，WADAアスリート委員会が中心となり，世界中のアスリートとの協議を経て起草されました。アスリートActには，Code および国際基準に記載されているアスリートの権利について明記されています▶1。

2014年12月に，アスリートの告発によって，ロシアにおける組織的なドーピング違反が発覚しました。採取された検体のすり替えやデータの改ざん，アスリートに対するドーピングの強要など，これまでドーピング検査によって護られていると思われていたスポーツの環境が脅かされていた事実が，次々と明らかになったのです。このような状況に対し，アスリート自身がクリーンな環境でスポーツを行う権利を求めて声をあげました。

▶1 World Anti-Doping Agency. (2020). Athletes' Anti-Doping Rights Act. https://www.wada-ama.org/sites/default/files/resources/files/athlete_act_en.pdf. (accessed 2022-7-11)
(日本語訳・参照：アンチ・ドーピングにおけるアスリートの権利宣言 https://www.realchampion.jp/what/entry_img/act_20210226.pdf.)

2. アスリートActの策定過程

WADAアスリート委員会は，2017年3月にスイス・ローザンヌにて開催されたWADAアンチ・ドーピングシンポジウムにおいて，アスリートActに対する取り組みを開始しました。このシンポジウムにて開催されたワークショップでは，アスリートActに導入されるべき事項として，「公平な競争条件で競い合う権利」，「教育を受ける権利」，「プライバシー保護」，「法的代理権」などの項目を挙げながら，議論が行われました。

その後，世界中のアスリートに対してオンラインでのアンケート調査が行われた他，2018年6月には，カナダ・カルガリーにおいて「The sports we want（私たちが望むスポーツ）」をテーマに掲げた「第1回グローバル・アスリート・フォーラム」が開催され，54カ国から104名のアスリートが集まり，アンチ・ドーピング体制についての議論を行いました。その中で多くのアスリートが教育の重要性について言及し，フォーラム後に発表された13の決定事項の1つにも教育への注力について記載されています。

そして，2019年11月にポーランド・カトヴィツェにおいて開催されたWADA常任理事会の中で，アスリートActが承認されました。

3. アスリートActの概要

アスリートActは，「目的」，「前文」，「第1部 権利」，「第2部 推奨されるアスリートの権利」の4つから構成されています▶2。

目的には，「アンチ・ドーピングにおけるアスリートの権利が明確に規定され，それを容易に行使することができ，普遍的に適用されることを確保すること」と記されています。また，前文の中にも，「ドーピングのないスポーツに参加するアスリートの基本的権利を保護し，それにより，世界中のアスリートの健康，公正及び公平な機会を促進し，保護す

▶2 World Anti-Doping Agency. (2021). World Anti-Doping Code. https://www.wada-ama.org/sites/default/files/resources/files/2021_wada_code.pdf. (accessed 2022-7-11)
(日本語訳・参照：日本アンチ・ドーピング機構 https://www.playtruejapan.org/entry_img/wada_code_2021_jp_20201218.pdf.)

る」こと，そして「アスリートが権利を有すること，アスリートがこれらの権利について認識し，これらの権利を行使することができることを確保することは，クリーンスポーツの成功のためには必要不可欠のものである」ことが記されています。そして，「第1部 権利」には，Codeおよび国際基準に記載の14項目から成るアスリートの権利（表1）が，「第2部 推奨されるアスリートの権利」には，推奨されるアスリートの権利3項目（表2）が定められています。

4. アスリートActの意義

前述した通り，アスリートActはアスリートの声を反映して制定されましたが，Codeおよび国際基準と異なり拘束力はありません。しかし，アスリートから発信されたムーブメントであったということ，そしてアスリートの想いを文書として改めて記したことに意義があるといえます。これによって多くのアスリートやスポーツに携わる人々に，改めてアスリートの権利について知らせることができるでしょう。

これまでドーピング検査を中心としてアンチ・ドーピング活動が展開されてきたこともあり，「ドーピング検査には必ず対応しなければならない」，「体内に取り入れるものには注意をしなければならない」，「居場所情報を提供しなければならない」など，アスリートに課された役割と責務について多くの研修会等で扱われてきました。一方で権利については，扱われているものの，役割と責務ほど多くはありませんでした。アスリートにはクリーンな環境で競技を行う権利がありますが，その権利を護るために役割と責務は必要不可欠なのです。

だからこそ，アスリートに権利があるということをアスリート自身が理解し，権利を行使することが重要になります。そしてオントラージュはアスリートが権利を行使できる環境を整える，それによりクリーンな環境でのスポーツが可能になるでしょう。

（斎藤里香）

表1. 第1部　権利[1]

1	機会の平等
2	公平かつ公正な検査プログラム
3	治療及び健康上の権利の保護
4	正義に対する権利
5	説明責任を果たさせる権利
6	内部告発者の権利
7	教育に対する権利
8	データ保護に対する権利
9	損害賠償に対する権利
10	要保護者の権利
11	検体採取セッション中の権利
12	B検体の分析に対する権利
13	影響を受けない，他の権利及び自由
14	適用及び地位

表2. 第2部　推奨されるアスリートの権利[1]

15	腐敗のないアンチ・ドーピング体制に対する権利
16	ガバナンス及び意思決定に参加する権利
17	法的支援に対する権利

8-5 アスリートからみたクリーンスポーツに関する教育の実際

Key word：ユースアスリート，意図しないドーピング違反，ドーピング検査

1. アンチ・ドーピングに関する教育

アンチ・ドーピング活動とは，ドーピングに反対し，クリーンでフェアなスポーツ環境を創るための様々な活動であり，ドーピング検査のみならず教育・啓発など様々な活動を意味します[1]。しかしながら，ドーピングによる死亡事故を機に高まったドーピングを規制する動きは，ドーピング検査が主体で進められてきました。IOCは1968年にオリンピックにおいてドーピング検査を開始しましたが，『ドーピング・ブック』というガイドブックを作成し，各国に配布をしたのは1972年のことでした[2]。また，このガイドブックはドーピングおよびドーピング検査について記載されたものであり，ドーピング検査を中心にした内容構成であったことは否めません。

WADA設立後の2003年に採択されたCodeにおいて，「教育」は第18条に記載されており，その重要性が謳われていました。2015年版Codeでは教育の目標を，「競技者による禁止物質又は禁止方法の意図的な，又は，意図によらない使用を予防すること」としており，ドーピング違反にならないようにすることが重視されています[3]。

日本では，表1に示したように毎年一定数のドーピング検査が実施され，ドーピング違反が発生しています。日本におけるドーピング違反の多くは，「意図しないドーピング違反」とされています。アスリートには厳格責任があるため，意図に関わらず，検査において「陽性反応」が検出されると原則的には「ドーピング違反」となります。このような意図しないドーピング違反は，正しい情報があれば防ぐことができたものです。このことから，アスリートがドーピング違反にならないための情報提供は必要不可欠であるといえます。

▶1 日本アンチ・ドーピング機構（online）アンチ・ドーピングとは. https://www.playtruejapan.org/about/.（最終参照日：2022年7月11日）

▶2 黒田善雄（1990）国際オリンピック委員会のドーピング行為に対する対応と方策. 臨床スポーツ医学, 7（6）：645-647.

▶3 World Anti-Doping Agency.（2015）. World Anti-Doping Code. https://www.wada-ama.org/sites/default/files/resources/files/wada-2015-world-anti-doping-code.pdf.（accessed 2022-7-11）

2. アスリートとしての経験から

筆者は1999年から2012年まで，ウエイトリフティングのアスリートとしてのキャリアを持ち，この間に幾度となくドーピング検査を受けてきました。2000年に受けた初めてのドーピング検査の際には，検査の直前にパンフレットを用いてドーピングについての説明を受けました。それ以前に教育を受ける機会はなかったため，コーチから注意事項を聞いてドーピング検査に備えました。なにか悪いことをしたという自覚はありませんでしたが，不安な気持ちがなかったわけではありませんでした。

また，コーチとして帯同した大会においては，競技を始めてわずか半年ばかりの高校生アスリートのドーピング検査に立ち会う機会がありました。この高校生アスリートは，教育を受けておらず，ドーピング検査の手順についても知識がありませんでした。ドーピング検査の手順はその場で伝えることができましたが，それ以前の行動，つまり体内に取り入れる物質についての注意を過去に遡ってできたわけではありません。前述した通り，アスリートには厳格責任が存在するため，教育を受けないままにドーピング検査を受けた筆者自身の経験と重なり，ドーピング検査に立ち会いながら強い不安に襲われました。

2014年に日本アンチ・ドーピング機構がトップアスリート，学生アスリート，ユースアスリートなどを対象にした調査によれば，各対象において年齢が上がるにつれてアンチ・ドーピングに関する教育の経験者の割合が増加しています[4]。競技経験を積み重ねた年齢の高いアスリートの方が教育を経験している割合が高いことは，当然の結果に思えるかもしれません。しかし，ドーピング検査は年齢や競技歴に関係なく実施されるため，教育経験がない状態でドーピング検査を受けるアスリートが生まれる可能性がないとはいえません。自身の経験も踏まえ，「アンチ・ドーピングに関する最初の経験が，ドーピング・コントロールではなく教育を通じて行われるべきである」というISEの基本原則は，非常に重要であると考えます[5]。

▶4 日本アンチ・ドーピング機構（2015） 平成26年度アンチ・ドーピング教育に関する調査研究．三菱総合研究所．

▶5 World Anti-Doping Agency. (2021). International Standard for Education. https://www.wada-ama.org/sites/default/files/resources/files/international_standard_ise_2021.pdf. (accessed 2022-7-11)

3. アンチ・ドーピングに関する教育の今後

2021年から施行されたISEでは，アスリートやサポートスタッフのみならず，子供や若い世代，教員，スポンサーなど様々な教育ターゲットを考慮するべきと記されています。その広範な教育ターゲットから，教育を実施する対象をプライオリティをおいて絞り込む，「教育対象プール」の設定が要請されています。また，「価値を基盤とした教育」，「啓発」，「情報提供」，「アンチ・ドーピング教育」の4つの要素を組み込んだ教育プログラムの策定および実施を求めています。つまり，ドーピング検査をパスするための教育ではなく，年齢や立場など幅広い対象のそれぞれに適した内容の教育を求める，スポーツの価値にまで踏み込んだ内容となっているのです。

前述した通り，ドーピング検査が行われている現状においては，ドーピング検査をパスするための「情報提供」や「アンチ・ドーピング教育」は必要です。しかし，クリーンでフェアなスポーツ環境を護り，創っていくために重要なのは，「なぜアンチ・ドーピングが必要なのか」と問うこと，「私たち，社会が求めるスポーツとはどのようなものなのか」を考えることなのです。それにより，アンチ・ドーピングにとどまらず，スポーツの意義やアスリートとしてあるべき姿を考える重要な機会が創出されるでしょう。クリーンでフェアなスポーツ環境を創るための教育が展開されることが期待されます。

（斎藤里香）

表1. 日本におけるドーピング検査件数とドーピング違反件数[6, 7]

年度	検査数（JADA管轄・国内）	ドーピング違反件数
2007	3,639	7
2008	4,901	11
2009	5,449	3
2010	5,529	5
2011	4,202	6
2012	4,875	9
2013	6,145	6
2014	5,759	6
2015	4,951	9
2016	5,469	5
2017	5,251	6
2018	5,963	7
2019	5,409	3
2020	4,477	1

▶6 日本アンチ・ドーピング機構（online）国内のドーピング検査統計．https://www.playtruejapan.org/code/violation/testing.html.（最終参照日：2022年7月11日）

▶7 日本アンチ・ドーピング機構（online）国内のアンチ・ドーピング規則違反決定．https://www.playtruejapan.org/code/violation/decision.html.（最終参照日：2022年7月11日）

9-1 近代オリンピックの理念（哲学）に立ち返って

Key word：クーベルタン，オリンピズム，オリンピック憲章，オリンピック・ムーブメント

1. スポーツを通した青少年教育として

世界中のトップアスリートが一堂に会し，最高峰のパフォーマンスを発揮する。近代オリンピックといえば，ときにメダルを懸けたその勝敗に関心が集中しがちですが，歴史を遡ればその本質はクーベルタン（Coubertin, Pierre de）によって提唱された「オリンピズム」という理念（哲学）を基盤とするスポーツを通した青少年教育にあったことがわかります。本節では，その歴史的背景をたどりながら「オリンピック教育」の概念について紹介します。

2. Pierre de Coubertinが提唱した「オリンピズム」

オリンピズムの理念（哲学）を理解するために，まずはその提唱者であるクーベルタンの生い立ちに着目してみましょう。1863年1月1日，フランス・パリにおける貴族の名家に生まれたクーベルタンは，幼少期に普仏戦争（1870～1871年）を経験し，また敗戦後の暗い社会の中で成長していく過程で平和への憧れを抱くようになりました。高校卒業後，英国の小説『トム・ブラウンの学校生活』（ヒューズ（Hughes, Thomas）著，1857年）の影響で青少年教育に関心を抱いたクーベルタンは，20歳の時に同国パブリックスクール[1]を訪問し（イートン校，ハロー校，ラグビー校など），生徒が自主的かつ紳士的にスポーツに取り組む姿に感銘を受けました。

帰国後，クーベルタンはスポーツを通した教育改革の必要性を主張します。欧米各国を訪問し，見聞と人脈を広げながら，自らの考えを国際的に普及させていきました。その1つの着地点が，1894年6月23日にパリ大学のソルボンヌ大講堂で開催されたスポーツ競技者連合の会合（通称：パリ国際アスレチック会議）です。そこでは国際オリンピック委員会（IOC）の創設や第1回オリンピック競技大会（1896年）のギリシャ・アテネ開催などが決議され，これをもってクーベルタンによるオリンピックの復興[2]が成し遂げられました。

オリンピズムの内容については，「オリンピック憲章」の中にそのエッセンスが詰め込まれています。1899年にクーベルタンが示した「国際オリンピック委員会規則」にルーツを持つとされるオリンピック憲章（＝Olympic Charter，1908年初版発行）について，日本オリンピック委員会（JOC）が発行する日本語訳[3]から，その根本原則の冒頭部分を引用してみましょう。

① オリンピズムは肉体と意志と精神のすべての資質を高め，バランスよく結合させる生き方の哲学である。オリンピズムはスポーツを文化，教育と融合させ，生き方の創造を探求するものである。その生き方は努力する喜び，良い模範であることの教育的価値，社会的な責任，さらに普遍的で根本的な倫理規範の尊重を基盤とする。

② オリンピズムの目的は，人間の尊厳の保持に重きを置く平和な社会の推進を目指

▶1 パブリックスクールにおけるスポーツ教育については，第1章第1節を参照のこと。

▶2 クーベルタンは，紀元前776年から古代ギリシャのエリス地方で展開されていた「オリンピア祭」（古代オリンピック）にならい，近代オリンピックを創始（復興）した。

▶3 公益財団法人日本オリンピック委員会（online）オリンピズム．https://www.joc.or.jp/olympism/.（最終参照日：2022年7月11日）

すために，人類の調和のとれた発展にスポーツを役立てることである。

スポーツを文化，教育と融合させ，それを平和な社会の推進と人類の調和的発展のために役立てようという理念（哲学）を読み解くことができます。オリンピックの教育的意義を考えるためには，まずはクーベルタンが提唱したこのオリンピズムの考え方に触れる必要があるでしょう。

3. オリンピック・ムーブメントとオリンピック教育

オリンピズムを広く国際的に普及・発展させる諸活動のことを「オリンピック・ムーブメント」と呼びます。オリンピック憲章（2021年版）では，「オリンピック・ムーブメントの目的は，オリンピズムとオリンピズムの価値に則って実践されるスポーツを通じ，若者を教育することにより，平和でより良い世界の構築に貢献することである」▶3と定義し，4年に1度の競技大会をそのムーブメントの頂点に位置づけています。

このことから，オリンピック教育には，オリンピック・ムーブメントの一環としての教育的活動のことと理解されますが，それが重視されるようになったのは20世紀後半になってからのことでした。ドーピング，テロリズム，ボイコット，環境問題……あるいは行き過ぎた商業化などの多くの危機と課題に直面したIOCは，その創設100周年にあたる1994年のパリ・コングレスを経て，いわばクーベルタンのオリンピズムへの原点回帰を求めるように若い世代の教育に注力するようになったのです。翌1995年，IOCはオリンピック教育の普及に向けた教師用ハンドブックを発行し，また2000年には新たに「文化・教育委員会」を設けました。その後も，2007年にオリンピック価値教育プログラム（OVEP）ツールキットを開発し，2010年からは文化・教育プログラム（CEP）を1つの特徴とするユースオリンピック競技大会（YOG）▶4を4年ごとに開催するなど，多くの試みが展開されています。

▶4 夏季大会の第1回は2010年にシンガポールで，冬季大会の第1回は2012年にオーストリア・インスブルックで開催された。2026年の夏季大会は，アフリカ大陸での初開催となるセネガル・ダカールでの実施が予定されている。

以上を踏まえ，「オリンピック教育」の概念を改めて問い直せば，それは「スポーツによる国際平和を希求したクーベルタンのオリンピズムに基づく普遍的な教育活動のこと」といえます。その意味では，オリンピズムそのものの崇高な理念（哲学）に触れるだけでなく，例えば過去のアンチ・ドーピング規定違反の例を通して倫理規範の大切さを学ぶこと，オリンピックにおけるテロリズムやボイコットなどの混乱から国際関係史を学ぶこと，あるいは冬季のスキー・スノーボードや夏季のマラソン・競歩の競技会場に関するトピックから地球温暖化の問題を論じることなども，広義のオリンピック教育の概念に含まれてくるでしょう。このように，「時代を映す鏡」ともいわれるオリンピックには，学校教育や社会教育の充実に資する多彩なコンテンツが詰め込まれているのです。

（大林太朗）

9-2 オリンピック教育，パラリンピック教育の国際的動向

Key word：OVEP toolkit，アクティビティシート，IOA，価値教育，I'mPOSSIBLE

1. それぞれの「ムーブメント」の一環として

前節において，オリンピック教育とは，オリンピズムを普及するオリンピック・ムーブメントの一環としての教育的活動のことであると述べました。本節ではその具体的な教育プログラムの一例を取り上げて，その推進を担う国際オリンピック・アカデミー（IOA）の組織を知るとともに，あわせて国際パラリンピック委員会（IPC）が推進する「パラリンピック教育」について考えてみましょう。

2. オリンピック価値教育プログラム（OVEP）

国際オリンピック委員会（IOC）は現在，オリンピズムの価値（バリュー）について「卓越性 “Excellence”」，「敬意／尊重 “Respect”」，「友情 “Friendship”」という3つの価値を掲げ，それらに対応する5つの教育テーマを以下の通り設定しています[1]。

① 努力から得られる喜び “Joy of effort”
② フェアプレー “Fair play”
③ 敬意／尊重の実践 “Practising respect”
④ 卓越性の追求 “Pursuit of excellence”
⑤ 身体，意志，精神のバランス “Balance between body, will and mind”

2007年，IOCは上記のテーマに関する教育的価値を体験的に学習するための教材ツールキット（OVEP: Olympic Values Education Programme）を開発しました。6歳から18歳を対象としたこのプログラムは，2016年の改訂後に “OVEP 2.0” として発行され，日本語版が日本オリンピック委員会（JOC）のウェブサイト上に公開されました。そこでは指導参考用資料とともに34種類のアクティビティシートが掲載されており，例えば「古代ギリシャのスポーツと芸術」をテーマとした創作活動や，オリンピック競技大会の開会式プログラムの演出，あるいは過去の大会におけるアスリートのフェアプレーに関するディスカッションなど，主体的な学びを促進するための多くの活動（アクティビティ）が提案されています。この教材は，IOC発行のオリンピック教育の理論と実践に関する手引き（マニュアル）として，各国・地域の教育関係者などによって広く活用されています。

▶1 International Olympic Committee (online). OVEP Resources. https://olympics.com/ioc/education/olympic-values-educations-programme/ovep-toolkit. (accessed 2022-7-11)

3. 国際オリンピック・アカデミー（IOA）

オリンピック教育を国際的にリードする組織の1つに，国際オリンピック・アカデミー（IOA）があります。IOAは1961年にギリシャで設立され，オリンピズムの普及に向けた研究と教育を推進し，主に古代オリンピア遺跡に隣接する研修施設[2]で各種の事業を展開しています。特に，各国・地域の青年が一堂に会して交流し，著名な教授陣の講義を

▶2 同施設には，クーベルタンの記念碑が立っている。オリンピックの聖火は古代遺跡での採火式後，そのモニュメントに詣でてから，開催都市に向けたリレーをスタートする。

受けながらオリンピックに関する学びを深める「青年セッション」は，次代のオリンピック・ムーブメントのリーダーを養成する上で重要な役割を果たしてきました。日本では，1978年に設立された日本オリンピック・アカデミー（JOA）がその支部を担い，オリンピックに関心を持つ各界の人々が集って，幅広い観点からオリンピズムの普及と浸透に向けた活動を行っています▶3。

4. パラリンピック教育

現在，パラリンピックは障がい者スポーツ大会の最高峰の1つとしてトップアスリートがパフォーマンスを競うイベントに発展しましたが，その原点は1948年7月29日に英国・ロンドン郊外のストーク・マンデビル病院で開催されたアーチェリー大会にあったとされています。同病院の脊髄損傷科長グットマン（Guttmann, Ludwig）博士により始められたこの大会は，当初は院内の車いす患者のリハビリテーションを目的としていましたが，1952年にオランダからの参加を得て国際競技会（第1回国際ストーク・マンデビル大会）となり，1960年のローマ大会（英国外での初開催）で23カ国から400名が出場するほどに成長を遂げました▶4（のちに，この大会が第1回パラリンピック競技大会と位置づけられています）。

その後，1989年9月22日にドイツ・デュッセルドルフにて国際パラリンピック委員会（IPC）が創設されました▶5。現在，IPCは「パラスポーツの推進を通してインクルーシブな世界を創出すること」を究極のゴールに掲げ，以下の4つの価値（バリュー）に基づくパラリンピック・ムーブメントを推進しています。

① 勇気 “Courage”
② 強い意志 “Determination”
③ インスピレーション “Inspiration”
④ 公平 “Equality” ▶6

パラリンピック教育とは，これらの価値に基づくムーブメントの一環として展開される教育的活動のことを指しています。それはパラリンピックそのものの意義や歴史に関する学びから，パラリンピックを通して障がいのある人々への認知と理解を深め，多様な人々がともに生きるインクルーシブな社会（共生社会）の構築に向けた「価値教育」まで，広範な内容を含むものといえるでしょう。

代表的な教材に，『I'mPOSSIBLE』（アギトス財団発行）があります。この名称には「不可能（Impossible）だと思えたことも，ちょっと考えて工夫さえすればできるようになる（I'm possible）」という，パラリンピックの選手たちが体現するメッセージが込められています。小学生版，中学生・高校生版の2タイプで，ともに座学と実技を含む全15授業分のユニットで構成されており，日本財団パラリンピックサポートセンター（現在の日本財団パラスポーツセンター）と日本パラリンピック委員会などが日本版▶7を共同開発しました。

このようにIOCとIPCは，それぞれの理念（哲学）の実現に向けて国際的な教育プログラムを展開しています。

（大林太朗）

▶3 各国・地域におけるオリンピック教育の状況については，IOCウェブサイト上のレポートとともに，OVEP初版を監修したビンダー（Deanna L. Binder）らが2017年に発行した学術書，Roland, Naul et al. (2017) Olympic Education; An International review, Routedge. を参照のこと。理論的枠組みから過去オリンピック大会の事例（2000年シドニー大会，2004年アテネ大会，2008年北京大会，2012年ロンドン大会）など，国際的動向を把握する上で重要な知見がまとめられている。

▶4 International Paralympic Committee. (online). Paralympics History. https://www.paralympic.org/ipc/history. (accessed 2022-7-11)

▶5 初代会長はステッドワード（Robert D. Steadward）である。1998年9月に事務局がドイツ・ボンに設置された。

▶6 一般的な和訳は「平等」であるが，「平等」な状況を生むには，多様な価値観や個性に即した「公平」な機会の担保が不可欠である。そして，そのことを気づかせてくれるのがパラリンピックやパラアスリートの力である，という点を強調するため，IPC承認の下，あえて「公平」としている。
日本パラリンピック委員会（online）パラリンピックとは. https://www.parasports.or.jp/paralympic/what/index.html.（最終参照日：2022年7月11日）

▶7 日本パラリンピック委員会（online）I'mPOSSIBLE. https://www.parasports.or.jp/paralympic/iampossible/.（最終参照日：2022年7月11日）

9-3 日本における歴史的背景と経緯

Key word：嘉納治五郎，金栗四三，東京 1964 大会，オリンピック国民運動，オリンピック読本

1.「初参加」と「初開催」を通して

本節では，日本におけるオリンピック教育，パラリンピック教育の歴史的経緯について，特に「初参加」を果たした1912年ストックホルム大会，また「初開催」となった1964年東京大会にフォーカスし，先人たちがそこにどのような教育的意義を見出したか，あるいは当時の児童・生徒がいかに学習したかという観点から，関連する文献資料を読み解いていきます。

2. 第5回ストックホルム大会（1912年）

1912年7月6日，ストックホルム大会の開会式に，オリンピック初参加となる日本選手団の姿がありました。嘉納治五郎団長，大森兵蔵監督，そして三島弥彦と金栗四三の2名の選手によって，日本のオリンピック・ムーブメントの第一歩が踏み出されたのです。嘉納治五郎は講道館柔道の創始者として，また東京高等師範学校▶1（東京高師）における体育・スポーツを通した青少年教育の実践者として著名であり，アジア初のIOC委員（1909年に就任）としても国際的に活躍した人物です。のちに嘉納が掲げた「精力善用 自他共栄」の理念は，自己と他者の心身の調和的な発達をもって社会の発展を期すという点でクーベルタンのオリンピズムと呼応するものであり，それは日本におけるオリンピック教育，パラリンピック教育の1つのルーツとして位置づけられるでしょう。

一方，その東京高師で嘉納校長に才能を見出されてストックホルム大会のマラソン競技に出場した金栗は，国内では無類の強さを誇りましたが，オリンピックの本番では猛暑により体調を崩し，約26.7km地点で無念の途中リタイアに終わりました。この史実は金栗が主人公となった2019年のNHK大河ドラマ「いだてん～東京オリムピック噺～」でも脚本化されましたが，後に金栗はその悔しい経験をもとに，オリンピックの教育的意義を次のように論じています。

▶1 1886年に設立された日本初の官立高等師範学校（旧制教育機関）。1902年に東京高等師範学校と改称。3期23年半にわたり校長を務めた嘉納は，1915年に同校内に「体育科」を設置し，日本の学校教育における体育の位置づけを確立した。

表1. 金栗四三が論じたオリンピックの教育的意義▶2

① オリムピツク大会の模様などは殊に彼等の血を湧かしむるに力あるものである，或は技術の上からも，人物の点からも見ても模範として恥しくない，大運動家の逸事等は，児童の運動欲を一層そそる力がある。 ② 「競走したら勝ちなさい，負けてはいけない，が走る時は決して相手を肘で突いたり，足をかけたり，妨害してはいけません，そんな卑劣な事をして勝つのは男らしい事とは申されません，」之の話をきき児童はなる程そうかなと合点する，そして国語なり，歴史なりで教はつた日本武士の立派な行動と比較して，一層興味を高めるのである。 ③ 「此外人から抜かれたからもう中止するなどは最悪い事であります，よし負けても身分の全力を出して走つたら申分はない，あなたの力が足らないから敗けたのである，少しも不名誉でも何でもない，」之の話を聞いて児童は，着手した事は，遅速，巧拙はあらうが最後迄やり遂げると云ふ習慣を養成するのである。

▶2 金栗四三（1924）小学校に於ける競技と其の指導法．南光社．

①では，オリンピックの国際的舞台で活躍し，他の模範となるアスリートのエピソードがスポーツへの関心を向上させること，②では競走の勝負場面におけるフェアプレー精神の重要性，そして③では自らの全力を尽くすことの尊さを論じています。金栗は，日本人初のオリンピアンとして，競技では必ずしも自身が望んだような成績を得られなかったものの，その先駆けとしてオリンピズムの本質を体得し，それを日本に持ち帰ってきたのです。

3. 第18回東京大会（1964年）

1964年10月，東京でオリンピックが「初開催」されました。招致段階では，1959年のIOC総会（ミュンヘン）で立候補の趣意説明に登壇した平沢和重[3]が小学校国語の教科書のエッセイ「五輪の旗」を読み上げ，日本では子供たちがオリンピック精神を学習していることをアピールしました。また，招致決定後の大会準備段階には政府が「オリンピック国民運動」を展開し，①オリンピック理解，②国際理解，③公衆道徳，④商業道徳，⑤交通道徳，⑥国土美化，⑦健康増進に係る事業を展開しました。中でも文部省は「オリンピック読本」[4]をもとに学校や地域における教育的活動を推進し，子供たちはオリンピックの理念や歴史，著名なアスリートのエピソード，あるいは外国人のゲストを迎える際の心構えなどを学びました。

さて，いよいよ大会本番を迎えて，競技会場で，あるいはテレビ・ラジオ，新聞で世界中のアスリートのパフォーマンスに触れた当時の児童・生徒はどのような経験を得たのでしょうか。表2では大会後に京都府のとある小学生が綴った作文の一部を引用したいと思います。

▶3　1938年，IOC総会からの帰国途上にあった嘉納を氷川丸の船内で看取った外交官の平沢は，戦後にNHK解説委員に転身し，東京オリンピックの招致に貢献した。趣意説明の内容は平沢和重（1980）国際社会のなかの日本．日本放送出版協会．を参照のこと。

▶4　文部省版をもとに，栃木県，埼玉県，神奈川県，山梨県，広島県，福岡県などでは独自の副読本が作成された。

表2. 京都府の小学生の作文から[5]

…日紡チームの団結と最後までのねばり。小野選手の肩の脱臼にも負けない責任感の強さ。スエーデン選手が，競技をやめてオーストラリアの選手を助けた国境を超えた友情…地球上全世界の人たちが，どんな競技にも，息をのみ，胸をどきどきさせて，勝った人に心から拍手を送り，敗れた人には，心から同情し共に残念がる。そこには国境もないし，肌の色の違いもない。この大会の時のような，平和な楽しい気持ちで，全世界の人たちが暮せたらよいと，つくづく思った。（一部を抜粋）

▶5　京都府教育委員会（1964）オリンピック作文図画作品集．京都府教育委員会．

この作文からも，日本で初めて開催されたオリンピックがいかに大きな教育的意義を有していたかを読み取ることができます。「戦後復興の象徴」とも称された1964年の東京大会をきっかけとして，国民が日本人としてのアイデンティティを確立し，またスポーツを通した国際平和の価値を肌で感じたその経験は，まさに嘉納の「精力善用　自他共栄」，そしてクーベルタンのオリンピズムの理念を具現化するものであったといえるでしょう。

このような「初参加」と「初開催」を通した先人たちの経験と教えは，次節で取り上げる2020（2021）年の東京大会を通した「オリンピック・パラリンピック教育」にも，脈々と受け継がれていくことになります。

（大林太朗）

9-4 東京2020大会を通した「オリンピック・パラリンピック教育」

Key word：東京2020組織委員会，東京都，スポーツ庁，アクション&レガシー

1. 東京都内外における普及と展開

前節までにみたオリンピック教育，パラリンピック教育の背景と経緯を踏まえ，東京2020大会では，その双方を総合的，相乗的に推進する「オリンピック・パラリンピック教育」が展開されました。具体的には，都内すべての公立学校（約2,300校）において①ボランティアマインド，②障がい者理解，③スポーツ志向，④日本人としての自覚と誇り，⑤豊かな国際感覚の「5つの資質」を育成し，共生・共助社会の実現に向けた教育的活動が推進されました▸1。

オリンピック・パラリンピック教育は東京都に限らず，スポーツ庁と東京2020組織委員会を中心として全国的に展開されました。2015年11月，政府は「大会開催を契機に，オリンピック・パラリンピック教育の推進によるスポーツの価値や効果の再認識を通じ，国際的な視野を持って世界の平和に向けて貢献できる人材を育成する」という基本方針を打ち出し，スポーツ庁（文部科学省）に「オリンピック・パラリンピック教育に関する有識者会議」を設置しました。同会議は最終報告書▸2（2016年7月）の中で，オリンピック・パラリンピック教育の内容を以下の2点に分類しています。

1点目は「オリンピック・パラリンピックそのものについての学び」です。これはオリンピック・パラリンピックの理念や歴史，競技・種目，選手のパフォーマンスやエピソード，大会を支える仕組み，それぞれが抱える課題（商業主義が引き起こす歪みやドーピング問題など）に関する学習のことを意味しています。

2点目は「オリンピック・パラリンピックを通した学び」です。これはオリンピック・パラリンピックを契機として，スポーツの価値（チャレンジや努力を尊ぶ態度，フェアプレー精神，他者の尊重や自己実現，健康増進など）を学び，今後のグローバル時代に求められる多様性を尊重する態度や公徳心の向上を目指すものとされています。

この内容に基づいて，2016年度から6年間にわたって実施されたスポーツ庁の「オリンピック・パラリンピック・ムーブメント全国展開事業」▸3では，全国各地の推進校において以下の5つのテーマに応じた教育的活動が展開されました。

表1. オリンピック・パラリンピック教育の5つのテーマ▸4

I	スポーツ及びオリンピック，パラリンピックの意義や歴史に関する学び
II	マナーとおもてなしの心を備えたボランティアの育成
III	スポーツを通したインクルーシブな社会（共生社会）の構築
IV	日本の伝統，郷土の文化や世界の文化の理解，多様性を尊重する態度の育成
V	スポーツに対する興味・関心の向上，スポーツを楽しむ心の育成

2. 具体的な実践例

各テーマについて，それぞれ具体例を挙げてみましょう。Iに関しては，主に保健体育

▸1 東京都教育委員会（online）東京都オリンピック・パラリンピック教育. https://www.o.p.edu.metro.tokyo.jp/.（最終参照日：2022年7月11日）

▸2 スポーツ庁（online）オリンピック・パラリンピック教育の推進に向けて 最終報告. https://www.data.go.jp/data/dataset/mext_20170508_0024（最終参照日：2022年7月11日）

▸3 事業の詳細および関連教材等については，スポーツ庁のWebサイトを参照のこと。
スポーツ庁（online）オリンピック・パラリンピック教育. https://www.mext.go.jp/sports/b_menu/sports/mcatetop08/list/1382302.htm.（最終参照日：2022年7月11日）

▸4 筑波大学・日本体育大学・早稲田大学（2022）スポーツ庁委託事業 オリンピック・パラリンピック・ムーブメント全国展開事業 2016-2021年度総括報告書.

科や社会科においてオリンピック，パラリンピックの意義や歴史に関する授業が展開され，その知識を独自の「オリンピック・パラリンピック新聞」にまとめて発表したり，一方で高等学校段階ではオリンピック，パラリンピックが抱える問題・課題をテーマとするディスカッションを通して批判的思考力を養うといった試みがみられました。そして，多くの推進校で実施されたのが，オリンピアン，パラリンピアンや地域ゆかりのアスリートによる講演会・体験会です。「本物」が語る努力のエピソードや卓越したパフォーマンスに触れた子供たちは，オリンピック，パラリンピックの価値をより身近に感じられたことでしょう。

Ⅱについては，地域の年中行事やスポーツイベントへの参画を通してボランティアマインドを高める試みや国内外からのゲスト（事前キャンプなど）を想定した「おもてなし」の学び，またⅢについては，主に総合的な学習の時間における障がい者スポーツ体験が多くの推進校で行われました（ボッチャ，ゴールボール，シッティングバレー，車いすバスケットボール，ブラインドサッカーなど）。ある中学校では「ボッチャのバリアフリー化」というテーマで視覚障がい者と戦況を共有するマグネットボードを作成したり，聴覚障がい者とのコミュニケーションに特化したオリジナル手話が考案されたりしました。このような学習の深まりは，まさにパラリンピック・ムーブメントが追求するインクルーシブな社会の構築につながるものといえるでしょう。

Ⅳに関しては，例えば過去大会の開催都市の食文化に触れたり，調べ学習を通して得た知識をもとに「オリ・パラかるた」（絵札・読み札）を作成したり，あるいはホストタウン事業（内閣官房）を通して対象国・地域の学校との国際的交流を深めるなど，ここでは必ずしもスポーツに直結するものばかりでなく，世界各国の伝統文化，音楽，産業などに関する学びが深められました。最後にⅤについては，例えば体育実技において「金メダリストの記録への挑戦」と題してマラソン世界記録のペースを体験したり，体育祭や文化祭にオリンピック，パラリンピックのセレモニーの要素を取り入れたり，あるいは自由な発想で「オリンピック新種目」を考案するなどの実践がありました。全国的に展開されたオリンピック・パラリンピック教育は，それぞれの地域の特色を生かし，また各学校の創造的なアイデアを持って実現されました。

3. アクション&レガシーレポートにみる成果

この他，日本オリンピック委員会（JOC）のオリンピック教室，スポンサー企業による教育関連イベントなどが多岐にわたり展開されましたが，そのような一連の「オリンピック・パラリンピック教育」の成果はどのようなものでしょうか。様々な視点がありますが，東京2020組織委員会の大会後の「アクション & レガシーレポート」（2021年12月）によれば，OVEPやI'mPOSSIBLEを用いた授業や小学生によるマスコット投票，また聖火リレーや学校連携観戦などの機会を通して，子供たちの心に「自信と勇気」，「多様性の理解」，「主体的・積極的な社会参画」のレガシーが創造されたことが報告されています[▶5]。今後は，それらの教育レガシーを一過性のものとせず，次回以降の大会（2024年：フランス・パリ，2028年：アメリカ・ロサンゼルス，2032年：オーストラリア・ブリスベンなど）を視野に入れた，国内外における継承と発展が求められるでしょう。

（大林太朗）

▶5 公益財団法人東京オリンピック・パラリンピック競技大会組織委員会（2021）東京2020アクション&レガシーレポート. https://www.tokyo2020.jp/ja/games/legacy/index.html.（最終参照日：2022年7月11日）

9-5 これからのオリンピック教育，パラリンピック教育の可能性

Key word：学習指導要領，ICT 教育，SDGs（持続可能な開発目標）

1. 大会後の継承と発展

本節では，今後のオリンピック教育，パラリンピック教育の継承と発展に向けて，3つの観点で試論を提示します。1つ目に学習指導要領等におけるオリンピック，パラリンピックの位置づけを確認した上で，2つ目にICT（情報通信技術）教育との関連性を検討し，結びにSDGs（Sustainable Development Goals：持続可能な開発目標）[1] の実現に向けたアプローチについて議論します。

▶1 2015年の国連サミットにおいて全ての加盟国が合意した「持続可能な開発のための2030アジェンダ」の中で掲げられた目標のこと。2030年を目標に，持続可能でよりよい社会の実現に向けた17のゴールと169のターゲットが設定されている。

2. 学校教育における定着に向けて

小学校において2020年度（中学校は2021年度，高等学校は2022年度）から順次全面実施されている学習指導要領では，オリンピックやパラリンピックに関する内容が以下のように取り上げられています。

表1. 学習指導要領におけるオリンピック，パラリンピック関連の記述[2]

小学校
体育科：オリンピック・パラリンピックに関する指導として，フェアなプレイを大切にするなど，児童の発達の段階に応じて，各種の運動を通してスポーツの意義や価値等に触れることができるようにすること。 社会科：日中戦争や我が国に関わる第二次世界大戦，日本国憲法の制定，オリンピック・パラリンピックの開催などを手掛かりに，戦後我が国は民主的な国家として出発し，国民生活が向上し，国際社会の中で重要な役割を果たしてきたことを理解すること。
中学校
保健体育科（体育理論）：文化としてのスポーツの意義について理解すること。 （ア）スポーツは，文化的な生活を営みよりよく生きていくために重要であること。 （イ）オリンピックやパラリンピック及び国際的なスポーツ大会などは，国際親善や世界平和に大きな役割を果たしていること。 （ウ）スポーツは，民族や国，人種や性，障害の違いなどを超えて人々を結び付けていること。
高等学校
保健体育科（体育理論）：スポーツの文化的特性や現代のスポーツの発展について理解すること。 （イ）現代のスポーツは，オリンピックやパラリンピック等の国際大会を通して，国際親善や世界平和に大きな役割を果たし，共生社会の実現にも寄与していること。また，ドーピングは，フェアプレイの精神に反するなど，能力の限界に挑戦するスポーツの文化的価値を失わせること。
特別支援学校小学部
体育科：オリンピック・パラリンピックなどとも関連させ，遊びや運動を「すること」，「知ること」，「見ること」，「応援すること」などにつながるようにすること。
特別支援学校中学部
保健体育科：オリンピック・パラリンピックなどとも関連させ，フェアなプレイを大切にするなど，生徒の発達の段階に応じて，運動やスポーツの大切さや必要性等に触れるようにするとともに，運動やスポーツを「すること」，「知ること」，「見ること」，「応援すること」などの多様な関わり方について取り扱うようにすること。
特別支援学校高等部
保健体育科（体育理論）：オリンピック・パラリンピックなどの国際大会の意義や役割，フェアプレイの精神等に触れるとともに，運動やスポーツを「すること」，「知ること」，「見ること」，「応援すること」などの多様な関わり方についても取り扱うようにすること。

▶2 文部科学省（2018）小学校学習指導要領（平成29年告示）．東洋館出版社．
文部科学省（2019）中学校学習指導要領（平成29年告示）．東山書房．
文部科学省（2019）高等学校学習指導要領（平成30年告示）．東山書房．
文部科学省（2018）特別支援学校幼稚部教育要領小学部・中学部学習指導要領．海文堂出版．
文部科学省（2019）特別支援学校高等部学習指導要領．海文堂出版．

ここでは，体育科および保健体育科を中心として，各学校段階でオリンピックとパラリンピックに関する内容が明記されています。フェアプレイ精神を学び，文化としてのスポーツの意義や価値を理解し，また運動やスポーツへの多様な関わり方（する，知る，見る，応援する）を学ぶきっかけとして，オリンピックやパラリンピックが重要なトピックの一つに挙げられています。また，小学校用では社会科での日本現代史関連の言及や，学習指導要領解説を含めれば道徳科でも，オリンピアンやパラリンピアンの力強い生き方に学ぶという観点で関連する記述がみられます。東京 2020 大会に向けて展開された実践のノウハウを活かし，また同大会を通して新たに創出されたコンテンツを用いて各教科等での学習を行うことは，オリンピック教育，パラリンピック教育の充実に資するだけでなく，現行の学習指導要領に対応する新しい試みとして価値の高いものとなるでしょう。

3. ICT教育との関連性

2020 年からの世界的な新型コロナウイルス感染症（Covid-19）の拡大以降，ICT 技術が急速に社会に浸透し，教育現場でも活用されるようになりました。

このことについて，国際オリンピック委員会は 2021 年 3 月に「オリンピック・アジェンダ 2020+5」▶3 を採択し，今後のムーブメントにおける統合型のデジタルプラットフォーム “Olympics.com” の活用を進めています。そこでは過去の大会のハイライトから著名なアスリートの特集，また国際競技会のライブ配信からソーシャルゲームまで，SNS としての強みを生かした様々な仕掛けが用意されています。これらのコンテンツは，日本の ICT 教育におけるソフト面の充実に向けた一助となるでしょう。

また，オンラインネットワーク環境が整備されることは，例えば東京 2020 大会を通して各地域で展開された「ホストタウン」交流▶4 を継続する上でも，大きな価値を有しています。対象国・地域とのコミュニケーションにおいて，手紙やビデオレターの交換，対話やプレゼンテーション，ときに合唱・合奏などを通したリアルタイムでの双方向交流が可能となったことは，ICT 教育とオリンピック教育，パラリンピック教育の相互の発展につながるものとなるでしょう。

4. SDGsの実現に向けたアプローチ

結びに，SDGs（持続可能な開発目標）の実現に向けたオリンピック教育，パラリンピック教育の可能性について考えてみましょう。再び「オリンピック・アジェンダ 2020+5」によれば，その提言 10 に「国連の持続可能な開発目標の重要な実現手段としてのスポーツの役割を強化する」との方針が示されています。パラリンピックについても前述の通り，国際パラリンピック委員会が「パラスポーツの推進を通してインクルーシブな世界を創出すること」を掲げ，SDGs の実現と関連の深い内容が提示されています。このことは，これからのオリンピック教育，パラリンピック教育の充実が，同時に SDGs の実現に向けたアプローチとしての大きな価値を有していることを意味しています。

オリンピック，パラリンピックを主題として，子供たちが社会的平等，経済の効率化，環境保全などの重要性を学ぶことは，これからのよりよい世界を創るためのイニシアティブとなり，ひいては新時代のスポーツ教育を構成する重要な要素となることでしょう。今後，そのさらなるフロンティアが開拓されることを期待します。

（大林太朗）

▶3　2021年3月12日の第137次IOC総会において採択された，2025年までのオリンピック・ムーブメントの新たなロードマップ。「連帯」「デジタル化」「持続可能な開発」「信頼性」「経済的・財政的なレジリエンス」をキーワードとする15項目で構成されている。
日本オリンピック委員会（online）オリンピック・アジェンダ 2020+5. https://www.joc.or.jp/olympism/agenda2020/.（最終参照日：2022年7月11日）

▶4　東京2020大会に向けて，スポーツ立国，共生社会の実現，グローバル化の促進，地域の活性化，観光振興等に資する観点で内閣官房オリパラ事務局を中心に展開された事業のこと。全国の自治体が参加国・地域との人的・経済的・文化的な相互交流を行った。
内閣官房東京オリンピック競技大会・東京パラリンピック競技大会推進本部事務局（online）ホストタウンの推進について：2020年東京オリンピック・パラリンピック競技大会に向けて. https://www.kantei.go.jp/jp/singi/tokyo2020_suishin_honbu/hosttown_suisin/index.html.（最終参照日：2022年7月11日）

10-1 他者と社会で「共生」するとは

Key word：共生，多様性の尊重，社会の凝集性，社会的カテゴリ，グローバル化

1. 現代社会における他者との「共生」

皆さんは，「共生」という言葉にどのようなイメージを抱くでしょうか。それぞれの社会における経験や立場の違いによって，多種多様な意味が付与されていることかと思います。本章では，近年，様々な場所で見聞きするようになった「共生」という概念に基づきつつ，特に教育社会学と比較教育学の視点から，「新時代のスポーツ教育学」という本書全体のテーマについて考えていきます。

本節では，その前提となる作業として，「共生」に関わるこれまでの研究で提示されてきた論点について整理します。具体的には，ここでは特に，「多様性の尊重」と「社会の凝集性」（「社会のまとまり」）を同時達成するための概念として「共生」を捉え，人間存在の多層性や複層性に着目して展開する議論▶1に根差した整理を行います。その理由は，新時代をグローバル化時代と捉えた上で現代社会の特徴を踏まえつつ，「共生」とスポーツならびに教育について考える際に，それらの観点から同概念を捉えることが重要になると思われるからです。

2.「共生」とそれに関わる教育の議論

当初，主にマイノリティ▶2の側から発せられてきた「共生」は，「多様性の尊重」を前提とした概念としてかたちづくられてきましたが，個人の「多様性」が促進されればされるほど，社会的な土台の弱まりが懸念されることとなり，マジョリティの側から，「社会のまとまり」を強調した観点からの「共生」が発せられるようになってきたとされています▶3。これにより，1つの社会の中において，個々の「多様性」の尊重と集団の「まとまり」の促進の同時達成という，2つの異なるベクトルの間でバランスを保つことの難しさ▶3が指摘されてきたのです。現在の「共生」に関わる議論は，そのような困難をいかに乗り越え得るのかを吟味することが中心的課題に据えられているといえるでしょう。

そのような中，「共生」の困難を乗り越えるための試行錯誤を繰り返してきた分野の1つとして挙げられるのが，教育（学校教育）です。例えば日本では，「共生」概念という新たに提案された教育資源には，人間の「多重性」を前提として社会の「包摂と排除の事実」を認識し，当たり前のように捉えられている「社会的カテゴリ」について，その根拠も含めて見直すことが含まれていると指摘されてきました▶3。ここで示される社会的カテゴリとは，例えば「国民」，「人種」，「民族」，「ジェンダー」，「障がい」▶4といった人間が作り出した社会的属性のことを指しますが，それらがかたちづくられた状況や有する社会的意味，それらにより生じている差別，そして，それらを作り変えるために必要な視点について考え，教授・学習することが共生教育であるとされています▶5。すなわち，「共生」概念が元々有していた「多様性」の尊重を前提とした方向性と，「共生」という名のもとで社会の「まとまり」の促進を前提とした方向性を同時に達成するための取り組みにおいては，人間が様々な社会的カテゴリに同時に属するという視点や，それらの意味内容

▶1 岡本（2013）や同研究を土台の1つとしつつ展開した坂口（2021）などが挙げられる．
岡本智周（2013）共生社会とナショナルヒストリー：歴史教科書の視点から．勁草書房．
坂口真康（2021）「共生社会」と教育：南アフリカ共和国の学校における取り組みが示す可能性．春風社．

▶2 額賀によれば，社会の中で「従属的立場」にあり，様々な「不利益を被ってきた集団」のことを指し，誰がマイノリティ（マジョリティ）かは「歴史的社会的状況に依存」する．
額賀美紗子（2019）グローバル時代の国際移動と変容する日本社会：移民と出会う日常．額賀美紗子ほか編，移民から教育を考える：子どもたちをとりまくグローバル時代の課題．ナカニシヤ出版，pp.1-12.（引用箇所：pp.5-6）

▶3 岡本（2013）前掲書．

▶4 本書の他の章と統一するために，本章でも「障害」を「障がい」と表記する．

▶5 岡本智周（2021）共生の教育とは何か．油布佐和子編，未来の教育を創る教職教養指針 第4巻 教育と社会．学文社，pp.163-179.（引用箇所：p.178）

を常に問い直す視点を教授・学習することが鍵となるとされてきたのです。

3. 新時代における日本社会の「共生」の課題

日本社会における「共生」と教育について，特に学校教育に的を絞って概観してみると，1996年7月の中央教育審議会答申「21世紀を展望した我が国の教育の在り方について」では，「グローバル化を前提にしたうえでの21世紀の学校教育のイメージが提示され，異文化との関わりの重要性が『共生』の文脈で検討されるようになった」ことが指摘されてきました[6]。そしてそれ以後，学校教育において，学習者に必要な要素として，「他者との共生や異質なものへの寛容」が挙げられたとされます[6]。その中で，「外国（人）」に限らない様々な社会的カテゴリに属する人々との「共生」が学校教育の課題となり[6]，2008年と2009年に学習指導要領が改訂された際には，例えば小学校の社会科，中学校の特別活動や高等学校の家庭科において「共生」がより具現化されました[3]。ここでみられるように，日本の教育では，グローバル化という現象が「共生」という視点を展開する際の呼び水となってきたと捉えることができるでしょう[7]。そして，そのような現象を踏まえて議論する必要があるとされてきたのが，「国民（国家）」や「外国（人）」というカテゴリの捉え直しの視点です。

これまでにも，人々が「国家」の境目を越えつつ多種多様な活動に関わることが促されるグローバル化においては，「トランスナショナリズム」，すなわち，「『ナショナル＝国民や国家』といったものを，『トランス＝越える』という意味の概念」が鍵となることが指摘されてきました[8]。そして，日本における外国人の増加を背景に，そのような人々を「日本社会で生きていく『市民』として位置づけ，その教育を構想していくことが必要になって[9]」きたとされるように，「国民（国家）」の枠組みを超越するために主に用いられてきたのが「市民（社会）」カテゴリだと言えます。実際，「市民（社会）」概念を用いることで，社会の中で「国民（国家）」カテゴリに含まれない多様な人々の存在を含み込むといった考えのもと，「市民性教育」などが登場してきたことが指摘されてきました[10]。とはいうものの，「市民」カテゴリが「国民」カテゴリと結びつくといった限界を持ち合わせているように[10]，新たな社会的カテゴリが採用されたとしても，それがすぐに「共生」における人々の「多様性」の尊重と社会の「まとまり」の促進の同時達成の課題を解決するわけではありません。そのため，「共生」の議論の際には，排除の可能性を常に考慮する必要があるといえるでしょう。

グローバル化時代とは，他者との出会いが今まで以上に迅速化かつ複雑化する時代であるともいえます。そのような中，現時点では自分や身近な身の周りの人々に直接関係のない出来事であっても，それを放置したままではいずれ立ち行かなくなる状況が一層みられるようになるのが新時代であるといえるでしょう。たとえ教育（学校教育）でそのような課題が十分に取り上げられずとも，グローバル化の進行により，知らぬ間に人々が認識・経験している可能性があることを捨てきれない状況にある中で，いかに「共生」に取り組むのかについて議論することが，新時代では求められているのではないでしょうか。そのことを踏まえつつ，本章では新時代をグローバル化時代と捉えつつ，「共生」の観点からスポーツ教育学について考えていきます。その際，上述した既存の社会的カテゴリの捉え直しの視点，すなわち，既存の「あたり前」とされている出来事を問い直す視点を軸に議論を展開していきます。

（坂口真康）

▶6 岡本（2021）前掲書. p.165

▶7 三浦ほかは，日本社会のグローバル化と「共生」を議論する前提として，同現象より前から「アイヌ民族や沖縄の人びと，朝鮮人や台湾人など出自や文化的背景が異なる人びと」や日本国外の日系人の人々などの長年の歴史があることを押さえておく必要性を指摘している。
三浦綾希子ほか（2019）移民から教育を考える．額賀美紗子ほか編，移民から教育を考える：子どもたちをとりまくグローバル時代の課題．ナカニシヤ出版，pp.233-240.（引用箇所：p.237）

▶8 額賀（2019）前掲書. p.2

▶9 佐藤郡衛（2019）多文化社会に生きる子どもの教育：外国人の子ども，海外で学ぶ子どもの現状と課題．明石書店．（引用箇所：p.18）

▶10 坂口（2021）前掲書.

10-2「共生」の観点からみたスポーツ

Key word：国際的なスポーツの大会，スポーツ基本計画，オリンピック・パラリンピック

1. グローバル化時代におけるスポーツと「共生」

本節では，本書全体のテーマであるスポーツについて「共生」の観点から読み解いていきます。例えば，UNESCO（国際連合教育科学文化機関）21世紀教育国際委員会の1996年の報告書においては，「(他者と）共に生きることを学ぶ」ことが「今日の教育にとっての最大課題の1つであろう[1]」とされています。その中で，「多くの場合，たとえばスポーツなどにおいても，共通の努力を果たすことによって，社会階層や国籍の違いによる緊張は調和に変わりうる[2]」として，スポーツと「共生（教育)」に関する議論が結びつけられて展開されてきました。そのような国際社会の動向と個別地域における事象を結びつけた議論の例として，本章の次節（10-3）以降でも言及する南アフリカ共和国を事例とした研究[3]が挙げられます。すなわち，理念レベルからの提言のみならず，具体的な現実社会のレベルにおいても，スポーツを通じた「共生（教育)」の議論が積み重ねられてきたのです。

また，必ずしも「共生」という言葉が用いられなくとも，かねてから，スポーツは人々が「肌の色」や「民族」に関する見解を築き上げるとともにそれらを作り変えていく場所として機能していることや，スポーツと多様な背景を有する人々の関係性を結びつけた議論の必要性が指摘されてきました[4]。さらに，スポーツがグローバル化することにより，様々な場面で人種や民族を考慮する必要が生じると，選手やコーチなどのみならず観客も「人種」や「民族」カテゴリに関わる新たな課題に出合うようになることも指摘されてきました[4]。以上に示したことからも読み取れるように，グローバル化時代においてスポーツという分野は，人々を「共生」の方向性にも別の方向性にも導き得る分野であるとされてきたのです。

そして，新時代をグローバル化時代と位置づけた上で，スポーツと「共生」を議論する際に欠かせないのが，オリンピック・パラリンピックなどに象徴される国際的なスポーツの大会の存在ではないでしょうか。これまでにも，「特定の人びとを代表する選手やチームは，個々人を結びつけ，一体感を生み出す可能性を秘めている。[中略］この一体感は，国への愛着，国の歴史や伝統，さらに世界秩序の希求にまでつながる[5]」と指摘されてきました。その一方で，「近年のスポーツの歴史は，ほとんどの国が，オリンピックのようなスポーツやスポーツイベントを，国際理解，友好，平和よりも，自国の利益追求のために利用してきたことを示している[6]」ともされてきました。同様に，清水により，「社会的な出来事の一つとしてスポーツイベントは，ナショナリズム[7]と符号する[8]」とされた上で，スポーツの「排外主義的」な側面にも注意を向け続ける必要がある[9]という警鐘も鳴らされてきました。これらの指摘にみられるように，国際的なスポーツの大会は，国内の多様な人々の一体感を生み出し得る一方で，それがナショナリズムという形で排他的になり得る側面があるとされてきたのです。

▶1 ユネスコ21世紀教育国際委員会：天城勲監訳（1997）学習：秘められた宝 ユネスコ「21世紀教育国際委員会」報告書．ぎょうせい．(引用箇所：p.72)

▶2 ユネスコ21世紀教育国際委員会（1997）前掲書．p.73

▶3 例えば，坂口(2021)。坂口真康（2021）「共生社会」と教育：南アフリカ共和国の学校における取り組みが示す可能性．春風社．

▶4 ジェイ・コークリーほか:：前田和司ほか共編訳（2011）現代スポーツの社会学：課題と共生への道のり．南窓社．

▶5 コークリーほか（2011）前掲書．p.231．(括弧内引用者)

▶6 コークリーほか（2011）前掲書．p.235

▶7 清水によれば，「国家の戦略のもとに内的なある判断基準を示し，集合的記憶を用いながら，ある方向に国民として人々を仕向けていく政治的プロジェクト」とされる。清水諭（2012）スポーツする身体とナショナリズム．清水諭責任編集ほか．現代スポーツ評論，27：8-17．(引用箇所：p.14)

▶8 清水（2012）前掲書．p.14

▶9 清水（2012）前掲書．

2. 日本社会におけるスポーツと「共生」

それでは，現代の日本社会において，「共生」の観点からのスポーツはどのように展開されているのでしょうか。ここでは，2017年3月に文部科学省（スポーツ庁）より策定された第2期の「スポーツ基本計画▶10」と東京都のオリンピック・パラリンピック教育▶11に言及しつつ，現代の日本社会における「共生」の観点からみたスポーツの一端を概観します。

第2期「スポーツ基本計画」では，例えば，第2章において，「スポーツは，人種，言語，宗教等の区別なく参画できるものであり，国境を越え人々の絆を育む。スポーツを通じた国際交流により『多様性を尊重する世界』の実現に貢献する▶12」とされ，第3章では，「障害者スポーツの振興等」や「スポーツを通じた女性の活躍促進」などの項目が立てられつつ，「スポーツを通じた共生社会等の実現」について言及されています▶13。さらに，同計画の第3章では，「国際社会においてスポーツの力により『多様性を尊重する社会』，『持続可能で逆境に強い社会』，『クリーンでフェアな社会』を実現するため，国際的な政策・ルールづくりに積極的に参画し，スポーツを通じた国際交流・協力を戦略的に展開する▶14」としつつ，2019年のラグビーのワールドカップ（日本開催）や2021年の東京オリンピック・パラリンピックを通じて「レガシーとしてのスポーツ文化を継承する▶14」とされています。これまでにも，東京オリンピック・パラリンピックの組織委員会の構想の1つとして，「多様性と調和の重要性を改めて認識し，共生社会をはぐくむ契機となる大会と示している▶15」ことが指摘されてきました。この指摘や第2期「スポーツ基本計画」の文言から，現代の日本社会では，スポーツを通じた「共生」の促進が政策の軸の1つに据えられてきたことが読み取れるでしょう。

そのような中，第2期「スポーツ基本計画」の目標において，同計画は「国の施策を中心に国が定めるものであるが，あくまでもスポーツの主役は国民であり，また，国民に直接スポーツの機会を提供するスポーツ団体等である▶16」とされている記述にも注意を向ける必要があります。本章の前節（10-1）でも言及している通り，グローバル化時代を前提とした際には，1つの社会の中の「スポーツの主役」が当該国の「国民」とは限らないからです。

他方，「共生」を基盤に進められたとされる東京オリンピック・パラリンピックに関して，教育という観点から重要な取り組みの1つとして挙げられるのが，東京都によるオリンピック・パラリンピック教育です。2016年に策定された「『東京都オリンピック・パラリンピック教育』実施方針」では，「育成すべき人物像」の1つとして，「多様性を尊重し，共生社会の実現や国際社会の平和と発展に貢献できる人間▶17」が挙げられるなど，「共生」が基盤となっていることが読み取れます。しかし，同教育については，権により，愛国心を育む教育を本格化したことや，「日本人」としてのアイデンティティとナショナリズムを強調したといった指摘もなされてきました▶18。また，同方針を推進するために東京都内の公立学校に配布された『オリンピック・パラリンピック学習読本』については，オリンピックの社会への「悪影響」の記載がないことが批判されてきました▶18。すなわち，同教育に関しても，上記の第2期「スポーツ基本計画」の内容と同じように，スポーツを通じた「国民」カテゴリの強調――ナショナリズム――による課題が指摘されてきたのです。これらのことからは，グローバル化時代におけるスポーツを通じた「共生（教育）」を考える際には，それが人々を導き得る様々な方向性を考慮に入れた議論がなされる必要があることが読み取れるでしょう。

（坂口真康）

▶10 文部科学省（2017）スポーツ基本計画. https://www.mext.go.jp/sports/content/1383656_002.pdf.（最終参照日：2022年7月11日）

▶11 東京都教育委員会（2016）「東京都オリンピック・パラリンピック教育」実施方針. https://www.kyoiku.metro.tokyo.lg.jp/school/content/files/olympic_paralympic_education_abstract/implementation_policy1.pdf.（最終参照日：2022年7月11日）

▶12 文部科学省（2017）前掲書. p.5（傍点原文）

▶13 文部科学省（2017）前掲書. pp.17-21

▶14 文部科学省（2017）前掲書. p.24

▶15 田中暢子（2020）パラリンピックの推進からみた共生社会への貢献. スポーツ教育学研究, 40(1): 79-82.（引用箇所：p.79）

▶16 文部科学省（2017）前掲書. p.2

▶17 東京都教育委員会（2016）前掲書. p.2

▶18 権学俊（2021）スポーツとナショナリズムの歴史社会学：戦前=戦後日本における天皇制・身体・国民統合. ナカニシヤ出版.

10-3 南アフリカ共和国における スポーツを通じた共生教育：基礎編

Key word：南アフリカ共和国，アパルトヘイト（人種隔離政策），Life Orientation

1. 具体的な事例にみるスポーツと「共生」：南アフリカ共和国の場合

本節では，スポーツを通じた共生教育（特に学校教育）の取り組みを具体的に探索するために，過去にアパルトヘイト（人種隔離政策[1]）を経験した南アフリカ共和国（南ア）を事例として取り上げます。その理由は，現代の南ア社会においては，「共生」について考え，取り組む上で，スポーツと教育（学校教育）が重要な役割を担ってきたことが指摘されてきたからです[2]。

1994年にすべての「人種」集団が参加した初の民主的な選挙が行われ，制度としてのアパルトヘイトが撤廃された南アでは，社会における多様な人々の「共生」を促進するために様々な方策がとられましたが，スポーツもその1つでした。同年の選挙で民主化後の初代南ア大統領となったマンデラ（Mandela, Nelson）は，「スポーツには世界を変える力があります。それには［人々を］鼓舞する力があり，それにはそれ以外のことがほとんどなしえない方法で人々を統一させます」（マンデラ，2000年モナコにて[3]）とする思想を反映するかのように，スポーツを通じて，過去に分断された集団間の「共生」のための方策に取り組みました。そして，そのようなマンデラの思惑が政治行動として顕著に表れた出来事の1つとして頻繁に取り上げられるのが，1995年に南アで開催されたラグビーのワールドカップです。カーリンによると，同大会を通じては，アパルトヘイト下に抑圧者と被抑圧者の集団に属していた人々の「和解」が目指され，南アの優勝とその際のマンデラの振る舞いを通して人々が「ユートピア」を見たとされます[4]。また，マンデラが新しい国家の基礎を固めつつ，「南アフリカ人をつくること」という仕事を1年で達成したと評されるなど[4]，同大会は南アの過去の遺産を乗り越えながら「共生」を促進するという観点から重要な出来事の1つとして語り継がれてきました。

その後，2010年に南アで開催されたサッカーのワールドカップにおいても，上記の1995年のラグビーのワールドカップのときと同様の展開が期待された中で大会が開催されました。しかし，国際的なスポーツの大会については，その「効果」の一過性の側面にも注意する必要があります。例えば，2010年のサッカーのワールドカップを通じた南ア西ケープ州の高等学校に通う学習者の認識の変化を探索した研究においては，同大会の開催による南アの人々の「一体感」などへの「肯定的認識」は，1年の時を経て弱まった可能性が高いことが指摘されてきました[5]。このことから，スポーツによる一時的な「効果」がいずれは薄まることを見越し，「共生」をより長期的な視野で捉えた際に重要になるのが，教育（学校教育）という営みであるといえるでしょう。

2. 南アフリカ共和国における共生教育の展開

スポーツを通じた「共生」のための取り組みとともにマンデラが重視したのが，「教育は世界を変えるために私たちが使うことができる最も強力な武器です」（マンデラ，2003

▶1　峯によれば，1948年から本格化していった政策であり，1950年の「人口登録法」により南アの「人種」を4つの集団に分けたり，同年の「集団地域法」により「人種」ごとに居住地を分けたりしたという。
峯陽一（1996）南アフリカ「虹の国」への歩み．岩波書店．

▶2　例えば，坂口（2021）が挙げられる。
坂口真康（2021）「共生社会」と教育：南アフリカ共和国の学校における取り組みが示す可能性．春風社．

▶3　マンデラの諸々の発言を収録したSello Hatang et al. eds.（2011）の書籍からの引用である。
Sello Hatang et al. eds.（2011）Nelson Mandela By Himself: The Authorised Book of Quotations, MacMillan in Association with PQ Blackwell.（引用箇所：p.255 ―括弧内引用者）

▶4　ジョン・カーリン：八坂ありさ訳（2009）インビクタス：負けざる者たち．日本放送出版協会（NHK出版）．

▶5　坂口真康（2019）国際的なスポーツ・イベントにおける経験と「共生社会」意識に関する考察：南アフリカ共和国西ケープ州の高等学校に通う学習者に焦点をあてて．共生教育学研究，6: pp.47-60.

年南アにて[6]）という言葉にも象徴されるように，教育でした。南アでは，上述した1994年の選挙以降，様々な教育（学校教育）改革が行われてきましたが，スポーツを通じた共生教育の展開という観点から特に重要な改革であったのは，“Life Orientation”という名の必修教科の導入だとされてきました[7]。

本節では特に，高等学校段階（10年生から12年生）の同教科の教授・学習に関する研究[7]をもとにして，南アにおけるスポーツを通じた共生教育の特徴について整理します。同教科を含めた南アの共生教育の事例については，「歴史的経緯などから差別といった人間の『失敗』を完全になくすことは現状では困難」という現実を認めながらも，「共生社会」に向けた教育を続けることは可能という点や「社会で他者と『共に生き延びる』」という形での「共生」の可能性を示していることが指摘されてきました[8]。本節と次節（10-4）では，そのような特徴が指摘されてきた南アの事例を概観することで，「共生」の観点からの教育（学校教育）とスポーツについてより具体的に考えていきます。

3. 高等学校段階のLife Orientationとスポーツ：ナショナル・カリキュラム

2003年に南アの高等学校段階に導入された「10-12年生のためのナショナル・カリキュラム声明（一般）[9]」において，言語系教科と数学系教科とともに必修教科として位置づけられた“Life Orientation”は，学習者を「問題を解決する，情報に基づく決断と選択を下す，急激に変化する社会において有意義にそして首尾よく生きることを可能とするための行動を起こす[10]」といったことに準備させることが目的でした。そして，同教科を通じて学習者は，「彼／彼女たちの憲法上の権利や責任を行使する方法，他者の権利を尊重する方法，多様性，健康やウェルビーイングを高く評価する方法[10]」を知ることができるとされていました。上記のナショナル・カリキュラムはその後見直され，改訂されることになりますが，以上に示したような教科の狙いは，改訂作業を経て2011年に導入された「カリキュラムとアセスメント方針の声明[11]」にも引き継がれていくことになります。

様々な角度からの教授・学習が営まれる南アの高等学校段階の“Life Orientation”でありますが，同教科に関しては，上述の2003年と2011年に導入されたナショナル・カリキュラムの両方において，「教室内外の座学やスポーツなどの実践を通じて，『南ア憲法』で謳われている理念を体現するためのトピックが設定[12]」されていることが指摘されてきました。すなわち，同教科では，「共生」概念とも親和的な南アの憲法の理念を，理論と実践の双方を掛け合わせて教授・学習することが目指される中，実践パートを担う核の1つとして，スポーツ（体育）の単元が設定されている[7]ことは特筆に値します。高等学校段階の“Life Orientation”には，週2時限の時間が設定されてきましたが，その内1時限がスポーツやレクリエーションを行う時間に割り当てられてきた[7]のです。そして，同教科におけるスポーツに関するより具体的な例としては，2003年に導入された上記教科のナショナル・カリキュラムにおいて，「スポーツの世界におけるバイアスや不公平な実践を軽減する方法を提案することができる[13]」か否かや，「国民形成におけるスポーツの役割について詳しく調べることができる[13]」ことが評価基準として設定されていたことが挙げられます。これらの内容にみられるように，上記の教科では，南アの憲法の理念を実現するための中核的な実践の1つとしてスポーツ（体育）を位置づけた形態での共生教育が営まれてきたと理解することができるのです。そのような教科が南アの高等学校段階において必修教科として位置づけられているという点は，同国の「共生（教育）」を考える上で重要であるといえるでしょう。

（坂口真康）

▶6 Hatang et al. eds.（2011）前掲書. p.90

▶7 坂口（2021）前掲書.

▶8 坂口（2021）前掲書. p.496

▶9 Department of Education (2003) National Curriculum Statement Grades 10-12 (General) Overview. https://wcedonline.westerncape.gov.za/documents/education-related/ncs_10-12_overview.pdf.（accessed 2022-7-11）.

▶10 DoE（2003）前掲書. pp.44-45，坂口（2021）前掲書の訳参照，p.169

▶11 Department of Basic Education (2011) Curriculum and Assessment Policy Statement Grade 10-12 Life Orientation. https://www.education.gov.za/Portals/0/Documents/Publications/CAPS%20Commnets/FET/LIFE%20ORIENTATION%20GRADES%2010%20-%2012%20EDITED.PDF?ver=2018_08_29_154752_423.（accessed 2022-7-11）.

▶12 坂口（2021）前掲書. p.210

▶13 Department of Education [DoE] [Republic of South Africa] (2008) National Curriculum Statement Grades 10-12 (General) Learning Programme Guidelines Life Orientation (January 2008). http://www.thutong.doe.gov.za/ResourceDownload.aspx?id=39835&userid=-1.（accessed 2022-7-11）.（引用箇所：p.31，坂口（2021）前掲書の訳参照，p.182）

10-4 南アフリカ共和国における スポーツを通じた共生教育：応用編

Key word：人種，国民形成，ゼノフォビア（外国人嫌悪），障がい，ジェンダー

1. 高等学校段階のLife Orientationと「共生」

本節では，前節（10-3）でも言及されている南アフリカ共和国（南ア）で共生教育の中核を担う高等学校段階の“Life Orientation”に着目し，任意の教科書（以下，教科書）[1]の事例を整理することで，同国のスポーツを通じた「共生」に関わる教授・学習内容の具体例を概観します。

2011年に導入された高等学校段階の“Life Orientation”のナショナル・カリキュラムに対応した教科書では，南アの憲法は「人権を促進することから，世界の中で最も優れた憲法の1つであると捉えられている[2]」という記述にみられるように，中心に位置づく概念の1つとして「人権」が挙げられています。そして，「人権はみんなが平和，安全かつ幸福に共に生きるための手助けをするルールです[3]」という記述からは，同概念と「共生」が結びつけられた議論を見出すことができます。さらに，同教科書の特徴として，人々のアイデンティティの「多様性」の尊重を促進しつつ，その「複数性」を前提とし，社会的状況に応じて人間は他者と様々な関係性を築く存在であると強調されていること[4]，そして，その関係性がときに「対立」を生み出すものであるという前提に立ち，それを解決するためのスキルが学ばれようとしていることも指摘されてきました[5]。具体的なスキルとしては，例えば，「自己のコントロール」が教授・学習されていることが挙げられますが，その中で，「外に出て短い距離を歩くあるいはジョギングする」や「音楽を聴き，音楽のリズムにあわせて踊る[6]」といったスポーツにも言及されていることは特筆に値します。これらの記述にもみられるように，上記教科の教科書では，「共生」に関わるスキルが，様々な形態のスポーツを通じて教授・学習されようとしていることが読み取れるでしょう。

2. 高等学校段階のLife Orientationにおける各社会カテゴリ別のスポーツ

さらに，“Life Orientation”の教科書では，「スポーツは寛容，理解と尊重を建設することができます。スポーツは，常に人種差別，差別と人権の蹂躙に立ち向かう力を有してきました。それは，私たちが見知らぬ人と友達になり，文化，言語，宗教，年齢と収入を横断して関係性を構築するための手助けをします[7]」といった記述に加えて，「スポーツは国民形成に貢献する最善の方法の1つです」や，ナショナルなチームや個人の応援を通じて「私たちがいかに多様であろうとも1つの国民であることを知るのです[8]」といった記述で，スポーツと人々の「多様性」や社会の「まとまり」という「共生」に関わる議論[9]が展開されています。実際に南アで上記教科を教授・学習している教員や学習者を対象とした研究からは，国際的な大会の観戦や実際のプレーを通じて，スポーツが多様な人々を団結させるものとして認識されている様子も指摘されてきました[5]。

それと同時に特筆できるのが，上記教科では「人種」カテゴリに関わる「共生」を促進

▶1 参照する先行研究としての坂口（2021）で取り上げられているのは，Maskew Miller Longman社より2011年から2013年に出版された，Focus Life Orientation Learner's Bookの10年生から12年生の教科書である（同教科書の記述の引用の際には坂口（2021）の第4章を参照）。
坂口真康（2021）「共生社会」と教育：南アフリカ共和国の学校における取り組みが示す可能性．春風社．

▶2 Rooth, E. et al. (2011) Focus Life Orientation Learner's Book Grade 10, Maskew Miller Longman.（引用箇所：p.274.）

▶3 Rooth et al.（2011）前掲書．p.64

▶4 Rooth et al.（2011）前掲書．

▶5 坂口（2021）前掲書．

▶6 Rooth, E. et al. (2013) Focus Life Orientation Learner's Book Grade 12, Maskew Miller Longman.（引用箇所：p.17）

▶7 Rooth, E. et al. (2012) Focus Life Orientation Learner's Book Grade 11, Maskew Miller Longman.（引用箇所：p.80）

▶8 Rooth et al.（2012）前掲書．p.75

するためのスポーツが持つ「国民形成」機能に関する教授・学習内容が設定されている一方で，同教科全体を概観すると，ゼノフォビア（外国人嫌悪）に関する項目も設定されているという点です。同教科の教科書では，「ゼノフォビアは，難民や外国の人への偏見です。それは，外国人と見知らぬ人への憎悪と恐怖です。この差別は，南アフリカ人に多くの害を及ぼします▶10」という説明がなされています。つまり同教科書では，「国民形成」の推進により生じ得る課題にも真正面から言及されているのです。

さらに，上記教科の教科書においては，「人種」カテゴリに限らず，「ジェンダー」や「障がい」カテゴリに関わる教授・学習内容も設定されていることも特筆すべき点です。例えば，「ジェンダー」については，イランの女子サッカーチームがイスラム教の教えにならいスカーフなどをつけてプレーしたことで国際サッカー連盟に失格とされた出来事▶11や，アフリカの国には差別により女性がスポーツに参加できていない事例があること▶12などが説明されています。加えて，「ジェンダー」カテゴリ自体を問い直す視点として，「スポーツに関心のない男性はしばしば嘲笑されます；スポーツが得意な女性はしばしば男性的すぎるとして非難されます▶11」という記述がなされていたり，セメンヤ（Semenya, Caster）選手▶13の例が示され，同選手が「彼女の人種とジェンダーにより，とてもひどく扱われ，差別されました▶14」という言及がなされたりしています。

また，「障がい」に関わる上記教科の具体的な教授・学習内容に関しては，「包摂性」の観点からのアダプテッドスポーツ▶15の奨励という点が特徴的です。例えば，10年生の教科書では，車いすハンドボールが取り上げられ，車いすの学習者への言及のみならず，視覚障がいの学習者が参加する際にはボールに音が出る仕掛けをするように言及されています▶4。また，12年生の教科書では，「包摂性」に焦点を定めたスポーツが他の学年よりも多く設定されており，主に肢体や視覚に障がいのある学習者を想定したスポーツが奨励されています▶5。加えて，同学年の最後には，「包摂性」の観点から「着席したさよならのダンス▶16」を含むダンスが設定され，競争ではなく「連帯感」を強調する内容で締めくくられていることが指摘されています▶5。特に，ダンスというスポーツが学校教育の締めくくりで登場するという点は，例えば周東ほかにより，「競争や勝敗のないダンス領域」には，「共生や協働を目指して相互理解を深め，他者との関係を築いていく可能性」などが考えられるとされてきた▶17ことを踏まえると，「共生」のための教育という観点から意義深い内容になっていると捉えることができるでしょう。

3. 南アフリカ共和国のスポーツを通じた共生教育の事例から見えてくること

これまでにも，「民族」や「外国人」カテゴリに関わる差別の問題には関心があっても「ジェンダー」カテゴリに関わる差別には無関心であったり，「障がい」カテゴリに関わる差別には意識を傾けていても「ジェンダー」カテゴリに関わる出来事には差別意識を有していたりすることが，しばしば指摘されてきました▶18。また，同課題を克服するために「多様性」を軸に「人権」の教育を営む際には，外国人とジェンダー，外国人と障がい者などの課題をクロスさせることでよりリアリティが増してくるといった言及がありました▶18。そのような中，上記の南アの高等学校段階の “Life Orientation” の教科書の内容からは，同国の歴史と関連深い「人種」のみならず，グローバル化時代に一層注目されるようになった「国民」／「外国人」や，スポーツの分野でも中心的に議論されてきた「ジェンダー」と「障がい」といった社会的カテゴリに依拠した人間関係の課題に関わる教授・学習内容が，同一教科内で，しかもスポーツの領域にも言及されつつ提供されていることは注目に値するでしょう。

（坂口真康）

▶9 本議論については，本章第1節で取り上げた「共生」に関する議論を参照のこと。

▶10 Rooth et al.（2011）前掲書. p.76

▶11 Rooth et al.（2013）前掲書. p.137

▶12 Rooth et al.（2013）前掲書.

▶13 オリンピックの2大会で女子800メートルの金メダルを獲得した南アの代表選手である。国際陸上連盟（当時）が2018年に独自の制度を発表したことで，同種目に出場できなくなった.
朝日新聞（2020）4月19日付 東京朝刊.

▶14 Rooth et al.（2011）前掲書. p.280

▶15 アダプテッドスポーツの詳細については，本書の第7章第3節を参照されたい。

▶16 Rooth et al.（2013）前掲書. p.132

▶17 周東和好ほか（2017）保健体育における「21世紀を生き抜くための資質・能力」の「思考力」の捉え方に関する検討. 上越教育大学研究紀要, 36(2): 657-675.（引用箇所：p.668）

▶18 佐藤郡衛（2019）多文化社会に生きる子どもの教育：外国人の子ども，海外で学ぶ子どもの現状と課題. 明石書店.

10-5 日本の保健体育科の学習指導要領における「共生」を読み解く

Key word：国際親善，世界平和，体育理論，共生社会，排外主義

1. 日本の保健体育科（高等学校）の学習指導要領における「共生」

本章では最後に，日本の保健体育科における「共生」を読み解いていきます。なお，本章の第3-4節で言及されている南アフリカ共和国の事例と呼応させる形で，本節では高等学校段階に焦点を定めます。具体的には，2018年7月に告示された高等学校の保健体育科の学習指導要領[1]（以下，2018年保健体育科指導要領）の記述内容を「共生」の観点から概観します。

2018年保健体育科指導要領では，それより前の2009年7月に告示された高等学校の保健体育科の学習指導要領[2]では登場していなかった「共生」の文言が登場しています[3]。その理由としては，「障害の有無など多様性を包摂（インクルージョン）し，『スポーツを通した共生社会の実現』に寄与できる地球市民の育成が希求されている[4]」ことが指摘されています。例えば，保健体育科の学習指導要領の改訂の要点の1つとして，「運動やスポーツとの多様な関わり方を重視する観点から，体力や技能の程度，性別や障害の有無等にかかわらず，運動やスポーツの多様な楽しみ方を卒業後も社会で実践することができるよう，共生の視点を重視して指導内容の充実を図ること[5]」が挙げられています。また，「体育」の「性格」に関する箇所では，「スポーツを通した共生社会の実現や地域の一体感及び活力の醸成に寄与するものである[6]」といった記述がみられます。さらに，「体育」の「目標」の中で，「共生に関しては，体力や技能の程度，性別や障害の有無等にかかわらず，人には違いがあることに配慮し，よりよい環境づくりや活動につなげようとすることに主体的に取り組もうとする意思をもち，一人一人の違いを越えて取り組もうとする意欲を高めることである[7]」と記述されています[8]。これらの文言から，2018年保健体育科指導要領では，「共生」の観点を取り入れたスポーツ（体育）の実施が核の1つとなっていることが読み取れます。

さらに，2018年保健体育科指導要領の「体育理論」の「各科目の目標及び内容」の箇所においては，指導項目の1つに「現代のスポーツは，オリンピックやパラリンピックなどの国際大会を通して，国際親善や世界平和に大きな役割を果たし，共生社会の実現にも寄与していること[9]」を理解させることが設定されています。より具体的には，「現代のスポーツは，国際親善や世界平和に大きな役割を果たしており，その代表的なものにオリンピックやパラリンピック等の国際大会があることを理解できるようにする」に続いて，「オリンピックムーブメントは，オリンピック競技大会を通じて，人々の友好を深め世界の平和に貢献しようとするものであること，また，パラリンピック等の国際大会が，障害の有無等を超えてスポーツを楽しむことができる共生社会の実現に寄与していることについて理解できるようにする[10]」とされています。以上に示した文言にみられるように，2018年保健体育科指導要領においては，国際的なスポーツの大会をはじめとするスポーツを通じた「共生（社会）」の促進が中心的なテーマとして設定されているといえるでしょう。

▶1 文部科学省（2018）高等学校学習指導要領（平成30年告示）解説 保健体育編 体育編．東山書房．

▶2 文部科学省（2009）高等学校学習指導要領解説 保健体育編 体育編．東山書房．

▶3 2009年告示の高等学校の保健体育科の学習指導要領においては，「総説」の「改訂の趣旨」にて「他者，社会，自然・環境とかかわる中で，これらとともに生きる自分への自信」という文言は登場するが，本文を含めて「共生」という文言は登場していなかった。
文部科学省（2009）前掲書．p.2.

▶4 梅澤秋久（2020）体育学習における「共生」を考える：〈自由〉と〈自由の相互承認〉の視点から．梅澤秋久ほか編，真正の「共生体育」をつくる．大修館書店，pp.9-18．（引用箇所：p.10）

▶5 文部科学省（2018）前掲書．p.9

▶6 文部科学省（2018）前掲書．p.28

▶7 文部科学省（2018）前掲書．p.32

▶8 他にも，「公正」や「協力」などの概念と併記されながら「共生」の文言が各所で登場し，「各科目の目標及び内容」において，「一人一人の違いに応じた動きなどを大切にしようとすることは，スポーツに

2.「共生」の観点からの新時代のスポーツ教育学へ

他方，2018年保健体育科指導要領においては，国際的なスポーツの大会と関連した「ドーピング」の課題や「スポーツが環境や社会にもたらす影響」については言及されていますが[10]，本章第2節でも取り上げられている，ナショナリズムなどによる排他性の課題への直接的な言及がみられないことにも留意が必要でしょう。実際，2018年保健体育科指導要領では，「外国（人）」への直接的な言及も，「各科目の目標及び内容」において，「日本や外国の風土や風習，歴史などの文化的背景や情景を思い浮かべて，音楽に合わせてみんなで踊って交流して楽しむことができるようにすることが大切である[11]」といった形での言及に限られています。つまり，「名前や外見，彼らの行動といった一面から『日本人ではない』といった批判的な意見がなされるなど，日本のスポーツ界では人種を理由とした差別的な行為と発言が後を絶たない[12]」ことが指摘されてきた中，同指導要領ではそのような課題に真正面から応えるような仕掛けが設定されているとは言い難いのです。

2018年保健体育科指導要領の「総説」の「改訂の経緯及び基本方針」では，「情報化やグローバル化が進展する社会においては，多様な事象が複雑さを増し，変化の先行きを見通すことが一層難しくなってきている[13]」として，社会のグローバル化への言及がなされています[14]。現代をグローバル化時代と捉えるのであれば，これまでにも指摘されてきた「国民（国家）」カテゴリに関わる出来事の捉え直しが必要不可欠になるでしょう。その点は特に，本章の第2節でも整理されているように，排外主義の可能性を含むナショナリズムの高揚の機能を有する側面があると指摘されてきたスポーツと「共生」とを結びつけつつ教育（学校教育）を思考し，実践する際には避けられないことではないかと思われます。「グローバル化」や「共生」の概念をスポーツ教育（体育）に取り入れるのであれば，それらのことも視野に入れた議論が展開される必要があるでしょう。

かねてから，学校における取り組みは，依然として固定化された「国家」という枠組みが前提となっていることと同時に，グローバル化の中にあっては，「国民」を育成することを目的とした公教育（学校教育）の枠組みを考え直すことが重要課題であることが指摘されてきました[15]。さらに，これまで日本社会では，外国人児童生徒は「国民教育」の枠組みから外されてきた中で，昨今の同児童生徒の増加により，学校教育は転換を迫られているとされています[15]。同様に，人種差別主義や外国人に対する排外主義を乗り越え，「異なる他者との共生」について思考する際には「日本人」や「外国人」などの社会的カテゴリの「自明性」を問い直すこと[16]が重要であることも指摘されています。そのような中，額賀は，「多文化共生」の教育とは，学校教育の文化や制度そのものの変容を要する過程であり，その中でマジョリティの側の価値観や権力性を疑い，問い直しつつ，人間集団の多様性を考慮しながら，マジョリティとマイノリティの関係性を作り変えていく活動であるとしています[17]。新時代をグローバル化時代と位置づけ，その中で人々の「多様性」と社会の「まとまり」の観点から「共生」やスポーツ教育について議論する際には，十分に吟味せずに“見せかけ”の「共生」を声高に叫ぶのではなく，現実にある課題を認識し，スポーツや教育（学校教育）がそれらを問い直すことにも強化することにも作用し得ると自覚的になることが重要ではないでしょうか。グローバル化への対応を前提とするのであれば，「国民（国家）」カテゴリの排他的な側面という，論理的に避けては通れない課題を見過ごさずに，「共生」の観点から批判的に探究することが，新時代のスポーツ教育学には求められていると言えるでしょう。

（坂口真康）

参加しやすい環境を作ることにつながるとともに，スポーツを通した共生社会の実現につながることを理解し，取り組めるようにする」という文言が各所で登場している。
文部科学省（2018）前掲書. p.13, p.53

▶9 文部科学省（2018）前掲書. p.176

▶10 文部科学省（2018）前掲書. p.177

▶11 文部科学省（2018）前掲書. p.159

▶12 権学俊（2021）スポーツとナショナリズムの歴史社会学：戦前=戦後日本における天皇制・身体・国民統合. ナカニシヤ出版.（引用箇所：p.276）

▶13 文部科学省（2018）前掲書. p.1

▶14「総則関連事項」の中でも，「様々な自然災害の発生や，情報化やグローバル化等の社会の変化に伴い生徒を取り巻く安全に関する環境も変化している」として，グローバル化に言及されている。
文部科学省（2018）前掲書. p.230

▶15 佐藤郡衛（2019）多文化社会に生きる子どもの教育：外国人の子ども，海外で学ぶ子どもの現状と課題. 明石書店.

▶16 額賀美紗子（2019）グローバル時代の国際移動と変革する日本社会：移民と出会う日常. 額賀美紗子ほか編，移民から教育を考える：子どもたちをとりまくグローバル時代の課題. ナカニシヤ出版，pp.1-12.（引用箇所：p.8）

▶17 額賀美紗子（2018）多文化共生と教育. 日本教育社会学会編，教育社会学事典. 丸善出版，pp.376-377.

11-1 eスポーツの歴史的展開

Key word：ゲーム，エレクトロニック・スポーツ，SNS

1. eスポーツの定義

eスポーツとは，エレクトロニック・スポーツ (Electronic sports) の略称であり，電子機器を用いた対戦を競技スポーツとして捉える際の名称とされています▶1。eスポーツは身体的・精神的能力を駆使して行われ，瞬時に最善の動きを決定する判断力や，最適な戦術を構築する情報収集能力・分析力などが必要とされます。

競技にはパソコン，スマートフォン，タブレット端末，家庭用ゲーム機などを使用し，気候に左右されにくく，年齢，性別，地域を超えてプレイできるといった特徴があります。プレイ人数は1人から複数人と幅広く，100人が同時にプレイして競技するゲームもあります。eスポーツの競技大会で実施されるゲームの主流はチーム戦で，緻密な戦略，選手間の連携，相手チームの分析が必要になり，組織的に活動するプロチームも存在しています。プロチームの中には，練習場，住居，トレーニングジムなど所属する選手がパフォーマンスを発揮できる環境を用意しているケースもあり，好待遇の条件でトップ選手を獲得する動きもあります。このように，いまやeスポーツは単なるゲームの枠を超えて，大規模なエンターテインメントを提供する興行として成長しているのです。

▶1 International Esports Federation (online) Esports. https://iesf.org/esports. (accessed 2022-7-12)

2. eスポーツをめぐる世界的な潮流

eスポーツの歴史はコンピュータや通信環境の発展とともにあります。1972年にスタンフォード大学で開催されたeスポーツ大会「銀河間宇宙戦争オリンピック (Intergalactic spacewar olympics)」は，対戦型ゲーム「スペースウォー！ (Spacewar!)」▶2を競技種目として，雑誌の購読料をかけて行われました。その後，インターネットの普及によりオンライン対戦ゲームのプレイヤーが増加すると，1997年には賞金を懸けてプロ選手が競い合う「サイバーアスリートプロフェッショナルリーグ」(米国テキサス州) が設立されました。

▶2 ラッセル (Russell, Steve) によって開発されたシューティングゲーム。

韓国では2000年に行政機関の1つとして「韓国eスポーツ協会 (KeSPA)」が設立されて以降，世界トップレベルのeスポーツ大国に成長しました。KeSPAは，各種公式大会の開催はもちろんのこと，マナーの向上，ゲーム依存症対策などゲームが持つ悪いイメージを払しょくするために，クリーンなイメージ戦略を展開しながら活動しています。

中国もまた，官民の連携のもとでeスポーツを推進しています。中国国務院の直属機構でありスポーツを統括する国家体育総局は，2003年にeスポーツを99番目のスポーツ競技として認定しています。2004年には同局の認可のもと，中国電子競技運動会が北京，上海，成都，広州，瀋陽，長沙，武漢，西安の8つ地区で開催され，eスポーツの普及を後押ししています。現在の中国は「テンセント」や「ネットイース」などの世界のゲームシーンをリードする企業が台頭しており，アメリカ，韓国をしのぐeスポーツ大国となっています。

一方，日本では1991年にアーケードゲームとして登場した対戦型格闘ゲームの「ストリートファイターII」が，1992年に家庭用ゲーム機の「スーパーファミコン」で発売され，世界累計630万本[3]の大ヒット作となったものの，世界には大きく後れを取ってきました。しかし，2018年2月に「一般社団法人日本eスポーツ連合」[4]（JeSU）が設立されたことを契機に，eスポーツの普及が進んでいきます。

JeSUは国内の主要ゲーム企業で構成された業界団体である「一般社団法人コンピュータエンターテインメント協会」[5]（CESA）や，「一般社団法人日本オンラインゲーム協会」[6]（JOGA）とも連携し，国内のeスポーツの普及や，プロゲーマーの認定制度，公式大会の開催，国際大会への選手派遣などを行っています。また，2019年に開催された「いきいき茨城ゆめ国体」（茨城県開催）の文化プログラムの中で，JeSUはeスポーツ大会「全国都道府県対抗eスポーツ選手権2019 IBARAKI」の開催を実現しました。このように，国体のようなフィジカルスポーツの大型大会にeスポーツが登場したことは，ゲームが「競技」として認知されることへの大きな後押しとなりました。

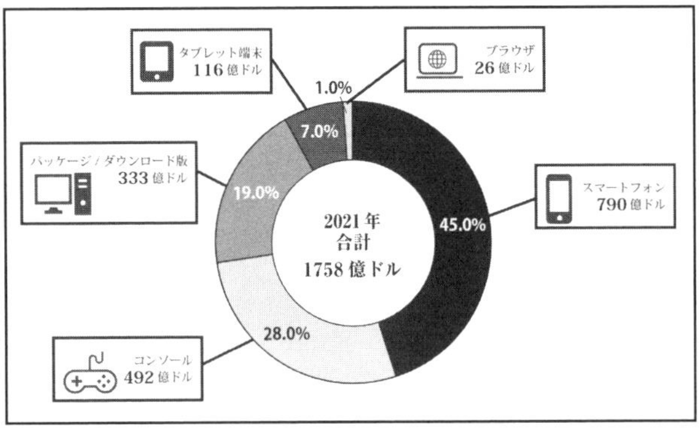

図1. 2021年の世界ゲーム市場（▶7より翻訳し，作成）

世界のゲーム市場は拡大の一途をたどり，2021年には1758億ドルに到達しました（図1）[7]。インターネットなどの通信インフラが充実し始めたアフリカや，中東地域においてはモバイルゲームを中心に市場が拡大し，eスポーツ市場もこれに呼応するように成長しています。

それに伴って，これまでゲームとは直接的には無縁であった，飲料，食品，電子機器，医療，家具，芸能，メディアなど様々な業界も参入を始めています。「いつでも」，「誰でも」，「どこからでも」参加できるeスポーツの可能性は，これからさらに広がっていくことでしょう。

3. プレイする時代から共有する時代への移行

SNSの台頭と，スマートフォンの普及は，私たちの生活を大きく変化させました。一方で，ゲームの世界においてもSNSは大きな変化をもたらしました。2007年3月にニコニコ動画において「実況プレイ動画」というタグが出現し，これを契機としてゲームをプレイ・実況する動画が多数投稿されるようになったことで，「ゲーム実況」というジャンルが確立しました。また，現在ではおなじみの「プロのゲーム実況者」もまた，2009年頃から現れ始め，プレイ内容を視聴者が評価したり，コメントしたりといったゲームに対する新たな楽しみ方が広がっていきました。この頃から，「ゲームはプレイしないが，プレイ動画だけは観る」という新しい関わり方も登場し始めます。

このように，ゲームには「プレイすることで起こるコミュニケーション」と「プレイを観る際に起きるコミュニケーション」の2つの側面があり，ゲーム実況により，ゲームは家族や友人，顔を見たことがない人とのつながりを強固に形成することができる，「新しいSNS」として認知されるようになりました。このように，ゲームはプレイするだけの時代から，価値を共有する時代に移行しているのです。

（中島賢一）

▶3 株式会社カプコン(online) ミリオンセールスタイトル．https://www.capcom.co.jp/ir/business/million.html.（最終参照日：2022年7月12日）

▶4 一般社団法人日本eスポーツ連合（JeSU）は，これまで国内に存在した3つのeスポーツの推進団体，一般社団法人日本eスポーツ協会（JeSPA），一般社団法人日本eスポーツ連盟（JeSF），一般社団法人 e-sports 促進機構が統合されて，誕生した。

▶5 一般社団法人コンピュータエンターテインメント協会は，コンピュータエンターテインメント産業の振興を図ることを目的として1995年に設立された。

▶6 一般社団法人日本オンラインゲーム協会は，オンラインゲーム市場における諸問題を解決するために，2007年に設立された。

▶7 Newzoo (2021) Global Games Market Report: The VR & Metaverse Edition. https://newzoo.com/insights/trend-reports/newzoo-global-games-market-report-2021-free-version. (accessed 2022-7-12)

11-2 競技スポーツとしてのeスポーツ

Key word：観戦，総合エンターテインメント，プロチーム

1. 拡大する競技人口と視聴者

現在，eスポーツの競技人口は拡大傾向にあり，大会の規模も年々大きくなっています。賞金付き大会には多くのプレイヤーが参加し，試合のライブ配信ではファンがトップ選手のスーパープレイに熱狂しています。

eスポーツの観戦人口も拡大しており，2021年時点で，世界に4億人以上，2025年には6億人を超えるといわれています（図1）。今後は特に，ITインフラが整備され急速にスマートフォンが普及している中央アジア・アフリカ地域において，競技人口・観戦人口ともに大きな成長が見込まれます[▶1]。

eスポーツの観戦方法は「現地観戦」と「オンライン観戦」の2種類があります。2018年に韓国で開催された人気eスポーツタイトル“League of Legends”[▶2]の世界大会である“2018 World Championship”は，2002FIFAワールドカップでも使用された仁川文鶴競技場（収容人数約5万人）を会場とし，用意した2万6,000席が即座に完売するほど，世界中から熱狂的なファンが集まりました。会場では人気選手のユニフォームやアイウェアなど関連グッズが販売され，それらを買い求めるファンが長蛇の列を作りました。

また，オンライン配信には，ゲーム内で使用する特別なアイテムを発売するなど，観戦することでユーザーが満足する仕掛けが施され，1億人近い視聴者が試合を観戦しました。大会を運営するRiot Gamesは，将来的にFIFAワールドカップをしのぐスポーツイベントに成長させることを目指しており，大会のオープニングイベントに著名アーティストのパフォーマンスを取り入れるなど，総合エンターテインメントとして多くのファンの獲得を狙っています。

▶1 Newzoo (2022) Global Esports & Live Streaming Market Report. Report. https://newzoo.com/insights/trend-reports/newzoo-global-esports-live-streaming-market-report-2022-free-version. (accessed 2022-7-11)

▶2 Riot Games, Inc.によって開発されたリアルタイム性戦略シミュレーションゲーム。

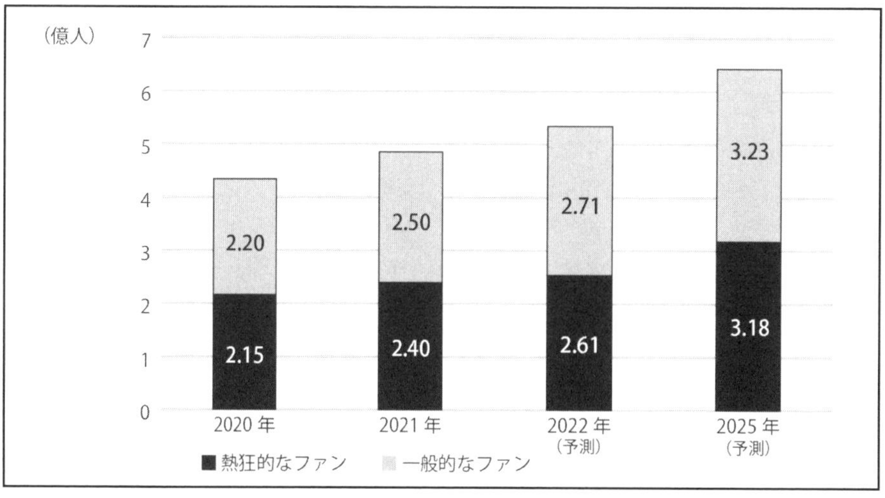

図1. eスポーツ観戦者の推移（▶1より翻訳し，作成）

2. 整いつつあるeスポーツ選手の活動環境

競技人口が増加し，それに伴い競技大会や試合の観戦者が拡大することでｅスポーツは発展を続けています。ｅスポーツの裾野拡大には，ｅスポーツを友人たちと趣味として楽しむような，いわゆる「エンジョイ層」だけでなく，興行として活動を盛り上げるプロチームの存在が不可欠です。

ｅスポーツで好成績を収めると多額の賞金と名声が得られます。そのため，プロチームは常に最高の活動環境を用意し，有力選手を獲得しています。ｅスポーツ専門のエージェントやマネージャーを揃えているチームもあります。また，契約手続きをオンラインで完結できるように制度を整えることで，選手の移籍も迅速かつ効率的に行えるようになっています。チームを運営する上でフィジカルスポーツと大きく異なる点として，選手たちが必ずしもチームの本拠地に居住しなくてよい，という点が挙げられます。オンラインで練習への参加が可能なため，多国籍の混成チームでも出身国に居住したまま活動することができるのです。

他方で，ｅスポーツはチーム戦が多く，メンバー間でのコミュニケーションの構築が重要になることから，「ゲーミングハウス」と呼ばれる専用施設において，チームメンバーが生活をともにするケースもあります。ゲーミングハウスでは，選手ごとに最適化された練習スペースや栄養管理された食事の提供の他，ミーティング専用の部屋，身体能力の強化・健康保持を目的としたフィジカルトレーニングジムなどを併設している場合もあります。選手たちはこうした環境や報酬を考慮しながら，自分に適したチームと契約します。

また，プロチームはスポンサー企業を獲得している場合が多く，スポンサー企業のロゴを配したユニフォームを着用して試合に出場します。スポンサー企業の業種も飲食，情報通信，教育，健康など多岐にわたり，ｅスポーツの場を自社製品のマーケティングに活用しています。一方，プロチームのオーナー企業もまた，メディア，芸能，学校法人など多彩であり，興行収入や選手やチームをベースにしたグッズ，配信事業で収益化を図っています。

そして，近年では，ｅスポーツ選手の育成コースを整えた専門学校が国内でも事業を始めました。専門学校では，プロチームと同等の練習環境を用意し，取り組む種目の知識の習得，技術の向上のために専門のコーチを準備しています。チーム内に海外の選手がいる場合，英語でのコミュニケーションが必要とされるため，語学研修プログラムも取り入れています。また，ｅスポーツ選手はインターネット上でプレイ動画を配信する機会も多いため，動画の構成や編集方法を学ぶ時間も設けられてあり，身だしなみや話し方を含めて多面的な指導が展開されています。自身のパフォーマンスに直結する技術や知識以外にも，契約しているスポンサー企業やファンに対する的確な対応など，プロとしての心構えや立ち振る舞いを指導する学校もあります。

このように，日本でｅスポーツが普及するにつれて，プロ選手への道筋も徐々に体系化されています。プロになった後のキャリアパスが明確化されることでプロチームが増加し，これを応援する機運が高まることでさらに競技人口も拡大していくことでしょう。

（中島賢一）

11-3 現代社会に息づくeスポーツ

Key word：コミュニケーション，シリアスゲーム，ゲーミフィケーション，ヘルスケア

1. コミュニケーションツールとして発展するeスポーツ

フィジカルスポーツにおいてはコーチと選手，チームメイト間のコミュニケーションが重要とされています。的確な指導や指示，信頼関係の構築において，コミュニケーションは欠かせません。逆に言えば，スポーツはコミュニケーションを身につけるための有効な手段といえます。

eスポーツも同様に，他者とのコミュニケーションの構築が非常に重要です。選手は，動画やテキストデータとして記録されたプレイ結果を基にチームメイトと改善点を分析し，新しい戦略を立案します。そして，その戦略を実行するために必要な練習メニューを考案し，納得いくまで実践していきます。

他方で，eスポーツは性別，世代，地域を超え，共通のテーマでコミュニケーションが生まれることから，社会の課題を解決する手段としても期待されています。例えば，熊本県美里町は2020年9月に熊本eスポーツ協会と連携協定を締結し，認知症予防や高齢者と若者の世代間交流に取り組む「eスポでいい里づくり」▸1 事業を実施しました。

この事業の一環として，2021年3月に小学生と高齢者が「ぷよぷよeスポーツ」▸2 で対戦する，eスポーツの世代間交流イベントが行われました。新型コロナウイルス感染症を予防する観点から対面での対戦は叶いませんでしたが，小学生は学校の教室，高齢者は学校の体育館に集まり，オンラインで対戦しました。普段接する機会の少ない，異世代間の交流がeスポーツを通じて生まれたのです。地域のお祭りや公民館などの活動が制限され，益々地域住民のつながりが希薄になりつつある昨今において，新しいコミュニケーションツールとしての可能性が示されたといえるでしょう。

この事業のポイントは，ゲームを使うことにあります。ゲームは子供たちにとって「楽しい」ものです。楽しいことを共有すると，自然にコミュニケーションが生まれ，楽しさを共有した人との親密度も高くなります。熊本eスポーツ協会は，先程の取り組みを，世代の壁を容易に超えて「楽しさ」を共有し，地域住民の絆を強くすることができるものと評価しています。このように，eスポーツは自治体においても地域活性化事業の一環として推進され始めています。

▸1 熊本eスポーツ協会（2020）美里町eスポでいい里づくりスタート. https://www.esports-kumamoto.com/archives/192.（最終参照日：2022年7月12日）

▸2 株式会社セガグループによって発売されたパズルゲーム。

2. eスポーツの教育・ビジネス分野への応用

ゲーム市場が拡大する一方で，ゲームをプレイすることに伴う「視力」や「学力」の低下を懸念する声も大きくなっていきました。ゲーム業界は，こうした声に対応するために，プレイ時間について注意喚起を行うなど，様々な対策を講じてきました。このように，ネガティブな側面が注目されやすいゲームですが，ポジティブな側面を教育やビジネスの分野で生かそうとする動きもみられます。

そこで鍵となったのが，“Edutainment”▸3 という概念です。Edutainmentは，英語の“Education”（教育）と“Entertainment”（娯楽）を組み合わせた造語ですが，海外では，

▸3 Edutainmentの詳細については，第1章第7節を参照されたい。

1990年代前後からゲームの特性を生かした教育のあり方が模索され，その効果が研究されてきました。「遊びながら学ぶ」ことができるゲームとして，例えば，ロールプレイングゲームを素人でも作ることができる「RPGツクール」▶4などがあります。このゲームは，ゲームとして成立するように自分で創意工夫を凝らして作る必要があり，ユーザーがより楽しい体験を得られるためのユーザーインターフェース▶5のデザインのあり方を学ぶこともできます。Edutainmentは，退屈だと感じられてしまう学びを，「楽しさ」で促進しているのです。

他方で，2000年代になると「シリアスゲーム」という概念が登場します。シリアスゲームとはエンターテインメント性を含みつつ，教育や医療など社会課題の解決を目的に作られたゲーム▶6です。代表的なゲームとしては，2005年4月に国際連合世界食糧計画（WFP）によってリリースされた“FOOD FORCE”が挙げられます。これは，干ばつで飢餓に苦しむ架空の島国を舞台に，住民への食料調達から街の復興支援までを体験することができるゲームで，飢餓問題に対する意識の向上や，WFPの活動に理解を深めてもらうことを目的に作られました。

2010年代になると「ゲーミフィケーション」という言葉が広がり始めました。ゲーミフィケーションとは，ゲームの要素をゲーム以外の事象に当てはめて行動変容を促すことを指します▶7。これはEdutainmentやシリアスゲームを経てたどり着いた，ゲームを社会に実装した形態であり，ビジネスシーンやライフスタイルにまで影響を与えているものもあります。

▶4 株式会社KADOKAWAから発売されたRPG制作ソフト。

▶5 ユーザーが操作する際に接する部分のこと。例えば，メニュー画面のレイアウトや文字のフォントといった，ユーザーの視界に触れる情報全般が含まれる。

▶6 藤本徹（2007）シリアスゲーム：教育・社会に役立つデジタルゲーム．東京電機大学出版局．

▶7 井上明人（2014）ゲーミフィケーションとは何か：デザイン史との比較から．デザイン学研究特集号，21(2): 2-7.

3. ヘルスケアで注目されるeスポーツ

日本は現在，超高齢社会に突入しています。こうした社会状況の中で，高齢者の健康を維持・増進していくためのツールとして，eスポーツが注目され始めています。

日本アクティビティ協会は，高齢者施設でのアクティビティに「グランツーリスモSPORT」▶8を活用した「デジタルアクティビティシニア交流会」を行っています。この交流会においてeスポーツ実施中の高齢者の脳活動の調査を行ったところ，空間把握をしながら手足を動かしていることや，他の参加者と会話をしながらゲームをすることで，リラックスした状態でトレーニングを行うことができ，その影響で，前頭前野の活動が活発になる可能性があることが報告されています。

この他にも，兵庫県神戸市の予防リハビリ施設「リハビリモンスター神戸」では，西日本電信電話株式会社（大阪府大阪市）と神戸市との共同施策で，eスポーツを活用してフレイル▶9を予防する取り組みが行われています。この取り組みでは，「ぷよぷよeスポーツ」が採用されており，参加者は手首に心拍数を計測するデバイスを装着します。ゲーム画面の両側に周囲の応援を検知して応援の文字が降ってくる演出を加えたり，プレイヤーの表情もカメラで捉えることで心の揺らぎを可視化したりといった，応援のモチベーションを向上する様々な工夫もされています。

このように，eスポーツは高齢者の健康を維持・増進していくためのツールとなる可能性を見出すことができます。eスポーツをヘルスケアに利用するという取り組みは，まだ始まってから日が浅いため，今後の研究成果の蓄積が期待されます。

（中島賢一）

▶8 ポリフォニー・デジタルによって開発されたレースゲーム。

▶9 フレイルとは，高齢期の加齢に伴って生じる身体的問題や，認知機能障害などの認知的・心理的問題，経済的困窮などの経済的問題を含む概念で，健常な状態と要介護状態の中間に位置するとされる。日本老年医学会（2014）フレイルに関する日本老年医学会からのステートメント．https://jpn-geriat-soc.or.jp/info/topics/pdf/20140513_01_01.pdf.（最終参照日：2022年7月12日）

11-4 eスポーツとスキル

Key word：e スポーツプレイヤー，PDCA サイクル，OODA ループ，SNS

1. eスポーツに求められるスキル

e スポーツとひと口にいっても，種目の対象となるゲームタイトルは多様です。中でもプロチームが参戦する「e スポーツリーグ」に採用されているゲームは，緻密な戦略，戦術，操作技術が要求されるもので，ゲーム内の情報だけでなく，過去の試合結果も把握しておく必要があります。また，職業として活躍するプロゲーマーは，試合に出場するだけでなく契約しているスポンサー企業の宣伝や自身のブランディングを図るためのメディア活動なども必要ともされます。そのため，操作技術以外に，e スポーツプレイヤーは以下の要素を磨き上げています。

- **情報処理能力**
  ゲームの攻略につながる情報やプレイを分析した情報を整理する力
- **判断力**
  イレギュラーなケースでも最適解にたどり着く思考力とそれを実行できる判断力
- **ひたむきさ**
  膨大な反復練習と目標達成に向けて諦めずに努力し続ける力
- **体力**
  長時間の試合にも耐えられる体力
- **コミュニケーション**
  英語力を含め，チームメイトとの円滑なコミュニケーション力
- **自律力**
  目標を達成するために，自分を律し，自身の能力を最大限発揮する力
- **ブランディング力**
  SNS などを活用し，自身のファンを作るための力

有力スポンサーが付いていない選手の中には練習から試合のマネジメント，宣伝活動までをすべて一人でこなしている場合もあり，SNS 発信のために動画の編集技術を習得している選手もいます。こうした活動の中でも，選手たちは試合に勝つために，ゲームキャラクターをコンマ 1 秒のレベルで操作する技術を積み上げています。また，海外の強豪選手との練習のため，時差を考慮して睡眠時間を調整することもあります。多額の賞金や派手な興行に目が行きがちなプロゲーマーですが，選手たちは将来を夢見て絶え間なく努力をしています。

2. ゲームが有する学びの要素

ゲームはプレイヤーがいかに熱中できるかを考え，デザインされた娯楽コンテンツです。刺激を繰り返し誘発することでプレイヤーが飽きずに熱狂し，インターネット上で話題になることでさらなるプレイヤーの獲得につながります。そのためゲーム開発者は，考察に足りる様々な攻略ポイントをゲームの中に設定しており，このポイントを攻略するプロセスこそがe スポーツを楽しむ子供たちにとっての学びになると考えられます。

eスポーツを楽しむ子供たちはこれらの攻略ポイントに遭遇したとき，①勝つためのシナリオを考え，②これを実践し，③プレイ後に検証を重ね，④さらなる改善点を模索します。これは，品質管理や業務管理の改善手法である「PDCAサイクル」と同様のプロセスです（図1）。

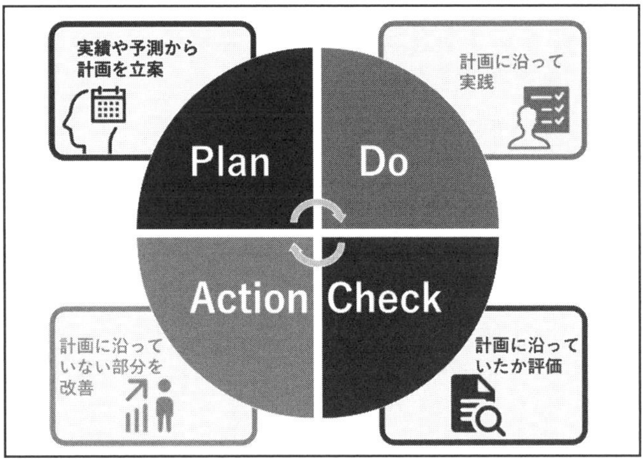

図1. PDCAサイクル

また，子供たちはPDCAサイクルとは別の行動をとる場合もあります。①様々なタイプの有名プレイヤーの動画を見て，②その中から有用なプレイスタイルを見つけ，③自分に合ったプレイスタイルを定め，④実践します。これはビジネスの世界で応用されている「OODAループ」▶1と同様の意思決定プロセスです（図2）。このように，子供たちはゲームで遊ぶことを通して，自然と将来に生きるようなスキルを身につけることができます。

eスポーツを楽しむ子供たちは，こうしたことを日常的に行っています。そのすべてが，ゲームを楽しむことに通じており，大人でも及びもつかない戦略を立てることもあります。人気のゲーム配信チャンネルは，上達するためのお手本となるような情報を提供しています。ゲームがスポーツになることで，ゲームの関連動画は時間をつぶすための単なる娯楽から，最適解を探るコンテンツとして活用されるようになりました。本節で整理したプロゲーマーに必要な知識と技術は，プロゲーマーに限らず，子供たちが何かを学んだり探求したりする際にも有益です。「学ぶためのゲーム」ではなく「その中に学びがあるゲーム」は何なのか。大人たちは真剣に向き合うべき時が来ています。

（中島賢一）

▶1 チェット・リチャーズ： 原田勉訳（2019）OODA LOOP次世代の最強組織に進化する意思決定スキル. 東洋経済新報社.

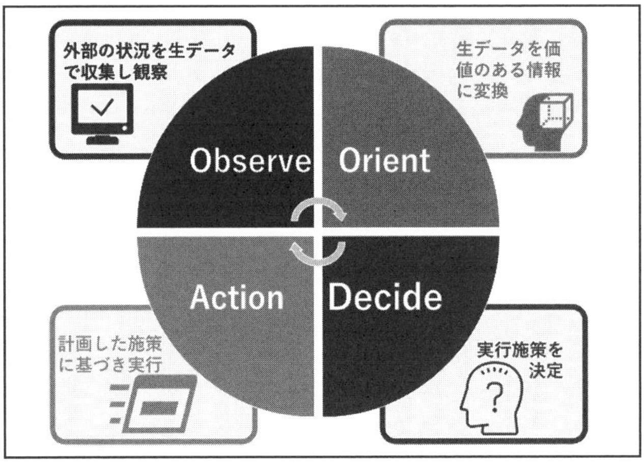

図2. OODAループ（▶1より作成）

11-5 eスポーツをめぐる教育的課題

Key word：ゲーム障害，依存症，WHO，キャリア形成

1. eスポーツの普及・発展のはざまで

eスポーツの普及や発展可能性を論じるにあたって，同時に，そこに内在する諸課題についても触れる必要があります。普及や発展というのは，こうした課題への適切な対処も含めて進めていくものでなければならないからです。特にスポーツ教育との関連からいえば，そこにある教育的課題から目を背けるわけにはいきません。

そこで本節では，eスポーツをめぐる教育的課題として，「ゲーム障害」と「キャリア形成」に着目してみたいと思います。

2. eスポーツとゲーム障害

近年，活況を呈するゲーム市場を横目に，プレイヤーのゲーム依存の問題が深刻化し，健康を害する懸念が高まっています。こうした状況を背景として，世界保健機関（WHO）は2019年5月に，ゲームのやり過ぎで日常生活に支障をきたす依存症を「ゲーム障害」と位置づけ，ギャンブル依存症などと並ぶ精神疾患の一種として国際疾病分類に加えました[1]。その際，WHOはゲーム障害の定義について，下記のように言及しています[1]。

①ゲームの時間や頻度などを自分でコントロールできない
②他の生活上の関心や日常的な活動よりもゲームを優先する
③ゲームによって社会活動や家庭生活などに著しい問題が生じてもなお，ゲームをやめることができない

▶1 Word Health Organization (online) Gaming disorder. https://icd.who.int/browse11/l-m/en#/http://id.who.int/icd/entity/1448597234. (accessed 2022-7-12)

こうした状態が12カ月以上みられる場合，ゲーム障害と診断されます。また，さらに症状が重篤な場合は，より短期で診断できるものとしています。ゲーム障害は，10代から20代の若者に限った話ではなく，30代以降の働き盛り世代にも広まっています。日常生活やその後の人生に様々な悪影響を及ぼす可能性があることから，世界各国において重大な問題として認識されるようになりました。

今後，スマートフォンをはじめとする身近なツールを用いたゲームがさらに普及し，いわば「いつでもどこでも」ゲームがプレイできるようになることで，より一層ゲーム障害に陥る危険性が高まっていく可能性があります。さらに，ゲームはアプリ内で課金するタイプも多いことから，経済的破綻も引き起こす恐れがあります。そのため，各ゲームメーカーも年齢確認や課金額の上限を設けるなどの対策をしていますが，未だに対策は万全とはいえません。

こうした中，いくつかの企業がサポートに乗り出しています。例えば，Altcom株式会社（福岡県福岡市）は，ゲーム依存で不登校に悩んでいる親子に対して，ゲーム攻略を勉強に適用させた学習サポートを行っています。Altcomの代表は，かつて子供のゲーム依存に悩んだ保護者の1人であり，それを乗り越えた経験から，ゲームを用いた親子関係の

改善，不登校の解消，将来への不安の払しょくを図ることで，子供たちの未来を広げることを目的に活動をしています。

また，ゲームを習い事の一種として事業展開をしている企業もあります。株式会社ゲムトレ（東京都渋谷区）は，ゲームを通じて，①脳と心を鍛える，②コミュニケーション能力を向上させる，③笑顔と自己肯定感を得る，という３点をベースにした教育プログラムを提供しています。参加者からは，ゲームで物事を深く考えるようになり，わからないことも自分で調べるという経験が学業の向上につながったという声が上がる他，計画されたプログラムの中でゲームを行うことで，昼夜逆転生活が解消したという前向きな声が寄せられました。

以上からわかるように，ゲーム障害への向き合い方として，患者をゲームから遠ざける施策だけではなく，ゲームの有用性を生かしながら能力を伸ばすという考え方は，１つの解決策になる可能性があるでしょう。

3. eスポーツ選手のキャリア形成

ｅスポーツをめぐる教育的課題を考えていく上で，もう１つ取り上げたいのが「ｅスポーツ選手のキャリア形成」に関わる問題です。これまでのｅスポーツをめぐる議論の中で，このキャリア形成をめぐる問題についてはほとんど触れられてきませんでした。

ｅスポーツ選手には10代から20代といった若年層の選手が多く，その中には学業と両立させながら活動している選手もいます。そのため，ｅスポーツ選手としての活動が忙しくなると，学校に通うことが難しくなり，結果的にキャリア形成に対して支障をきたしてしまいます。

また，ｅスポーツ選手は試合で好成績を残すことによって賞金やスポンサーを獲得し，その後の活動に向けてのステップを踏むことができますが，反対に成績が低迷してしまうと，所属チームとの契約解除やスポンサー離れなどで，一気に収入が途絶えてしまいます。そうなると，ｅスポーツ選手からの「引退」の２文字に直面することになりますが，次に危惧されるのは，そうした岐路に立った際に，うまく引退後のキャリアへの移行がなされないというケースです。ｅスポーツ選手の中には，プロ選手になる以前から時間を惜しんでゲームの練習に勤しんでいる選手も多く，いうならば，「その世界しか知らない」という人も少なくありません。そのため，「引退後に就きたい職業を見つけることができない」，あるいは「就業に必要な技能や知識を身につけていない」といった人が少なくなく，結果的にキャリア形成に苦心してしまうのです。

こうした中，徐々にではありますが，選手が持つスキルやノウハウを活用しながら，セカンドキャリアで活躍する姿が見られるようになってきました。例えば，試合の分析力を生かしてｅスポーツのコーチングを行う人や，コミュニケーションスキルを生かして配信番組を企画・制作する人，SNSをベースにしたｅスポーツ商品のマーケティングを行う人，プレイヤー視点での新しいゲーム開発に携わる人など，選手時代に培った経験を生かして，活躍する人材が生まれています。また，現役選手時代から自身のスキルやノウハウを生かして，「デュアルキャリア」を構築しながら活動しているケースもみられます。

ｅスポーツがプレイヤーの裾野を広げて市場を拡大するためには，興行のあり方だけでなく，選手たちが安心してｅスポーツ業界に飛び込める環境づくりが急務といえるでしょう。

（中島賢一）

11-6 eスポーツのこれからに向けて

Key word：全国高校 e スポーツ選手権，学校，ステークホルダー

1. eスポーツを教育現場に展開する意義

近年，学校現場も積極的に e スポーツに取り組み始めています。ハイスペックのゲーミング PC や高速の通信回線などのプレイ環境を整え，通信制高校や全日制の高校に e スポーツ部が創設されるようになりました。私立だけでなく，公立の学校にも e スポーツ部は創設されています。また，高校生を対象とした全国大会があり，部員は全国制覇を目指して日々練習をしています。主な大会として，「STAGE：0（ステージゼロ）」▶1 と，「全国高校 e スポーツ選手権」▶2 があり，大会の模様は配信されます。

STAGE：0 の第 3 回大会は，2021 年 6 月から 8 月にかけて開催され，全国 2,145 校から 2,487 チーム，5,919 人の高校生が参加しました▶3。種目は「League of Legends」，「フォートナイト」▶4，「クラッシュ・ロワイヤル」▶5 の 3 つです。一方，2018 年よりスタートした全国高校 e スポーツ選手権は，第 3 回大会から文部科学省が後援に加わりました。そして，2021 年 9 月から 12 月にかけて開催された第 4 回全国高校 e スポーツ選手権では，「League of Legends」，「フォートナイト」，「ロケットリーグ」▶6 の 3 つの種目が行われ，過去最多となる全国 368 校，772 チームのエントリーがありました▶7。どちらの大会も，勝ち進むことが学校のブランディングにもつながることから，今後はさらに e スポーツに取り組む高校が増えていくと予測されています。

学校側も安易に e スポーツを部活動として認めているわけでなく，成績低下や資格試験の結果次第では試合に出場できなくなるなど制限を付けることで，保護者の懸念にも配慮しています。実際にそうした制限を設けることで成績向上や資格取得につながったとする例も報告されており，一定の成果を出している高校も少なくないようです。

筆者が e スポーツ部の創設に関わった福岡市立福翔高校の例を挙げると，学校側も，「e スポーツはフィジカルスポーツと同様にチームプレイや戦略立案が重要になる。また主体的に行動するにはワクワクするという気持ちが大事。e スポーツは生徒たちが能動的に活動することで，学びあい・教えあう『アクティブ・ラーニング』につながる理にかなった競技である」との認識を持っており，こうした教育効果を期待し，e スポーツを評価している学校も増えつつあります。

2. アスリートだけではない世界

e スポーツ市場の成長によって，関連するステークホルダーも多様化しています。図 1 は日本の e スポーツ市場規模を，項目別に表したものです。現時点では興行をベースに集計されていますが，今後，関連するトレーニング施設，専門書や雑誌，放送，旅行，漫画やアニメ，教育，飲食施設など，国内のコンテンツ産業およびスポーツ産業を構成する要素も加わってくることが予測されます。

元々 e スポーツは，ゲーム愛好家たちのコミュニティ活動として始まったものであり，特に日本における産業化は発展途上です。しかし，e スポーツ市場には AI を駆使した分

▶1 “STAGE:0” は，STAGE:0 eSPORTS High-School Championship 2021 実行委員会（株式会社テレビ東京・株式会社電通）によって開催された。

▶2 2021年9月から12月にかけて開催された「第4回全国高校eスポーツ選手権」は，「一般社団法人全国高等学校eスポーツ連盟」と「毎日新聞社」の主催によって開催された。

▶3 STAGE:0 eSPORTS High-School Championship 2021 実行委員会（online）STAGE:0 大会結果（2021年大会）. https://stage0.jp/results/2021/.（最終参照日：2022年7月12日）

▶4 Epic Games, Inc. が開発したバトルロワイアルゲーム。

▶5 Supercell によって開発されたタワーディフェンスゲーム。

▶6 Psyonix LLC によって開発された，ラジコンカーを操作してボールをゴールに入れることで得点を競うスポーツゲーム。

▶7 毎日新聞社営業総本部（2022）晴れ舞台で躍動！eスポーツ高校日本一決定. https://www.ajhs-esports.jp/pdf/2022/0202.pdf.（最終参照日：2022年7月12日）

析を行う企業や，非対面ながら臨場感を表現するクリエイティブ企業も参入を始めています。eスポーツがこれからも1つの産業として成長していくためには，プレイする選手だけにフォーカスせず，ビジネスとして成立させる社会制度の整備と人材育成が必要です。

国内では，eスポーツアスリートを目指すためのeスポーツ専攻を設置し始める専門学校も誕生し，専門人材育成に力を入れ始めています。現在では，アスリートだけでなく，大会運営，マーケティング，チーム運営，経営，ライティング，実況，動画制作など即戦力となるビジネススキルを学べるコースも設置されるようになりました。

高校の部活動にもプレイスキル以外のこれらの要素を学ぶ学校もあります。また，社会人として職業に就きながらアスリートとして活動するデュアルキャリアを形成する人材もいます。今後は，ゲームプログラマーとeスポーツアスリートのように，デュアルキャリアに関連性を持たせるべく，カリキュラムを構築する教育機関が増えていくと考えられています。

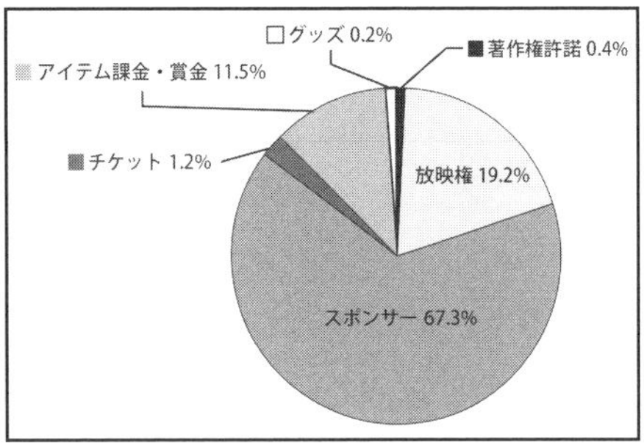

図1. 2020年日本eスポーツ市場規模 項目別割合（▶8より作成）

▶8 株式会社KADOKAWA Game Linkage（2021）4月16日付. https://kadokawagamelinkage.jp/news/pdf/news210416.pdf.（最終参照日：2022年7月12日）

3. 未来の人材育成に向けて

『ファミ通ゲーム白書2021』によると，2020年の国内のゲーム人口は5歳から59歳の7,730万人の母集団に対して5,273万人とされており[▶9]（図2），対象世代の7割がゲームをしていることになります。文化庁が集計している文化に関する世論調査（2020年度調査）においても文化芸術活動の調査項目に「漫画」や「映画」とともにゲームが挙がっており，ゲームは日本の文化として定着していることが窺えます。

こうした土壌の上でeスポーツはゲームをプレイするだけでなく，観る，応援するなど関わる人口も増えていくことが予想されます。

▶9 株式会社角川アスキー総合研究所（2021）ファミ通ゲーム白書2021. 株式会社角川アスキー総合研究所.

関与人口が多く，著しい成長を遂げるeスポーツに対し，「ゲームは遊び」，「子供たちの成長を阻害する」と唱えるだけでは，新しい時代の産業を振興することはできません。eスポーツはデジタル技術が駆使されたゲームによる競技です。また，eスポーツは世代，性別，地域，ハンディキャップの有無を超え，人々の交流やコミュニケーションを生み出すツールでもあります。eスポーツが社会に浸透することで人々の生活をよりよいものへと変革することができれば，eスポーツはデジタルトランスフォーメーションの1つの出口ともいえます。

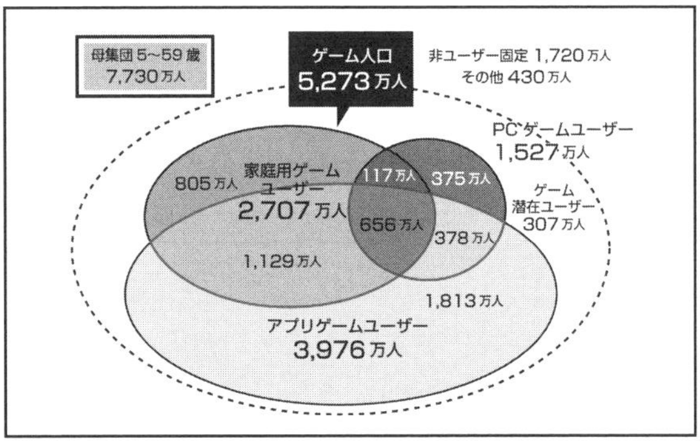

図2. 2020年の国内ゲーム人口（▶9より作成）

eスポーツはスポーツシーンの多様性を広げ，豊かな社会形成に貢献するツールとしてこれからも発展を遂げていくことでしょう。そのために，未来を担う若い世代に正しい選択肢を用意することは大人たちの使命なのです。

（中島賢一）

12-1 スポーツマンガとは

Key word：知識，登場人物，娯楽，成長，ストーリー

1. スポーツマンガとスポーツ教育

「マンガ」は，娯楽の一種としてのみならず，独自のポップカルチャーを体現するメディアとして，日本社会の広い範囲にわたって浸透しています。実際，日本においては，2人に1人が年間1冊以上のマンガを読んでおり，7割以上の人々がマンガからプラスの影響を受けたことがあるといわれています[1]。このことは，こうした報告をまたずしてもなお，多くの人に実感されるものではないでしょうか。

以上を踏まえたとき，日本のスポーツ教育学を論じる上では，「スポーツマンガ」の存在は欠かせないと考えられます。なぜなら，スポーツマンガには，しばしばスポーツを通した登場人物のあらゆる側面の成長と，その実践を意図する「スポーツ教育の営み」が描かれており，それをストーリーに沿って読者が追体験することで，「スポーツ教育の営み」が実践されていると考えられるからです。

しかしながら，これまでの日本のスポーツ教育学において，「スポーツマンガ」の存在は十分に議論されてこなかったように思われます。そこで，本章では「スポーツマンガ」が持つ教育的な可能性について論じていきたいと思います。

▶1　CCCマーケティング株式会社（2021）マンガに関するアンケート調査. https://prtimes.jp/main/html/rd/p/000000697.000000983.html.（最終参照日：2022年7月12日）

2. スポーツマンガに期待される教育的な効果

スポーツマンガは，その名の通りスポーツを題材とし，様々なストーリーが展開されているマンガです。そこにはアスリートの生き方や世界観，真似したくなるような技，ライバル・仲間との切磋琢磨，ときには恋愛を含む人間関係模様が描かれています。読者はこうしたストーリーや描写から，何かしらを読み取ったり，影響を受けたりしていると考えられます。そうした可能性を踏まえ，以下では，スポーツマンガが読者にもたらし得る教育的な効果について，3つ論じていきます。

1）スポーツに関する様々な知識の学び

スポーツマンガを読むことによって，スポーツの世界を知る契機となることや，その理解に役立つ場合があります。実際，スポーツマンガには，取り上げられているスポーツのルール，練習方法，プロスポーツ選手や運動部活動部員の日常に至るまで，細やかに描写されている作品が多々あります。

例えば，あまり知られていないスポーツを取り上げている作品であれば，ルールなどの解説の描写を多く，丁寧に描くことで，競技を知らない読者であっても読み進めやすい構成になっていたり[2]，また，取り上げられているスポーツの世界のリアルさが描かれた作品には，著者自身の経験や丹念な取材に基づいて描かれたりしています[3]。なかには，アスリートの監修のもとに描かれた作品もあり，実際に競技を行う上でのヒントになる場合もあります[4]。

このように，スポーツマンガを読むだけで，知らずしらずのうちにスポーツに関する様々な知識を身につけることができるのです。

▶2　例えば，『SLAM DUNK』（井上雄彦著）や『灼熱カバディ』（武蔵野創著）などが挙げられる。しかし，スポーツのルールや制度等は連載当時のものであるため，その変化については注意する必要がある。

▶3　例えば，『ハイキュー!!』（古舘春一著）や『バトルスタディーズ』（なきぼくろ著）などが挙げられる。

▶4　オリンピック体操競技の金メダリスト・内村航平氏は，同じくオリンピック体操競技の金メダリスト・森末慎二氏が監修した『ガンバ!Fly high』（森末慎二原作，菊田洋之画）を読んで，空中感覚のヒントを得たという。
産経新聞（2016）8月13日付. https://www.sankei.com/article/20160813-U7QKEXJ5FFIHDEO767INMNNHII/.（最終参照日：2022年7月12日）

2）登場人物の前向きな見方・考え方・行動に触れることによる学び

スポーツマンガの登場人物の前向きな発言や行動，生き方の選択，周囲の人々との関わりの描写に触れることで，読者のモチベーションの維持・向上などにつながることが期待されます。

スポーツマンガは，教養小説と類似している点があり，主人公であるスポーツ・ヒーローに，理想的な近代的人間像が表象されるといった指摘がなされています▶5。すなわち，スポーツマンガは，「勝利／敗北」や「成功／失敗」を描きやすい「スポーツ」を題材にしているからこそ，主人公が夢や目標に向かって諦めずに努力し，仲間とともに困難を乗り越えて人間的に成長していくといったような「教育的」なプロットと相性がいいといえます。読者はこうしたプロットに沿って展開されるストーリーを受容し，夢中になり，自身を重ね合わせることで，影響を受けていると考えられます。

また，スポーツマンガに描かれる登場人物の前向きな見方・考え方・行動から見出せる教育的な学びは，自身の成長と共に読み返したり，友人と話したりすることでも，新たな発見や解釈へとつながり，学びの可能性は尽きません。

3）スポーツ実践への可能性

スポーツマンガを読むことで，描かれているスポーツの様々な知識が得られ，実際にスポーツを行いたくなるといった効果が期待されます。

例えば，人気を博したスポーツマンガの出版や連載時期に，そのスポーツの運動部活動への参加率が上昇する場合があることが報告されています▶6。また，海外のプロサッカー選手が，『キャプテン翼』（高橋陽一著）に夢中になった子供の頃に，技を真似たと語る記事▶7もみられます。このことは，スポーツマンガが芸術作品の1つとして人々を夢中にさせている証左であり，現実世界のスポーツの人気の拡大や普及に貢献する可能性を示しています。

スポーツマンガは，ストーリーや描写の中に読者自身を投影しやすく，特にスポーツシーンにおいては，読者自身の身体感覚が喚起されやすいのかもしれません。スポーツマンガは単に情報伝達を行っているだけではなく，身体のスポーツへの関わり方を構造化している▶5と指摘されていますが，それはすなわち，読者をスポーツの実践へと導いているとも考えられます。

▶5 高橋豪仁（2002）スポーツ・マンガ／アニメの世界. 橋本純一編, 現代メディアスポーツ論. 世界思想社.

▶6 横田匡俊ほか（2005）スポーツマンガと運動部員数の増減. 月刊トレーニング・ジャーナル, 27（7）: 46-49.

▶7 豊福晋ほか（2015）レジェンドが語るキャプテン翼. 松井一晃編, Sports Graphic Number PLUS スポーツマンガ最強論. 文藝春秋. pp.25-27

3. スポーツマンガの注意点

ここまで，スポーツマンガに期待される教育的な効果としてプラスの面を論じてきましたが，スポーツマンガを教育と絡めて論じる上では，その注意点についても目を向ける必要があります。なぜなら，マンガは「教育」を意識していない「娯楽」であるためです。

例えば，日本のスポーツ指導において体罰や暴力が当たり前の時代があったように，これまで描かれてきたスポーツマンガにおいては，暴力をはじめとする過激な描写が少なくありません。また，マンガの魅力を高めるために，スポーツシーンなどの描写では，現実ではあり得ないような誇張表現も多くなされています。読者は，こうしたスポーツマンガの「エンターテインメント性」も自覚しておくことが大切であり，場合によっては教育者側の解釈のサポートも必要と考えられます。

（森田達貴）

12-2 スポーツマンガの歴史的変遷

Key word：根性，高度経済成長，大衆化，高度化，デジタル化

1. マンガは世につれ，世はマンガにつれ

マンガは，社会の変化を映す「鏡」である[1]と指摘されるように，マンガの描かれ方は時代の流れにつれて変化し，反対にマンガの流行りが現実に影響を及ぼすこともあります。そこで本節では，スポーツマンガの歴史に着目し，スポーツマンガがこれまでの日本のスポーツ教育において果たしてきた役割について，考えてみたいと思います。

2. スポーツマンガの歴史的変遷

スポーツマンガがどのような歴史を歩んできたのかを明らかにするため，本節では「マンガペディア」[2]に収録されている「スポーツ」ジャンルのマンガを対象に，スポーツマンガの初出掲載作品数の推移を示しました[3]（図1）。そして，図1を参考にしながらスポーツマンガの歴史的変遷について，ここでは5期に分けて論じていきます。

1）戦後のスポーツ解放を反映したスポーツマンガ（1940年代後半～1950年代半ば）

戦後の混乱期には，娯楽が人々から求められ，多くのマンガ雑誌が創刊されました。例えば，『漫画少年』（1947年創刊，学童社），『冒険活劇文庫（少年画報）』（1948年創刊，少年画報社，当時は明々社），『少年少女冒険王』（1949年創刊，秋田書店）などが挙げられます。この頃に人気を博した作品として，スポーツができる喜びを素直に表した『バット君』（井上一雄著）や，勧善懲悪をストーリーの骨格とする『イガグリくん』（福井英一著）など挙げられます[4]。

2）高度経済成長期の「根性」精神を反映したスポーツマンガ（1950年代半ば～1970年代半ば）

この時期の日本は，高度経済成長期にあたります。1964年の東京オリンピックの際に強調されたスポーツ指導における「根性」は，アスリートのみならず高度経済成長を支える日本人の精神的支柱としても定着したとされています[5]。

こうした情勢を背景に，当時のスポーツマンガは，『巨人の星』（梶原一騎原作・川崎のぼる画）のような忍耐や不屈の精神を美徳とする「根性」を描いた作品が多く，後に続くスポーツマンガの王道のストーリーとなりました。また，この時期には，現在も刊行されている週刊少年少女マンガ誌の多くが創刊され[6]，さらには，マンガのテレビアニメ化が始まりました[7]。スポーツマンガが国民的規模で人々の目に触れるようになったことで，スポーツマンガは，「根性」の精神性を社会全体で共有する，または強化する装置としても働いたと考えられます。

3）価値観の変化に伴うスポーツマンガの「多様化」（1970年代半ば～1990年代初頭）

1973年のオイルショックとともに，高度経済成長は終焉を迎えました。そして，第三次産業の発展や高齢化率の上昇に伴い，人々の意識は，個々のより良い暮らしや生き方の追求に向いていきます。この時期は，生涯を通してスポーツに親しむといった考え方が広まり，スポーツの大衆化が進んだ時期にあたります[8]。

この時期からスポーツマンガは，コミック市場の拡大とともに扱われる競技の種類や数

▶1 松田恵示（2020）スポーツマンガ．井上俊ほか編，よくわかるスポーツ文化論改訂版．ミネルヴァ書房，pp.138-139.

▶2 百科綜合リサーチ・センターほか（online）マンガペディア．https://mangapedia.com.（最終参照日：2022年7月12日）
一般社団法人百科綜合リサーチ・センターほかによって作成された，世界初の体系的漫画百科事典である。

▶3 歴代のスポーツマンガを漏れなく抽出することは困難であるため，マンガペディアの「スポーツ」ジャンルに分類された作品を対象とし，誌面掲載初出年について5年ごとの総数をまとめた。また，扱われた競技の上位3つの「野球」，「サッカー」，「ボクシング」の数を示した他，各年度の『出版指標年報』（出版科学研究所発行）に掲載されているコミック市場の推移について示した。

▶4 松田恵示（2001）交叉する身体と遊び：あいまいさの文化社会学．世界思想社．
なお，「バット君」はマンガペディアに収録されておらず，図1には反映されていない。

▶5 坂上康博（2001）にっぽん野球の系譜学．青弓社．

が増加していきました[9]。また，スポーツマンガに描かれる内容も多様化しました。特に，1980年代を代表する作品として挙げられる『キャプテン翼』（高橋陽一著）や『タッチ』（あだち充著）は，スポーツの苦しさではなく楽しさを描いた点や，スポーツを日常生活の1つのアイテムとして描いた点で，「スポーツマンガ＝根性」の図式を変化させた作品としての見解がなされています[10]。いわゆる「根性論」では立ち行かなくなった社会背景の中で，スポーツマンガが示すテーゼも多様になっていったのです。

4）情報化社会の進展に伴うスポーツマンガの「高度化」（1990年代～2000年代後半）

スポーツの大衆化やプロスポーツの発展的な動向[11]，情報化社会の進展を基盤に，スポーツと商業の関係が次第に強固となっていったことにより，この時期は，「する」，「みる」スポーツが循環的に発展したと考えられます。

この時期からスポーツマンガは，徐々に「高度化」したと考えられます。例えば，当時人気を博した『SLAM DUNK』（井上雄彦著）は，派手な必殺技はなく，リアリティのある描写でバスケットボールの魅力が描かれています。また，アスリートが監修した作品や，スポーツの戦略・作戦・戦術に大きな焦点が定められている作品，個の特性・長所を活かすことに焦点を定めた作品などが多くみられるようになっていきました。この時期から，スポーツマンガは「スポーツそのものの魅力を伝える」という機能がより強くなっていったといえるかもしれません。

5）デジタル化の進展に伴いスポーツマンガは新時代へ（2010年代～現在）

2010年前後にみられたスマートフォンの普及[12]は，いつでもどこでもソーシャルメディアの利用を可能とし，情報へのアクセスや発信を一層たやすくしました。これを背景に，今まで以上に多様な価値観に焦点が定められやすくなったといえます。また，2010年代以降にみられる電子コミック市場の拡大は，多くの作品を人々の目に触れやすくさせたと考えられます。

こうした中で，スポーツマンガも数あるマンガの中から「読まれる」ために，一層の多様化・高度化をなしていきました。特に，多く描かれてきた野球やサッカーを扱った作品であれば，「男女混合」の野球を描いた『MAJOR 2nd』（満田拓也著）や，「ユースクラブ」を描いた『アオアシ』（小林有吾著）など，テーマのさらなる細分化と深掘りがなされるようになっていきました。

（森田達貴）

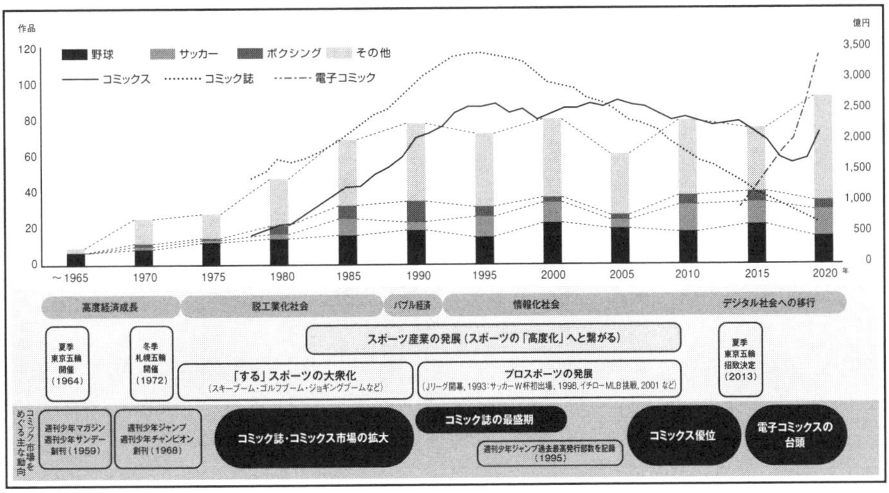

図1. マンガペディアにみるスポーツマンガの作品数とコミック市場の推移[3]

▶**6** 講談社から『週刊少年マガジン』（1959～），『週刊少女フレンド』（1963～）など
小学館から『週刊少年サンデー』（1959～），『週刊少女コミック』（1968～）など
集英社から『週刊少年ジャンプ』（1969～），『週刊マーガレット』（1963～）など

▶**7** 清水勲（2007）年表日本漫画史. 臨川書店. 1963年に国産初の連続テレビアニメ「鉄腕アトム」が大きな人気を博したことを背景に，テレビアニメ市場が活発化したという。

▶**8** スポーツ・フォー・オール概念の世界的な広まり，1977-1978年改訂の保健体育科学習指導要領にみられた生涯スポーツ志向の高まり，スポーツ施設の拡充などから説明できると考えられる。

▶**9** 図1に基づいた筆者調べによれば，12競技27作品（1971～1975年）から，22競技77作品（1986～1990年）と扱われる競技の種類や数が増えている。

▶**10** 松田恵示（2001）前掲書.

▶**11** Jリーグ開幕（1993年）やサッカーW杯への初出場（1998年）などを背景にサッカー人気に火がついた。また，この時期には，野茂英雄，イチロー，中田英寿などが海外スポーツリーグで活躍を見せ，国内の注目を集めた。

▶**12** 総務省（2021）令和3年版情報通信白書. https://www.soumu.go.jp/johotsusintokei/whitepaper/ja/r03/pdf/01honpen.pdf.（最終参照日：2022年7月12日）

12-3 マンガの中のスポーツ教育

Key word：『ラフ』，『SLAM DUNK』，『あさひなぐ』，「ハイキュー!!」，『灼熱カバディ』

1. マンガにみるスポーツ教育

前節までにみてきたように，これまで多様なスポーツマンガが世に送り出されてきました。それらのスポーツマンガでは，多種多様のスポーツ教育が描かれています。

そこで本節では，そのごく一部ではありますが，「運動部活動」が描かれているマンガとして，『ラフ』，『SLAM DUNK』，『あさひなぐ』，『ハイキュー!!』，『灼熱カバディ』の5作品を取り上げ，そこで描かれているスポーツ教育の様相について概観していきます。

2. マンガの中で描かれる多様なスポーツ教育

1）『ラフ』（あだち充著：1987-1989）

あだち充著の『ラフ』は，『週刊少年サンデー』（小学館）にて，1987年17号から1989年40号において連載された作品です。単行本は全12巻（少年サンデーコミックス）が刊行されています。本作では，高校の水泳選手である主人公・大和圭介が，水泳選手として高みを目指す過程の中で，寮内の仲間たちとの熱い友情や，高飛び込み選手であるヒロインと惹かれ合っていく姿が描かれています。

本作を紹介する上で特筆すべき点は，「水泳」という競技を通して，「運動部活動」や「寮生活」という，スポーツに打ち込む高校生の日常が丹念に描写されていることにあります。すなわち，高校3年間という時間経過の中で，主人公の人間的な成長や人間関係の変化が自然な表現で描かれており，運動部活動を通した高校生活の充実感や厳しさを教えてくれます。特に，元々勝負事に無頓着であり，高校入学後には選手としての「限界」も感じつつあった主人公が少しずつ殻を破っていく過程には，高校生アスリートの確かな成長の軌跡をみることができます（図1）。

本作の軸は，主人公とヒロインが，高校生活の中で少しずつ惹かれ合っていく姿にあることはいうまでもありませんが，1つのスポーツマンガとして，そしてスポーツに打ち込む高校生の「リアル」を感じ取ることができるでしょう。

図1.『ラフ』▶1

▶1 あだち充（1987）コーチの幸せの巻. ラフ1巻. 小学館, p. 64.

2）『SLAM DUNK』（井上雄彦著：1990-1996）

井上雄彦著の『SLAM DUNK』は，『週刊少年ジャンプ』（集英社）にて，1990年42号から1996年27号にかけて連載された作品です。単行本は，全31巻（ジャンプコミックス）が刊行されています。本作では，中学時代に不良だった桜木花道が，高校入学と同時にバスケットボール部に入部し，バスケットボールに邁進していく姿が描かれています。

日本のバスケットボールの競技人口は，本作の発刊時期と時を同じくして，約81万人（1990年）から100万人（1996年）へと増加しています[2]。この現象について，本作が及ぼした影響は検証されていませんが，少なくとも，現実世界とリンクしながら一時代を築いた作品といえます。

図2.『SLAM DUNK』[5]

また，2006年には，著者の井上氏を中心として「SLAM DUNK 奨学金」[3]が創設されています。この奨学金制度は，高校を卒業後，大学あるいはプロを目指しアメリカで競技を続ける意志と能力を持ちながら，経済的などの理由でその夢を果たせないアスリートを支援するために，本作の印税の一部が用いられています。井上氏は，アメリカでのチャレンジを「プレイヤーとして，そして人として成長する上で大切な期間」[4]と期待を寄せています。

こうしたバスケットボールを通じた人間形成は，本作の大きな軸にもなっており，桜木がバスケットボールに取り組み，チームメイトや相手チームとの関わり合いの中で更生していく姿が描かれています（図2）。こうした姿からは，スポーツが人間形成に寄与することの可能性を見出すことができるといえるでしょう。

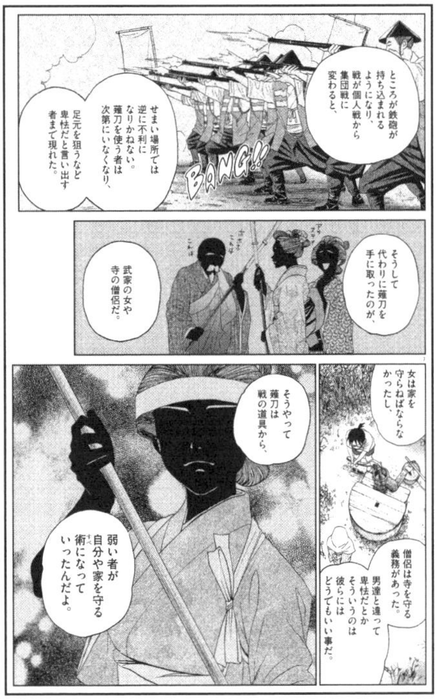

図3.『あさひなぐ』[6]

3）『あさひなぐ』（こざき亜衣著：2011-2020）

こざき亜衣著の『あさひなぐ』は，『週刊ビッグコミックスピリッツ』（小学館）にて，2011年8号から2020年41号において連載された作品です。単行本は，全34巻（ビッグコミックス）が刊行されています。本作では，身長が低くスポーツも苦手な女子高生の主人公・東島旭が，何度も壁にぶつかりながらも薙刀に取り組んでいく，

▶2　日本バスケットボール協会（online）登録者数推移. http://www.japanbasketball.jp/jba/data/enrollment/.（最終参照日：2022年7月12日）

▶3　奨学生に選ばれると，アメリカのプレップスクールでの学業およびバスケットボールのプレー機会が提供される。

▶4　井上雄彦（online）井上雄彦からのメッセージ. http://slamdunk-sc.shueisha.co.jp/message/index.html.（最終参照日：2022年7月12日）

▶5　井上雄彦（1993）#111 キングコング・弟. SLAM DUNK 13巻. 集英社, p. 75.

▶6　こざき亜衣（2011）31本目 弱き者の武道. あさひなぐ 3巻. 小学館, p. 173.

等身大の10代の女子が成長していく姿が描かれています。

本作の特徴は，作中で「女性の武道」と評されている「薙刀」を取り上げたことにあります（図3）。第13章第1節でも示されているように，そもそも武道は，日本伝統の武術の稽古による心身の教育を目的とした修養文化の側面を有しています。本作では薙刀という競技を通して，武道に固有の「身体技法」や「精神性」を，女子高生の人間形成がなされていくプロセスにうまく絡めて表現されています。

このように，本作は武道という競技・文化への理解が進みやすいストーリーで構成されていることから，武道という文化を学ぶことのできる作品としても位置づけることができそうです。

4)『ハイキュー!!』（古舘春一著：2012-2020）

古舘春一著の『ハイキュー!!』は，『週刊少年ジャンプ』（集英社）にて2012年12号から2020年33・34合併号において連載された作品です。単行本は全45巻（ジャンプコミックス）が刊行されています。本作では，負けず嫌いな主人公・日向翔陽や，天才セッター・影山飛雄などの，バレーボールに打ち込む少年たちが成長していく姿が描かれています。

図4.『ハイキュー!!』▶7

▶7 古舘春一（2015）第163話 月の輪．ハイキュー!! 19巻．集英社，p.37.
©古舘春一／集英社

本作の特徴は，バレーボールや運動部活動の世界がリアリティをもって描かれている点にあります。例えば，普段の練習シーンはもとより，大会会場やコートの景色・空気感，バレーボールの作戦・戦術，試合中のプレイヤーの思考回路などが，かなり精緻に描き出されています。また，登場人物が成功体験を経てバレーボールに夢中になる瞬間や，葛藤や敗北，挫折に直面しても前向きに乗り越えていくプロセスなど，スポーツ経験を通した学びの過程が描かれています（図4）。読者は，こうしたリアリティ溢れる数々の描写を通して，自然とバレーボールに関する知識を習得できる他，スポーツの楽しさや，困難を乗り越えるメンタリティなどをも学ぶことができると考えられます。

5)『灼熱カバディ』（武蔵野創著：2015- 連載中）

武蔵野創著の『灼熱カバディ』は，電子端末アプリのマンガワンとwebコミック配信の裏サンデーにおいて2015年7月より連載されている作品です。本作では，スポーツと無縁の生活を送る主人公・宵越竜哉が，高校カバディ部の勧誘をきっかけにカバディの世界に足を踏み入れ，本気でカバディに打ち込んでいく様が描かれています。

本作の大きな特徴は，日本においては馴染みの薄い「カバディ」を取り上げたことにあるでしょう。本作では，カバディのルールや作戦・戦術が丁寧に解説されていることで，主人公とともに読者もカバディというスポーツを一から自然に学んでいくことができます（図5）。

また，日本カバディ協会の登録競技者数に目を向けてみると，2012 年度は 141 名，2014 年度は 129 名でしたが，本作の連載開始以降の調査報告では一貫して増加傾向を示しており，2020 年度は 350 名と連載前の 2 倍以上に増加しています[9]。スポーツマンガが特定のスポーツの普及・人気拡大に貢献したと考えられる例としては，先述の『SLAM DUNK』（バスケットボール）などが有名です[10]。因果関係まではわかりませんが，本作（カバディ）もまた，少しずつではあるものの競技人口の増加現象がみられることから，スポーツマンガが現実世界のスポーツの実践とリンクしている事例といえるかもしれません。

以上のことから，本作は，楽しみながら読み進めるだけで「カバディを理解する」ことや，「スポーツの実践」につながる可能性のある作品と考えられます。

図5.『灼熱カバディ』[8]

▶8 武蔵野創（2015）第1話 カバディってなんだよ. 灼熱カバディ 1巻. 小学館, p. 28.
©武蔵野創／小学館

▶9 笹川スポーツ財団（2013）中央競技団体現状調査報告書. https://www.ssf.or.jp/Portals/0/resources/research/report/pdf/2013_report_14.pdf.（最終参照日：2022年7月12日）
笹川スポーツ財団（2015）中央競技団体現状調査報告書. https://www.ssf.or.jp/Portals/0/resources/research/report/pdf/2014_report_25.pdf.（最終参照日：2022年7月12日）
笹川スポーツ財団（2021）中央競技団体現状調査報告書. https://www.ssf.or.jp/files/NF2020cp_full.pdf.（最終参照日：2022年7月12日）

▶10 横田匡俊ほか（2005）スポーツマンガと運動部員数の増減. 月刊トレーニング・ジャーナル, 27（7）：46-49.

3. スポーツマンガは日本のスポーツ教育の映し鏡

以上に取り上げたのはごく一部の作品ですが，これまで多くのスポーツマンガにおいてスポーツ教育的なる営みが描かれてきました。こうした作品は，競技人口の普及・拡大に寄与するだけでなく，ときにはその影響力の大きさから，「スポーツは○○○なものだ」，「運動部活動は○○○なものだ」というように，私たちのスポーツ観や教育観の形成にまで影響を及ぼしているかもしれません。

重要なのは，いずれの作品も，決してはじめからスポーツ教育を意図して描いているわけではないということです。特に「運動部活動」を舞台としてストーリーを構築しようとすると，自然にスポーツを通した人間形成や成長物語が描かれ，結果的にスポーツ教育的な様相がストーリーの重要な核になっていくのではないでしょうか。そうであるならば，やはりスポーツマンガは，日本のスポーツ教育の映し鏡として，スポーツ教育学においても重要な研究対象であると考えます。

（梶将徳）

12-4 新時代のスポーツマンガの表象

Key word：男女混合野球部,『MAJOR 2nd』,ユースクラブ,『アオアシ』

1. スポーツマンガに吹く新しい風

近年,新しい風を感じることができるスポーツマンガがいくつか散見されます。例えば,サッカーのユースクラブ[1]を取り上げた『アオアシ』や,男女混合の野球部を取り上げた『MAJOR 2nd』はその代表的な作品といえるでしょう。すなわち,これまでほとんど着目されてこなかったユースクラブという存在や,日本では男子のスポーツとされてきた野球に女子が取り組む姿を取り上げたスポーツマンガとして,両作品には新しさが感じられます。

そこで,本節では,「『アオアシ』にみるユースクラブの姿」と,「『MAJOR 2nd』にみる野球と女子選手の関係」に着目していきます。

▶1 日本のサッカーのユースクラブは,主に日本プロサッカーリーグのクラブの下部組織と,いわゆる「街クラブ」と呼ばれる地域に根付くユースクラブの2つのタイプが存在する。サッカーのユースクラブの全体像については,第4章第3節を参照のこと。

2.『アオアシ』にみるユースクラブの姿

小林有吾著の『アオアシ』は,『週刊ビッグコミックスピリッツ』(小学館)にて2015年6号から連載されているサッカーマンガです。本作では,愛媛県の公立中学校のサッカー部に所属していた青井葦人が,日本プロサッカーリーグ(Jリーグ)のクラブの下部組織の監督にその才能を見出され,東京都に拠点を置くJクラブの下部組織でサッカーに邁進する姿が描かれています。

『アオアシ』では,Jクラブの下部組織と部活のサッカー観の違いの1つとして,目標指向性の違いが描かれています。例えば,Jクラブの下部組織では試合に勝利することよりも育成を重視する姿[2]が描かれている一方で,部活(サッカー部)では試合に勝利することでしか自分たちの存在価値を示すことができないとする姿[3]が描かれています。『アオアシ』では,こうした違いを,指導者の価値観や登場人物を取り巻く環境などから看取することができ,Jクラブの下部組織と部活を対比的に取り上げながら壮大な物語を描いているところに,現代的な面白さがあるといえるでしょう。

また,JクラブとJクラブの下部組織が連携しているため,『アオアシ』においてもまた,高い技術を持つユースアスリートが「プロ」と「ユース」の両方の試合に出場している姿が描かれています。これは,Jクラブの下部組織がアマチュアを育てているからこその描写だといえるでしょう。Jクラブの下部組織は,日本の高校生世代のアスリートを育成する稀有な存在であり,その先進例として位置づけられます。つまり,Jクラブの下部組織でなされる教育の内実や,Jクラブの下部組織であるがゆえに抱える課題などを事例的に取り上げて検討していくことは,これまで学校教育を中心として発展してきた日本の高校生年代のスポーツのあり方に対して,一石を投じるような新しい試みであるといえるでしょう。

▶2 小林有吾(2018)第128話 交代枠. アオアシ 13巻. 小学館, p.53.

▶3 小林有吾(2021)第268話 N-BOX. アオアシ 26巻. 小学館, p.123.

▶4 小林有吾(2015)第28話 一条花②. アオアシ 3巻. 小学館, p. 188.
©小林有吾/小学館

図1. プロ選手になることを目指す『アオアシ』の主人公[4]

3.『MAJOR 2nd』にみる野球と女子選手の関係

満田拓也著の『MAJOR 2nd』は，『週刊少年サンデー』（小学館）にて2015年15号から連載されている野球マンガであり，野球マンガの金字塔を打ち立てた『MAJOR』[5]の続編です。『MAJOR 2nd』の主人公・茂野大吾が主将を務める中学校の野球部は，10名中7名が女子選手であり，男女一緒に活動しています[6]。女子選手が野球に取り組む姿は，前作においてほとんど描かれていなかったことから，シリーズの中でも新しい試みといえるでしょう。

▶5 満田拓也著の『MAJOR』は，『週刊少年サンデー』（小学館）にて1994年33号から2010年32号において連載された野球マンガである。

▶6 単行本21巻発刊時点。

これまでの野球マンガの中心は男子選手であり，女子が登場したとしても，あくまでも「マネージャー」として選手をサポートする立場として描かれることが多いように思います。それゆえに，男子の王道のスポーツである野球を題材とした『MAJOR 2nd』に，多くの女子選手が登場することは，単に女子が野球に取り組む姿にオリジナリティがあるというだけでなく，女子が選手として野球に取り組むことの可能性を示しているといえるでしょう。

また，『MAJOR 2nd』では，女子選手が試合において相手チームから見くびられたり，男子選手も女子選手と一緒に取り組んでいることで「ままごと野球」と揶揄されたりします。本作では，こうした男女混合野球部に向けられる蔑むようなまなざしを自分たちの力で乗り越えていくところに，1つの面白さがあるといえるでしょう。

このように，『MAJOR 2nd』では，チームの半数以上が女子選手の男女混合野球部を中心に据えて1つの物語が描かれており，いわゆる「ジェンダー秩序」[7]を打ち破るような試みを確認することができます。こうした『MAJOR 2nd』の世界観を踏まえれば，読者自身も「メタ認知」を働かせ，自身の行動を顧みることが求められるといえるでしょう。すなわち，スポーツの世界では，「ジェンダー秩序」が蔓延しやすく，さらに，それを無意識的に再生産している可能性があります。スポーツの世界においても，多様な人たちが共生していくことができるよう，スポーツマンガを契機として，自ら問い直すことが求められるといえるでしょう。

図2.『MAJOR 2nd』における男女混合野球部[8]

▶7 「ジェンダー秩序」の詳細については，第1章第5節を参照のこと。

▶8 満田拓也（2001）第110話 上り調子. MAJOR 2nd 12巻. 小学館, p.121.
©満田拓也／小学館

4. 新時代のスポーツマンガの意義

これまでみてきたように，新時代のスポーツマンガでは，あまり着目されてこなかった場所や人たちの実態が描かれており，読者が知り得なかった，あるいは当たり前だと思っていた価値観とは異なる物語が展開されているといえます。こうした意味において，新時代のスポーツマンガは，スポーツ教育の新たな価値観や枠組みを提供し得るものであるといえるでしょう。

（梶将徳）

12-5 スポーツマンガとスポーツ教育学

Key word：学会，学際性，Manga

1. マンガを「学問する」ということ

1990年代半ば以降，当時流行したアニメやマンガについて論じる諸種の研究が興隆し始めたことにより，日本のサブカルチャー研究に大きな変動期が訪れました▶1。こうした流れは2000年代になってからも一層と加速し，同時期の「クールジャパン」▶2戦略を追い風として，日本国内外での研究動向も大きく進展していきました。その象徴となるのが，アニメやマンガを学問の対象とする学会の設立です。

1998年に「日本アニメーション学会」▶3，そして，2001年にはマンガ研究の推進および会員相互の交流を図ることを目的として，「日本マンガ学会」▶4が設立されました。「学会」という組織は，特定の学問分野を支える公式の制度的基盤として大きな意味を持つと考えられることから，学会の設立された2000年前後の時期は，アニメやマンガを学問の対象とする社会的要求も高揚した時期とみることができそうです。

こうした学問的潮流の中で，マンガを対象とした研究も多種多様な内容・方法を用いて展開されてきました。その例を挙げると，「マンガの読まれ方・読み方をめぐる研究」，「マンガで表現される言葉に着目した研究」，「マンガをめぐる社会・文化的表象に関する研究」，そして，「マンガ作家の思想史的研究」など，枚挙にいとまがありません。このようにマンガは，「社会学」や「人文学」をはじめ，多様な学問分野を股に掛けた研究対象として位置づいています。

他方で，日本のサブカルチャーへの関心の高まりから，海外の研究者らも日本の“Manga”を研究対象としてきました。海外における日本のManga研究の関心の多くは，Mangaを通した日本の文化的特質の導出，あるいは日本から受容したMangaが自国文化に及ぼした影響などの分析にあり，これらもまた多岐にわたっています。

そして，本書の関心に紐づけていうならば，「教育学」の中で行われるマンガ研究もまた，無視することはできません。一見すれば，「娯楽」と「教育」は相反するものとして捉えられがちですが，教育学では，特に教育活動への応用を視座として，学習教材としてのマンガの効用を検討した研究が多く行われてきました。その例としては，マンガによる学習内容の提示が学習者の理解と記憶保持に及ぼす影響の検討▶5や，補助教材としてマンガ教材を開発し，その効果を検証した研究▶6などが挙げられます。

▶1 永田大輔（2020）アニメを社会学する視点．永田大輔ほか編 アニメの社会学：アニメファンとアニメ制作者たちの文化産業論．ナカニシヤ出版，pp. 1-13.

▶2 「クールジャパン」の詳細については，第1章第7節を参照のこと。

▶3 これに先立って，国際アニメーション学会（Society for Animation Studies）は，1987年に設立されている。

▶4 日本マンガ学会（online）日本マンガ学会会則．https://www.jsscc.net/gaiyou/kaisoku.（最終参照日：2022年7月12日）

▶5 向後智子ほか（1998）マンガによる表現が学習内容の理解と保持に及ぼす効果．日本教育工学雑誌，22(2): 87-94.

▶6 白井詩沙香ほか（2018）データベース導入学習のためのマンガ教材の開発と評価．日本教育工学会論文誌，42: 109-112.

2. スポーツマンガ×スポーツ教育学

それでは，スポーツマンガに論点を戻したいと思います。マンガをめぐる研究動向を踏まえた上で，スポーツ教育学の研究において，スポーツマンガはどのように研究と紐づけることができるでしょうか。現状において考えられる研究の発展的可能性について，その一部を列挙してみたいと思います。

1) スポーツマンガを用いた体育授業づくりの研究

上述したように，これまでのマンガ研究では，教育活動への応用を目指した研究が行われてきました。こうした研究が有する視点や方法論を引き取れば，スポーツマンガを「教具」とした体育授業づくりの研究を行うこともできるのではないでしょうか。

これは，かなりのバリエーションをもって展開可能な研究であると思います。具体的な展開例として，例えば，球技領域において「ゴール型」や「ネット型」の授業を展開する際に，サッカーやバレーボールをテーマにしたスポーツマンガを用いることで，言葉だけではなかなか説明しにくい「戦術」について，学習者の理解を促しやすくなることが想定されます。学習者にとってみれば，日常的に親しみのあるスポーツマンガを通して「知識及び技能」を身につけることができるわけですから，これ自体はEdutainment▶7の考え方にも即した取り組みとなります。

▶7 Edutainmentの詳細については，第1章第7節を参照のこと。

2) スポーツマンガにおける運動部活動の描かれ方をめぐる研究

多くのスポーツマンガの中で，主たる舞台となっているのが「運動部活動」です。それは，社会的にも認知度の高い「メディアミックス化」したような人気作品にも共通してみられる設定です。

ここで注目したいのは，「人気がある」ということは，当該作品が多方面にわたって社会的影響力を有していると考えられる点です。そうであるならば，そこで描かれる「運動部活動の姿」は，多くの人たちに何らかの影響を及ぼしている可能性があります。

一方で，上述したように，海外ではマンガを通して日本文化を理解しようとする研究が散見されます。そのため，そこで描かれる運動部活動の姿は，日本のスポーツ観の理解やイメージ形成に影響を及ぼしやすいといえるでしょう。こうした状況を踏まえると，スポーツマンガにおける運動部活動の描かれ方をめぐる研究は，スポーツ教育学の研究においても重要な示唆を示してくれると考えられます。

3) スポーツマンガにおいて描かれる諸概念の研究

スポーツマンガの多くでは，「友情」，「勇気」，「努力」，「夢」など私たちの人間形成や人生観にも影響を及ぼす諸概念を，スポーツとの関連を通して描いています。そこで注目されるのが，スポーツマンガにおいて描かれているこれらの諸概念の分析です。

スポーツマンガを読んで，「仲間との友情の尊さ」や「ひたむきに努力することの大切さ」を学んだ人は少なくないと考えられます。そのため，スポーツマンガにおけるこれらの諸概念の描かれ方や意味内容を分析することで，スポーツマンガが有する教育的特質を整理することができるのではないでしょうか。

3. スポーツマンガを研究する意義

マンガを対象にした研究は国内外で進展を続けていますが，その歴史を辿ってみると，まだ緒に就いたばかりであることがわかります。しかしながら，こうした学問的潮流からは，マンガと学問を結び付ける価値観や認識の枠組みの構築に向けた動きを見出すことができ，これ自体が非常に発展的な議論であるといえるでしょう。

これを踏まえれば，スポーツマンガもまた，非常に大きな教育的可能性を有したコンテンツであることは間違いありません。Edutainmentという考え方の普及とともに，スポーツマンガを通したスポーツ教育のあり方を問うていくことは，現代的な意義を有した新鮮な取り組みであるといえるでしょう。それは，新時代のスポーツ教育学をめぐる動向に対しても，重要な貢献になり得るはずです。

（小野雄大）

13-1 近代武道と教育

Key word：近代化，修養，嘉納治五郎，西久保弘道

1. 武道教育の特徴

武道は，剣道，柔道，弓道，空手道などの総称[1]であり，競技スポーツとしても行われますが，日本伝統の武術の稽古による心身の教育を目的とした修養[2]文化でもあります。「武道は技の稽古による人間教育である」という考え方は，他の運動文化やスポーツとは異なる武道の特徴として理解されています。

2017年に告示された中学校保健体育科の学習指導要領においても，武道については「技能の習得などを通して人間形成を図る」という伝統的な考え方を理解できるようにすることが求められています[3]。これを他のスポーツに当てはめて考えてみるとどうでしょうか。例えばサッカーのドリブルを上達させることが，人間形成につながるといわれたら違和感を覚えるかもしれません。しかしながら，19世紀イギリスにおいても，ジェントルマン教育に有用であるとして，スポーツがエリート教育機関に導入されていった歴史があります。武道以外のスポーツでも，その実践を通じた教育が期待されてこなかったわけではありません。

それでは，武道に限った特徴とはなんでしょうか。日本武道協議会の「武道憲章」では，武道は「日本古来の尚武の精神に由来し，長い歴史と社会の変遷を経て，術から道に発展した伝統文化である」とも明示されています[4]。武道が日本の伝統文化としての側面をもつのであれば，武道の教育を考えるにあたり，その歴史を振り返る必要がありそうです。

▶1 日本武道協議会の「武道の定義」では，武道を「柔道，剣道，弓道，相撲，空手道，合気道，少林寺拳法，なぎなた，銃剣道」の9種目の総称としている。

▶2 人格形成に努めること。

▶3 文部科学省（2018）中学校学習指導要領（平成29年告示）解説 保健体育編．東山書房．

▶4 日本武道館編（2007）日本の武道．財団法人日本武道館．

2. 武道の近代化

現在のように武道が人間教育を目的とするものとして理解されるようになったのは，実は比較的最近のことで，剣道や柔道の総称として使用されるようになったのもさほど古いことではありません。日本において「武道」という語それ自体は，武士が台頭し始める12世紀末頃に登場しますが，もともとは武士が使用する格闘術，すなわち「武術」を意味していました。それに加えて，江戸時代が近づく戦国末期頃になると，「武士道」すなわち武士の道徳倫理を示す言葉としても用いられるようになりました[5]。

明治時代になると武士階級が消滅し，剣術や柔術の専門家である武術家たちは見世物として「撃剣興行」を行ったり，新設されたばかりの警察への採用を図ったりして，なんとか武術の命脈を保とうとしました。また，新たな学校教育制度の教材として，武術を導入してもらおうという動きも生じます。文明開化の時代において，「野蛮」，「危険」，「粗暴」といったイメージがあった武術が生き残っていくためには，新たな近代社会に適応していく必要がありました。

武術の「近代化」のモデルケースとなったのが，嘉納治五郎[6]により1882年に創始された柔道でした。嘉納は自らが学んだいくつかの柔術に改良を加え，安全かつ理論的な技術体系や，修行者の上達度を示す段級位制，競技スポーツとしての試合方法などを確立し，柔術と差異化して名称を「柔道」としました[7]。

▶5 寒川恒夫（2014）日本武道と東洋思想．平凡社．

▶6 嘉納治五郎（1860-1938）：摂津国莵原郡御影村（現在の兵庫県神戸市東灘区）出身。東京大学卒業後に講道館柔道を創始。教育者として学習院教授や東京高等師範学校校長を歴任。1909年にはアジア初の国際オリンピック委員会委員に就任し，1911年には大日本体育協会（現日本スポーツ協会）を設立，1912年には日本初参加のストックホルムオリンピックでは団長を務めるなど，日本の体育・スポーツ振興にも力を注いだ。

▶7 井上俊（2004）武道の誕生．吉川弘文館．

とはいえ，この頃（明治時代の前半）には「柔道」や「剣道」といった名称は一般的に用いられておらず，1895年に設立された武道統括団体の大日本武徳会でも，それぞれの名称は「柔術」や「撃剣」と定められていました。現在のような意味での武道は，明治時代の終わりから大正時代にかけて確立していくことになります。

3. 武道の教育的価値

嘉納は柔道修行による教育的な価値も主張しました。1889年に文部大臣らの前で「柔道一般ならびにその教育上の価値」と題する講演を行った嘉納は，柔道が教育に有用であるということを訴えかけました。ここで嘉納は柔道が，柔術由来の実戦性としての「勝負」，身体発達の効果が期待できる安全な運動競技としての「体育」，知育や徳育など心の教育としての「修心」の3つからなると説明します。こうして嘉納は，柔道の稽古をすることは，知育・徳育・体育の総合的な心身教育であるということを主張しました。背景には，当時の教育界でスペンサー（Spencer, Herbert）に代表される「三育主義思想」▶8が広がっていたことがあります。ここには現在に通じる武道と教育の結びつきがみられるように思われますが，嘉納自身は柔道が「武道」と呼ばれることを望みませんでした。明治時代の社会では，まだ「武道」という語は「相手を殺傷捕縛する武術」という理解が一般的だったようです。

嘉納の柔道をモデルとして，大正時代に「武道は稽古による教育を目的とした日本文化である」という今日的な考え方を確立させたのが西久保弘道▶9でした。西久保は，見世物あるいは殺傷捕縛術として粗暴なイメージが残る武術や，当時学生を中心に人気が高まっていた欧米由来の近代スポーツなどと差異化し，武道を日本固有の優れた精神修養文化として位置づけました。

西久保は，1919年に大日本武徳会の副会長兼武術専門学校長に就任すると，武徳会における呼称を「武術」から「武道」へ，「剣道」，「柔道」，「弓道」へと名称を変えました。こうして大日本武徳会や教育機関などを通じて，武道という言葉の今日的な意味が，大正期から昭和初期にかけて人々の間に広がっていきました。

▶8　三育主義は，明治期に日本が近代的な学校制度を整える上でモデルとした欧米の教育思想であり，三育には「知育」，「徳育」，「体育」の訳語があてられた。

▶9　西久保弘道（1863-1930）：肥前国佐賀郡鍋島村（現在の佐賀県佐賀市）出身。東京大学卒業後に内務省に勤務し，以後福島県知事や北海道長官，警視総監，東京市長などを歴任。無刀流剣術を修行し，1929年には大日本武徳会の剣道範士を授与された。

4. 武道は伝統的か

このように現在に至る「技の稽古を通じた人間教育」を目的とした武道は，古来の武術が新たな近代日本に適応しながら「術から道へ」と変容する過程のなかで，欧米の近代スポーツとは異なる日本固有の修養文化として作り上げられていきました。武道には，江戸時代以前の日本の武術に由来する「伝統性」と文明開化の新しい社会に適応していった「近代性」の両面が備わっているのです。

時代背景や社会状況によっては，武道がもつ伝統性のみが強調されることもありました。競技スポーツとしての武道が広く普及している現在でも，近年の学校教育における「武道必修化」においては伝統とのつながりを強調する傾向がみられます。例えば，2006年改正の教育基本法で「伝統と文化の尊重」が新たな教育目標とされたことに基づき，2008年に公示された「学習指導要領」には，中学校の保健体育に『武道の必修化』が盛り込まれました。とはいえ，本節で見てきたように，武道と教育が結びつくようになってからは，わずか100年ほどしか経っていないのです。

（星野映）

13-2 学校教育と武道

Key word：学校武道，格技，武道の必修化

1. 学校への導入と近代武道

明治時代になって武術の需要が減少すると，その生き残りをかけて，新たな学校教育制度の体操科（体育）へ武術の導入が試みられるようになりました。武術家たちは，安全な教授法や身体の発育への有用性を検討し，教材としての武術の研究を重ねていきましたが，文明開化の社会において，粗暴で野蛮なイメージが残る武術が，すぐに学校教育に採用されることはありませんでした。

しかしながら，嘉納治五郎の柔道が先導した「術から道へ」の武道の近代化と相まって，教育や武道の関係者の働きかけもあり，しだいに課外活動や教材の一部として武道を実施する学校が増加していきました。1913 年には『学校体操教授要目』において「随意科」（任意の選択教材）として撃剣・柔術が正課に加えられ，全国の中学校[1]や師範学校[2]で撃剣・柔術が教材として採用されていくことになります。

文部省は，1926 年に制定した『改正学校体操教授要目』の中で「撃剣及柔術」を「剣道及柔道」に改正し，さらに 1931 年には剣道と柔道の総称に初めて「武道」の語を当てました。現在のような各種目の総称としての武道という言葉の使用は，この頃から人々の間に広がっていきました。

武道が学校体育へ正課採用されていく中で，武道の統括団体である大日本武徳会には，剣術柔術の専門教員養成を行う武術専門学校（武専）[3]が設置されました。武専は，最初の卒業生を出した 1914 年から，太平洋戦争に突入する 1941 年に至るまで，本科で 716 人（柔道 334 人・剣道 382 人），研究科は計 44 人（柔道 14 人・剣道 30 人）の卒業生を輩出しました[4]。

2. 戦時体制下の学校武道

1930 年代以降日本が戦争へと突き進んでいく中，「日本精神」や「武士道」と結びつけられた武道は，ナショナリズムを強化する手段として奨励されていきます。戦況の変化は武道に関する政策にも影響し，学校教育における武道のあり方を変えていきました。

1931 年には，「質実剛健なる国民精神を涵養し，心身を鍛錬するに適切」であるとして，剣道・柔道が初めて中学校と師範学校の男子の体操科教材として必修化されました。これらに加えて，1936 年には弓道も学校の事情に応じて選択できることになり，高等女学校[5]や師範学校の女子の教材にはなぎなたが導入されました。このときには，武道教材としては扱われなかったものの，「遊戯及競技」の 1 つとして相撲も導入されています。

日中戦争開始以降は，国策としての武道振興がさらに推し進められていきました。1938 年には武道関係の建議案が 22 件も提出され，それらすべてが一括で可決されます。その翌年には「小学校武道指導要目」が公布され，尋常小学校 5 学年以上と高等小学校[6]の男子に対し剣道・柔道が準正課として課せられました。その目的は「心身の鍛錬と武道精神の涵養」とされましたが，剣道は防具なしで刀の基本動作を，柔道も道衣なしで打つ・

▶1 戦前日本の学校教育制度における中等教育機関であり，1907年の中学校令改正以降は，義務教育である尋常小学校を卒業した12歳以上の者が中学校の入学対象者とされた。

▶2 教員養成を目的とした学校。戦後の教育改革で師範学校は廃止され，国立の教育大学や教育学部に改編された。

▶3 大日本武徳会は1905年に武術教員養成所を設立し，1911年の私立学校令改正に基づき「武徳学校」として認可を受け，1912年の専門学校令により「大日本武徳会武術専門学校」に改称した。さらに，1919年には武道専門学校に改称している。

▶4 藤堂良明（2018）学校武道の歴史を辿る．日本武道館．

▶5 戦前日本の教育制度では男女別学が原則であり，高等女学校は男子の中学校に対応して女子の中等教育機関として制度化された。女子にいわゆる「良妻賢母」教育を行う機関であり，教育水準の面で中学校とは著しい格差があった。

▶6 戦前日本の大衆教育において，1886年の小学校令では義務教育としての尋常小学校（4年）と，その卒業者が入学する高等小学校（4年）に大別された。1907年からは尋常小学校の修業年限が6年と延長され，高等小学校は2年とされた。1941年の国民学校令により，尋常小学校は

突く・蹴るなどの当て身技が中心的な内容となりました。

1941年の国民学校令は，それまでの体操科を体操と武道の2領域からなる体錬科に再編しました。その目的は「国防」に必要な体力の養成や「尽忠報国」の信念の涵養にあるとされ，次第に，小学校においてさえも武道は「戦技化」していったのです。

3. 学校武道の禁止から復活，「格技」の誕生

戦後になると連合国軍総司令部（GHQ）は，戦前の武道を軍国主義に加担した軍事技術とみなしました。1945年，GHQの意向により文部省は，課外活動も含めて学校での武道を一切禁じました。剣道や柔道などの総称として用いられていた「武道」という呼称も，文字自体に軍事的意味が含まれているとして使用が禁じられ，各種目は柔道や弓道という呼称が用いられることになりました。また，武道教員は免許が無効とされて失職を余儀なくされました。さらに1946年には，依然として軍国主義的色彩を帯びているとされた大日本武徳会が解散させられ，1,200人以上の役員が公職追放処分を受けました[▶7]。

戦後の武道は，種目ごとに全日本柔道連盟や全日本弓道連盟などの全国的な競技連盟を設立して，再建が進められていきました。特に厳しい制限を受けた剣道では，全日本剣道連盟という名称が認められず，1952年の占領終結まで「全日本撓（しない）競技連盟」が全国統括団体として機能しました。こうして各武道種目は，戦前からの「修養文化」や「伝統性」と距離をとることで再出発していきました。

武道種目は，1950年の学校柔道解禁を皮切りに，教育現場での復活も実現していきます。そして，1958年の「中学校学習指導要領」および1960年の「高等学校学習指導要領」からは剣道・柔道・相撲の領域名称として「格技」が用いられることになりました[▶8]。これらの種目は学校教育の領域において，「武道」ではなく対人格闘スポーツと定義づけられることになったのです。

4. 武道の必修化

戦後にスポーツとして再出発した武道は，1964年の東京オリンピックで正式競技に採用された柔道をはじめとして，競技スポーツとしての国際化が進んでいきました[▶9]。すると再び，「武道はスポーツではなく，日本固有の伝統文化である」という主張が，経済大国化する日本のナショナル・プライドとともに湧き起こってきます。

1977年には武道9団体[▶10]と財団法人日本武道館が協同して，日本武道協議会を設立しました。同協議会は，翌78年に設立された武道議員連盟などと協力し，文部省に対して学校教育における武道の奨励を働きかけていきました。

こうした働きかけが後押しとなり，1989年改訂の「中学校学習指導要領」および「高等学校学習指導要領」において，「格技」は日本固有の文化としての伝統性を強調した「武道」としての名称に変更されました[▶11]。さらに，2008年改訂の「学習指導要領」において中学校の保健体育に「武道の必修化」が盛り込まれ，2012年度からすべての中学校で武道が実施されるようになりました[▶12]。現在の中学校における武道授業の種目は，原則として柔道・剣道・相撲から選択することになっています[▶13]。各学校では，武道を専門とする保健体育科教員が多くないことや，施設・設備・備品の予算措置，安全性の確保などが課題として挙げられるなか，日本武道館や各種連盟が協力し，授業の充実化に向けた取り組みが進められています[▶14]。

（星野映）

国民学校初等科に，高等小学校は国民学校高等科に改組された。

▶7　坂上康博（2018）日本：スポーツと武術・武道のあゆみ150年．坂上康博ほか編，スポーツの世界史．一色出版．

▶8　ただし，格技を履修するのは男子生徒のみとされた。

▶9　なお，オリンピックの柔道競技において女子が正式種目となるのは1992年のバルセロナオリンピックからである。

▶10　柔道・剣道・弓道・相撲・空手道・合気道・少林寺拳法・なぎなた・銃剣道の9つ。

▶11　また，男女平等や男女共同参画社会の実現という観点から，女子も武道を履修することができるよう改められた。
本村清人（2007）学校武道の歴史．財団法人日本武道館編，日本の武道．日本武道館，pp.55-56.

▶12　それまでは武道またはダンスのいずれかを選択して履修することになっており，男子は武道，女子はダンスというように性別で区分しているケースも多かったようであるが，2008年改訂の「学習指導要領」によって性別関係なく武道が必修となった。

▶13　「中学校学習指導要領」では，学校や地域の実態に応じて，なぎなた，空手道，弓道，合気道，少林寺拳法，銃剣道などの武道種目についても履修させることができるとしている。

▶14　2011年度から2018年度までの各種目の実施率について，柔道が60-67%，剣道が30-37%，相撲は3%前後で推移している。
三藤芳生（2019）特別レポート・中学校武道必修化第5回アンケート調査結果について．月刊武道，2019年10月号：pp.166-185.

13-3 グローバル時代の武道教育

Key word：国際化，脱日本化，オリンピック，再日本化

1. 武道の国際化

武道は現在世界中の人々に愛好されており，世界各地のあらゆる国や地域に剣道，柔道，空手道，弓道，合気道などを実践するための武道場が存在します。

日清・日露戦争をきっかけに日本の武術は1900年前後から海外で注目されるようになり[1]，現在のような意味での「武道」が確立する以前から，その海外進出は始まっていました。しかし，各種武道が本格的に国際化していくのは，第二次世界大戦後のことでした。日本に滞在した人々が自国に武道文化を持ち帰ったり，あるいは日本人の武道指導者が世界各地で普及活動を行ったりする中で武道が実践されるようになり，また，マーシャル・アーツ（武術）を題材にした映画やテレビ番組などの影響から，各地で日本の武道に注目が集まることもありました。こうしたプロセスを経て，現在ではあらゆる武道で国際統括連盟がつくられています。

これらの国際統括連盟でも，それぞれの武道種目が精神修養や人間形成といった教育的な価値を有することや日本伝統の文化であるということを強調しています。世界各地で武道が実践されている理由は様々考えられますが，「技の稽古による人間教育を目的とした修養文化」としての側面に魅力を感じている人は非常に多いといわれています[2]。

▶1 特に欧米での柔術への関心は高く，軍隊や警察で柔術が採用されたり，様々な柔術教本が出版されたりしている。
藪耕太郎（2021）柔術教本にみえる消費と啓蒙の二重性とフィジカル・カルチャーとしてのその受容．体育史研究，38: 25-40.

▶2 アレキサンダー・ベネット（2021）日本人の知らない武士道．体育史研究，38: 19-24.

2. 競技スポーツとしての武道

武道は競技スポーツとしても世界中に普及しています。しかしながら，武道が国際的な競技として成立するためには，日本固有の考え方を弱めることも必要とされてきました。

最も早く国際化を実現した柔道は，1964年の東京オリンピックで初めて正式競技として採用されました。このとき競技上の公平性を理由に体重別の階級制を導入することになりましたが，日本からは武術としての固有性を強調して体重無差別で実施すべきだという反対意見がありました。また，1980年代の後半からは誤審対策やテレビでの見やすさを理由にブルー柔道衣の導入が国際柔道連盟（IJF）で検討されはじめましたが，伝統的に使用されている白色を大切にしたい日本はここでも反対の立場をとっていました。結果的に，1997年のIJF総会でブルー柔道衣の導入は決定しましたが，1964年の東京オリンピックにおける体重別階級制の導入以降，IJFのルール改正において日本が積極的に推進したものはほとんどないとされています[3]。競技スポーツとしての柔道は，日本の譲歩によって国際的に発展してきたともいえそうです。

▶3 村田直樹（2011）柔道の国際化．日本武道館

柔道のみならず各種武道が国際的な競技スポーツとして世界各地に広がっていくとき，そこには武道が持つ日本固有性から離れるという「脱日本化」が伴います。また，勝敗を競い合うことが目的の競技スポーツにおいては，日本武道の「技の稽古による人間教育を目的とした修養文化」としての側面は置き去りにされてしまう傾向にあります。競技スポーツと心身教育文化とのバランスをいかにとるかということが，武道の国際化においては重要なポイントとなっています。

3. フランスの柔道と教育

世界で最も武道が普及している国の1つにフランスがあります。そのフランスで最も人気の武道が柔道です。フランスにおいて柔道は，単なる格闘スポーツや護身スポーツ，あるいは日本の伝統文化としてだけではなく，教育的な価値を有する運動文化として理解され実践されています。特に子供向けの教育的スポーツとして人気があり，日本の柔道人口の3倍以上にも及ぶ50万人超のフランス柔道連盟[4]の登録者のうち，15歳未満の子供が全体のおよそ7割を占めています[5]。

1970年代の後半からフランス柔道連盟は，子供の教育に適したスポーツとしての柔道をつくりあげていきました。例えば，「4歳から5歳の柔道」や「6歳から8歳の柔道」など，子供の発育発達に応じた柔道の教育プログラムを考案し，テキストを出版しています。これらのプログラムでは柔道のレッスンを通じて子供の運動機能の向上や心理的な発達，ソーシャル・スキルを身につけるといった教育的な効果が期待されています。

他方で，フランス柔道連盟は「礼儀（la politesse）」，「勇気（le courage）」，「誠（la sincérité）」，「名誉（l'honneur）」，「尊敬（le respect）」，「自制（le contrôle de soi）」，「友情（l'amitié）」，「謙虚（la modestie）」の8つを柔道の道徳規範として掲げています[6]。日本の武士道から着想を得て1980年代に創られた8つの道徳規範はフランスのオリジナルであり，嘉納治五郎や講道館あるいは全日本柔道連盟がこれらを明示したことはありません。しかしながら，漢字とフランス語で道徳規範を表記したポスターはフランス各地の道場の壁に掲示されており，柔道が子供の教育に役立つというイメージの普及につながっています。

フランス柔道の特徴は，柔道の稽古を通じて獲得することが期待される教育的な価値や効果を，具体的かつ明示的に主張してきたという点にあります。こうしてフランス柔道連盟は，「柔道は教育的なスポーツである」というイメージを巧みに形成してきました。ここではフランスの例を紹介しましたが，世界各地で同じように武道は教育文化としての役割を期待され愛好されています。

▶4 現在のフランス柔道連盟（Fédération française de judo）の正式名称は，フランス柔道柔術剣道及び関連武道種目連盟（Fédération française de judo, jujitsu, kendo et disciplines associées）であり，連盟内には剣道や弓道の国内統括委員会が設置されている。略称はFFJDA。

▶5 Institut national de la jeunesse et de l'éducation populaire (2020) Données sportives 2020. https://injep.fr/donnee/recensement-des-licences-sportives-2020/. (accessed 2022-7-11)

▶6 Fédération française de judo et disciplines associées. (2008). Shin : éthique et tradition dans l'enseignement du judo. Budo éditions, pp.23-26.

4. グローバル化と武道教育

フランスで考案された柔道の道徳規範は，現在ではIJFでも採用されています。IJFは2007年から，ワールド・ツアーや世界ランキング制など競技に関わる制度改革を進めつつも，「子供のための柔道会議」など柔道の教育的な側面を充実させて，競技と教育のバランスをとりながら柔道の普及を試みてきました。道徳規範の採用も，IJFによる柔道の教育普及という文脈で理解することができるでしょう。

他方でIJFは，柔道が嘉納治五郎により創始された日本文化としての側面も重視しています。柔道が日本発祥であるというのは，他のオリンピック実施競技との差異化を図る上で重要な役割を果たしており，先の道徳規範を示したIJFのポスターにも，漢字の表記とともに嘉納の写真が掲載されています。「脱日本化」を伴ってグローバルな競技スポーツとしていち早く世界中に拡大した柔道でしたが，今日では，その教育的な価値や日本発祥ということが再び強調されるという，いわば「再日本化」とも呼べる現象が起きています[7]。グローバル社会における武道の教育的な価値への期待や，武道の「技の稽古による心身教育文化」という理解は，日本文化の固有性というよりも，世界中で共有される武道の普遍性として考えられるのではないでしょうか。

（星野映）

▶7 Brousse, M. (2021). The Judo Moral Code or the Western "Re-Japanisation" of Modern Judo." The Arts and Sciences of Judo, 1(1): 21-29.

13-4 教科体育と武道（柔道）

Key word：学習成果，指導内容，学習順序

1. 武道の位置づけ

現在，武道はオリンピックや世界選手権などの競技スポーツとして，マスターズ大会や町道場での実践などの生涯スポーツとして，そして教科体育を中心とした教育としての側面など，個人のニーズに応じながら多様な形で実践されています。

教科体育における武道は，2006年の教育基本法改正などを背景にして，2008年の中学校学習指導要領の改訂の際に必修化されました。現行の学習指導要領においても，体育における運動領域の1つに位置づけられています。

また，教科体育における武道は，中学校学習指導要領において，「相手の動きに応じて，基本動作や基本となる技を身につけ，相手を攻撃したり相手の技を防御したりする」[1]と明示されています。ここでは，武道の「基本動作」や「技」を生徒に学ばせ，最終的に「攻防を展開」させることが求められているのです。

▶1 文部科学省（2018）中学校学習指導要領（平成29年告示）解説 保健体育編．東山書房，p143.

2. 柔道の指導内容・方法

以上を踏まえ，教科体育の柔道に着目すると，中学校学習指導要領には「基本となる技」が例示され，それを用いて相手と攻防を展開し，勝敗を競う楽しさや喜びを味わうことが求められています。しかし，その学習指導要領では教材配列や指導順序などの明確な指導方法は示されていません。また，小学校学習指導要領においても武道領域の運動は位置づけられていないため，生徒の多くは中学校で初めて柔道を学習することになり，各授業者によって指導内容や方法は設定されます。ですが，前節で挙げられていたように，柔道を運動領域の専門とする保健体育科教員は少ないことから，教育現場がその指導に不安を抱えていることが予想されます。

そこで，筆者は指導内容の順序と学習成果の関連性を明らかにするため，中学校1年生を対象に柔道授業に関する実践研究を行いました[2]。この研究では，生徒を「先に投げ技を学習するクラス（投げ技先行群）」と「先に固め技を学習するクラス（固め技先行群）」の2単元に分類し，学習成果の違いについて検証しました。以下にその内容を紹介します。

▶2 山本浩二ほか（2018）柔道授業の初習段階における学習順序の違いが生徒の学習成果に与える影響．武道学研究，50（3）：149-158.

作成した単元は，学習指導要領に示される柔道の運動特性から「相手と組み合って学習活動を展開する」ことに重点を置き，8時間で構成しました。まず，1・2回目は「柔道に慣れる」ことを学習課題として，道着の着用方法やペアでの運動を用い，生徒がより効果的に本運動へ移行するための時間に充て，3回目以降は上記の群に分けて学習を展開しました。具体的な単元計画については表1の通りです。

まず，投げ技では従来の「技を教え込む」学習よりも「相手の動きに合わせる」学習に重点を置き，相手の動きに応じて崩す（投げる）という学習を実施しました。また，基本動作はペアの運動を中心に実施し，柔道の動きに慣れることを促すため，「相手と組み合い，自由に動き回る」運動を毎時間行いました。同様に，ペアで崩しと体さばき，受け身のそれぞれを関連づけて毎時間実施し，技術の習得を図ることができるよう配慮しました。

最後の「約束練習」[3]では，取が受[4]に 30 秒から 1 分ほど既習の技を掛ける練習を実施することにより，相手との攻防を体験でき，技能習得を促進しました。

一方，固め技では「抑え技」の「横四方固め」と「けさ固め」を取り扱い，投げ技と同様に「相手と攻防を展開する」ことを学習目標として展開しました。まず，「相手を抑え込む」ことを体験させるため，受取を交代しながら自由に抑え込ませますが，この状態では受が容易に逃れられるため，「抑え込みの条件」[5]を提示するとともに，相手を抑え込むポイント（極め）を指導します。その後，「取」は実際に抑え込み，「受」は逃れようとする練習を行うことによって，相手との攻防を実際に体験することができます。最後に約束練習を取り入れ，投げ技先行群と同様に，「相手との攻防」を体験できるようにしました。

以上の単元を実施し，生徒による柔道授業を通じた学習成果について自己評価を実施した結果，相手の技や動きに対応して自らの動きを行うことができる「対応行動」と，授業中のルールやマナーを守ることができる「規範遵守」は，固め技先行群の得点が有意に高かったです。その理由として，固め技では生徒同士の身体接触や力の発揮を経験する機会が増加することや，怪我のリスクが投げ技よりも低く，生徒にとって単元序盤であっても柔道に慣れる機会を安全に確保しつつ，運動欲求を充足できることが考えられます。この結果は，柔道の学習順序として固め技を先に学習した方が学習成果は高くなる可能性を示唆しているといえます。

このように，指導内容・方法の違いによる学習成果（教育効果）の差異を明らかにすることは，生徒の学習成果を効果的に高めるための指導順序の規定につながるため，今後も研究知見の蓄積が必要であるといえます。そして，知見の蓄積により，誰しもが実践可能な学習プログラムを開発することが今後の課題として挙げられるでしょう。

また，学習内容を展開する際にはいうまでもなく，生徒に危険な行動や自分勝手な行動を禁止する指導を行うこと，また体格差や体力差を考慮したペアの選択，課題の段階的な難易度の設定などの安全管理に配慮することを念頭に置きながら指導しなくてはなりません。

（山本浩二）

▶3　練習課題等に応じて互いに約束事（技や動きなど）を設定し練習を展開していくこと。

▶4　本節において，「取」は技を施す側を意味し，「受」は技を受ける側を意味する。

▶5　本村清人編著ほか（2003）新しい柔道の授業づくり．大修館書店．抑え込みの条件の例として「相手をだいたいあおむけにする」などがある。

表 1. 中学校第 1 学年における投げ技先行群および固め技先行群の単元計画（▶2 より転載）

投げ技先行群	1	2	3	4	5	6	7	8
学習課題	学習内容を把握する，柔道に慣れる		投げ技を理解する	投げ技の原理を理解する	投げ技を習得する	固め技を理解する	固め技を習得する	固め技で攻防を展開する
備考			毎時間の導入時に，「本時の学習内容の確認」，「準備運動（柔軟）等」，「補強運動」を実施					
0–50 投げ技先行群			←相手の力に応じる（対応する）		○基本動作との関連：相手と組み合った状態 ・様々な方向に動く　・崩しと横受け身　・崩しと後ろ受け身→			
						○固め技に応じた補強運動 ・体ほぐしの運動→		
	○オリエンテーション ・授業内容，展開 ・柔道の特性について ○柔道着の着方 ○基本動作 ①礼の意味と所作 ②姿勢と組み方 ③体さばき→組み合って動く →崩し，受け身	○柔道着の着方 ○準備運動 ・体ほぐしの運動 ○基本動作の習得	○崩しと受け身の関連 ・崩しと横受け身，後ろ受け身 →段階的に受の高さを設定 ○投げ技の理解 ①膝車　②支え釣り込み足	○投げ技の原理を理解する ①押し・引っ張り合い ③設定された枠内から押し出す ○投げ技の理解・習得 ①膝車　②支え釣り込み足 ③体落とし	○投げ技の習得 ①膝車　②支え釣り込み足 ③体落　④約束練習 →受取に分かれ，1分間で取は既習の技を掛け，受は技を受ける	○固め技の理解 ・相手を自由な形で抑え込む ・抑え込みの条件※1を理解	○固め技の理解・習得 ①横四方固め ②けさ固め	○固め技の習得 ・攻防の展開
固め技先行群	1	2	3	4	5	6	7	8
学習課題	学習展開を把握する，柔道に慣れる		固め技を理解する	固め技を習得する	固め技で攻防を展開する	投げ技を理解する	投げ技の原理を理解する	投げ技を習得する
備考	毎時間の導入時に，「本時の学習内容の確認」，「準備運動（柔軟）等」，「補強運動」を実施							
0–50 固め技先行群			←○基本動作との関連：相手と組み合った状態 ・様々な方向に動く　・崩しと横受け身　・崩しと後ろ受け身				相手の力に応じる（対応する）→	
			○固め技に応じた補強運動 ・体ほぐしの運動→					
	○オリエンテーション ・授業内容，展開 ・柔道の特性について ○柔道着の着方 ○基本動作 ①礼の意味と所作 ②姿勢と組み方 ③体さばき→組み合って動く →崩し，受け身	○柔道着の着方 ○準備運動 ・体ほぐしの運動 ○基本動作の習得	○固め技の理解 ・相手を自由な形で抑え込む ・抑え込みの条件※1を理解	○固め技の理解・習得 ①横四方固め ②けさ固め	○固め技の習得 ・攻防の展開	○崩しと受け身の関連 ・崩しと横受け身，後ろ受け身 →段階的に受の高さを設定 ○投げ技の理解 ①膝車　②支え釣り込み足	○投げ技の原理を理解する ①押し・引っ張り合い ③設定された枠内から押し出す ○投げ技の理解・習得 ①膝車　②支え釣り込み足 ③体落とし	○投げ技の習得 ①膝車　②支え釣り込み足 ③体落　④約束練習 →受取に分かれ，1分間で取は既習の技を掛け，受は技を受ける

※抑え込みの条件は本村を参考にした

13-5 現代の武道（柔道）を通した人間形成の実態

Key word：ライフスキル，キャリア成熟，競技成績

1. 武道と人間形成

「礼儀作法が身につく」や「健全な精神が身につく」のように，武道実践を通じて○○○が身についたという話はよく耳にすることでしょう。実際に，武道は「その修行を通じた人間教育である」と言われるように，武道と人間形成（教育）には深い関係性があるとされてきました。

例えば，剣道では「剣の理法の修練による人間形成の道である」という理念[1]が制定されており，柔道でも創始者の嘉納治五郎の「精力善用・自他共栄」という言葉に代表される教育的側面が重視されています[2]。さらに，「武道は（中略）技能の習得などを通して，人間形成を図る…」と中学校学習指導要領に示されていることからも[3]，「武道における技術の錬磨を通じて，人間形成を図る」という考え方が広く一般的に浸透しているといえます。

こうした人間形成に関連して，近年の体育・スポーツ心理学領域では「ライフスキル（Life-skills）」という概念が注目されています。ライフスキルとは，「日常生活で生じる様々な問題や要求に対して建設的かつ効果的に対処するために必要な能力」[4]などと定義され，この概念に着目した教育・研究活動が行われています。このライフスキルは，21世紀の教育目標で育成が強調される「生きる力」に極めて類似した概念であり，これまでの研究において学生アスリートの良好な競技成績やキャリア実現に正の影響を及ぼすことが明らかになっています[5]。この知見は「スポーツ活動を通じた経験がライフスキル獲得に影響する」ことを示しており，武道（柔道）においても他のスポーツ種目と同様の経験を通じてライフスキルの獲得を促進する可能性を示唆しています。実際に，競技スポーツを主とした武道（柔道）修行を通じて実践者の良好な競技成績の達成[6]や，競技引退後のキャリア獲得のために必要なライフスキルを獲得できる[7]という，柔道の教育的効果を実証的に示した研究がみられ，柔道修行がライフスキル獲得に影響しているものと考えられます。

これを踏まえて，以下ではライフスキル獲得が武道実践者（大学生柔道選手）に及ぼす影響について紹介していきます。

▶1 全日本剣道連盟（1982）財団法人全日本剣道連盟三十年史. 全日本剣道連盟.

▶2 永木耕介（2008）嘉納柔道思想の継承と変容. 風間書房.

▶3 文部科学省（2018）中学校学習指導要領解説保健体育編. 東山書房.

▶4 川畑徹朗ほか監訳（1997）WHOライフスキル教育プログラム. 大修館書店.

▶5 例えば，清水聖志人ほか（2011）大学生トップアスリートのキャリア形成とライフスキル獲得との関連. 日本体育大学研究紀要, 41（1）：111-116.

▶6 山本浩二ほか（2018）大学生柔道選手におけるライフスキル獲得が競技成績に及ぼす影響. 武道学研究, 51（2）：75-87.

2. 武道実践におけるライフスキル獲得と競技成績

大学生柔道選手の「ライフスキル獲得」と「競技成績」に着目した研究[6]では，両変数間に明確な時間差を設けたかたちで関係性が検討されています。具体的な調査方法としては，大学生柔道選手のライフスキルについて競技成績が明らかになる2，3カ月前に調査を実施し，その後開催された全日本学生大会（インカレ）の本大会および予選大会の個人の成績をもとに，競技成績をインカレ本大会の出場群と未出場群に分け，さらに出場群は本大会における成績を3つの群（上位・中位・下位）に分類して検討しました。

その結果，インカレ本大会への出場群と未出場群の比較では前者が「目標設定」などの

5側面で，本大会出場の3群の比較では成績上位群が「体調管理」など3側面で有意な得点差が認められました。したがって，大学生柔道選手において優秀な競技成績を収めるためにはライフスキルの獲得が重要であることが明らかとなり，意義の大きさを示しています。

3. 武道実践におけるライフスキル獲得とキャリア成熟

学生アスリートは，卒業後の職業選択という直近のライフイベントや，その後の長期にわたる人生の生き方に対する考え方を示す「キャリア成熟」を充実させることも必要です。キャリア成熟とは，「知見の広い，年齢にふさわしいキャリア決定をするための個人のレディネス」▶7 と定義されています。キャリア成熟のレベルを高めることは，競技引退後の学生アスリートが望むキャリア獲得の効果的な実現に必要であると考えられます。

キャリア成熟に着目した研究では，大学生柔道選手を対象に先述のライフスキルがキャリア成熟に及ぼす影響を検討されています▶8。まず，大学生柔道選手において「社会規範スキル（自らの感情や言動をコントロールし，アスリートとして適切に振る舞う）」，「目標達成スキル（目標達成のために，体調に配慮し，粘り強くトレーニングに取り組む）」，「コミュニケーションスキル（周囲との円滑な人間関係を構築し，自らの悩みも解決していく）」，「問題解決スキル（自らの課題への対応や解決策を主体的に導き出す）」のそれぞれが高次のライフスキルとして位置づけられました。次に，これら高次のライフスキルとキャリア成熟との関係性を検討した結果，主に「目標達成スキル」が今後の人生や生き方に対する考え方に影響を及ぼすことが明らかになりました。このことから，ライフスキルの目標達成に関わるスキルを用いた教育支援の有効性が示唆されました。

この結果を踏まえ，就職活動というライフイベントを直近に控えた大学生柔道選手に対して，ライフスキルの獲得を目的とした教育プログラム開発の必要性を示しています。

▶7 山本浩二ほか (2019) 大学生柔道選手におけるライフスキル獲得がキャリア成熟に及ぼす影響. 体育学研究, 64 : 335-351.

▶8 King, S. (1989). Sex Differences in a Causal Model of Career Maturity. Journal of Counseling & Development, 68(2): 208-215.

4. 現代の武道実践を通した人間形成の実態

現代の武道は競技としての一側面を保持しており，その教育効果において他の競技スポーツとあまり違いがない可能性も示唆されます。柔道では，創始者である嘉納治五郎が一貫して「技（術）の原理を日常生活の行動原理」に転化することを重視していました。これは，技の練習によって理合いを理解し，効率的に勝つことができるという課題解決方法を学び，それを日常生活に応用することを示しています▶9。この考え方に基づけば，柔道教育は一般的なスポーツ活動の教育的効果を獲得する過程でみられる，技術練習を通じて心理的・教育的効果を得るというよりも，技の理合いを習得することによって行動様式を覚え，「身体の使い方」を獲得し心が変化していく，という独自性があるといえるでしょう。

このように，武道の各種目にはそれぞれ特有の教育的効果があると考えられるため，今後はそれぞれの教育的価値を実証的な研究によって見出していくことが必要でしょう。

（山本浩二）

▶9 有山篤利ほか (2015) 教科体育における柔道の学習内容とその学びの構造に関する検討. 体育科教育学研究, 31 (1) : 1-16.

第４部

身体・パフォーマンス

14-1 学校教育における体育・健康に関する指導の充実に向けて

Key word：学習指導要領，カリキュラム・マネジメント，体育科教育学，保健科教育学

1. 子供たちに対する体育・健康に関する指導の重要性

グローバル化や情報化が一層進展し，科学技術が急速に発展する中で，私たちの社会状況や生活状況も急激に変化しています。将来を担う子供たちがこうした変化の激しい社会を生きていくために，解決していくべき教育をめぐる課題は山積しています。とりわけ，教育の目的として示されている「心身ともに健康な国民の育成」（教育基本法第1条）は，超高齢社会に突入した現代の日本において一層求められているといえ，成長著しい学齢期の児童・生徒に対する学校教育でこそ重要となります。そして，この目的のためには体育・健康に関する指導が大きな役割を果たすことになります。

これからの子供たちには，健康の価値観を土台として，体育・スポーツや健康に関する基礎的・基本的な知識を確実に習得するとともに，新しい知識を習得しようとする態度や，身につけた知識を基にして思考・判断し，行動に結びつける能力がこれまで以上に必要とされています▶1（表1）。そうした中で，学校全体で進められる体育・健康に関する指導は，今後どのような方向に，どう進んでいくべきなのでしょうか。

2. 教育活動全体を通じて行われる体育・健康に関する指導

2017年，2018年告示の学習指導要領の総則▶2, 3, 4では，これまでと同様に，体育・健康に関する指導は「学校の教育活動全体を通じて適切に行うこと」が求められました。この点については，中央教育審議会答申（2016年）の中で示されたカリキュラム・マネジメントの考え方に基づいて，指導を実践していくことになります。カリキュラム・マネジメントは，各教科等の目標や内容などに基づいて育成された資質・能力を，当該教科等の文脈以外の実社会における様々な場面で活用できる汎用的な能力に育てていく必要性を示したものであり，この実現のためには教育課程の工夫が必要となります。すなわち，各教科等の教育内容を相互の関係で捉えて，目標の達成に必要な教育の内容を教科等横断的な視点で組織的に配列していくことなどが重要とされています。

体育・健康に関する指導については，体育科および保健体育科を中核として，各教科・科目，特別活動，総合的な学習（探究）の時間などにおいて，それぞれの特質に応じて適切に行うことがより一層求められるようになりました。その際，体育の授業と保健の授業の関連を図ることが重要であり，現行の学習指導要領においては，この連携のさらなる強化が必要とされています。これは体育および保健のそれぞれの指導の充実に向けた大切な視点であるともいえるでしょう。学習指導要領には，小学校では，運動と健康との関連について具体的な考えを持てるよう配慮することなどが示されています。中学校や高等学校では，体ほぐしの運動と心の健康の学習の相互の関連を図ること，水泳と応急手当の学習の密接な関連を持たせることなどが示されています。

▶1 公益財団法人日本学校保健会保健学習授業推進委員会（2013）中学校の保健学習を着実に推進するために（報告書）. https://www.gakkohoken.jp/book/ebook/ebook_H250010/H250010.pdf.（最終参照日：2022年7月12日）

▶2 文部科学省（2018）小学校学習指導要領（平成29年告示）解説総則編. 東洋館出版社.

▶3 文部科学省（2018）中学校学習指導要領（平成29年告示）解説総則編. 東山書房.

▶4 文部科学省（2019）高等学校学習指導要領（平成30年告示）解説総則編. 東山書房

3. 体育科教育学と保健科教育学の協働

体育や保健のよりよい授業実践には，その基盤となる研究成果の積み重ねが欠かせません。体育科教育および保健科教育の研究知見が蓄積され，それが指導に生かされてこそ，エビデンスに裏付けられた授業の改善・充実が実現されるからです。

体育科教育学をはじめとした教科教育学研究の動向については，①諸外国とのカリキュラム比較研究や歴史研究による教科の本質論への接近が多くみられること，②授業研究では，学習指導要領の内容改善を起点とした実証的な研究が多く，対照群の設定や，教師や学習者の多面的な評価指標を用いた検討などがよくなされていること，③担当教師の養成や現職教育に関する実証的研究に基づく教師論が進められていること，が示されています▶5。そして，その中で残念ながら保健科教育研究に関しては，授業研究，評価および教師教育等に関する研究が他教科に比べて不足していることが指摘されています▶5。「学術成果の発信が，学習指導要領の改訂に示唆を与えるものとならなければならない」という重い指摘もあり▶6，若手研究者をはじめとして保健科教育学を担う者はこの事実を深く受け止める必要があります。なお，「これからの10年における保健教育の推進，充実のための研究」▶6の方向性については，表2のような指摘がなされています。

▶5 野津有司（2015）保健科教育学への道. 体育科教育, 63（9）：18-21.

▶6 野津有司（2018）新学習指導要領と今後のビジョン. 学校保健研究, 60：4.

今後，重要になると思われるのは，体育科教育学と保健科教育学の研究者が連携して知見を創出していくことです。学校現場においては，上述の通り，子供たちへの学習成果を最大限に保証するためにも体育と保健の関連を図りながら指導をしていくことが求められています。すなわち，体育の意義や価値の1つとして，健康という視点は不可欠であり，他方で保健においては，健康の保持増進のために体育・スポーツが欠かせません。しかしながら，従来，体育科教育研究と保健科教育研究を学際的に進めていく必要性が指摘されてきたものの十分に取り組まれてきたとはいえず，これからはまさにその実現に向けて協働して歩んでいくことが求められます。

（片岡千恵）

表1. 社会的背景からみた健康教育の意義（▶1より作成）

①知識基盤社会を踏まえて，国民一人一人が健康的な生活を実現するために必要な正しい知識を習得する重要性が増大している。
②健康に関する知識は，健康科学，医学等の進展により変化しており，不断にその知識を吟味し思考・判断する能力を持つ必要性が増大している。
③医療においても，患者の自己決定権が重視される社会において，患者本人および家族としてのインフォームドコンセント等への対処能力の要請が高まっている。
④社会の健康づくり活動においても，人々の共通理解と能力開発が一層求められている。

表2. これからの10年における保健教育の推進，充実のための研究（▶6より作成）

1. 保健科教育における教科等横断的なカリキュラム・マネジメントの実現に向けて，教科等の相互の連携を図ることに寄与する研究が必要である。
2. 教科等横断的なカリキュラムによる成果をどう評価するかも重要な課題である。食育，学校安全，性に関する指導などについては，既に教科横断的に学校教育全体で取り組んでいくことが求められてきており，今後はこれらによって児童生徒が身に付けた資質・能力を評価することが重要であると思われる。
3. アクティブ・ラーニングの視点を重視した保健授業の実践とその普及に向けて，主体的・対話的で深い学びの学習展開の授業研究が必要であり，先導的な実践の普及を図るための研究も求められる。
4. 保健の学力の育成に関わって，身に付けるべき資質・能力の評価方法の開発に関する研究も急務である。
5. 教員養成（教職科目，教育実習等）や教員研修（保健体育科教員等）に関わっては，保健教育の教育環境等の整備・改善に向けた研究も進められるべきであろう。

14-2 高校生のSmall Screen Timeと危険行動

Key word：情報通信機器，運動不足，スクリーンタイム，青少年危険行動

1. Small Screen Timeへの注目

心身の健康を保持増進し，体力を高めるために適度な身体運動が重要であることはいうまでもありませんが，現代の子供たちにおいては運動不足の問題が顕在化しています。その背景の1つとして，スクリーンタイム[1]の問題が今日的な課題として挙げられます。テレビのみならず，パソコン，スマートフォンなど，現代では様々な情報通信機器が広く普及しています。そうした情報通信機器は効率的な情報の収集やコミュニケーションなどにおいて重要なツールであることは事実です。その一方で，そうした機器の長時間に及ぶ利用は，運動不足をはじめとして子供たちの心身の健康に悪影響を及ぼすことも懸念されます。

高校生の危険行動とスクリーンタイムの関係を調査した2017年の研究[2]では，「テレビ，ビデオ，DVD，インターネット，パソコンや携帯型のゲーム等の利用時間の合計」を“Small Screen Time”（SST）と称して着目し，高校生におけるその実態と，健康に関わる「青少年危険行動」[3]との関連を明らかにしています。この研究成果について，以下に紹介したいと思います。

なお，「青少年危険行動」とは学校保健上の現代的な健康課題であり，具体的には喫煙，飲酒，薬物乱用，性感染症や望まない妊娠につながる性的行動，自傷行動，交通安全上の行動，暴力，生活習慣病などに結びつく不適切な食行動，運動不足などを指します[3]。危険行動の防止は極めて重要な課題であり，これまで国内外において研究が進められてきたと同時に，学校現場においても保健教育が実践されてきました。

▶1 テレビ等の視聴時間，インターネットの利用時間，パソコンやスマートフォンなどの機器を用いたゲームの時間を合わせたもの。

▶2 片岡千恵ほか（2017）我が国の高校生における危険行動とSmall Screen Timeとの関連．学校保健研究，59（3）：172-179.

▶3 野津有司ほか（2006）日本の高校生における危険行動の実態および危険行動間の関連：日本青少年危険行動調査2001年の結果．学校保健研究，48（5）：430-447.

2. 高校生のSmall Screen Timeの実態

このように，SSTの重要性が明らかになった背景から，筆者らは「日本青少年危険行動調査」（野津有司ら）のデータを用いて，SSTの分析を行いました。この調査[4]の結果，日本の高校生における1日のSSTは，「2時間未満」が男子約30%，女子約27%，「2時間以上4時間未満」が男女ともに約40%，「4時間以上6時間未満」が男子約17%，女子約20%，「6時間以上」が男女ともに約12%でした[2]。これまでにも，テレビやパソコン，携帯電話など，特定の情報通信機器の利用に焦点を定めた報告は散見されましたが，SSTとしてそれらの利用時間を包括的に捉えた本結果は，高校生における憂慮される実態を明らかにしたといえます。特に，1日のSSTが6時間以上と極めて長い者が少なからずみられた点は特に危惧されました。

▶4 この調査は，自記式無記名の質問紙法により実施された。対象は通信制を除く全国47都道府県の高校から各都道府県を層として無作為抽出された高校の1～3年生の各学年1クラスの生徒であり，そのうち解析対象は，調査協力の得られた102校の9,778人（男子5,027人，女子4,751人）である。

3. Small Screen Timeと危険行動との関連

SSTと危険行動との関連を検討した結果から，男女ともに総じてSSTが4時間以上の者において危険行動の出現率が高い傾向が示されました[2]。この結果から，高校生の長

時間のSSTは危険行動の出現を助長する要因であることが示唆され，危険行動の防止上，SSTを重視すべき要因として注意していく必要があるといえます。特に，1日「4時間以上」のSSTが危険行動の出現を助長し得ることが示された点は，これまでにない新しい知見として注目されます。これらのことから，青少年のSSTは改善すべき重要な課題であることが指摘されました。

長時間のSSTと危険行動の出現が関連する背景については，少なくとも次のようなことが考えられます。1つ目は，SSTが長時間になるほど他の活動に充てられる時間が制約され，例えば身体運動の不足や睡眠時間の不足に直接的に影響が及ぶことが予測されます。さらには，そうした身体運動や睡眠時間の不足が副次的に，朝食を摂取できない状況や，暴力，自殺願望などのメンタルヘルスの好ましくない状況につながることなども懸念されます。

2つ目に，情報通信機器から入手する情報の内容的な影響が考えられます。例えば，喫煙，飲酒，危険なダイエットなどを助長するような広告，暴力的な映像，薬物乱用，性感染症や望まない妊娠に結び付く性的行動，自傷行動などにつながるような不適切なインターネットサイトなどが，危険行動の出現を助長することが危惧されます。

3つ目には，Self-esteem▶5 や規範意識などの危険行動に関連する心理社会的要因の問題が共通して，情報通信機器の長時間の利用にも関わることが考えられます。Self-esteemの低い青少年がインターネット上でのコミュニケーションばかりに依存したり，規範意識の低い青少年が情報通信機器の利用に関する決まりを守らない傾向にあったりすることも憂慮されます。

▶5 Self-esteemの詳細については，第14章第3節を参照のこと。

4．危険行動防止のための適切なSmall Screen Timeに向けて

以上の調査結果から，「1日4時間以上」のSSTが関連することが示された点は意義深いと思われます。すなわち，情報通信機器の利用による学習や情操への好ましい影響を踏まえながら，単純にSSTを短くすることを強調するのではなく，例えば「1日4時間以上」という長時間に及ぶ利用を抑制することが重要となるからです。

また，危険行動の出現には，情報通信機器によって見聞きする情報の影響が考えられることから，青少年が情報を適切に読み取る能力を身につけることも大切となります。日本では近年，情報活用能力の育成の必要から，学校教育全体を通じた情報教育の充実が図られています。保健教育においても，長時間のSSTが危険行動を助長する要因の1つであり得ることを踏まえた情報教育の実践が望まれます。なお，この点においては，青少年が不適切な情報に接することを未然に防ぐセキュリティ対策や違法サイトの摘発など，環境的な整備も一層必要です。

さらに，直接的な働きかけだけではなく，間接的にSSTの抑制につながるような指導も望まれます。具体的には，部活動や学校行事，地域との交流などの活動に積極的に参加させるアプローチが挙げられます。学校，家庭，地域が連携して青少年に働きかけ，身体活動，文化活動，奉仕活動などに参加することは，それ自体が有意義な活動であることはもとより，結果的に長時間のSSTの抑制につながることも期待されます。

（片岡千恵）

14-3 子供たちの健康に関わる心理社会的要因

Key word：Sensation Seeking，Self-esteem，自己肯定感

1. 学齢期の発達段階の特徴と健康教育

学齢期の子供たちに対して健康教育の成果をあげることは必ずしも容易ではないといわれています。例えば，健康問題を有することが多い高齢者は，普段から健康の大切さを実感していますが，それに対して子供たちは基本的に健康なため，「少しぐらい生活習慣が乱れても大丈夫だろう」と考えがちです。そのため，健康の大切さを意識しにくく，健康的な行動をとりにくいのかもしれません。

また，思春期にはSensation Seeking[1]という特性がみられます。これは，危険な行動を「かっこいい」，「大人っぽい」と思う心理特性のことで，例えば，喫煙や飲酒などを自ら行いやすくなります。このSensation Seekingという特性は発達段階において自然なものであり，否定されるべきものではありませんが，いかにそうした健康に関わる危険行動を防止できるかという視点は大切です（図1）。

人々が健康によい行動を選択し，継続していくことには多様な要因が関わっています。特に，健康的な生活習慣の形成期にある子供たちへの健康教育は重要であり，健康の保持増進に関する知識やスキルに加えて，健康に関わる行動に影響を及ぼす心理社会的な要因に注目したアプローチも欠かせません。その1つとして，本節では古くて新しい課題ともいえるSelf-esteemの問題について考えていきたいと思います。

▶1　渡邉正樹（1998）Sensation Seekingとヘルスリスク行動との関連：大学生における交通リスク行動，喫煙行動，飲酒行動の調査より．健康心理学研究，11（1）：28-38.

2. Self-esteemの捉え方

Self-esteemは欧米において提唱された概念であり，代表的な定義としては，「自己に対する肯定的または否定的態度」[2]や「自身に対する是認または非難を表したもの」[3]などがあります。また，Self-esteemには自分は「非常によいVery good」と感じることと「これでよいGood enough」と感じることの異なる2つの意味があり，前者は他者に対する優越感を，後者は他者との比較ではなく自己受容としての満足を表しています[4]。そして，他者との比較からではない自己に対する満足や尊敬の感情が重要であると考えられているのはSelf-esteemの概念を考える上で示唆的です。

日本でもSelf-esteemは「自己肯定感」などと称され，近年，教育の分野などにおいて注目されています。Self-esteemの日本語訳としては，自尊心，自尊感情，自己価値感，自己肯定感などがみられます。欧米ではもともと，自己に対する肯定的または否定的な態度というように，感情の両面を捉える概念であったといえますが，日本では自己に対する肯定的な感情というように望ましい側面に焦点を定めて捉えられているようです。また，様々な訳語がみられる中で，「健全な自尊心」，「よい意味での自尊感情」とも呼ばれるように，Self-esteemは少なくとも単なるうぬぼれではなく，好ましい感情を意味するものと考えられています。さらに，このSelf-esteemは，他者とともに生きていく中での自己に対する肯定的な感情として捉えることが重要と思われます。自己のみを意識する中ではしばしば過信や過大評価となるなど，他者を軽んじたり否定したりすることにもなりかね

▶2　Rosenberg. M.,（1965）. Society and the adolescent self-image. Princeton University Press, New Jersey.

▶3　Coopersmith. S.,（1967）. The antecedents of self-esteem. W H Freeman, San Francisco.

▶4　井上祥治（1992）セルフ・エスティームの測定法とその応用．遠藤辰雄ほか編，セルフ・エスティームの心理学：自己価値の探求．ナカニシヤ出版，pp. 26-36.

ないからです。

このようなことから，Self-esteemは，自分自身を好ましいと思う肯定的な感情のことであり，自己を過大に評価することではありません。そして重要なことは，Self-esteemは他者との比較によって感じる優越感ではなく，自分自身を無条件に価値がある存在として捉えるということです。

3. 子供たちの自己肯定感を高める体育学習などにおける教育的アプローチ

日本の子供たちの自己肯定感は，諸外国の子供たちに比べて低いことが報告されています[5]。また，学年が上がるにつれて低下傾向にあることも，以前より指摘されています[6]。そのため，近年の学校教育においては，子供たちの自己肯定感を高めることが一層求められています。人は自分を大切に思う気持ちがなければ，むしろ自分の健康を損ねるような行動をとることにもつながります。自己肯定感を育むことこそが，健康教育のアプローチの第一歩なのです。

ここでは，小学校低学年という，より早期から自己肯定感を高める取り組みを試みた1つの実践例[7]を紹介します。この実践は，ある特定の教科の時間にとどまらず，学校教育全体を通じた横断的な学習により自己肯定感を高めることに着目し，その中で体育学習を中心として取り組まれました。具体的には，小学校2年生を対象として，体育学習と特別の教科・道徳の計10時間構成の授業を実践し，他者との関わりの中で自己評価をしていくことを重要視した指導が展開されました。体育学習では毎時間グループ活動を取り入れ，学習者同士で運動やその取り組みに対して励ましや称賛の言葉かけをするような活動を展開し，特別の教科・道徳では自分が友人の行為を受けて嬉しかったことを書いて発表する活動が行われました。

本実践を事前調査と事後調査によって評価したところ，児童の自己肯定感が高まる傾向が見受けられ，学習者同士の関わり合いを重視した活動と，体育学習と特別の教科・道徳横断的な取り組みは，自己肯定感の向上に効果的であることが示唆されました。とりわけ，体育学習では身体運動やスポーツを通して，子供たちがお互いに言葉かけや拍手などで評価し合うことで自己肯定感が高まる可能性が考えられ，子供の自己肯定感の向上という視点からもスポーツ教育の意義が認められました。

こうした取り組みを参考としながら，体育学習をはじめとした学校教育の様々な機会において自己肯定感を高めるアプローチが継続的に実践されていくことが望まれます。

（片岡千恵）

▶5 内閣府（2019）我が国と諸外国の若者の意識に関する調査平成30年度. https://www8.cao.go.jp/youth/kenkyu/ishiki/h30/pdf-index.html.（最終参照日：2022年7月12日）

▶6 鎌田美千代ほか（2000）中学生の健康習慣とセルフエスティームとの関連. 教育医学, 46（2）: 946-960.

▶7 小出真奈美ほか（2021）小学校低学年における児童の自己肯定感を高める授業の試み：特別の教科道徳と体育の教科等横断的な取り組みから. 日本健康教育学会誌, 29（1）: 61-69.

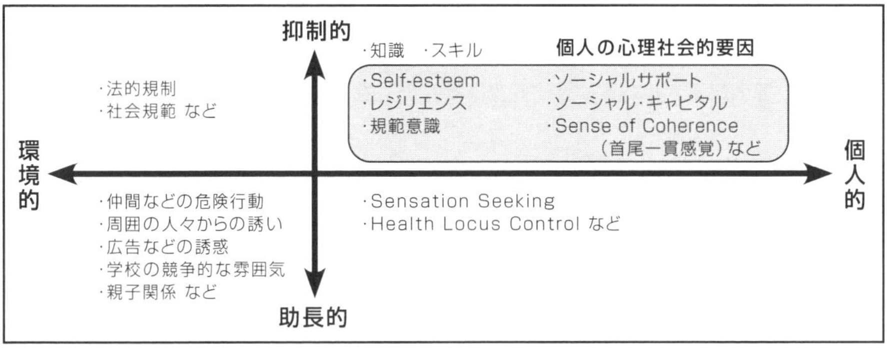

図1. 学齢期における健康に関わる危険行動の関連要因

14-4 アスリートを含む大学生に対する健康教育

Key word：健康課題，大学スポーツ，Problem-based Learning，ピア・エデュケーション

1. 学生アスリートに対する健康教育の一層の推進を

これまで，アスリートの健康に関して，スポーツ障害，オーバートレーニング症候群，女性アスリートの三主徴[1]，ドーピングやメンタルヘルスの問題など，心身両面における様々な課題が指摘されてきました。さらに最近では，ジェンダーの問題も顕在化しており，社会的な課題もみられるようになりました。スポーツの目的の1つに身体的，精神的，社会的なウェルビーイングを志向することが挙げられる以上，たとえ勝利を追求するプロセスだとしても，それが逆にアスリートの心身の健康を損なうものであってはなりません。

したがって，アスリートに対する指導やコーチングの中では，アスリートの健康に対する視点を一層大切にすることが求められます。また，アスリート自身も，自分の心身の健康を第一にして競技生活を送ることが，スポーツの価値を高める上でも重要です。最近では，例えば東京オリンピック・パラリンピック（東京2020）において，体操女子団体決勝を「自分の心の健康を守るため」として途中棄権をした選手を称える声が相次いだことが話題となりました。

そうした中で，とりわけ心身の発育発達が著しい青少年のアスリートへの健康教育はさらに充実させていく必要があります。小学校，中学校および高等学校では，学校教育の一環として教育活動全体を通じて体育・健康に関する指導が行われることになっており，そこでは公教育として健康教育が保障されています。しかしながら，学生アスリートに対しては，健康教育が必ずしも十分に担保されているとは言えず，今後一層重視され，充実が図られていく必要があるでしょう。日本では2019年に，大学スポーツの振興とその参画人口の拡大に向けてUNIVAS（大学スポーツ協会）が設立されました。UNIVASにおいて，学生アスリートやスポーツに親しむ大学生が，スポーツを通して心身の健康の保持増進や個人的および社会的な健康課題の解決を図ることが，UNIVASの理念の達成に向けた大きな鍵となると思われます。

▶1 「利用可能エネルギー不足」,「視床下部性無月経」,「骨粗鬆症」が女性アスリートの三主徴として指摘されている。

2. Problem-based Learning型による健康教育のすすめ

スポーツをめぐる健康問題は以前より大きな課題となっているにもかかわらず，今日においてもなお解決されているとはいえず，メンタルヘルスの問題など一層深刻化しています。こうした問題の改善に向けては，アスリートに対する健康教育の進め方の工夫が不可欠となるでしょう。

その手立ての1つとして，Problem-based Learning（PBL）型による健康教育が考えられます。健康教育は多くの場合，学習者が知識やスキルなどを習得するため，講義形式を主として行われます。それに対してPBLは，指導者と5～8名の少人数のグループを構成して，グループ内のディスカッションや意見交換により，学習者自らが問題を発見し，その解決に向けた知識を主体的に探求するという自主学習の形式をとります[2]。元々は，医学分野の大学教育において取り入れられたもので，PBL型の教育では，指導者はチュー

▶2 Neufeld. VR., et al. (1974). The “McMaster Philosophy”: an approach to medical education. Journal of Medical Education, 49(11): 1040-1050.

ターとしての役割となり，講義を行うのではなく，適切な質問を投げかけることによって学習者の能動的な学習を促進させます。PBL では，指導者が知識などを与えるのではなく，学習者がディスカッションなどの協同作業を通して問題解決能力を身につけるため，自分たちなりの「答え」を自ら創出することができます。こうした学習のプロセスを通してこそ，健康行動の意思決定やモチベーションにつながり，健康課題の解決に寄与すると思われます。

3. ピア・エデュケーションによる健康教育ワークショップの試み

ここではもう 1 つ，アスリートを含む大学生に対する健康教育として，その難しさが指摘される「性教育」を例として，ピア・エデュケーションを用いた実践を紹介したいと思います。

従来より，性に関する健康問題が重要な課題となっていることはいうまでもありません。とりわけ，望まない妊娠などによる人工妊娠中絶や AIDS（Acquired Immunodeficiency Syndrome）を含む性感染症，さらにはジェンダーに関する問題は，性別にかかわらずすべての人間の人権が尊重され，生涯を通じて心身ともに健康な生活を送るために解決していくべき課題であるといえます。このことは，アスリートにおいても現代的な課題となっています。

性に関わる現在の社会状況をみると，そのあり方や価値観がより多様化したり，生殖医療を含めた科学や技術が著しく発達しており，性に関して固定観念を前提とした特定の考え方や知識を教えることには限界があるといえます。そのため，これからの大学生に対する性教育のあり方の 1 つとして，従来の講義形式による「教える」アプローチから，同じ世代の若者同士でともに考え意見を交流するインタラクティブなアプローチが重要になってくると考えます。そこでは，新しい知識の習得のみならず，多様な人々の多様な価値観に触れ，「正解」のない課題について意見交流をすることで性の考え方やあり方についての自分なりの「答え」を見出すことが可能となります。すなわち，性に関して「教わる」というよりも「ともに語り合う」という体験を通して学ぶことが重要なのです。

2021 年に，筑波大学の「T-ACT（つくばアクションプロジェクト）」▶3 という活動の中で，学生主体となって企画された性教育のワークショップは，参加者と同世代の大学生が指導者となって行われた，「ピア・エデュケーション」の一例です。このワークショップでは，性に関する内容は極めてセンシティブかつプライベートなことであることを踏まえて，氏名も顔も出さないという匿名性を保証することができるオンライン（同時双方向型）方式で行いました。また，講義での学習に加えて，チャット機能を用いた参加者からの質問や意見の交流も図りました。なお，このワークショップについて評価したところ，匿名性が確保されていたことや同世代の大学生が実践者であったことについて肯定的な意見が示され，参加者が主体的に参加して意見交流を促す上で有意義であったことが示唆されました▶4。

アスリートを含めた大学生に対する性教育が十分とはいえない中で，今後こうした取り組みが普及されていくことが望まれます。さらに今後は，性に関する健康問題を解決することのみを目指すものではなく，多様な性やジェンダーについての価値観を育むこと，さらには障がい者の性に関するなど，ダイバーシティや人権の観点からの性教育が一層求められていくでしょう。

（片岡千恵）

▶3 T-ACTとは，学生の自発的で自立的な活動を推進するための筑波大学独自のプロジェクトであり，平成23年度までは文部科学省による新たな社会的ニーズに対応した学生支援プログラム（学生支援GP：Good Practice）の事業として，平成24年度からは対象大学の人間力育成支援事業として実施されているものである。いわば，学生が主体となり，学生による学生のための教育的なプロジェクトであると言える。

▶4 Sakuda, Y. et al. (2022). Interactive online/distance workshop of sexuality education for university students. School Health 18: 20-31.

14-5 健康教育の意義とは

Key word：Optimal health，二面性，人権

1. 健康は「ある」ものではなく「育てる」ものであり「守る」ものである

今日の日本では，グローバル化や情報化などの社会の変化や生活様式の変化を背景として，人々の身体運動の不足，偏った食行動，睡眠不足をはじめとした基本的な生活習慣の乱れ，ストレスの増大に伴うメンタルヘルスの問題，アレルギー疾患，性，感染症，喫煙，飲酒，薬物乱用などの問題，安全に関する問題などの健康課題が山積しています。健康に関する問題は，まさに私たちの生活や人生に大きく関わり，健康の保持増進の重要性はますます高まっています。

さて，例えば私たちがこれまで生きてきた中で感謝したい対象について考えるとすると，「何かがあること」だけでなく，「何かがないこと」という視点を持つことも大切だと思います。そのうち前者については感謝を容易に感じられますが，後者の「何かがないこと」の有難さは，実際にそれが起きて苦しい思いなどをするまで気づかないか，忘れていることであり，感じにくいものといえます。健康教育は直接的には，人々が健康に生きていくための知識やスキルなどを教育的アプローチによって提供することですが，それによって間接的に人々の命や健康を育て，守っているという点に存在意義があるといえます。私たちがこれまで健康に生きてこられたならば，それは1つには家庭や学校，地域などにおける健康教育の恩恵を受けて，健康や安全が守られてきたからこそだと思います。

健康については，その概念が提唱される中で[▶1]，日々変化する流動的なものであることが特徴の1つとして示されています。具体的には，健康の水準についてOptimal healthを理想的な最良の状態として，Health，Wellness，Minor illness，Major illness，Critical illness，そしてDeathまでの間で変化するものであるとしています。Optimal healthに至ることは現実的には難しいですが，よりよい状態を目指すことではじめて健康的な状態を獲得・維持することが可能になります。

▶1 Hoyman. HS., (1962). OUR MODERN CONCEPT OF HEALTH. Journal of School Health, 32(7): 253-264.

したがって，最も大切なことは，健康という状態は無条件に「ある」ものではなく，「育てられた」ものであり，「守られた」結果であると認識することです。健康を「育てる」，「守る」という健康教育なしに，人々が健康であることはあり得ないと言っても過言ではないと思います。

2. スポーツと健康の関係性

列挙するまでもなくスポーツには様々な意義や価値がありますが，その1つに人々の心身の健康の保持増進があります。このことは，スポーツが「健康になるための手段」であることを表しています。一方で競技スポーツにおいて，特にアスリートがより高いパフォーマンスを生み出すためには，その前提として心身をよりよい状態に整えることが重要であるといえます。すなわち，ある意味で健康が「スポーツをするため，さらにはスポーツで勝つための手段」であると考えることができます。

このようにスポーツと健康は，互いに密接に関わり合う不可欠な存在となっており，その関係には二面性があるといえます。したがってスポーツ教育においては，健康という側面を無視せず，その価値をも基盤としたアプローチが，今後さらに求められると思います。

3. 何のための健康教育か：健康教育でこそ人権に配慮して

健康課題には，人権の問題も大きく関わっています。現代の社会において，障がいや疾病など人々の健康に関わる偏見や差別が存在することは，極めて憂慮すべきことです。

健康教育では，疾病を予防したり傷害を防止したりといった一次予防のためのみならず，疾病に罹患したり傷害を負ったりしたときにいかに対処するか，そして，それらの回復に向けて重要なことを学ぶこともまた欠かせません。疾病や傷害などに関係のない人生を送ることはあり得ないからです。こうした健康教育の学びにおいては，障がいや疾病などを有する者を差別しないことを前提としなければなりません。なぜなら，私たちは誰もが生きやすく，たとえ健康に問題を抱えているとしてもそれによって差別をされない，また差別をしない社会を目指さなくてはならないからです。

そのために健康教育では，何よりも人々の人権意識を育むことが重要です。そうでないと，健康教育が生涯を通じて健康に生きていくための学びを保証するものであるにもかかわらず，人権という健康に生きる上で最も大切なことがないがしろにされてしまうことになりかねません。健康教育は人々の健康の保持増進を狙いとして行われるものですが，健康の大切さを伝えるあまり，それが誤って「健康であるべきだ」，「健康でなければならない」というような極端な捉えられ方をされてしまうと，自分や他者が健康を損なったときにそれがあたかも「悪」であるかのように意識されてしまう危険性があります。健康教育は，健康を損なった人への差別などにつながるような教育であってはなりませんし，そもそもそうしたことは意図していません。むしろ，健康を損なったときに，その自分や他者への肯定的なまなざしを向けられるような人間を育むことが重要です。それはすべての人が健康を損なう可能性がある中で，健康を損なっても生きていける社会の実現につながるものであるといえます。

学校の教師やコーチを含めた人々の健康に関わる教育に携わる人たちは，まずこうした人権意識を持つことが大切なのではないでしょうか。そのためには何より指導者自身が差別意識を持っていないか，ということを自分自身に問いかけなければなりません。教育においては，指導者の意識や態度が学習者へ暗黙のうちに伝わると指摘されています。差別意識を生み出さないためには，正しく（科学的に）知ることがその基礎にあります。誤ったイメージや思い込みによる恐れ，それにより疾病を有する患者などを避けるといった差別意識は正しい知識によって防ぐことができます。共生社会の実現に向け，健康教育を通して人権意識を育むアプローチも目指したいものです。

（片岡千恵）

15-1 スポーツセーフティという考え方

Key word：学校安全，緊急時対応計画，危機管理

1. 学校安全としてのスポーツセーフティ

文部科学省によると，学校安全は「生活安全」，「交通安全」，「災害安全」（防災）の3領域によって構成されており，組織活動を通じた安全教育と安全管理の実践が求められると示しています[1]。ここでは，前述の3領域に加えてスポーツ活動時における安全教育および安全管理についても学校安全の領域であるとし，これを「スポーツセーフティ」と呼ぶこととします。この概念は主にスポーツ医科学の分野で発展してきたもので，スポーツ権[2]の根幹を成しているといっても過言ではありません。

NPO法人スポーツセーフティジャパンでは「スポーツセーフティ」を，スポーツを安全に行える環境のことであると定義しています[3]。それはすなわち，①スポーツ活動に関わるすべての人が正しい知識を身につけること，②環境を整備すること，③体制を整えること，という安全を担保する3つの取り組みすべてのことを指しています（図1）。

2017年3月に閣議決定された「第2次学校安全の推進に関する計画」[5]では，①すべての児童・生徒などが，安全に関する資質・能力を身につけることを目指し，②学校管理下における事故による死亡事故の発生件数を限りなくゼロとし，障害や重度の負傷を伴う事故の件数を減少させることを目標に掲げています。独立行政法人日本スポーツ振興センターがまとめる学校事故事例検索データベース[6]を参照すると，従来の「生活安全」，「交通安全」，「災害安全（防災）」以外の場面で，次に負傷を伴う事故が多いのはスポーツ（例：体育，クラブ活動，運動部活動）であることがわかります。すなわちスポーツセーフティの実践は，学校安全の実践と密な関係にあるといえます。

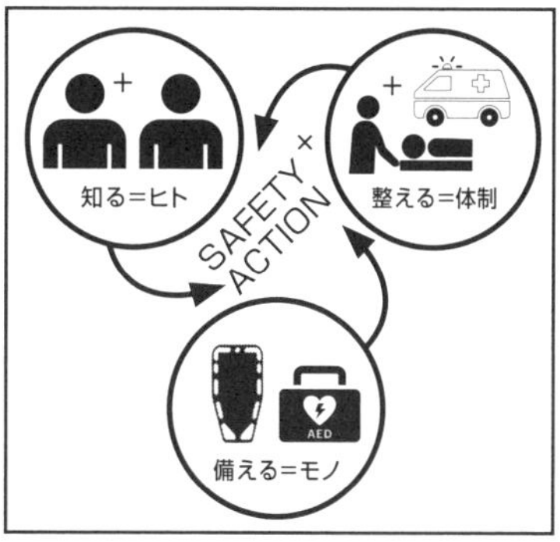

図1. スポーツセーフティアクション[4]

2. スポーツセーフティの組織活動

スポーツセーフティの実践には，スポーツ活動に関わるすべての人がその精神を理解・共有し，行動しなければなりません。例えば競技スポーツでは，アスリートを中心に複数の専門家（コーチ，スポーツドクター，アスレティックトレーナー[7]，栄養士，心理士など）が関与することで，スポーツをする環境およびアスリート自身の安全や健康を担保しています。これを学校安全としてのスポーツセーフティに置き換えると，児童・生徒の安全を守るためには，学校関係者（校長，学級担任，保健体育科教員，部活動顧問，養護教諭）と，家庭（保護者）・地域（医療機関）・関係機関（所属スポーツ協会，リーグ）による連携が必要不可欠であるといえます。このような連携（組織活動）は学校安全の基本概念ですが，スポーツ活動という特殊環境下においては，児童・生徒を取り巻く危険が学校

▶1 文部科学省（2019）「生きる力」をはぐくむ学校での安全教育. https://www.mext.go.jp/component/a_menu/education/detail/__icsFiles/afieldfile/2019/05/15/1416681_01.pdf.（最終参照日：2022年7月12日）

▶2 2011年に施行されたスポーツ基本法の中で唱えられている，人々がスポーツを通じて幸福で豊かな生活を営む権利のことをいう。

▶3 NPO法人スポーツセーフティジャパン（online）SSJとは. https://e.sports-safety.com.（最終参照日：2022年7月12日）

▶4 図の提供は，NPO法人スポーツセーフティジャパン。

▶5 文部科学省（2017）第2次学校安全の推進に関する計画. https://www.mext.go.jp/a_menu/kenko/anzen/__icsFiles/afieldfile/2017/06/13/1383652_03.pdf.（最終参照日：2022年7月12日）

▶6 義務教育諸学校，高等学校，高等専門学校，幼稚園，幼保連携型認定こども園，高等専修学校および保育所等の管理下における災害に対して適用される災害共済給付制度に2005年度以降に登録された障害・死亡事例をまとめている。

安全の3領域である「生活安全」,「交通安全」,「災害安全（防災）」とは大きく異なります。そのため学校のスポーツ活動に携わる者は，スポーツ活動に伴う危険を的確に把握し，関係者全員でそれに対する具体策の立案と共有を実践する必要があります（詳細は第15章第4, 5節を参照）。

特にスポーツセーフティにおける安全管理のためには，その特殊性からすべてを学校関係者で完結するのではなく，適宜，地域医療やスポーツ医科学に精通した専門家との連携を進めることが望ましいと考えられます。近年では，「外部指導員」や「部活動指導員」という立場で児童・生徒のスポーツ活動に携わるケースも散見されています。

このようにスポーツ活動に携わる関係者を増やすことで安全管理をはじめとする負担を適任者と分担することは，持続可能なスポーツ活動支援にもつながります。他にも実施競技に特化した安全対策を講じる際は，各競技連盟が発行している安全指針などを参照することもいいでしょう。また，運動部活動の顧問は可能な限り学校保健や生徒指導の領域と連携を図るなどして，時間やリソースの制限が多い課外活動の中でも安全教育を実践できるよう工夫することが推奨されます。

▶7 スポーツ現場におけるケガの予防や応急対応，その後のスポーツ活動復帰までのサポート，コンディショニングなどにあたる専門家のことをいう。

3. スポーツ活動に特化した緊急時対応計画

スポーツ活動中に発生する重症事故の多くは予防することができると考えられていますが，一方で，スポーツ活動はそのような負傷事故のリスクを内在しているともいえます。万が一事故が発生してしまった場合には，迅速かつ適切に応急手当の実施や医療機関への搬送手配をし，事故の記録や保護者への連絡をしなければなりません。

これらの手順を事前にまとめることの重要性は「学校保健安全法」の第29条にも明記されており，2018年には文部科学省から『学校の危機管理マニュアル作成の手引』が発行されています。スポーツセーフティの実践においては，すでに文部科学省から提示されているものに加え，表1の項目についても併せて確認することで，スポーツ活動中に想定される緊急事態への応用も可能となります。

（細川由梨）

表1. スポーツ活動の危機管理における追加確認事項

事前の危機管理	個別の危機管理	事後の危機管理
事故などの発生を予防する観点から，体制整備や点検，避難訓練について	事故などが発生した際に被害を最小限に抑える観点から，様々な事故等への具体的な対応について	緊急的な対応が一定程度終わり，復旧・復興する観点から，引き渡しや心のケア，調査，報告について
活動内容（競技）において負傷事故が頻発する場面や活動内容に対する理解	放課後や休日のスポーツ活動時においても，緊急時に直ちに救急車や応援の要請をする連絡・通信手段がある	事故によって負傷した学生が，一時的な学習支援を必要とするか確認（脳振盪後の学習障害など）
放課後や休日のスポーツ活動時においても，体外除細動器（AED）などの緊急時に使用する器具が使用できる	負傷事故が起こった際に，最も訓練を受けた人が現場の指揮をとる	スポーツ活動に向けた段階的復帰で留意しなければいけない点がないか保護者と確認（再発の予防・禁忌の確認）
スポーツ活動に参加する児童・生徒に，運動実施に伴う健康上の注意事項があるか確認（先天性心疾患，アレルギー，喘息など）	スポーツ関連突然死（急性心停止・労作性熱中症・頭部外傷）の代表的な症状と適切な初期対応について理解している	

※事前の危機管理，個別の危機管理，事後の危機管理の定義は学校の危機管理マニュアル作成の手引きに準ずる。

15-2 学校スポーツの事故

Key word：死亡事故，スポーツ事故，トリプルH

1. 学校で発生している事故

独立行政法人日本スポーツ振興センター（JSC）では，学校管理下の活動で発生した負傷や事故に対して見舞金などを給付する制度があります。見舞金などが発生した死亡事故や後遺症が残ってしまった事故の事例は，JSCのホームページ上に公開されています。

学校管理下では，様々な重篤事故が発生しています。JSCの公開データ[1]（2005～2019年）によると，毎年約100名の中高生が，学校管理下での死亡事故に遭遇しています。この中には通学中の事故なども含まれていますが，スポーツ活動関連の事故も多く報告されています。

学校管理下でのスポーツに関連した活動は，体育授業と運動部活動の2つが主に挙げられます。この2つの活動において発生した事故に関して，過去のデータ[2]の傾向を確認すると，体育授業では1年間に約41名の中高生が後遺症を抱える事故（障害）に，約3～4名が死亡事故に遭遇しています。一方，運動部活動では，1年間に約148名が後遺症を抱える事故に，約16名が死亡事故に遭遇しています。このことから，運動部活動におけるスポーツ事故は，体育授業中に比べ3～4倍多く発生していることがわかります。

▶1 学校事故事例検索データベースでは，死亡・障害事例が検索できる。データベースでの障害とは，負傷および疾病が治った後に障害が残った場合を指す。

▶2 日本スポーツ振興センター（online）学校事故事例検索データベース.https://www.jpnsport. go.jp/anzen/anzen_school/anzen_school/tabid/822/Default.aspx.（最終参照日：2022年7月12日）

2. 学校で発生しているスポーツ事故

では，学校管理下でどのような事故がどの程度発生しているのか，具体的に見ていきましょう。体育授業で発生した死亡事故は心臓系突然死[3]が全体の6割以上を占めており，体育授業における死亡事故の一番の原因であることがわかります。運動部活動では，体育授業よりも様々な種類の死亡事故が発生していますが，こちらでも心臓系突然死の占める割合は最も多く，3割以上を占めています。

しかし，近年ではスポーツ活動中の死亡事故は減少傾向にあり，さらに心臓系突然死の占める割合が他の原因よりも減少しています。この要因として，心臓病検診などにて重篤な症状を呈する前に診断を受け，普段から適切な医療を受けている児童・生徒が増加したことや，家庭との連携によって学校生活においても適切な対処を受けられるようになっていることが考えられます。

また，学校内へのAED：自動体外式除細動器（Automated External Defibrillator）の設置・使用が進むことで，児童・生徒の心停止からの救命事例を増やすことができることが指摘されています[4]。AEDの設置場所を把握することや，他の教員の助けをすぐに呼べるような体制を学校内で構築することは，スポーツ事故予防の大きな助けとなります。

このように，医療施設と学校，家庭が十分連携して，より一層の協力体制を組むことで，予防策の共有が可能になり，現場において迅速な対応ができます。そして，最悪の事態を回避することも可能になります[5]。

▶3 心臓系突然死する危険性のある主な疾患に心臓震盪（しんとう），不整脈，肥大型心筋症などがある。

▶4 日本循環器学会AED検討委員会（2015）提言「学校での心臓突然死ゼロを目指して」．心臓，47(3): 396-400.

▶5 スポーツ現場では事故が発生したときに迅速に対応するためにアスレティックトレーナーがEAP（Emergency Action Plan）を作成している。

3. トリプルH

他方で，スポーツにおける事故の多くは「無知」と「無理」が引き起こすものとされています。知識があれば，無理をする（させる）こともなく悲しい事故を回避できたケースは少なくないでしょう。

また，学校現場で最も多く発生している事故を「トリプルH」と表現します。トリプルHとは“Heart”，“Head”，“Heat”の頭文字からとった言葉です。“Heart”は心疾患を，“Head”は頭部外傷や脳振盪（のうしんとう），頸髄損傷といった頭や首のケガを表し，“Heat”は熱中症を表しています。こうしたトリプルHに対しては，事前に応急処置に使用する物や知識を備えておくことで，死亡事故を予防することが可能となります。例えば，Heartでは，AEDを用いた一時救命が急性心停止からの救命率を上げることにつながります。授業中や部活動中に事故が発生した場合にどのように対応するか，具体的なシミュレーションをすることが大切です。Headでは，明らかな変形などがみられないことがほとんどのため，危険な様子や微候（図1）を見逃さないことが死亡事故を防ぐことにつながります。危険な様子を見逃さず，正しい対応が求められます。Heatでは，重症例においては全身の積極的な冷却を行うという正しい応急手当てを実施することで，救命率を高めることができます。

4. スポーツ事故予防のために

頭や体をぶつけるなどして，頭部に強い衝撃が加わった際は，生徒の様子が普段と違わないかを確認し，ぶつけたときの状況を本人や周りの人に確認することが必要です。また，大きな衝突が発生した場面や，選手が倒れて動かないという場面では，首のケガ（頸部外傷）を疑う必要もあります。頭頚部の外傷を疑った場合には図1のRed Flags[▶6]といわれる危険を示す兆候と症状を確認し，1つでも該当する場合はすぐに救急車を要請します。

熱中症は正しい知識に基づいた予防を実践すれば，その多くを未然に防ぐことができます。特に環境に応じた運動強度や量の調整，個人のリスク要因を特定し事前に対応することの効果は非常に大きいです。スポーツ活動中の熱中症発症リスクは，図2に掲載されているようなリスク要因が同時に多く存在すると格段に上がるといわれています。そのため，休憩時間を増やすなどの総合的な対策と，体調不良時には申告し練習を見送る，あるいは練習内容を調整するなどの個別の対策の両者に取り組むことが求められます。

このように，重篤なケガや死亡事故を予防するためには，適切な知識を持って対処することが必要です。

（大伴茉奈）

▶6 荻野雅宏ほか（2019）スポーツにおける脳振盪に関する共同声明：第5回国際スポーツ脳振盪会議（ベルリン，2016），解説と翻訳．神経外傷，42(1): 1-34.

Red Flags：救急車を要請しましょう

- 首が痛い/押さえると痛む
- ものが二重に見える
- 手足に力が入らない/しびれる
- 強い頭痛/痛みが増してくる
- 発作やけいれん
- 一瞬でも意識を失った
- 反応が悪くなってくる
- 嘔吐する
- 落ち着かず，イライラして攻撃的になる

図1. Red Flags（▶6より作成）

環境	個人の要因	運動様式
・梅雨明け	・肥満傾向	・ランニング
・急に気温が上昇したとき	・体力がない	・計画性のない運動（罰則など）
・久しぶりの運転時	・持病がある	・防具などを着用する競技
・定期試験明け	・運動習慣がない	・換気の悪い室内競技
・長期休暇明け	・暑さに慣れていない	
・ケガなどからの復帰後	・体調不良	
・換気の悪い室内	・睡眠不足	

図2. 熱中症に注意すべき環境や要因

15-3 安全なスポーツ教育の実践

Key word：養護教諭，安全点検，危機管理

1. 安全教育の実践

学校現場では，事故発生時に居合わせた教職員や生徒たちが落ち着いて行動し，対応ができること，さらには教職員や生徒が予測できる事故に対し予防的に関わる力を身につけられるような体制整備や啓発活動が必要です。学校安全は，安全管理と安全教育の取り組みで構成されており，この2つが両輪となって推進されています。本節では具体的な取り組み事例として，I高等学校の養護教諭が実践している安全管理と安全教育の一例を紹介します。この取り組みは，教職員だけでなく，子供たちが「自らの身体の主体者は自分」であることに気づき，「学校安全に関わる当事者の一人」であるという意識を持つことを狙いとしています。すなわち，自己管理能力育成につながる個々の危機管理としての取り組みといえます。

2. 体制を整える

はじめに，I高等学校では，どんなときでも救急対応ができるように「場所の整備」を行っています。保健室の整備・拡充はもちろんのこと，体育祭や球技大会などの特別行事や，学校外での宿泊行事でもアクセスのいい場所に「出張版の保健室」を設営し，誰もがひと目で救急対応の拠点を把握できるように，看板を掲げて周知しています。

次は，「物（救急用品）の整備」です。学校外で保健室を設営する場合でも，なるべく「普段使用している保健室」を再現できるように，「普段使用している救急用品のミニチュア版」を赤いスーツケース（図1）に入れ，保健室前の廊下に常設しています。このスーツケースによって，「いつもの物」で「いつもの対応」が可能となるため，救助者の安心にもつながります。

そして，「行動の整備」について，I高等学校では校務分掌に合わせた危機管理マニュアル▶1を毎年作成しています。学内用だけでなく，学外での行事や宿泊行事の度に危機管理マニュアルを作成し，事前に教職員に周知しています。このように安全かつ安心な学校生活のためには，どこで緊急事態が発生しても対応できること，さらには，誰もがその対応方法などを理解している必要があります。

最後に「情報の整備」です。I高等学校では既往症や過去に配慮すべき事項があった生徒は，年度初めの職員会議で全教職員に顔写真付きでその内容を情報共有し，事前に対応方針を決めています（図2）。さらに，本人と保護者の希望があれば，養護教諭が年度始めにクラスメイトへ情報共有することで，対象生徒に万が一のことが起きたときにクラス全体が対応できるような協力関係を構築しています。

▶1　学校保健安全法に示されている，危険等発生時対処要領（危機管理マニュアル）を作成し，事前に全教職員へ共有し確認しておくことで，学校全体での安全行動の指針を示すことが可能となる。

3. 啓発活動

しかし，体制を整えることができたとしても，いざとなると混乱し，計画通りに行動できなくなってしまうことが予想されます。I高等学校では，「1年に1回だけ安全点検をお願いします」と呼びかけて，校長や副校長も含めた全教職員を対象に，安全点検の訓練を実施しています（写真1）。

安全点検の内容は，① AED の動作・バッテリー確認，②本物の AED を操作する，③心肺蘇生法の胸骨圧迫を100回実施する，④エピペン® の訓練・保管場所の確認，⑤年度初めに共有した要注意者リストの生徒確認，となっています。教員は日常業務がある中でも学校安全に関わる対応をしなければならないため，できるだけ負担を少なくしつつ，継続的に情報を確認できるように訓練を実施しているようです。

また，I高等学校では養護教諭の管理のもと，保健委員会を中心として，学校安全につながるあらゆる場面で生徒たちが主体的に関わる機会を作り，「自分たちのことを自分たちで守る力」を育成しています。こうした保健委員が最も活躍するのは学校行事であり，体育祭や球技大会などでは保健委員会を“RESCUE TEAM”と名付け，専用のビブスを着用して行事の安全管理に務めます（写真2）。RESCUE TEAM のメンバーは学校で習った知識を養護教諭の管理下で実践する機会を与えられることで，実際の処置を目の当たりにした際に「なぜケガをしたのかな」と疑問を持ち，リスクの所在について能動的に考えるようになるそうです。こうして，RESCUE TEAM としての経験を重ねるごとに，率先して事前にリスクの特定と対処に取り組むようになっていくという安全管理の好循環を生み出すことが可能となります。

I高等学校の取り組みのように，養護教諭を中心に体制や情報を整理して安全管理を行うこと，そして，教職員だけでなく児童・生徒を巻き込んだ安全教育を実践し，学校安全を構築していくことで，より安全で安心な環境が作り上げられることが期待できます。

（大伴茉奈）

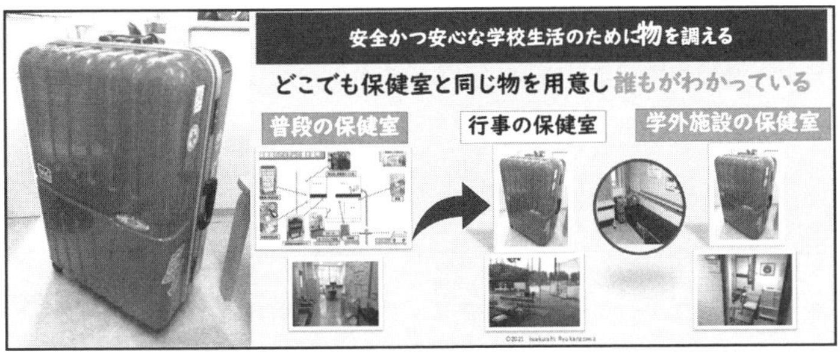

図1. 赤いスーツケース

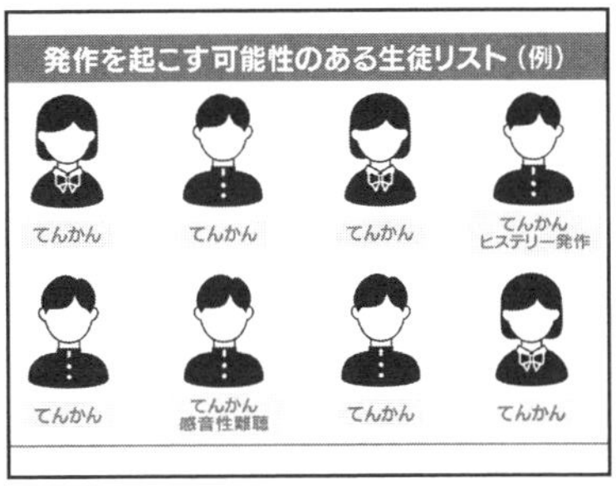

図2. 要配慮者リスト

写真1. 教職員安全点検の様子（左：校長先生，右：一般教科教諭）

写真2. RESCUE TEAMの活動の様子
（左：スポーツドリンク作製，右：試合会場での観察）

15-4 リスクマネジメント

Key word：ヒヤリ・ハット，設備要因，実技要因

1. 事故を未然に防ぐために

事故を未然に防ぐためには，事前に予防できることや，予想できることについて，徹底的に洗い出して想定内にしておく準備が求められます。学校内の施設や設備を点検し整備することは，リスクの特定や事故予防のために必要不可欠です。

前節で紹介したI高等学校では，日頃から教室以外の施設管理を担っている教員が施設ごとのリスクを意識できるようにリスクマネジメントシート（図1）を作成し，教職員らによって時限毎に記入作業を行っています。リスクマネジメントシートより明らかになった課題点については，週に1回実施されている教科会議で共有されており，ヒヤリ・ハット事例[▶1]に対しても真摯に向き合うことで，大きな事故を予防する第一歩につなげられています。

▶1 重大な事故に至らないものの，突発的な事象にヒヤリとしたり，ハッとしたりするようなもののことを指す。

2. ヒヤリ・ハット事例

大きな事故を防ぐためには，ヒヤリ・ハット事例を見過ごさないことが重要です。ヒヤリ・ハット事例に対して，なぜそうなったのか，何を改善すべきなのか，という点を検討することが大きな事故を予防することにつながります。以下は，実際に発生したヒヤリ・ハット事例とその改善内容です。

①設備要因

事例：屋上で走っていたら，フェンスの針金が飛び出ていて，それに引っかかり，腕に少しだけ切り傷ができてしまった。

改善：フェンスを含めた屋上の設備に関する点検を，週に1度実施する。

②実技要因（図1-太枠1）

事例：体育の授業中に，柔道の単元で，組み合った相手の足の爪が刺さり，足の指に切り傷ができてしまった。

改善：裸足で行う授業の場合は，授業開始前に必ず手足の爪に関する点検を実施する。

③設備要因（図1-太枠2）

事例：体育授業中に，バスケットボールの単元でシュート練習をしていて，シュート後にゴール下の窓の格子に手がぶつかって手のひらに青あざができてしまった。

改善：窓の格子にクッションパッドを設置する。

（大伴茉奈）

保健体育科リスクマネジメントシート（記入例）　　単元：

月・日	9月7日	9月8日	9月9日	9月10日
限	3	5	3	4
年・組	2D	2A	3C	3A
担当	佐藤	田中	佐藤	佐藤

設備要因	チェック項目				
床面	清掃状況	✔	✔	✔	✔
	床面の状態（支柱受け・床素材）	✔	✔	✔	✔
	水濡れの有無	✔	✔	✔	✔
壁面	サイドバスケットゴール	✔	✔	✔	✔
	メインバスケットゴール	✔	✔	✔	✔
	グレーチング	✔	✔	✔	✔
	消化器ボックス	✔	✔	✔	✔
	扉	✔	✔	✔	✔
天井面	天井	✔	✔	✔	✔
	照明	✔	✔	✔	✔
その他	防球ネット動作状況	✔		✔	✔
	ボール差込穴	✔		✔	✔
	冷水機	✔		✔	✔
	製氷機	✔		✔	✔
	授業間戸締りの徹底	✔		✔	✔
実技要因	チェック項目				
必須項目	授業前点呼・健康観察	✔	✔	✔	✔
	授業後点呼・健康観察	✔	✔	✔	✔
	準備運動	✔	✔	✔	✔
	服装・靴指導・爪のチェック	✔	✔	✔	✔
	気温の確認	25	24	24	27
	湿度の確認	55	50	70	57
設備・道具	ゴールのがたつき		✔	✔	
	ゴールウェイトの設置（必ず）		✔	✔	
	ボールの破損	✔	✔	✔	✔
	キーパーグローブの破損		✔	✔	
	ステージ側ネット		✔	✔	
実技運営（用具の扱い）	使わないボールの管理	✔	✔	✔	✔
	ボール籠の設置位置	✔	✔	✔	✔
	床汗のすべり防止対策	✔	✔	✔	✔
	得点盤の位置	✔	✔	✔	
	倉庫側ネット（必ず）	✔	✔	✔	✔
	ステージ側ネット（必ず）	✔	✔	✔	✔
実技運営（実技中の注意）	運動方向の徹底（十分な空間を）				
	仲間同士の追い合い時の衝突予防	✔	✔	✔	✔
	見学者の安全確保	✔	✔	✔	✔
	転がったボールの対応	✔	✔	✔	✔
	防球ネット付近での運動（スリップ）		✔		✔
	補助ウォームアップの徹底		✔		✔
	登記期間の捻挫や肉離れ対策		✔		✔
申し合わせ事項 進捗報告事項	ゴールウェイトを忘れないように！				

図1. リスクマネジメントシート（記入例）

15-5 スポーツ外傷・障害記録をとる

Key word：スポーツ外傷・障害調査，SCHOOL HEALTH SCALE®，健康情報

1. スポーツは内在的に一定の危険を伴うもの

スポーツ活動は，大なり小なり負傷事故のリスクを内包しています。そのためスポーツ活動に特化した緊急時対応計画を作成することの重要性について第5章第1節にて述べました。

学校保健安全法で作成が義務付けられている危機管理マニュアルでは，障害を伴う事故や死亡事故後に学校側がとるべき手順が明確に記されていることが求められます。しかしながら，これらの手順は極めて重篤な結果に至った事故案件を想定しており，負傷はしたものの，傷病者の予後が良好だったものに関する事故の分析や再発防止については言及されていません。実際には重篤事故よりも，ヒヤリ・ハット事例[1]や通院に至らないケガの方が，発生件数が多いといわれています。たとえ軽傷とみなされる事例であったとしても，それらの記録を蓄積し分析することはケガの種類や発生機序を明らかにすることにつながります。

▶1 重大な事故に至らないものの，突発的な事象にヒヤリとしたり，ハッとしたりするようなもののことを指す。

2. スポーツ外傷・障害調査

スポーツ外傷・障害調査とは，スポーツ活動中に発生したケガや疾病についてまとめる作業のことを指し，用途に合わせてケガや疾病に関する情報（発生機序，天候，練習環境，重傷度，活動離脱期間など）を集計します。一般的には，1日以上の練習および試合を休まなければならなかったものを対象に調査することが多く，競技スポーツの現場では，アスレティックトレーナーなどをはじめとするメディカルスタッフがケガや疾病について記録をとります。

近年では，より簡便な様式として当事者がケガや身体の異変について1週間分を振り返ったものを記録し，それを後日集計する方式も提案されています（表1）。病院にかかるようなケガではなくても，複数人の児童・生徒が同時期に同じような症状や不調を報告しているような場合は，練習内容自体を見直すよい機会になります。

▶2 Mashimo S, et al. (2020). Japanese translation and validation of web-based questionnaires on overuse injuries and health problems. PLOS ONE 15(12): https://doi.org/10.1371/journal.pone.0242993. (accessed 2022-7-12).

3. スポーツ外傷・障害調査の活用

スポーツ外傷・障害調査を実施することで，具体的にケガが発生している場面（練習中，試合中，合宿中など）や，時期（休暇明け，夏季・冬季など）を特定することができます。集計によって明らかになったケガの中には競技特性上回避することが比較的困難なもの（例：柔道の練習中の打撲）もありますが，適切な予防策を講じることで発生数の減少が期待できるもの（例：ラグビー部の練習を日中から夕方に変更することで熱中症のリスクを軽減）も存在します。

また，学校管理職をはじめとする関係者とリスクの共有をするためには，スポーツ外傷・傷害調査を通してリスクを具体的に抽出するだけでなく，学校の安全管理体制下で「スポーツセーフティ」について定期的に討議されるような仕組みづくりも重要です（第15章第1節）。

4. 情報と責任の共有

スポーツ活動中のケガには，児童・生徒が活動を継続したいがためにケガの状態について適切に情報共有をせず，適切な対応が遅れてしまうケースが散見されます。このようなときに，通院先の医師，保護者，児童・生徒，養護教諭，コーチらのコミュニケーションを円滑化するために，金澤らによって開発されたのがSCHOOL HEALTH SCALE®（SHS）▶3です（図1）。

SHSは児童・生徒が自身のケガの状態について理解を深め，状態に応じた目標設定を行うためにも有用なツールです。例えばSHSでは絶対安静から試合復帰までの過程を6段階に分類し，その時々に応じた活動内容の目安を記しています。この区分について児童・生徒に事前に指導することで，彼ら自身が競技復帰に向けて能動的に考えるきっかけを与えるだけでなく，安全に競技復帰できる段階まで適切な医療アドバイスを受ける（途中でリハビリテーションを離脱しない）よう，促すことができます。

保護者から学校に提出されている児童・生徒に関する健康情報（保健調査票，学校生活管理指導表）についても，年度始めなどの情報が更新されるタイミングでスポーツ活動の管理者（部活動顧問・外部指導員や部活動指導員）に共有することが推奨されます。特に先天性心疾患，I型糖尿病，喘息，てんかん，脳振盪，アナフィラキシーショックなどの診断・既往歴を有する場合は，活動時に問題が明らかになる（または再発する）可能性が高いだけでなく，適切な応急処置を施さなければ重篤化する可能性もあります。養護教諭や保護者だけでなく，場合によっては児童・生徒のかかりつけ医と連携を図り，個々の児童・生徒に応じた適切な安全対策を講じる必要があります。また，これらの個人・健康情報は養護教諭が一元管理し，該当する必要情報のみをコーチに共有するなどの適切なデータ管理が求められます。

（細川由梨）

▶3 SCHOOL HEALTH SCALE®（開発者：金澤良）の詳細については，下記のURLを参照のこと。https://www.higashiyama.co.jp/user_data/shs.php.（最終参照日：2022年7月12日）

表1. スポーツ外傷・障害調査（振り返り日誌）の例（▶2より翻訳し，作成）

障害に関する質問紙（例：膝）

あなたの膝に問題があるかどうかに関わらずすべての質問に答えてください。選択肢の中から最適なものを選び，わからない場合でも最もあてはまる答えを選ぶように努めてください。「膝の問題」とは，片方あるいは両方の膝に関する痛み，うずき，硬さ，腫れ，不安定感／膝崩れ，ロッキング（引っかかり），またはその他の症状のこととします。

1）過去 1 週間に膝の問題により，通常の練習や試合への参加に影響が出ましたか？
- □ 膝の問題はなく，すべての練習や試合に参加することができた。
- □ 膝の問題はあったが，すべての練習や試合に参加することができた。
- □ 膝の問題があり，練習や試合への参加を減らした。
- □ 膝の問題があり，練習や試合を行うことができなかった。

2）過去 1 週間に膝の問題により，どの程度練習量を減らしましたか？
- □ 全く減らさなかった。
- □ 少し減らした。
- □ 半分程度減らした。
- □ かなり減らした。
- □ 練習や試合が全くできなかった。

3）過去 1 週間に膝の問題が，どの程度パフォーマンスに影響しましたか？
- □ 全く影響しなかった。
- □ 少し影響した。
- □ ある程度影響した。
- □ かなり影響した。
- □ 全く練習や試合ができない程，影響した。

4）過去 1 週間に経験した膝の痛みはどの程度でしたか？
- □ 全く痛みはなかった。
- □ 少し痛みがあった。
- □ 中程度の痛みがあった。
- □ かなりの痛みがあった。

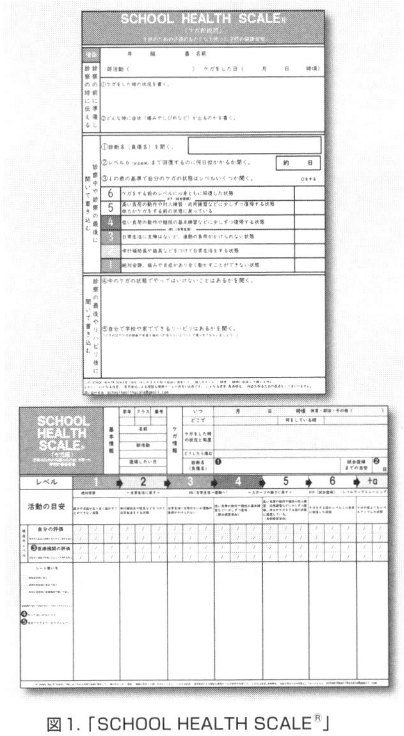

図1.「SCHOOL HEALTH SCALE®」

16-1 スポーツ栄養教育とは何か

Key word：食行動，栄養教育マネジメントサイクル，アセスメント

1. スポーツ栄養教育の目的

「栄養教育」とは，人々の健康の保持・増進，および生活の質（Quality of life; QOL）の向上を目指して，望ましい食物選択と食行動の自発的な実践を促すために，栄養学と関連する諸科学，例えば，行動科学や教育学などを踏まえて設計された教育的戦略の組み合わせとされています[1]。人間の食物選択や食行動には，個人の要因，家庭の要因，社会の要因など多様な要因が関連しているため，こうした多様な要因に対応するには，知識の教授，観察学習，体験学習の積み重ねなど，様々な方法や技法を組み合わせる必要があります。この方法や技法の組み合わせのことを，「教育的戦略の組み合わせ」と表現しています[1]。

栄養教育には，一過性の行動変容からその行動を維持し，生活習慣として日常生活に位置づくまでの行動の変化のプロセスを支援していくことが求められています。以上を踏まえ，本章では，生涯スポーツ（幼児期から高齢期に至る各ライフステージにおいて，個人の年齢，体力，志向に合った運動・スポーツを継続して楽しむこと）と競技スポーツ（相手や自分自身との勝負に勝つことを目的として，人間の極限への挑戦を追求し，スポーツ技術や記録の向上を目指すスポーツ）を行っている人に対して行う栄養教育を，「スポーツ栄養教育」と呼ぶことにします。スポーツをすることは身体に生理学的・生化学的な様々な変化を及ぼします。したがって，「スポーツ栄養教育」は，スポーツ栄養に関する最新のガイドラインや知見などと栄養教育の手法を活用しながら，対象者の健康を保持・増進させる，さらには競技力を向上させるための食べ方を教育することを目的とします（図1）。

▶1 武見ゆかり（2021）栄養教育の定義と目的．武見ゆかりほか編，栄養教育論 改訂第5版．南江堂．

2. スポーツ栄養教育の方法

スポーツ栄養教育は，栄養教育の基本的な進め方である「栄養教育マネジメントサイクル」に基づいて，主に「公認スポーツ栄養士」[2]によって実施されます。栄養教育マネジメントサイクルは，系統立てた栄養教育を実施するために，P（plan: 計画），D（do: 実施），C（check: 確認・評価），A（act: 見直し・改善）から構成されるPDCAサイクルをくり返して進めます[3]。

PDCAサイクルの中ではP（計画）が最も重要です。P（計画）では，まずアセスメントを実施して，対象者の身体状況，栄養状態，そして練習状況などを把握し，課題点を明らかにすることから始めます。表1に，スポーツ栄養教育で用いられるアセスメント項目の例を示しました。ここでは，課題点となった根拠や原因を明確に示すことが重要なポイントとなります。

次に，課題点を解決するための目標を設定します。課題解決の優先性や実行性を考慮して，段階的に目標を設定するとよいでしょう。さらに，対象者に応じて栄養教育の方法を選択し，具体的な栄養教育計画を作成します。表2には，スポーツ栄養教育で用いる主な

▶2 詳細は，第16章第2節を参照のこと。

▶3 赤松利恵（2020）栄養教育マネジメント．永井成美，赤松利恵編，栄養教育論．

教育方法と教育媒体を示しました。実物大の食品模型であるフードモデルは，実際にさわることで具体的な量や大きさを理解することができます。料理カードは，裏面にエネルギーや作り方が書かれており，料理を組み合わせて献立を作ることで，実際の食生活の振り返りや理想的な献立を視覚的に理解することができます。

次のステップであるD（実施）では，計画に基づいて，対象者に課題点や問題となっている食行動を改善することの重要性を伝えながら行動変容の意識を高め，より良い食行動へと導くために，対象者の実生活に即した実際的な教育を心がけることが重要です。

さらにC（確認・評価）では，実施した栄養教育の効果について確認および評価し，最後にA（見直し・改善）で，評価を基に解決されなかった課題点や新たに生じた課題点を解決するための栄養教育計画の立て直しを行います。対象者が目標を達成することができるまで，PDCAサイクルを繰り返していくことになります。

（高井恵理）

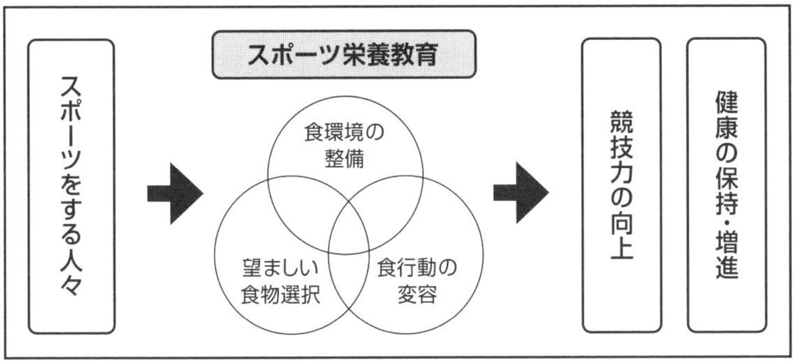

図1. スポーツ栄養教育が果たす役割

表1. スポーツ栄養教育で用いられるアセスメント項目の例

項目		アセスメント項目例	方法
身体状況・栄養状態	身体状況	身長，体重，体脂肪率，除脂肪量，皮脂厚，周囲長，骨密度など	身体計測
	臨床検査項目	血液検査，尿検査，血圧など	臨床検査（生理・生化学検査）
	臨床診査項目	主訴，病歴，けがの有無，月経状況など	臨床診査（問診）
食習慣	食事内容	エネルギー摂取量，栄養素摂取量，水分摂取状況，サプリメント使用状況	食事調査，ヒアリング
	食行動	食事時間，食事回数，食べ物の好き嫌い，欠食状況など	食事調査，ヒアリング
	食に関する知識・関心	食知識，食意識	質問紙，ヒアリング
	食環境	住環境（家族構成），調理者，調理環境，喫食環境など	質問紙，ヒアリング
練習状況		運動時エネルギー消費量，練習頻度，練習時間，練習強度など	測定，質問紙，ヒアリング
体力	持久力	最大酸素摂取量，20mシャトルランなど	測定
	筋力	握力，脚伸展パワー，垂直跳びなど	測定

表2. スポーツ栄養教育で用いる主な方法および媒体

方法	教育媒体
面談（対面，オンライン）	アセスメント結果 栄養情報資料（パワーポイント，配布資料），食知識チェックシート，フードモデル，食材カード，料理カード
講義（対面，オンライン）	
体験学習（買物体験，調理実習，バイキング体験）	食材，料理

16-2 スポーツ栄養教育に携わる職業

Key word：管理栄養士，公認スポーツ栄養士，多職種連携

1. スポーツ教育における公認スポーツ栄養士の役割

人々の健康を栄養面から支援するための専門職である「管理栄養士」は，厚生労働省に認可された国家資格であり，対象者に合わせた栄養指導や食事管理を役割としています▶1。

管理栄養士の資格を取得するためには，高校卒業後，管理栄養士養成課程または栄養士養成課程のある大学，短期大学，専門学校に入学し，所定の単位を取得して卒業する必要があります。管理栄養士養成施設である大学（4年）を卒業すると，卒業時に栄養士免許と管理栄養士国家試験の受験資格が与えられます。一方，栄養士養成施設である大学，短期大学，専門学校（2～4年）を卒業すると，都道府県知事に認定されて栄養士免許を取得でき，修業年数に応じて1～3年以上の実務経験をすることで管理栄養士国家試験受験資格を得ることができます。実務経験として認められる実務場所は，学校，病院，こども園，行政機関，食品の製造・加工・調理・販売をする施設，栄養に関する知識の普及向上その他栄養の指導の業務が行われる施設などがあります▶1。管理栄養士の国家試験は年に1回開催されています。

このような管理栄養士の資格取得者に対して，日本栄養士会と日本スポーツ協会の共同のもとで認定される資格が「公認スポーツ栄養士」です。この資格を取得するためには，公認スポーツ指導者養成講習会共通科目を150時間，さらに専門科目を116.5時間以上（集合講習，インターンシップ含む）受講し，口頭試験とプレゼンテーションから成る試験に合格しなければなりません▶2。

公認スポーツ栄養士を一言で表現するならば，「スポーツ現場において栄養面からサポートを行う専門家」であるといえます。その活動は，選手やチームなどへの講習会・セミナーといった「栄養教育」の他，食事調査や身体組成測定などによる「栄養評価」，学生寮や合宿所の献立作成および食材発注などの「食環境整備」，資料配布やwebサイトによる「情報提供」など多岐にわたります。活動の場は，大学や専門学校などの研究・教育機関，委託給食会社，病院・診療所，行政などです。そうした場において，健康な人から疾病を持つ人，さらにはアスリートおよびパラアスリートまで，幅広い対象者に対して健康や競技パフォーマンス向上のための栄養教育を実践しています。

以上のように，公認スポーツ栄養士は，栄養アセスメントに基づいてスポーツに取り組む対象者の栄養学的課題を抽出し，その対象者に合わせた方法で暮らしをよりよくするために栄養面，食事面からの改善方法を提案します。そのため，実際にスポーツに取り組む対象者が主体となって調理をしていない場合には，周囲でサポートする調理担当者（保護者，配偶者，寮の調理担当者など）に対して栄養教育を実施する場合もあります。したがって，公認スポーツ栄養士は，スポーツをする人を取り巻く食環境全体に働きかけることにより，スポーツを行うすべての人の目標を，栄養面から支援しているのです。

▶1 公益財団法人日本栄養士会（online）管理栄養士国家試験について．https://www.dietitian.or.jp/students/national-exam/.（最終参照日：2022年7月12日）

▶2 特定非営利活動法人日本スポーツ栄養学会（online）公認スポーツ栄養士とは．https://www.jsna.org/about/.（最終参照日：2022年7月12日）

2. スポーツ栄養教育における公認スポーツ栄養士と多職種との連携

スポーツ栄養教育では，公認スポーツ栄養士，管理栄養士だけで栄養教育を実施するわけではありません。監督，テクニカルコーチなどの競技専門スタッフ，医師，理学療法士，アスレティックトレーナー，薬剤師，鍼灸師などのメディカルスタッフ，さらには，アナリスト，研究者などのスポーツ科学スタッフ，マネージャー，総務などのマネジメントスタッフのように，多くのスタッフがスポーツ現場に関わっています。また，健康のためにスポーツを実施する人のうち，疾病を抱えている人を対象とする場合には，必要に応じて主治医の指示を受けることがあります。スポーツ栄養教育を実施する際には，これらのスタッフとの連携が欠かせません。例えば，筋力向上を目指しているアスリートをサポートする場合には，ストレングスコーチやそれを専門とする研究者，貧血の改善を目指しているアスリートをサポートする場合には，内科医や薬剤師との連携が必要となります（図1）。

また，間接的な連携の例として，ケガをしたアスリートが理学療法士の治療を受けているときに食に関する悩みを打ち明ける場面や，反対にスポーツ栄養士の面談中にパフォーマンス面での悩みを打ち明ける場面などがあります。その他にも，コーチがアスリートに対して公認スポーツ栄養士の勧める食材を推奨し，摂取を継続させることで，そのアスリートの食行動の変容を促すことが可能となることがあります。チームの食環境を整える上で，調理設備や食事提供場所，食材調達に関わる費用については，マネジメントスタッフに相談する必要があります。

他方で，アスリートと栄養スタッフだけでスポーツ栄養教育を進めてしまうと，チームや監督の意向と異なる方向へと導いてしまう可能性や，課題を解決するためのアイデアが偏ってしまう可能性があります。その場合には，チーム内で報告，連絡，相談をしながら進めることで早期に計画や対応を修正することが可能となります。

このように，多くのスタッフの理解と協力のもとで，スポーツ栄養教育が成り立ちます。したがって，公認スポーツ栄養士は，これらの多職種のスタッフに対して根拠に基づいたスポーツ栄養教育計画を説明し，共通の認識を持って取り組むことが望ましいでしょう。

（近藤衣美）

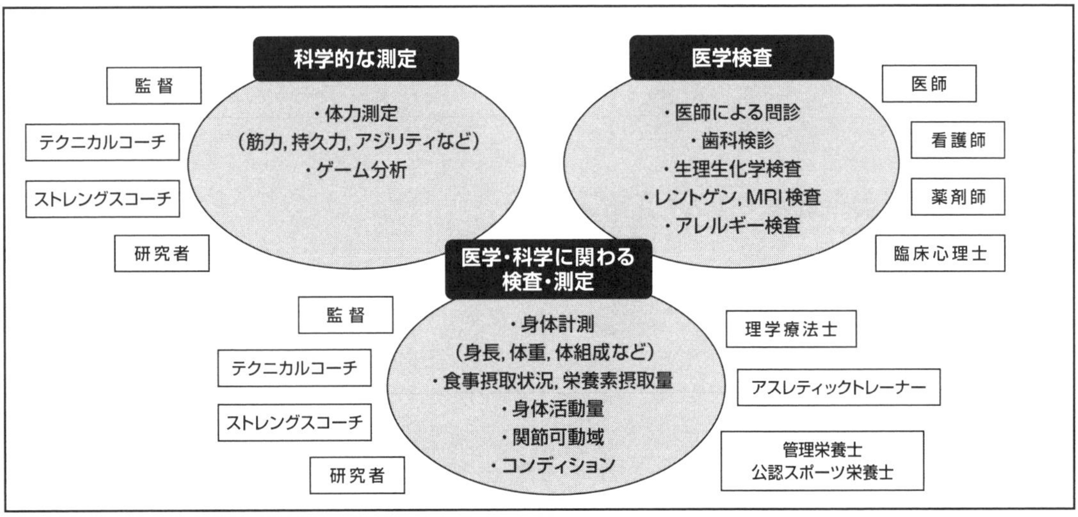

図1. スポーツ栄養教育の場面で活用する指標と携わるスタッフの例

16-3 科学的根拠に基づいたスポーツ栄養情報

Key word：情報収集，科学論文，インターネット，サプリメント，健康食品

1. 正しいスポーツ栄養情報とは

スポーツ栄養に関しては，食事のとり方や特定の栄養素・食品成分のとり方が生理機能や運動パフォーマンスにどのような影響を及ぼすのか，といった情報に関心が集まっています。スポーツ選手や運動をする人のための栄養に関する情報は，科学論文，専門書，一般雑誌，テレビ，インターネットなどの様々な媒体を通して入手できます。それでは，どのような情報が信頼できる情報といえるのでしょうか。

学術的に最も信頼の高い情報は，客観的で再現性のある実験や研究に裏付けられている科学論文であるとされています。さらに，科学論文にも様々な種類があり，その種類によって科学的根拠の強さが異なります[1]。査読[2]を経た科学論文でも，「細胞や動物を対象とした研究」ではヒトに対する影響はわからない，あるいは1つの研究で得られた結果だけでは真の影響はわからない，といった疑問が残ります。次に，対象グループを介入群とコントロール群に分けて，目的とする栄養素や食べ方などの影響を比較検討する「比較対照試験」では，研究者が直接的に栄養素や食べ方を操作し，群間の変化の違いを観察するため，比較的，科学的根拠の強い研究といえるでしょう。しかし，ヒトを対象にして，長期において食事内容や食べ方を変えてもらうことは負担が大きく，難易度が高いため，一研究における対象者数は少人数で実施されていることが多いです。そのため，複数の研究結果を総合的に検証する「系統的レビュー」や「メタアナリシス」は最も科学的根拠が強いとされています。

一方，専門家の意見や少人数の体験談，新聞の論説，一般雑誌の記事で取り上げられる情報は，経験に基づいているものの，科学的根拠に乏しい（一般化できない）情報であると考えられます。スポーツ栄養に関する情報を収集し，他者に伝えるときには，どのくらい科学的に根拠のある情報であるか（研究手法，対象者の年齢・性別・競技種目などの対象者特性，改善したい症状・パフォーマンスなど）を調べ，その対象者にとって有益となる確率が高い情報であるのかを十分に吟味することが重要です。

▶1 Maughan RJ et al. (2018) IOC Consensus statement: Dietary Supplements and the high-performance athlete. International Journal of Sport Nutrition and Exercise Metabolism, 28(2): 104-125.

▶2 科学雑誌に投稿された論文を編集者，専門家が審査する過程を指す。

2. スポーツ栄養情報源へのアクセス

根拠に基づいたスポーツ栄養情報を得るために，査読された科学論文にはどのようにアクセスしたらよいでしょうか。日本語の科学論文を探す場合には，“J-STAGE”[3]，“CiNii”[4]，“Google Scholar”が便利です。また，英語で書かれた科学論文であれば，海外で行われた研究についても調べることができ，情報量は圧倒的に増えます。英語論文を探す場合には，“PubMed”，“Google Scholar”がよく利用されています[5]。

日本語，英語いずれにおいても，目的とするテーマの論文をできるだけ簡単に見つけるためには，検索に使用するキーワードが重要です。性別，年齢，競技種目，栄養素名，食品成分名，介入の目的（減量，増量，貧血等）などをキーワードとして入力するとよいでしょう。詳細な検索方法は，各webサイトに掲載されている説明を確認してください。

▶3 科学技術情報発信・流通総合システム，国立研究開発法人科学技術振興機構が運営している。

▶4 国立情報学研究所学術情報ナビゲータ，国立情報学研究所が運営している。

▶5 髙田和子（2020）エビデンス・ベースド・ニュートリション．日本スポーツ栄養学会監修，エッセンシャルスポーツ栄養学．市村出版，pp.264-270.

こうした方法によって信頼のできる情報を入手することができますが，専門的な科学論文を専門外の人が読み，必要な情報を得ることは非常に難易度が高いです。そこで，次に参考となるのが科学論文を基に書かれた専門書や公的機関の web サイトです。表 1 にスポーツ栄養情報を収集するときに便利な公的機関の web サイトを紹介します。

これらは，関連分野の専門家が最新の科学的知見を基にわかりやすく解説しており，理解しやすいでしょう。しかし，web サイトや著書は多くの場合，査読を受けていないため，可能であればその著者の名前を検索し，その研究者の専門分野が調べようとしている情報に関連の深い分野であるかを確かめておくと，情報の信頼性を判断する材料となります。

3. サプリメント・健康食品の安全性と有効性情報

競技力向上や健康の保持・増進のために栄養が大切であることは，多くの研究で認められています。国際オリンピック委員会の合意声明では，「多くの普通の食品から十分なエネルギーを摂取していれば必要な栄養素はとれる」ことが示されていますが[6]，練習量に見合った栄養素をとるための食事量を摂取できない場合や，海外遠征などの特殊環境で普段通りの食事がとれない場合があります。また，健康の維持・増進のために運動をする人も，食事制限をして減量する場合やアレルギーのために特定の食品を摂取できない場合があります。そのような場合には，サプリメントや栄養補助食品で栄養素を補うことで必要量を摂取できる可能性があります。

しかし，サプリメントや栄養補助食品は，特定の栄養素を多く含んでいるため，過剰摂取や他の食品との組み合わせに注意しないと健康被害が生じる場合があります。さらに，サプリメントや健康食品は「食品」であるため，薬剤の製造過程と比較すると品質管理基準は厳格でなく，ドーピング禁止物質や違法な成分が混入している危険性があります。したがって，サプリメントや健康食品を摂取する場合には，安全性や有効性[7,8]を十分に調査した上で信頼できる製品を選択することが望ましいと考えます。

（近藤衣美）

▶6 International Olympic Committee (2010) IOC consensus statement on sports nutrition 2010. https://stillmed.olympics.com/media/Document%20Library/OlympicOrg/IOC/Who-We-Are/Commissions/Medical-and-Scientific-Commission/EN-IOC-Consensus-Statement-on-Sports-Nutrition-2010.pdf. (accessed 2022-7-12).

▶7 独立行政法人日本スポーツ振興センター ハイパフォーマンススポーツセンター（online）スポーツ栄養，https://www.jpnsport.go.jp/hpsc/study/sports_nutrition/tabid/1474/Default.aspx.（最終参照日：2022年7月12日）

▶8 国立研究開発法人医薬基盤・健康・栄養研究所 国立健康・栄養研究所（online）「健康食品」の安全性・有効性情報. https://hfnet.nibiohn.go.jp/.（最終参照日：2022年7月12日）

表 1. スポーツ栄養情報収集時に参考となる公的機関のウェブサイトの一覧

団体名	ウェブサイト名	URL
独立行政法人日本スポーツ振興センター ハイパフォーマンススポーツセンター	スポーツ栄養	https://www.jpnsport.go.jp/hpsc/study/sports_nutrition/tabid/1474/Default.aspx
国立研究開発法人医薬基盤・健康・栄養研究所国立健康・栄養研究所	リンクDEダイエット	https://www.nibiohn.go.jp/eiken/linkdediet/
国立研究開発法人医薬基盤・健康・栄養研究所国立健康・栄養研究所	「健康食品」の安全性・有効性情報	https://hfnet.nibiohn.go.jp/
一般社団法人日本スポーツ栄養協会	スポーツ栄養Web	https://sndj-web.jp/
公益財団法人日本陸上競技連盟	医事委員会スポーツ栄養部	https://www.jaaf.or.jp/about/resist/nourishment/
公益財団法人日本サッカー協会	栄養ガイドライン	https://www.jfa.jp/medical/a08.html

16-4 ジュニアアスリートに対する栄養教育

Key word：成長期，成長曲線，朝食，保護者，家庭

1. ジュニアアスリートの特徴

20歳未満の子供たちは，身長，体重，骨格筋量などが増加し，運動神経をはじめとする神経系機能，免疫機能，生殖機能が成長する時期です[1]。ここでは，部活動やクラブチームなどでスポーツに取り組む20歳未満の子供たち，すなわち「ジュニアアスリート」に対する栄養教育について述べていきます。

この時期は，大人と同様に日々消費するエネルギーや栄養素が必要となるだけでなく，成長のために使用されるエネルギーや栄養素が必要となります。日本人の食事摂取基準[2]に示されている身体活動量が多い人（身体活動レベルⅢ）のエネルギー必要量は，15～17歳の男子で3,150 kcal，女子では12～14歳の2,700 kcalであり，大人よりも多くのエネルギーを必要とします（表1）。エネルギー必要量の増加に伴い，エネルギー源となる炭水化物，脂質，たんぱく質や，エネルギー代謝に関わるビタミンの必要量が多くなります。

ジュニアアスリートは，身体だけでなく味覚も発達段階にあります。そのため，この時期に様々な食品に触れて好き嫌いをできるだけ少なくすることで，食の選択肢を広げることができます。多種類の食品を食べることができれば，例えば合宿や国際大会，海外遠征などの普段慣れない食環境に身を置かれたときにでも，必要な栄養素を柔軟に摂取することが可能となるでしょう。さらに，国内外の料理や食文化を知ることは，国際社会で活躍するアスリートや人材となったときに，海外の食文化にすぐに馴染める，あるいは日本の食文化の特徴を外国の人に伝えられるなどの利点があります。したがって，子供の頃は様々な味覚に触れ，正しい食知識および食習慣を身につけることが重要です。

▶1 Sawyer SM et al. (2012). Adolescence: a foundation for future health. Lancet, 379: 1630-1640.

▶2 伊藤貞嘉ほか監修 (2020) 日本人の食事摂取基準2020年版. 第一出版, pp. 51-105.

2. 栄養学的な課題

ジュニアアスリートの時期に起こる栄養学的課題として，朝食欠食や極端な偏食による食生活の乱れ[3]，過剰な食事指導による低栄養や生活習慣病リスクの増加が挙げられます[4]。先に述べたように，ジュニアアスリートは年齢や体格によっては大人よりも多くのエネルギーや栄養素を必要とすることがあるため，朝食欠食をすると，昼食・夕食の2食でそれらを摂取しなければなりません。しかし，子供の胃の大きさは大人よりも小さく，一度に多くの食品を摂取できません。このようにして，朝食欠食がエネルギーや栄養素の不足に関連するケースがみられます。

また，極端な偏食は栄養素摂取量にも偏りを生じさせ，特定の栄養素が不足しやすくなります。主食（ごはん，パン，麺類など）と主菜（肉，魚，卵，大豆製品）だけを多く摂取し，野菜，乳製品，果物の摂取量が少ない場合には，ビタミン，ミネラルが不足傾向になり，体調不良やケガを起こしやすい体になってしまいます。さらに，周囲の人の過剰な食事指導や声かけによって，体重増加や食事をとることに対する強い恐怖感を抱くようになり，深刻な場合には摂食障害を引き起こし，スポーツを継続できなくなるケースもあり

▶3 農林水産省 (2021) 令和2年度食育推進施策. https://www.maff.go.jp/j/syokuiku/wpaper/attach/pdf/r2_wpaper-13.pdf. (最終参照日：2022年7月12日)

▶4 Carl RL et al. (2017). Promotion of healthy weight-control practices in young athletes. Pediatrics, 140(3): e20171871.

ます[5]。一方で，無謀な過食による適切な成長速度を超えた体重増加は，体脂肪量の増加や生活習慣病のリスクの増加につながるため，注意が必要です。

▶5 詳細は，第16章第6節を参照のこと。

3. 栄養教育のポイント

ジュニアアスリートに携わる人は，まず子供の成長速度を理解し，子供の活動と成長速度に見合ったエネルギーと栄養素を摂取できるように栄養教育を行うことが求められます。学校の身体計測は1年に1回ですが，ジュニアアスリートのエネルギーが十分に摂取できているかを確認するために，目安として1カ月に1回程度の頻度で測定するとよいでしょう。その上で，一般的な身長，体重の変化（成長曲線）から逸脱した場合に，エネルギーや栄養素の過不足を疑い，食事のとり方や摂取量を慎重に確認します。

ジュニアアスリートを対象にスポーツ栄養教育を実施する際には，年齢，競技特性，性格などの特性を考慮し，対象者が受け入れやすい教育媒体や声かけなどを工夫すると，食知識や食行動が改善しやすい傾向があります。そのため，栄養講習会などの集団を対象にスポーツ栄養教育をする場合には，これらの特性が同一の者を集めて実施すると，テーマや教育方法，教育媒体などの的を絞ることができ，教育効果が高くなると考えます。

さらに，子供だけでなく保護者や家族に対する栄養教育を実施することも効果的でしょう。文部科学省の報告では，児童・生徒の一日の栄養素摂取量に学校給食が貢献しており，学校給食がない日には目標とする栄養素量をとることができない子供が多いことが明らかにされています[6]。ジュニアアスリートの食事管理や食環境の整備は保護者や家族の役割が大きく，これらの人々がジュニアアスリートにとって望ましい食事の内容やタイミングを理解し実践できると，ジュニアアスリート自身の意識や食行動の改善に結び付きやすいと考えられます。食事は誰もが毎日必ず行う生活習慣ですが，食事から栄養素を摂取する方法（食品の調達，調理方法，喫食時間など）は十人十色といってよいほど多岐にわたります。

▶6 文部科学省 学校給食における児童生徒の食事摂取基準策定に関する調査研究協力者会議，(2020) 学校給食摂取基準の策定について（報告）. https://www.mext.go.jp/content/20210212-mxt_kenshoku-100003357_3.pdf.（最終参照日：2022年7月12日）

また，食材調達には経済状況も影響するため，各家庭の状況を考慮した様々なアイデアを提案することが求められます。そのような多様なアイデアは，ジュニアアスリートがその後の長い人生を歩む上での食知識や食経験としても役立つことでしょう。

（近藤衣美）

表1. 年齢ごとの推定エネルギー必要量と成長に伴うエネルギー蓄積量（▶2より作成）

	男子				女子			
	推定エネルギー必要量 (kcal/日)			成長に伴うエネルギー蓄積量 (kcal/日)	推定エネルギー必要量 (kcal/日)			成長に伴うエネルギー蓄積量 (kcal/日)
身体活動レベル	Ⅰ	Ⅱ	Ⅲ		Ⅰ	Ⅱ	Ⅲ	
6～7歳	1350	1550	1750	15	1250	1450	1650	20
8～9歳	1600	1850	2100	25	1500	1700	1900	30
10～11歳	1950	2250	2500	40	1850	2100	2350	30
12～14歳	2300	2600	2900	20	2150	2400	2700	25
15～17歳	2500	2800	3150	10	2050	2300	2550	10
18～29歳	2300	2650	3050	—	1700	2000	2300	—

身体活動レベルⅠ：低い（生活の大部分が座位で，静的な活動が中心の場合）
身体活動レベルⅡ：ふつう（座位中心の仕事だが，職場内での移動や立位での作業・接客など，通勤・買い物での歩行，家事，軽いスポーツのいずれかを含む場合）
身体活動レベルⅢ：高い（移動や立位の多い仕事への従事者，あるいは，スポーツなど余暇における活発な運動習慣を持っている場合）

16-5 シニアアスリートに対する栄養教育

Key word：加齢，身体組成，生活習慣病，疲労回復

1. シニアアスリートの特徴

成人以降の特徴として，20歳代までに身体や臓器が生理的・機能的に成熟しますが，30歳代以降は加齢に伴って筋力や体力の低下，臓器の機能低下が認められてくることが挙げられます。一方で，社会的には進学や就職に伴う一人暮らしや，結婚，親の介護，さらに女性においては妊娠・出産を経験する場合もあるなど，生活環境や生活リズムが大きく変化します。職場や家庭，地域等で中心的な役割を担うようになると多忙な状況から不規則な生活を招いたり，責任感から精神的ストレスを受けたりすることもあるでしょう。このような状態が長く続くと，加齢に伴い生活習慣病やメタボリックシンドロームを発症するリスクが高まります。そのため，健康の保持・増進のために，スポーツを始める人も多いでしょう。そこで，本節ではシニアアスリートを，スポーツに取り組む20歳以上の者と定義します。

『令和元年国民健康・栄養調査』における報告によれば，20歳以上で運動習慣のある者（1回30分以上の運動を週2回以上実施し，1年以上継続している者）の割合は，男性で33.4%，女性で25.1%でした[1]。年齢別にみると，最も多いのは男女ともに70歳以上で，内訳は男性が42.7%，女性が35.9%である一方で，最も低いのは男性で40歳代（18.5%），女性で30歳代（9.4%）となっており，男女ともに加齢に伴って増加していることがわかります[1]。働き盛りや子育て世代は習慣的に運動を行う時間を作ることが難しいです。一方で，年齢が上がり，余暇時間が増えると，運動に費やす時間も増えていくことがわかります。

また，生涯スポーツに取り組む人の中でも競技志向が高く，日本スポーツマスターズ大会（参加者の年齢制限は原則として35歳以上）を目指すようなアスリートの人数は，2001年には5,354名であったのに対して，2019年には8,610名と増加しています[2]。さらに，2016年と2017年の年齢別参加者は，30歳代が10.6%，40歳代が約42.3%，50歳代が29.5%，60歳代以上が17.6%で構成されていました[3]。これらの世代は，身体的にはこれまでに培った体力を保持することが難しくなるため，加齢に伴い変化する身体と向き合いながら，疾病やケガの予防，疲労回復などにも注力して，健康な状態でスポーツを続けられるように，これまでの食習慣や食行動を見直すことが重要となります。

▶1 厚生労働省（2020）令和元年国民健康・栄養調査報告. https://www.mhlw.go.jp/content/000710991.pdf.（最終参照日：2022年7月12日）

▶2 日本スポーツ協会（online） 日本スポーツマスターズ過去大会の概要. https://www.japan-sports.or.jp/masters/tabid196.html.（最終参照日：2022年7月12日）

▶3 日本スポーツ協会（2018） 日本スポーツマスターズ戦略プラン2018-2022. https://www.japan-sports.or.jp/Portals/0/data/supotsu/doc/mastersplan/mastersplan_20180712.pdf.（最終参照日：2022年7月12日）

2. 栄養学的な課題

シニアアスリートの世代で起こる栄養学的な課題として，外食や飲酒の機会が増えることによる野菜の摂取不足（ビタミン，ミネラルの摂取不足），エネルギーや脂質，食塩の過剰摂取が挙げられます。特に，健康の保持・増進のためにスポーツを行っている人は，スポーツが社会的交流の場にもなっていることが多いため，運動後に仲間同士で食事に行く機会が増えます。また，スポーツドリンクの過剰摂取が，結果的にエネルギー（糖質）の過剰摂取を引き起こすケースもみられます。これらは，生活習慣病のリスクを高めるこ

とにつながる上に，アスリートにとっては身体組成の管理やコンディショニングに影響を及ぼす可能性があります。

一方で，加齢に伴って胃腸の働きが低下し，消化吸収能力が低下することで，エネルギー消費量に見合ったエネルギーや各栄養素を食事から摂取することが難しくなる場合もあります。必要なエネルギーや栄養素が十分に摂取できないと運動後の疲労回復が遅れたり，ケガのリスクも高まるため，一層の注意が必要となります。特に，高齢者においては，カルシウムの摂取量が不足し，さらにビタミンＤの摂取量が不足することに伴ってカルシウムの吸収率が低下することで，骨折しやすくなることが懸念されます。

3. 栄養教育のポイント

シニアアスリートに携わる人は，対象者の身体状況や食習慣を十分に把握するとともに，これまでの食習慣を否定しないことが重要です。そして，対象者の目標に向けて，対象者自らがコンディションを管理することを意識づけ，健康的に行動できるようなスポーツ栄養教育の実践が求められます。

身体組成に関しては，身体的成長が終了するため，エネルギー摂取量からエネルギー消費量を差し引いたエネルギー出納バランスの状況は体重変化として表れます。すなわち，エネルギー出納バランスが正ならば体重増加，負であれば体重減少となり，0（ゼロ）であれば体重が維持されることを理解させます。さらに，アスリートにとって体脂肪率を測定することは，体重を脂肪量と除脂肪量に区別して評価することができるため，体重に変化がない場合でも，脂肪量が増加傾向にあれば，食事の内容や食べ方を見直す必要があることに気づきます。そのため，身体組成を定期的にモニタリングすることは，スポーツ栄養教育を実施するにあたって重要なポイントの１つといえるでしょう。

この年代になると，競技力向上や健康の保持・増進のための正しい食知識を身につけたとしても，これまでに習慣化された食生活を急に変えることは容易ではありません。例えば，試合前後の食事のとり方といった，継続性を必要としないスポーツ栄養教育は比較的取り組みやすいものですが，ウエイトコントロールのように，望ましい食生活の継続によって効果が得られるものに対しては，「いかに継続させることができるか」といった点を考えていかなければなりません。

そして，この年代の栄養課題である野菜の摂取不足を解決するためには，外食時や自宅での料理選択の際に野菜を積極的に取り入れることを勧めたり，エネルギーの過剰摂取を解決するために揚げ物など脂質を多く含む料理選択の機会を減らすといった知識を与えることが大切です。その上で，実生活に則した教育媒体を用いて具体的な食事の改善点を提案することが効果的です。さらに，家族や指導者など周囲の理解や協力，一緒にスポーツを行っている仲間がいる場合は，仲間からの声かけも行動変容を促すきっかけや行動を継続させることにつながります。

健康の保持・増進や競技力向上のための食に関する様々な情報が氾濫する中，指導者や仲間など周囲からいろいろな情報を得ることもあるでしょう。得られた情報を鵜呑みにせず，自分自身で正しい情報か否かを適切に判断し，活用できるような知識を身につけることが求められます。

（高井恵理）

16-6 女性アスリートに対する栄養教育

Key word：女性ホルモン，エネルギー不足，摂食障害，三主徴

1. 女性アスリートの特徴

女性のライフステージは，女性ホルモンの分泌と深く関係しており，女性ホルモンの分泌量は年齢によって大きく変化していきます。特に，女性ホルモンの分泌量が急激に増加する思春期は，乳房発育，身長の増加などの第二次性徴の出現から初経を経て，月経周期がほぼ順調になるまでの期間を指し，年齢的には主に8～9歳頃から17～18歳頃までがあたるとされます。

この年代では，皮下脂肪がついて丸みを帯びた女性らしい身体つきとなるため，低体重や低体脂肪が求められる審美系競技や持久系競技を行っている女性アスリートは，過剰な練習や食事制限を強いられることにより，利用可能エネルギー不足の状態（運動によるエネルギー消費量に見合ったエネルギー摂取量が確保されていない状態）を引き起こす可能性があります。また，女性アスリートに多い健康問題として，「利用可能エネルギー不足」，「視床下部性無月経」，「骨粗鬆症」の3つの疾患が「女性アスリートの三主徴」と定義されており（図1），この三主徴のはじまりは，利用可能エネルギー不足であると考えられています[1]。

さらに，女性ホルモンであるエストロゲンは骨量と関係があることが知られています。骨量の増加は初経が来てからエストロゲンが増加する時期と一致しており，20歳頃に最大となります。その後，閉経を迎えてエストロゲンが低下する50歳前後から急激に低下します[2]。つまり，利用可能エネルギー不足によって無月経になるとエストロゲンが低下するため，閉経後のような状態となり，骨密度の低下を引き起こすことになります。そのため，思春期の頃からより多くの骨量を獲得しておくことが，疲労骨折や将来の骨粗鬆症の予防につながります。女性アスリートは，アスリートである以前にひとりの女性として，健全な発育・発達，そして健康障害を予防するための知識や自己管理できる力を身につけていくことが求められます。

▶1 De Souza, M.J. et al. (2014). 2014 Female athlete triad coalition consensus statement on treatment and return to play of the female athlete triad. Br J Sports Med.48(4):289.

▶2 骨粗鬆症の予防と治療ガイドライン作成委員会編（2015）骨粗鬆症の予防と治療ガイドライン2015年版．ライフサイエンス出版．

2. 栄養学的な課題

女性アスリートに起こる栄養学的課題として，上述のとおりエネルギー不足による無月経や骨密度低下が挙げられます。さらに，国際オリンピック委員会（IOC）のスポーツにおける相対的なエネルギー不足（RED-S）に関する合意声明では，利用可能エネルギー不足は女性アスリートの三主徴だけでなく，免疫系，代謝系，精神面，心血管系，消化器系などの身体機能面や持久力，筋力，トレーニング応答，判断力の低下，怪我のリスクの増加など運動パフォーマンス面への悪影響もあることが懸念されています[3]。さらに，これらの症状は女性だけでなく男性アスリートにおいてもみられます。

また，思春期の女性アスリートに多い課題として，「摂食障害」が挙げられます。摂食障害とは，食事の量や食べ方など食事に関連した異常行動が続き，体重に対する過度のこだわりや体形の捉え方を中心に，心身ともに影響が及ぶ危篤な障害です。こうした摂食障

▶3 Mountjoy, M. et al. (2014). The IOC consensus statement: beyond the female athlete triad-relative energy deficiency in sports (RED-S). Br J Sports Med, 48(7): 491-497.

害は，主に「神経性食欲不振症」と「神経性過食症」とに分けられます。

神経性食欲不振症は，食べる量が激減し，過度に痩せてしまう病気です。体重の減少によって，女性ホルモンの分泌が減るため，無月経を引き起こすこともあります。

一方で，神経性過食症は，食欲を抑えきれず，発作的に「むちゃ食い」を繰り返す病気です。過食した後，意図的に吐いたり，下剤の使用によって食べたものを食べたものを外に出す行為です。

両者ともに，「太ることへの恐怖」から極端な食事制限やその反動で起こる異常な食行動ですが，様々な心的要因が複雑に関わっています。摂食障害の発症を予防するためには，指導者や関係者に体重とパフォーマンスの関係は一様ではなく，体重減少が必ずしもパフォーマンスを向上させるものではないことを理解させることが重要です。

3. 栄養教育のポイント

エネルギー不足を改善するためには，食事からのエネルギー摂取量を増やす，あるいは運動量を減らすことでエネルギー消費量を減らすことが基本となります。具体的には，①最近のエネルギー摂取量に 1 日あたり 300 ～ 600kcal を加える，②トレーニング量を適正にする，③トレーニングや食事に関するストレスへの対処を考えることなどが挙げられます[▶3]。そのため，栄養アセスメントを実施し，エネルギー摂取量，エネルギー消費量を把握し，エネルギー不足の原因を明らかにします。

また，特に運動時の主なエネルギー源である糖質の摂取量が不足していることが報告されていることから[▶4]，エネルギー摂取量を増加する際には，運動量に見合った糖質を食事から摂取できるように支援します。さらに，心理面も大きく影響するため，食行動を取り巻く要因をよく把握して，食べられるものを少しずつでも食べられるような声かけや，それを継続させるために食事摂取状況を適宜確認します。無月経の場合は，月経機能不全の状態が競技パフォーマンスの低下だけでなく，女性としての健康な身体を保持できなくなっていることを十分に理解させることも重要です。

▶**4** Logue, D. et al. (2018). Low energy availability in athletes: A review of prevalence, dietary patterns, physiological health, and sports performance. Sports Med, 48(1): 73-96.

また，女性アスリートは，食行動に関して指導者や家族，友人からの影響を強く受けるため，女性アスリート本人のみならず，女性アスリートに関わる人々に対する栄養教育も有効です。

（高井恵理）

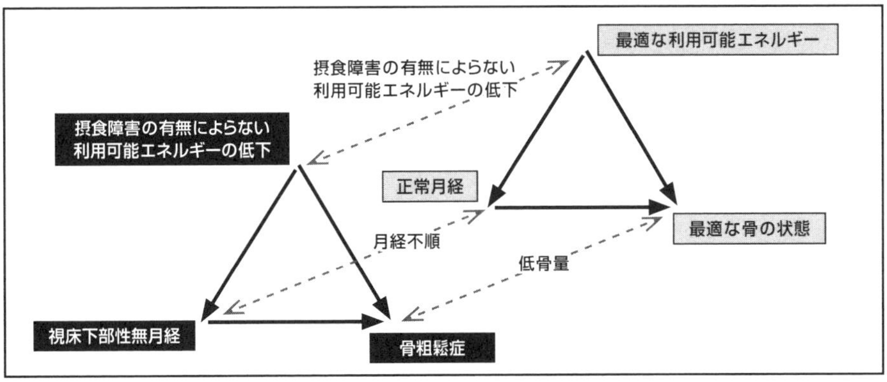

図 1. 女性アスリートの三主徴（▶1 を翻訳し，作成）

17-1 教育の対象としてのスポーツの価値

Key word：身体教育，運動学習，動きかた

1. 私たちの身体と身体教育

私たちは生きている限り，「私という意識」と「私の身体」を切り離すことができません。私たちは身体を通して何かを見たり，聞いたり，触れたりすることで外の世界を感じとり，他者とコミュニケーションを図ります。そして私たちは，そうした身体で運動することなしに生きることができません。例えば息をするのも，まばたきをするのも運動です。さらに，声を出す，物をつかむ，歩く，走る，跳ぶなどといった運動を習得することで，私たちは社会生活を送っています。また，思うままに動けるということは，私たちの健康にも密接に関わります。つまり，身体運動は，私たちが生きることの根底にあるものなのです。

このように，生きることと動くことは切り離せない，という観点に基づけば，そうした人間の身体をいかに育んでいくのかということは教育の課題になります。よりよく「動ける身体」の獲得は，よりよく生きるということに直接的に結びつくからです。ここに身体教育の重要性が浮き彫りになります。そして，この身体教育に大きな役割を果たすものが体育であり，スポーツであるといえるでしょう。

2. 体育の中核的内容

体育は学校教育における一教科として位置づけられています。つまり，体育には他教科と明確に区別し得る独自性があるということになりますが，それは一体何でしょうか。例えば，スポーツのルールを知識として得ることは大切ですが，それだけなら国語の時間にルールブックを読んでもいいわけですし，客観的な運動経過を測定してその物理法則を解明するなら，数学や理科の出番かもしれません。こうして浮かび上がってくる体育特有の内容は運動学習（Bewegungslernen）です。ここでいう〈運動学習〉とは〈動きかた〉[1]の習得のことであり，健康の保持と体力の向上を第一義とするものではありません。目標とする運動課題について〈できる〉という確信を得て，さらに洗練化していくことと，そのプロセスを意味しています。体育では様々なスポーツを実践することを通して，こうした運動学習を行うのです。

一般的にスポーツの領域は，目的に則して以下の4つにまとめられます。それは，「スポーツを健康や体力向上に役立てる領域」，「スポーツを心身のリフレッシュに役立てる領域」，「スポーツ競技力を争い合う領域」，そして「スポーツを人間形成としての教育に役立てる領域」です[2]。これらは完全に区別できるものではありませんが，各領域の目的に応じて活動の内容や中核的な課題は変わってきます。例えば，健康や体力向上のためのスポーツ，あるいは心身のリフレッシュのためのスポーツでは，無理なく楽しく行われることを重視するなど，それぞれの狙いに合わせて効果的なプログラムが求められます。

しかし，目的がどうであれ，スポーツ実践においてはその前提としてそれぞれの種目に固有の新しい〈動きかた〉を習得しなければなりません。リフレッシュのために公園で

▶1 ここでいう〈動きかた〉とは「私の身体が感じ取る，あるまとまりをもった動きの感じ」を意味する。したがって，「動く順序を表す手段的方法」としての〈動き方〉とは区別される。

▶2 金子明友（1996）スポーツと子ども．東洋ほか編，児童文化入門．岩波書店，pp. 134-161.

サッカーをするといった場合は，どのようなレベルであっても，まずはパスやドリブルなどサッカーの基本的な動きかた（＝スポーツ技術）を身につける必要があります。あるいは健康のためのエクササイズで踏み台昇降をするにしても，「リズムよく台に上って下りる」という，そのエクササイズを行うために必要となる基本的な動きができる必要があります。つまり，新しい運動を形づくるという意味での習得（Gestalten）があらゆるスポーツの前提となるのです[3]。

さらに，体育ではこの新しい形態発生を出発点として，さらに上位の習得が目指されます。それは，「球技でチームメイトとうまくパス回しができる」といったように他者との協力プレーができるということ（Spielen）や，「より速く走ることができる」といったようにすでに発生している運動の達成を向上させるということ（Leisten）です。つまり，体育における運動学習では，前提となる運動ができるようになることと，その基本技術を用いた運動の習得という，二重の運動習得が目指されることになり，これが中核的な教育内容になるでしょう。

▶3 金子明友（1988）体育学習のスポーツ運動学的視座．島崎仁ほか編，体育・保健科教育論．東信堂，pp. 55-67.

3. 体育における運動習得

運動学習においては目標とする運動の習得が目指されることになりますが，その仕方は〈自由習得〉と〈指導による習得〉に大別することができます[4]。自由習得とは，例えば子供が家庭や社会環境の中において見よう見まねで試行錯誤を繰り返すことで，「歩く」，「走る」などの日常動作や，さらには「投げる」，「捕る」といったスポーツの基本形態を身につけることを指します。また指導による習得とは，専門的知識に基づいて計画的に行われる運動習得であり，自由習得にみられる無駄な努力と時間は大幅に削減されます。

体育でのスポーツ実践において運動の習得を目指す場合には，方法学的理論に基づき計画的に練習が行われるため，指導による習得として捉えられることになりますが，子供はスポーツの基本形態のほとんどを自由習得によって身につけてしまいます。しかし，自由習得によって身につけた運動は，たいていの場合はまだ多くの欠点を持っています。したがって，スポーツにおいて指導による習得を目指す場合には，学習者がすでに身につけている基本的なスポーツ技術の欠点を修正することが必要になります。

こうした指導による習得では意図的に運動を反復することになりますが，この運動の繰り返し行為を一般的に「練習」と呼びます。練習という言葉の原義は「ある行為を上達するように繰り返したり，また，繰り返してある技術を身につける行為」[5]であり，「練」は「煮て柔らかくする」，「習」は「繰り返す行為」という意味を持ちます。つまり体育における運動学習は，指導者[6]の介入を通して練習し，できないことが〈できる〉ようになることを目指す行為といえます。

では，運動が〈できる〉とは，どのようなことなのでしょうか。また，運動が〈できる〉ための指導者の営みとはどのようなものなのでしょうか。本章ではスポーツにおける運動学習とその意味や価値について，発生運動学[7]の立場から考えていきたいと思います。

（新竹優子）

▶4 金子明友訳（1981）マイネル・K：スポーツ運動学．大修館書店．

▶5 南谷直利ほか（2002）「稽古」及び「練習」の語誌的研究．北陸大学紀要，26：251-264.

▶6 発生運動学において，学習者の〈できる〉という動きの感じの発生を促すことを〈促発〉あるいは〈促発指導〉という。そのため本章においては，「促発指導を行う者」という意味で「コーチ」ではなく「指導者」という言葉を用いることとする。

▶7 発生運動学とは，コツやカンといった運動感覚意識の構造解明と一般論の構築を目指して体系化された現象学的な運動分析論である。

17-2 運動が〈できる〉とは

Key word：コツ，カン，動感メロディー，動感図式

1. 体力があればできるのか？

私たちは，できない運動に直面したとき，「持久力が足りない」とか「筋力が足りない」といったように，足りない体力要素を探りたくなります。また，体力が十分なのにできない場合は「やる気がない」というメンタルの問題を指摘したくなりますし，「ケガの影響があるからだ」と医学的サポートを求めることもあります。運動を習得するために，体力要素の向上や，本人のやる気，周りのサポートといった環境の整備などは大切な要素です。しかし，それらが整えば成功に結びつくのかというと，そう簡単ではありません。例えば逆上がりができない子供に，「腕の力が弱いからだ」として筋力トレーニングを課しても，あるいはやる気を出させる言葉がけを行っても，結局は「逆上がりの練習」をして，その運動のやりかたをマスターしなければできるようにはなりません。実際には，逆上がりを覚えるために「上がらない逆上がり」を繰り返し実施しているうちに，あるとき突然に「できた！」という瞬間が訪れるのであり，この瞬間に急に体力が向上したとか，急に環境が整ったとは考えられません。

つまり，体力の向上や環境の整備といったことは極めて重要ですが，運動学習という観点から考えれば，これらはできるための条件なのです。運動ができるようになるためには，その運動そのものの動きかたを身につけるしかなく，「こうすればできる」という〈動く感じ〉をつかんだときに私たちは「できるようになる」のです。

2.〈できる〉は未来に向かう

ところで皆さんは，自転車に乗ることができるでしょうか。恐らく多くの人は，自信を持って「できる」と答えると思います。こうした確信がなければ，例えば自転車通学している学生は毎朝，自分が自転車に乗れるかヒヤヒヤすることになりますが，実際はそうはなりません。

しかし，よく考えてみると，本を読んでいる今この瞬間に，自転車に乗れているわけではありません。「さっきまで乗っていたから」といっても，乗っていたという過去の結果そのものが次に乗れる根拠にはなりません。それにもかかわらず私たちは，次に乗るときもその次に乗るときも，できると信じて疑いません。つまり，私たちにとって〈できる〉というのは，まだ到来していない未来に向けて確信を持っているということを意味しているのです。

このように考えてみれば，自身の身体で感じる〈できる〉という確信は，できたことがあるという運動の「結果」ではないことがわかります。〈できる〉とは，「いつでも『そのように動ける』という，私に身体化された財産としての運動能力」[1]として，未来においても動けるという能力に裏打ちされた可能性を表現しているのです。

▶1 金子明友（2002）わざの伝承．明和出版．

3.〈わかる〉と〈できる〉は違う

ある運動が〈できる〉と確信することは，頭で考えて〈わかる〉こととは異なります。例えば，今から私が2回宙返りの運動構造について事細かに説明し，それを皆さんが理解したとして，「では実際に2回宙返りをやってみてください」と言われた場合，体操競技選手でもない限り「できません」と答えるでしょう。つまり運動が〈できる〉とは，客観的情報を通して頭で理解するということではなく，「自ら動きかたを身体化し，その運動感覚を私の身体が了解」[1]しているということであり，「こういう感じでやればできる」という〈コツ〉に学習者自らが出合わなければならないのです。そのため，運動学習においては「わからないけど，できる」こともあれば「わかるけど，できない」こともあります。しかし，この場合，前者は運動ができたと解釈されるのに対し，後者はできたとはいえないのです。

4. コツやカンによって〈できる〉

〈コツ〉は，発生運動学の領域において〈自我中心化身体知〉[2]と表現されます。端的にいえばコツは，「こういう感じで動けばうまくいく」という自分自身の動きかたに関する意識だといえます。また，コツと絡み合いながら情況がどうなっているか判断する先読み能力は〈カン〉と呼ばれ，これは〈情況投射化身体知〉と表現されます[2]。

▶2 金子明友（2007）身体知の構造．明和出版．

例えば，野球の守備でフライをキャッチする場合には，ボールの行方を先読みするカンを使ってボールの落下地点を捉えながら，コツを使ってそこに走り込み，ボールを捕ることになります。この場合，ボールの行方を先読みするカンが鋭くても，実際に走り込んでボールを捕るコツがなければ，ただ飛んでいくボールを眺めているだけになってしまいますし，速く走れてボールを上手に捕るコツを持っていたとしても，ボールの軌道と落下地点の予測がなければキャッチすることはできません。つまり，私たちが「そのように動ける」といえるのは，〈動きかたとしてのコツ〉と〈情況を読むカン〉を自分の身体で同時に捉えているということなのです。

このように，コツとカンは切り離すことができません。「こういう感じで動く」というコツやカンがうまく絡み合って働くことによって，〈できる〉という確信意識が成り立つのです。こうしたコツやカンの絡み合いによって生じる運動感覚意識は，〈動いている感じ〉を意味して〈動感〉と呼ばれます。運動ができるといった場合，動感は一連の〈動感メロディー〉として〈図式化〉されています。〈動感メロディー〉とは「どんなリズム感でどのように動くのか」という，〈動く感じ〉としての強弱や流れの意識です。また図式化とは，一連の動感メロディーをある統一されたまとまりとして，「こうやったらこうする」というように，動きの連続として捉えるということです。例えばスキップをする場合には，単に片足ジャンプの連続としてではなく，「トトン，トトン，トトン……」という独特なリズムで，「こう蹴って，こう蹴って……」というように，スキップという動きかた全体を流れるように捉えているはずです。

つまり，運動が〈できる〉とは，「こうやればできる」というコツやカンをつかみ，私の中に〈動感メロディー〉が流れ，あるひとまとまりの運動として〈動感図式〉が発生した，ということなのです。

（新竹優子）

17-3〈できる〉の段階性

Key word：学習段階，学習位相，動感形成位相論

1.〈できる〉の段階性

前節で確認したように，運動が〈できる〉とは，練習を繰り返し，コツやカンをつかむことによって，あるまとまりをもって動感が発生することであるといえますが，こうしたコツやカンの習得プロセスには法則的な段階性があります。

例えば，「自転車に乗れる」といった場合，初めて自転車に乗れたときのぎこちない動きかたと，自転車に乗りながらよそ見をしたり，片手で運転できたりするように，熟練して遂行条件の変化にも対応できるようになったときの洗練化された動きかたでは，〈できる〉の次元が異なります。また，一度は確信を持ってできるようになった動きであっても，突如として「どう動けばよいか分からなくなる」という事態も起こり得ます。例えば，プロ野球のピッチャーがあるときから急にストライクゾーンに球を投げられなくなる，といったように，高い競技力を持つトップアスリートでも，問題なくできていた動きが突如として消滅してしまうということは珍しくありません。つまり，できるといっても様々な段階があり，さらに，その経過の中では誰でも必ず体験しなければならない出来事が生じるのです。

2. 運動の学習位相論

こうした学習ステップの全体を体系化したものは，運動の〈学習位相論〉と呼ばれます。〈技術トレーニング〉の分野では，こうした学習位相に関するいくつかの研究がみられますが，このうち最も広く知られているのは，3つの位相区分からなるマイネル（Meinel, Kurt）の学習位相論[1]でしょう。マイネルは主に客観的に観察可能な運動経過の特徴に基づいて，運動の学習位相を「基礎経過の獲得がみられる運動の粗協調の段階」，「修正や洗練，分化といった運動の精協調の段階」，そして「定着と変化条件への適応がみられる運動の安定化の段階」という3つに分け，それぞれの位相に現れる運動経過の特徴を一般化しており，この学習位相論は技術トレーニングの一般論構築に大きく貢献しています。

しかし，マイネルに代表される従来の学習位相論においては，その重要性には言及しているものの，学習者自身の内的な運動意識が取り上げられていないという問題点がありました。そこで，マイネルの運動学を現象学的立場から継承発展させた〈発生運動学〉においては，学習段階の進行を動感の特徴変容の観点から体系化し直し，〈原志向位相〉，〈探索位相〉，〈偶発位相〉，〈形態化位相〉，〈自在位相〉という5つの位相からなる〈動感形成位相論〉[2]としてまとめています。以下，これらの5位相の概要を確認していきたいと思います。

▶1 金子明友訳（1981）マイネル・K：スポーツ運動学．大修館書店．

▶2 金子明友（2005）身体知の形成（上）．明和出版．

3. 動感形成位相論における5位相

動感形成位相論において初めの段階に位置づけられる〈原志向位相〉は,「なんとなく嫌な気分はしない」という運動への〈なじみ〉を生み出す段階です。例えば平泳ぎを覚えようといった場合に,水の中に入った経験があまりなく,水というものになじめないのであれば,平泳ぎの練習を始めてみようとも思えないでしょう。こうした運動へのなじみを生み出す原志向位相は運動学習の前提になります。

続いて,学習者が当該運動に興味を持ち始め,主体的に練習に取り組むようになると,どういう感じで動けばよいのかといったように,動きの感じに探り入れを始めます。この段階は〈探索位相〉と呼ばれ,「そのコツがなんとなくわかるような気がする」という意識が生まれてきます。また,学習者が「どうしたらできるようになるのか」という学習の〈目当て〉を欲しがる段階でもあります。このとき指導者は,どのような動きの感じを,どのような手順と方法を用いて呈示し,運動学習を進めていくかといった〈道しるべ〉▶3を適切に構成することが重要です。

▶3 指導者の〈道しるべ構成化〉の詳細については,第17章第4節を参照のこと。

こうして学習者がコツやカンを探り始めるようになると,今度は「なんとなくできるような気がする」という〈偶発位相〉の段階に入っていきます。練習を重ねる中でコツやカンに偶然に出合って,〈まぐれ当たり〉が出現するようになるのです。この時期は最も楽しく練習できる段階ともいえ,学習者は「今度こそコツがつかめそうだ」という期待に満ち,夢中になって練習にのめり込むことも少なくありません。

まぐれ当たりが頻発するうちに,段々と一定の動感メロディーが流れるようになってきて〈形態化位相〉の段階に入ります。また,この形態化位相では,さらに次のような段階性を認めることができます。それは,「いつでもできる」という確信が持てるようになる〈図式化〉の段階,一度はできる確信が得られたとしても,その後にコツやカンが狂ってまたできなくなるという〈分裂危機〉の段階,より高度な動きかたを目指して修正活動がはじめられる〈洗練化〉の段階,そして不測の事態が生じた際に,最低限のミスで済ませて成功に導いたり,とっさに別の動きに移行することができるという〈わざ幅の獲得〉の段階です。こうしたことを乗り越えて学習段階がさらに次の段階へ進行していきます。

そして,形成位相の最後の段階に位置づけられる〈自在位相〉に入ります。これは思うままに理に適って動けるという段階です。この段階では「こう動こう」というコツやカンの意識はもはや消えてしまい,どこをどうやってという意識なしに「やろうと思えばいつでも」実行できるようになります。例えば,箸で食べ物をつかもうとした場合には,細かな手の動かしかたや位置,力加減を細かく意識することはなく,「つかもうと思えばつかめる」のではないかと思います。つまり,このときの「箸の動かしかた」はすっかり身体にしみ込んで〈自動化〉しているのであり,まさに自在位相の段階に達しているといえるでしょう。

しかし,自在位相を持って運動学習が終了する,というわけではありません。自動化した運動は〈なじみ〉へと回帰し,次の運動発生の前提となっていきます。「ある動きができた」ということは,一方で洗練化に向けては「まだできていない」ということも含んでいるのであり,この意味において「動きができることとできないことは対立する出来事ではなく,むしろ表裏一体の関係」▶4として捉えられるのです。

▶4 岡端隆(2013)スポーツの運動学習における動きができるという動感構造の問題性. スポーツ運動学研究, 26 : 1-12.

(新竹優子)

17-4 コツやカンの指導

Key word：促発，動感素材分析，動感処方分析

1. 学習者の動感発生を促すための〈促発分析〉

ここまで，運動ができるということについて，運動感覚意識の観点から確認してきました。ここから考えると，指導者の中核的な役割は，「こうすればできる」という学習者のコツやカンの発生（＝動感発生）を促すことだといえるでしょう。

発生運動学において，学習者の動感発生を促す営みは〈促発〉と呼ばれ，その方法は〈促発分析論〉[1]としてまとめられています。促発分析は，学習者の身につけるべきコツやカンを確認する〈動感素材分析〉と，こうしたコツやカンを学習者に提供する〈動感処方分析〉に大別されます。さらに前者の動感素材分析では，学習者の動きを目で見て指導者自身の身体を通して理解する〈観察〉，学習者の動感を聞き出すことで身体を通して感じとる〈交信〉，指導者が学習者の動きを自分の動きとして捉える〈代行〉という3つの分析手段が用いられます。この3つの分析は相互に補完し合いながら常に〈絡み合わせて〉行われていくことになります。つまり，〈観察〉は学習者の動感を聞き出す〈交信〉によってより深められますし，〈交信〉するためにはその起点を〈観察〉に求めなければなりません。また，ここでの見方は運動の客観的な位置変化をみるのではなく，学習者の動感を指導者自身が感じ取ってイメージの中で〈代行〉することになります。

▶1 金子明友（2005）身体知の形成（下）．明和出版．

2. 学習者が身につけるべきコツやカンを診断する

指導者はこのような分析手段を用いながら，学習者が「今，どんなコツをつかんで，どんなコツをつかんでいないのか」という動感意識の発生様態を〈診断〉しなければなりません。つまり指導者は，学習者がこれまでにどのような動感経験をして，それをどう意識化してきたのかといった〈動感形成生活史〉[1]を把握するとともに，今どのような学習段階であるのかという〈学習レディネス〉の査定を行うことで〈動感診断〉をします。なお，ここでいう〈学習レディネス〉の査定とは，単に体格や体力の発達状態や，学習意欲を確認するだけではありません。新しい動きかたを身につけるにあたって，学習者の身体知[2]が適切な準備状態にあるのかを問題にするのです。次に，指導者は「こういう感じでやればできる」といった学習者が次に身につけるべきコツやカンを確認するのです。

そして，こうした動感診断のためには，学習者の運動の特徴を確認することを通して，欠点の本質を〈見抜く〉ことが重要になります。ここでいう〈運動の見抜き〉とは，単に「膝が曲がっている」，「高さがない」などといった客観的な欠点を見つけ出すだけではありません。その学習者の運動の何が問題なのか，そして，学習者にとって，その動きにどんな意味や価値があるのかを解釈するということです。

しかし，運動を見抜くということは，そう簡単なことではありません。指導者がこの意味において運動観察するためには，〈観察の視点〉を持っていることが重要になってくるでしょう。学習者の運動をみて，良い，悪い，などと瞬時に判断できるということは，何が良くて何が悪いのかといった〈基準〉が指導者の中にあらかじめ備えられていて，その

▶2 身体知とは頭で考えて分かる「知識」ではなく，身体で覚えている「知」を指す。例えば，ペンで紙に文字を書こうとした場合，「どの筋を動かして，何指と何指の間にペンを挟んで…」などと細かく考えなくても，「書こう」としただけで，適切な持ちかたや握り具合で文字を書くことができる。つまりこれは，文字の書きかたを身体知として捉えているということである。

基準に基づいて価値判断をしている，ということになります。この判断基準，つまり，運動のどこをどうみるのかという〈目のつけどころ〉を持っているかどうかは，指導能力そのものを意味するのです。

また指導者は，学習者の動きの感じに〈共感〉することも重要です。優れた指導者は実際には自分がやらなくても，学習者と一緒に動いているように感じることができます。動感指導のための運動観察においては，学習者の運動を外形的な位置移動として運動を捉えるのではなく，「自我身体の動感志向性を投射しながら他者の動感世界に潜入していく」[3]ことが求められます。すなわち，運動を〈見抜く〉ためには学習者の動感に〈移入〉することで〈運動共感〉に成功しなければならないのです。

以上のように，指導者は学習者の動感形態の診断を行い，次に，これに基づいて学習者にコツやカンを身につけさせる〈動感処方分析〉に入っていくことになります。

3 金子明友（2009）スポーツ運動学. 明和出版.

3．学習者が身につけるべきコツやカンを処方する

学習者にコツやカンを身につけさせるための手順や方法を提供する〈動感処方分析〉では，大きく次の３つの問題領域があります。

１つ目は，指導の〈道しるべ〉を立てること（＝道しるべ構成化）です。さらに，この〈道しるべ構成化〉は，目標となる動感形態を発生させるために，どのような教材を用いて，どのような順序で学習を進めていくのかといった〈方向形態道しるべ〉の構成化と，学習の目当てとなる動感形態を創造する〈目当て形態道しるべ〉の構成化に分けることができます。こうした〈道しるべ構成化〉において指導者は，〈動感アナロゴン〉を体系的に順序だてて並べることで，どんな段階を追って，何を目当てに練習を行っていくのかを示します[4]。

２つ目は，動きの感じを伝える手段と方法をつくり出すこと（＝動感呈示構成化）です。ここでは動きの感じを伝えるために様々な手段を用いて〈動感呈示〉をします。例えば，「バランスボールを投げるような感じで」などのように言葉で表現したり，ビデオを見せたり，ジェスチャーや示範をしてみせることなどが挙げられます。ただし，学習者が呈示した媒体をどのように受け取っているのかということに注意しなければなりません。いくら上手な示範を見せたり，精密なキネグラムやVTR映像を見せたとしても，学習者がそれを読み解く分析能力を持ち合わせていない場合には，意味を持たなくなってしまうでしょう。

▶4 〈動感アナロゴン〉とは運動感覚の類似図式（似た動きの感じ）を指す。つまり，〈道しるべ構成化〉では，学習目標となる運動と似た動きの感じを持つ運動課題を，適切に順序立てて呈示することが求められる。

３つ目は指導のタイミングを決断すること（＝促発起点構成化）です。学習の目当てとなる内容を，いつ，どんなタイミングで，学習者に指導するのかを問題とします。例えば，試合直前に運動の修正指導を行うことでコツやカンの混乱を招き，試合での失敗につながってしまうことがあります。一方で指導のタイミングを逃して運動遂行上の重大な欠点を放置していれば，パフォーマンスの低下やケガにつながってしまうこともあります。こうした事態は，指導者の促発起点構成化のミスということになります。

学習者の身体知や動感形成位相は常に変化するため，指導者はあらかじめ定めた手順通りにすべての指導を行うわけにはいきません。学習段階の進行に合わせて「動感目標像も含め，動感指導の手段と手順を創造し続けなければならない」[5]のです。指導者は本節で示したような運動の一般理論を下敷きにしながら学習進行の正しい評価を行い，それぞれの学習者に合わせたオーダーメイドの指導を展開することが重要になるでしょう。

（新竹優子）

▶5 渡辺良夫（2017）技術トレーニング．日本コーチング学会編，コーチング学への招待. 大修館書店, pp. 109-126.

17-5 教育におけるスポーツの役割

Key word：身体教育，身体経験，生きる力

1. スポーツ実践の意味と価値

身体教育においてスポーツが大きな役割を果たすということはすでに述べましたが，それは具体的にどのようなことなのでしょうか。これは大きなテーマですが，スポーツを実践し，運動を習得すること（運動学習）の教育的な意味や価値について，ここでは身体性の観点から以下の３つのことを挙げてみたいと思います。

１つ目は，体育や部活動といった教育におけるスポーツ実践は生涯にわたってスポーツに関わるための基礎を提供する，ということです。スポーツを実践することで，まず様々なスポーツを知ることができます。人生の中で，どのようなスポーツとどう関わっていくのかは人それぞれですが，まずは多様なスポーツにおける基本的な技術を身につけ，演技発表やゲームを行った経験を有していることで，これからの人生の中でスポーツに関わっていくための選択肢を提供することができます。

２つ目は，スポーツ実践はスポーツを深く理解するための基盤をつくる，ということです。スポーツを観戦するにしても，全く経験したことのないスポーツを見るのと，少なからず実践経験があるスポーツを見るのでは，読み取れる内容の深さが異なります。例えばサッカー選手の巧みなプレーを見るとき，観察者自身にボールを蹴った経験が全くないのであれば，細かなテクニックに驚嘆し感動する体験はできないでしょう。反対に観察者にサッカーを実践した経験が十分にある場合，選手が「ボールを蹴った感触」や「ピッチを駆け抜ける感じ」などがより鮮明かつリアルに感じ取れるでしょう。このように，スポーツにおいて運動が〈できる〉ということは，運動を読み取る世界を拡大します。スポーツとの関わり方には，スポーツを「する」ことだけではなく，「みる」，「知る」，「支える」ことなども含まれますが，実際にやったことがあるという経験を通して，その関係性は変わってくるはずです。「選手の立場で考える」という場合にも，実際にスポーツの選手経験がある場合には，まったく類似した経験を持たない人とは異なる関わり方になるでしょう。

３つ目は，スポーツ実践を通して活動的で健康的な生活を送るためのベースづくりができる，ということです。第17章第１節でも述べたように，私たちは「動く」ことによって社会生活を営んでいます。思うままに動けるということは，私たちの生活の自由さを拡げることや，健康な身体づくりに密接に関わります。

また，スポーツ実践を通してコツやカンを探り，その意味を理解して運動を習得するという〈身体経験〉は，健康な身体状態感を知る力になり，社会生活の中で活かすことのできる「資質・能力」になります[1]。例えば，スポーツにおける運動学習の過程では，「できそう，できなさそう」，「やりたい，やりたくない」などといった心情が常に付きまといますし，学習者自身が「今の動きは良い，悪い」といった価値判断を行う体験をします[2]。そうした心情や価値の問題を含みながら，自分自身の〈できる〉という確信の程度と絡み合って，最終的に「こう動こう」あるいは「このまま動くとあぶないからやめよう」などと決断し，実行することになります。こうした経験は，身体や心の状態を自分自身で把握

▶1　三木四郎（2020）体育の「知識及び技能」に関するシステム論的問題性：発生運動学から運動理論を問い直す．伝承，20: 1-17.

▶2　金子明友（2015）運動感覚の深層．明和出版.

し，コントロールする能力の育成に寄与するでしょう。

加えて，スポーツの実践経験は自身の身を守ることにも密接に関わります。例えば，「転がる」という動作があります。様々なスポーツ実践の中では体勢が乱れて転ぶということが必然的に生じますし，器械運動の前転や柔道の受け身，走り高跳びのベリーロールの着地などでは，転がることが重要な技術として練習の対象になります。スポーツにおいてケガをしないで上手に転ぶことができる，ということは，もちろん日常生活において体勢を崩した場合においても上手に転べるということになります。「転んでケガをする子供」は「上手な転びかた」を知らないのであり，これは実際に転ぶという経験を通して身につけていくしかありません。「日常生活と無関係にみえるスポーツ技術のなかの転がり動作も，実は日常動作と深くつながっている」[3]のです。

こうしたスポーツ実践の意味づけや価値づけの例証を挙げればきりがありませんが，概括すれば，教育におけるスポーツ実践は〈生きる力〉の可能性を提供してくれるものであるといえるでしょう。

▶3 渡辺良夫（2007）転がる．田口貞善編，スポーツの百科事典．丸善出版，p. 215.

2. 運動学習の教育的価値

本章ではまず，私たちは身体を通して運動することなしには生きられないということから，身体教育の重要性を確認しました。そして，身体教育において大きな役割を果たすものとして体育があり，その体育特有の内容は，様々なスポーツを通した〈運動学習〉であるということを述べました。

特に，子供にとっての運動学習は「身体と世界の関係や他者との関係など今までとは違った新しい意味世界が発生してくる」[4]ことであり，そこで身につけた身体能力や考え方は，健康的で豊かな生活を送るための大切な基礎を提供するのです。自分自身の運動は他人が代わってやることができません。「そのように動けるようになる」ことはカンニングできないのです。これは他の教育領域にはない，体育ないしはスポーツ実践活動特有のものです。だからこそ，体育が他教科と区別され，教育の重要な一領域に位置づけられているのだといえるでしょう。

▶4 三木四郎（2019）体育が育てる資質・能力と運動学習の意義を問う．伝承，19：1-14.

以上，発生運動学の立場から教育におけるスポーツの役割を提案してみましたが，他にも様々な立場や考え方が存在することでしょう。皆さんも，ぜひ考えてみてください。

（新竹優子）

図 1. 教育におけるスポーツ実践　写真提供:PIXTA

18-1 コーチングとは何か

Key word：公認スポーツ指導者資格，モデル・コア・カリキュラム，暴力行為

1. コーチとコーチング

本章では，アスリートに対して行われる「コーチング」や，コーチングを行う主体である「コーチ」に着目していきたいと思います。

そもそも，コーチングという用語は，スポーツ以外の領域においても使用されています。例えば，ビジネスの領域では，コーチングが戦略的なコミュニケーション・スキルの1つとして捉えられています[1]。一方で，スポーツの領域では，コーチングはアスリートやチームを育成し，目標達成のための最大限のサポートをする活動全体として捉えられています[2]。このように聞くと，スポーツにおけるコーチングでは，パフォーマンスの向上[3]を想起する人が多いかもしれません。しかし，単にパフォーマンスの向上のみを目指せば良いというわけではなく，この他に，アスリートの「自信」や「他者との関係性」，「人間性」を育んでいくこともまた重要とされています[4]。

このように，コーチングを行う主体である「コーチ」は，アスリートやチームに対して多方面でのサポートを行っていかなければなりません。それだけに，闇雲にコーチングを行っても成果を得ることは難しく，コーチングに関わる様々な知識を有していることが求められます。それでは，コーチには，どのような知識が必要とされるのでしょうか。

2. スポーツにおけるコーチングに必要な知識

アスリートの「パフォーマンスの向上」や，「自信」，「他者との関係性」，「人間性」[5]などを育んでいく上で，コーチに求められる知識は，主に3つ挙げられます[4]。

1つ目は，スポーツに関する知識やトレーニングに関する知識である「専門的知識」です。パフォーマンスを向上させていくためには，アスリートの動作を改善していくことが求められ，常に知識をアップデートしていく必要があります。2つ目は，人間関係を円滑にしていくための知識である「対他者の知識」です。コーチとアスリートの関係性は，アスリートの身体的・精神的な発達に影響を与えるといわれており[6]，適切な関係を構築するための知識が必要となります。3つ目は，自身が成長し続けるための知識である「対自己の知識」です。特に，自身のコーチングを客観視し，振り返る省察行動が重要であるといわれています。

これらの知識は，実際にコーチングを行う以前から身につけておくことが望ましいといえるでしょう。こうした意味において，コーチをどのように養成していくのかということが重要になるといえます。

3. 日本スポーツ協会における公認スポーツ指導者の養成

日本スポーツ協会における公認スポーツ指導者養成の端緒は，旧日本体育協会において1965年に発足した「競技力向上委員会」といわれています。この委員会は，アスリー

▶1 伊藤守(2002)コーチング・マネジメント：人と組織のハイパフォーマンスをつくる．ディスカヴァー・トゥエンティワン．

▶2 スポーツ指導者の資質能力向上のための有識者会議（2013）スポーツ指導者の資質能力向上のための有識者会議（タスクフォース）報告書．https://www.mext.go.jp/b_menu/shingi/chousa/sports/017/toushin/__icsFiles/afieldfile/2014/06/12/1337250_01.pdf.（最終参照日：2022年7月12日）

▶3 自身のパフォーマンスは対戦相手や試合環境によって大きく左右されることから，「有能さの向上」という表現を用いる場合もある。

▶4 Cote, J. et al. (2009). An Integrative Definition of Coaching Effectiveness and Expertise. International Journal of Sports Sciences and Coaching, 4(3): 307-323.

▶5 これらは，「有能さ（Competence）」，「自信（Confidence）」，「関係性（Connection）」，「人間性（Character）」の英単語の頭文字をとって4C'sといわれている。

▶6 Jowett, S. et al. (2002). Incompatibility in the coach-athlete relationship. In I. M. Cockerill (Ed.) Solutions in Sport Psychology. Thomson Learning, pp. 16-31.

トの育成や強化の方法を全国に広めること，そして，スポーツの普及発展に必要な指導体制の確立を目的としていました[7]。その後，翌1966年には，日本体育協会の加盟競技団体と都道府県体育協会の推薦を受けた指導者を対象とした「スポーツトレーナー養成講習会」[8]が初めて開催されました。さらに，1977年には，現在の公認スポーツ指導者養成の基盤となる「財団法人日本体育協会公認スポーツ指導者制度」（公認スポーツ指導者制度）が制定されました。この制度が制定された当初の目的は，国民スポーツ振興と競技力向上にあたる「スポーツ指導者」の資質と指導力の向上を図り，指導活動の促進と指導体制を確立することであり，当時の公認スポーツ指導者は，「スポーツ指導員」，「コーチ」，「トレーナー」の3種類しかありませんでした[9]。

そして，1977年以降，「公認スポーツ指導者制度」は改定を繰り返し，近年では，2019年4月に改定施行されています。この改定では，コーチ育成のための「モデル・コア・カリキュラム」[10]の内容が公認スポーツ指導者の養成カリキュラムに反映された結果，従前のカリキュラムよりも「思考・判断」（スポーツの意義と価値の理解，コーチングの理念・哲学等）や「態度・行動」（対自分力，対他者力）に関する比重が増加しました[11]。このように，2019年の改定では，コーチング現場で起きる様々な事象に対応できるような思考力・判断力，態度・行動を含めた実践力の養成が目指されています[11]。

このようなカリキュラムの改定に至った背景には，2013年1月に発覚した女子柔道強化選手への暴力問題をはじめ，スポーツ指導において暴力を行使する事案が相次いで明るみに出たことが挙げられます。こうした事態を受けて，2013年2月に文部科学大臣は「スポーツ指導における暴力根絶へ向けて」と題し，スポーツ指導から暴力を一掃するとともに，新たな時代にふさわしいコーチングの確立を表明しました。そして，この表明に基づき，同年4月に「スポーツ指導者の資質能力向上のための有識者会議（タスクフォース）」が設置され，同年7月に報告書が提出されました[2]。この報告書を受けて作成されたのが，コーチ育成のための「モデル・コア・カリキュラム」でした。このように，「モデル・コア・カリキュラム」は，アスリートに対するコーチの暴力行為を背景として，新しい時代にふさわしいスポーツコーチングを求めて作成されたものでした。

4. 日本におけるコーチ育成のこれから

コーチングを行う主体であるコーチは，アスリートの成長を支える存在であり，アスリートの将来に責任を持たなければなりません。また，アスリートに対するコーチの暴力行為によって人々がスポーツを敬遠することになれば，スポーツは衰退していきます。このことから，コーチは，アスリートとスポーツ界の将来を任されているという自覚を持って，コーチングを行っていくことが求められます。

しかしながら，コーチ育成のための「モデル・コア・カリキュラム」が実施されて以降も，アスリートに対するコーチの暴力行為が報告され続けています。スポーツ教育に関わる人たちは，アスリートやスポーツ界の将来のためにも，その資質・能力を磨き，問い続けていく必要があるといえるでしょう。

（梶将徳）

▶7 日本体育協会（2016）指導者育成50年のあゆみ（1965-2015）. https://www.japan-sports.or.jp/Portals/0/data/katsudousuishin/doc/2015shidosha50th/shidosha_50th.pdf.（最終参照日：2022年7月12日）

▶8 ここでは，各競技の技術向上に必要な体力に関する基礎理論から実践までを体系的に修得し，各競技のコーチとなるべき指導者のことを指す。

▶9 現在では，「スポーツリーダー」，「競技別指導者」，「スポーツドクター」，「スポーツデンティスト」，「アスレティックトレーナー」，「スポーツ栄養士」，「フィットネストレーナー」，「スポーツプログラマー」，「ジュニアスポーツ指導員」，「マネジメント指導者」というように種類が増え，専門の分化が進んでいる。

▶10 グッドコーチに求められる資質能力とその資質能力を習得するために，学ぶべき内容が示されている教育目標のガイドラインである。

▶11 公益財団法人日本スポーツ協会（online）公認スポーツ指導者制度の改訂について. https://www.japan-sports.or.jp/coach/tabid1198.html.（最終参照日：2022年7月12日）

18-2 スポーツ指導者のコンピテンシー

Key word：コーチ，学習機会，コーチングコンピテンシー

1. コンピテンシーとは

コンピテンシーを活用した調査・研究は，主に1970年代より活発に行われてきました。コンピテンシーのもととなるcompetentは「能力がある」という意味で，業務遂行に問題がない程度の能力を示します[1]。competentの名詞形がコンピテンシーであり，欧州では職務に関連した知識や技能などに関するものを総称し[2]，北米では業績上位者に現れる行動を指す言葉として捉えられる傾向にあります[1]。コンピテンシー研究の流れを作ったマクレランド（McClelland, David C）[3]は，「学力テストや適性検査は，仕事での成功や人生での成功に結びつかない」，「コンピテンシーは従来のテスト（e.g., 能力テストや適性テスト）よりも重要な行動を予測しやすい」ことなど，5つのことを主張しました[4]。コンピテンシーの定義は多岐にわたりますが，主に，「ある職務や状況において，効果的あるいは優れた成果と関連がある個人の基本的な特性」と定義されています[5]。つまり，特定の職務や場面における成果との関連が，コンピテンシーを考える上でのポイントになってきます。

2. スポーツ指導者のコンピテンシー

2000年代に入ってから，スポーツ指導者研究においてもコンピテンシーという言葉が散見されるようになりました。スポーツ指導者のコンピテンシー研究を概観してみると，異なる文化や競技に対応し得るコンピテンシーと，特定の競技や文化に特化したコンピテンシーがあります。前者の代表例としては，コーチングコンピテンシー尺度[6]が挙げられます。これは，スポーツ指導者のコンピテンシーとして「動機づけ（選手の心理的状況や心理的スキルに影響を与える監督の能力に対する選手の評価）」，「ゲーム戦略（試合中，選手を率いる監督の能力に対する選手の評価）」，「技術（練習中における監督の指導力や観察力に対する選手の評価）」，「人格形成（スポーツを通して選手の人格形成に良い影響を与える監督の能力に対する選手の評価）」，「コンディショニング（競技のために選手の身体的な準備を整える監督の能力に対する選手の評価）」の5要因を特定したものです。この尺度は選手によって評価される（＝顕在化する）ものであり，監督の自己評価の場合はコーチングエフィカシー[7]として捉えられています。実践レベルでは，全米スポーツ・体育協会が「傷害：予防，ケア，マネジメント」，「リスクマネジメント」，「成長，発達，学習」，「トレーニング，コンディショニング，栄養学」，「コーチングの社会的・心理学的側面」，「技術，戦術，戦略」，「ティーチング，運営」，「準備，育成」で構成される8つのコンピテンシー領域を示しています[8]。

また，特定の競技や文化に特化した例では，高校野球の監督のコンピテンシーとして「信頼関係」，「観察力」，「生活指導」，「自律性支援」，「後援関係」，「技術・戦術指導」の6要因24項目を明らかにした研究[9]があります。この研究からは，「信頼関係」や「後援関係」に代表されるような人間関係づくり，および「自律性支援」や「観察力」といった

▶1 海老原嗣生（2003）コンピテンシー・ヒストリー・ダイジェスト，Works. No. 57 コンピテンシーとは何だったのか.

▶2 永井隆雄（2009）わが国におけるコンピテンシー活用の実際．山口裕幸編，コンピテンシーとチーム・マネジメントの心理学．朝倉書店，pp. 86-107.

▶3 McClelland, D. C. (1973). Testing for competence rather than for" intelligence." American Psychologist, 28 (1) : 1-14.

▶4 Barrett, G. V., et al. (1991). A reconsideration of testing for competence rather than for intelligence. American Psychologist, 46 (10) : 1012-1024.

▶5 Spencer, L. M., et al. (1993). Competence at work. John Wiley and Sons.

▶6 Myers, N. D., et al. (2006). Athlete's evaluations of their head coach's coaching competency. Research Quarterly for Exercise and Sport, 77 (1) : 111-121.
Myers, N. D., et al. (2010). Athletes' perception of coaching competency scale Ⅱ - High school teams. Education and Psychological Measurement, 70 (3) : 477-494.

▶7 Feltz, D. L., et al.

選手が主体となって行動できるような指導工夫の重要性が示されています。その後の研究においても，選手の心理的欲求の認知や内発的動機づけを促進するためには，自主性や自律性を支援するような指導，そして課題点や気づいた点を把握し的確な指示・アドバイスを送ることのできる観察力が重要であることが示唆されています[10]。

3. コンピテンシーの習得手段

コンピテンシーの特徴の1つとして，後天的に習得可能であることが挙げられます。カナダのオンタリオ州でスポーツ指導を行っている高校教員のコーチングの学び方を調査した研究[11]から，1つのヒントが得られるかもしれません。フォーマルな学習機会として，カナダではスポーツ指導者国家資格プログラムがありますが，日本では日本スポーツ協会をはじめとした公認スポーツ指導者資格[12]がこれに該当すると思われます（表1）。しかしながら，所定のカリキュラムやプログラムを受講しなければならない上，スポーツ指導者になるための必要条件ではないため，時間（e.g., 休日返上）と費用の観点からも受講の難しさがあります。

ノンフォーマルな機会としては，単発で受講できるような講習会やクリニックが挙げられます。これは，コーチ初心者など特にコーチングについて最低限のことを学びたい人々に有効だと考えられています。また，インフォーマルな機会では，選手時代の多様な経験やベテランコーチの下で様々なコーチングを学ぶことが挙げられます。一方，すべての指導者がそのような経験をできるわけではないため，図書・インターネット・DVDから学ぶこともインフォーマルな機会に該当します。今日におけるSNSの発展も，インフォーマルな学習機会の促進に大きく貢献すると考えられます。

また，同僚との交流も有効です。これは，自分たちの都合のよいタイミングで相談できるため，最も手軽で効率的な手段といえます。競技の技術的・戦術的な問題だけでなく，保護者への対応やチーム内における様々な問題への対処法など，特に学校運動部活動において指導する場合にはとても重要な機会になってきます。

（高松祥平）

(1999). A conceptual model of coaching efficacy: Preliminary investigation and instrument development. Journal of Educational Psychology, 91 (4) : 765-776.

▶8 National Association for Sport and Physical Education (1995). National Standards for Athletic Coaches: Quality Coaches, Quality Sports. Kendall/Hunt.

▶9 高松祥平ほか（2015）高校野球における監督のコンピテンシーに関する研究．体育学研究，60 (2) : 793-806.

▶10 高松祥平ほか（2016）高校野球における監督のコンピテンシーが選手の内発的動機づけに及ぼす影響．体育学研究，61 (2) : 461-473.

▶11 Winchester, G., et al. (2013). Understanding how Ontario high school teacher coaches learn to coach. Physical Education and Sport Pedagogy, 18 (4) : 412-426.

▶12 公認スポーツ指導者資格の詳細については第18章第1節を参照のこと。

表1. スポーツ指導者の学習機会

学習機会	カナダ（オンタリオ州）	日本を想定した場合
フォーマル	スポーツ指導者国家資格プログラム（NCCP）	日本スポーツ協会公認スポーツ指導者資格，各協会・団体公認スポーツ指導者資格
ノンフォーマル	講習会・クリニック	左に同じ
インフォーマル	自分自身の選手としての経験，ベテランコーチのアシスタントとして学んだ経験，他のコーチの観察，家族・友人への相談，本・インターネット	左に同じ
同僚との交流	同僚のコーチとチームの状況，問題，マネジメント方法等の相談，競技面だけではない相談	左に同じ

18-3 スポーツコーチの心理的困難とその対処

Key word：ストレス，葛藤，メンタルヘルス

1. どのような「困難」を抱えているのか

コーチングの現場は非常に複雑であり，スポーツコーチ（以下，コーチ）にはその場の状況を読む力や，適切な意思決定および行動が求められます。また，コーチは選手の目標達成に向けて，選手の様々なニーズに応える必要があります[1]。このように，コーチは専門性の高いスキルに加え，様々な役割を求められることから，ストレスや葛藤などの「困難」[2]を抱えやすい立場にあるといえるでしょう。そこで，本節では，コーチの困難に関する研究[3]を踏まえ，その困難の内容について整理します。

コーチの重要な役割の1つに，スポーツに関する知識や技術を選手に伝えることが挙げられますが，その役割を果たす上でまず多大な困難が伴います。コーチには，選手にとってわかりやすい指導を行うことはもちろん，最新のスポーツ科学の知見を取り入れた指導，さらには，選手の多様性への考慮などが求められます。これらを効果的に，かつ確実に遂行するためには，選手との良好なコミュニケーションの形成や自己研鑽などに努めなければなりません。たとえ過去にアスリートとして優れたスキルや実績を有していたとしても，「コーチとしての専門的なスキル」を身につけるために学び続けなければならないのです。

また，しばしばコーチは，「教育者」としての役割も求められることから，教育活動に関連する困難を抱えることがあります。特に，学校教育の一環である運動部活動のコーチは，こうした困難を抱えやすいと考えられます。実際にこれまでの研究では，選手（部員）の学業とスポーツ活動の両立支援，進路相談などのキャリア支援，さらには，生活指導などの規範形成に関する困難が報告されています[4]。

こうした役割にも関連して，コーチは，マネジメントに関する様々な困難も抱えています。コーチングにおいて充実した活動環境を整えるためには，後援者や同僚コーチとの連携は欠かすことができません。しかし，彼らが過干渉ないし非協力的である場合には，良好な関係を築くことが難しい場合もあります。また，コーチが大会登録手続きや練習試合の調整など，事務的な雑務を担うことも，困難を抱える一要因となるでしょう。その他に，家族との時間や趣味など，プライベートとの両立についての困難を抱えるケースもみられます。

さらに近年では，スポーツが有するいわゆる「伝統」や「文化」などが，コーチの困難になり得ることも指摘されています。例えば，筆者らの研究では，高校野球のコーチが抱える困難として「高校野球のレガシー」を見出しており，これは，高校野球の持つ社会的影響力の大きさや，高校野球に対する社会的なまなざしの変化が要因であると考えています[4]。高校野球のコーチに限らず，こういったスポーツの伝統や文化，社会的影響力などに関するコーチの困難は，あらゆるスポーツにおいても存在すると考えられます。

▶1 伊藤雅允（2017）コーチングとは何か コーチとコーチング．日本コーチング学会 編，コーチング学への招待．大修館書店，pp. 12-25.

▶2 ここでは「困難」を上位概念とし，ストレス，葛藤，ジレンマ，悩み，不安などの関連する概念は内包された下位概念として論じている。

▶3 例えば，Fletcher et al.（2010）や森田ほか（2022）の研究が挙げられる。
Fletcher et al. (2010). Psychological stress in sports coaches：A review of concepts research, and practice. Journal of Sports Sciences, 28 (2): 127-137.
森田達貴ほか（2022）高校野球指導者が指導において抱える心理的困難の構造に関する研究．コーチング学研究，35(2): 213-225.

▶4 森田達貴ほか（2022）前掲論文。

2.「困難」を乗り越えていくために

コーチが自身の抱えている困難に上手く対処することができなければ，メンタルヘルスに悪影響が及びます[5]。それは，選手の心理的状態やパフォーマンスに対しても悪影響を与える可能性があるとされており[6]，総体的にみて良質なコーチングの阻害につながります。そのため，それらの困難に適切に対処し，乗り越えていくことが重要となります。

コーチの困難の対処方法については3つに分類できると考えられています[7]。1つ目は，コミュニケーションの見直しや準備・計画を怠らないなど，困難の原因の解消に努める「問題焦点型」です。2つ目は，前向きな予測や意味づけを行うなど，自身の考え方に焦点を定める「情動焦点型」です。3つ目は，困難から一時的に離れる「回避型」です。コーチは，これらの方法を複合的に用いて，困難に対処していくことになります。

困難の具体的な対処方法については，それぞれのコーチングの現場に合わせて検討していく必要があります。そのためにまずは，自身が抱えている困難の内容について整理しなければなりません。その際に役立つのが，困難の「言語化」や「見える化」です。

ここで強調しておきたいのが，コーチングにおける困難は個人の力だけではなく，様々な人々の協力を得て乗り越えるべきであるということです。困難の内容によっては，1人だけの力で解決することが難しいものや，そもそも解決できないものもあります。そのため，周囲の人々から情報を得ることや情緒的なサポートを得ることが大切と考えられます。まずは，同僚のコーチ仲間や家族，友人に気軽に相談するという手段があります。さらに，公認心理師・臨床心理士・精神科医などのメンタルヘルスの専門家の力を借りることも，科学的見地からの効果的なサポートが期待できるといった点で，有効な手段といえるでしょう。

また，困難の乗り越え方には「個人差」があることも認識しておく必要があります。なぜなら，個人の気質や性格，コーチング現場の環境など，困難の感じ方や，その対処方法についてはあらゆる要因が影響を及ぼしていると考えられるためです。

近年では，特に臨床心理学の分野において，「困難を乗り越える力」に注目が集まっています。例えば，困難を乗り越える能力やプロセスを表す「レジリエンス」や，置かれている状況や今後の展開を理解し，希望ややりがいを見出すことができる感覚を表す「首尾一貫感覚」などがあり，これらは後天的に高めることが可能であるとされています[8]。具体的な方法として，自分を知ることや，問題を積極的に解決しようとすること，情報やサービスといった資源を上手く活用すること，前向きな意味づけや考え方ができるような環境を整え，それを継続していくことなどが挙げられています。

良質なコーチングのためには，コーチの良好なメンタルヘルスは前提条件です。しかし，コーチを対象とした良好なメンタルヘルスの生成・維持（例えば，困難の乗り越え方）という視点に立った研究は，未だ蓄積が浅いのが現状です。今後はこうした研究のさらなる発展が望まれます。

（森田達貴）

▶5 久保真人ほか（1991）バーンアウト：概念と症状，因果関係について．心理学評論，34（3）：412-431.

▶6 Frey, M. (2007). College coaches' experiences with stress - "problem solvers" have problems, too. The Sport Psychologist, 21 (1) : 38-57.

▶7 Levy et al. (2009). Organisational stressors, coping, and coping effectiveness : A longitudinal study with an elite coach. International Journal of Sports Science & Coaching, 4 (1) : 31-45.

▶8 平野真理（2010）レジリエンスの資質的要因・獲得的要因の分類の試み：二次元レジリエンス要因尺度（BRS）の作成．パーソナリティ研究，19（2）94-106.
戸ヶ里泰典（2008）成人のSOCは変えられるか．山崎喜比古ほか編，ストレス対処能力SOC．有信堂高文社，pp.55-67.

18-4 コーチの役割と使命とは何か

Key word：信頼関係，パートナー，目標設定，SMART ゴール

1. コーチの役割も時代とともに変化をしている

昨今のアスリートを取り巻く環境は大きく変化しています。アスリートは競技力だけでなく社会的な責任や発言を求められ，SNS での発言，社会情勢など競技以外でのストレスにも向き合わなければなりません。それに伴ってコーチの役割が変化することも当然といえるでしょう。選手の長期的かつ持続的なパフォーマンス向上を前提に指導を行うのであれば，このようなストレスにも，ともに向き合うことのできる関係性の構築が必要不可欠です。なぜなら，選手の競技力が向上すればするほど，競技環境はより複雑になり，その中で日々のトレーニングや意思決定を行う必要が出てくるからです。こういった日々の意思決定を円滑に行う前提として，選手との信頼関係の構築が不可欠です。

従来の指導では，アスリートに対して自らの経験や知識を伝えていくことに重きが置かれていました。しかし，選手との信頼関係を構築するためには，選手に信頼をしてもらうだけでなく，コーチが選手を信頼し，尊重し，受け入れることが重要です。選手にスキルや知識を伝える「ティーチング」，選手の潜在能力を引き出す「コーチング」，選手に情報を伝える「フィードバック」といったコミュニケーションスキルを，対象のアスリートや状況に合わせて使い分けることで，信頼関係を築き，選手のパフォーマンスと社会的価値の向上を目指すことがコーチの役割であるといえます。

他方で，コーチの語源は馬車からきており，馬車は「搭乗者を安全に目的地に送り届ける」のがその役割です。この本質的な意味は現在にも引き継がれており，スポーツをはじめとした様々な分野で，個人や組織の目標達成をサポートする存在としてコーチは認知されてきました。ここで重要な点は，アスリートが自身のゴール（目的地）を認識しているか，していないかに限らず，潜在的にゴールを有しているという前提に立っていることです。そのため，目標はアスリート自身が定め，コーチはその目標にたどり着く過程で，アスリートが本来持っている力や可能性を最大限に発揮できるようサポートすることが使命であるといえるでしょう。

一方で，アスリート側の意識も変わらないといけません。コーチに対して何を求めるのかを明確にし，そのコーチの能力やリソースを正確に把握していないと，コーチ側の意図とアスリート側の解釈に相違が起きる可能性は高まります。つまり，アスリート側も，選手にスキルや知識，経験を伝えることのみがコーチの役割なのではなく，コーチはともに価値を創造していく対等なパートナーであるという認識を持つ必要があります。

2. TWOLAPS TRACK CLUB におけるコーチング

筆者は，2020 年 4 月から TWOLAPS TC▸1 という陸上競技・中長距離のチームを立ち上げ，アスリートのコーチングを行っています。TWOLAPS は，それぞれの選手の競技目標の達成だけでなく，競技外での成功をもサポートする所属・性別・国籍の垣根を超えた日本で唯一の中長距離のトラッククラブです。チームへの加入を希望するアスリートに

▸1　TWOLAPS TC は東京都世田谷区に拠点を置く陸上競技中長距離専門のチームである。性別，国籍，所属の垣根を超えた選手が集まり，世界大会でのメダル獲得を目指しながらも，社会が抱える課題にスポーツを通じて取り組むことを目的としている。

対して初めに行うのは，目標を明確にする作業をサポートすることです。これまでにも，様々なアスリートの目標設定のサポートを行ってきましたが，オリンピックを目指すような競技レベルのアスリートでも明確な目標を立てることができていないケースが多いように感じます。

目標設定をサポートする際には，「SMART ゴール」[2] という目標設定の方法を度々用いています。「SMART ゴール」とは明確な目標を設定するための方法の 1 つで，Specific（具体的に），Measurable（測定可能な），Achievable（達成可能な），Relevant（関連した），Time-bound（時間制約がある）といった各単語の頭文字をとって名付けられています。例えば，「オリンピックに出る」ではなく，「2024 年のパリオリンピック 1500m に日本代表として出場をする」といった目標の方が具体的で，かつ時間制約があるという点で，より良い目標設定といえます。このように，SMART の目的は，目標を理解しやすく，難易度を最適化し，振り返りの検証を可能にすることで目標のクオリティを高めることにあります。

▶2 Doran, G. T. (1981). There's a S.M.A.R.T. way to write management's goals and objectives. Management Review, 70 (11): 35-36.

その中でも，私が重要視しているのは，Relevant（関連した）という点です。目標を達成した先には何があるのか，何のために目標を達成するのかを明確にすることは，競技の先の未来をかたちづくることになるからです。本節の冒頭に示した通り，アスリートの競技レベルが上がれば上がるほど複雑な競技環境の中で意思決定をする必要があります。そういった中でなぜそれをやるのか，自分は何を目指しているのかを明確にすることは前に進むときも立ち止まるときも力になります。

例えば，TWOLAPS に所属している選手の中には，将来的には故郷に戻り，子供向けの陸上競技のクラブチームを立ち上げたりイベントを開催したりすることを目指している選手がいます。そういった選手が，「2024 年のパリオリンピック 1500m に日本代表として出場をする」という目標を立てたときに，将来との「関係性」の中で「オリンピック出場」はどんな意味を持つでしょうか。もしかしたら，オリンピックに出場するという「結果」よりも，目標を目指す「プロセス」がより大きな意味を持つ可能性が高いかもしれません。そうすると，「2024 年のパリオリンピック 1500m に日本代表として出場をする」という競技目標からブレイクダウンをすることで，目標に至るまでの過程で達成すべき小さな目標が多く生まれ，日々のプロセスがより大事になるでしょう。このように，TWOLAPS におけるコーチングでは，アスリートの競技の先の未来も一緒に創ることを柱としています。

しかしながら，コーチングを行う中で，これまで様々なアスリートと出会ってきましたが，競技を終えた後の人生の目標をしっかりと描けているアスリートはあまり多くないのが現状です。また，短期的な競技力と競技後の目標の有無についてはあまり関係がないように感じています。一方で，持続的な競技力の向上については明確に相関があると感じています。つまり，競技という狭い世界ではなく，自分を広い社会の一員として捉え，競技の先の目標を定めることで，競技目標のレベルを上げ，さらに行動の一つひとつのレベルを上げていくことが可能になります。そういった意味でコーチには選手の身体的な能力を引き出すだけではなく，より身体的な能力を引き出すだけではなく，将来のキャリアに活きるような人間的な長所を引き出していくこともまた，重要な使命だと考えます。そのためには，唯一解ではなく，多様な引き出しを持ち合わせることがコーチには求められるのではないでしょうか。

（横田真人）

18-5 女性アスリートが抱える社会的課題とコーチング

Key word：女性のスポーツ参画と施策，社会的背景，男性優位社会

1. 女性のスポーツ参画に対する施策

昨今，女性の社会進出の重要性が叫ばれる中，スポーツ界においても「女性とスポーツ」についての関心は高まっています。

少し時期を遡ると，例えば1994年には，「第1回世界女性スポーツ会議」が開催され，スポーツのあらゆる分野で女性が最大限に参加することに価値を認め，それを実行可能にするスポーツ文化を発展させることを目的とした「ブライトン宣言」が採択されました。その後，2001年には日本オリンピック委員会もこの宣言に署名し，2014年の第6回世界女性スポーツ会議で宣言が見直された結果，新たに「ブライトン・プラス・ヘルシンキ2014宣言」[1]として承認されています。

そして現在，日本においてもまた，スポーツ界における女性の活躍が求められ，様々な施策が講じられています。例えば，「第2期スポーツ基本計画」（2017）[2]では，「スポーツを通じた女性の活躍促進」として，女性特有の課題の整理，女性指導者の増加やスポーツ団体における女性登用の促進，女性トップアスリートについて女性特有の課題に対応した医・科学支援の実施などが課題として挙げられています。また，この計画で示された課題を基に作成された「女性アスリート戦略的強化支援方策レポート」[3]では，女性アスリートが直面しやすい課題として「身体・生理的な課題」，「心理・社会的な課題」，「組織・環境的な課題」が挙げられ，これらの課題に対する方策として「女性アスリートの強化支援を行う組織間の連携の確立」や「データベースを通じた情報共有システムの構築」，「女性スポーツに関する指針・施策の整備」などが提示されました。なお，2022年3月に新たに策定された「第3期スポーツ基本計画」においても，こうした女性とスポーツに関する諸課題の解決に向けて，政策指針が呈示されています[4]。

その他にも，スポーツ庁を中心に，関係機関が協力をしながら女性アスリートの戦略的強化に向けた調査研究を進めています。このように，女性の積極的なスポーツ参画を目指すための方策は，国内外において議論・検討されているといえます。

2. 女性アスリートを取り巻く社会的背景とその問題性

しかし，競技スポーツの世界において日本の女性アスリートを取り巻く社会的環境はまだ十分とはいえません。スポーツ庁[5]によると中央競技団体の女性理事の割合は15.6%であり，これは内閣府が2003年に掲げた「指導的地位に女性が占める割合を30%以上にする」という目標[6]を大きく下回る水準にあります。

さらにスポーツ界において特筆すべき点は，スポーツ組織の意思決定地位における女性比率の低さだけでなく，競技スポーツの世界で直接的にアスリートと関わる「コーチ」においても女性が少ないということです。実際，大学の46の運動部に所属する学生アスリートを対象としたアンケート調査では，小学校時代，中学校時代，高校時代のすべての学校段階で85%以上が男性コーチからのコーチングを受けていたことが明らかになっ

▶1 IWG Women & Sport (2014). Briton plus Helsinki 2014 Declaration on Women and Sport. https://iwgwomenandsport.org/wp-content/uploads/2019/05/IWG_BrightonDeclaration_SignatoryPack_May19.pdf.（最終参照日：2022年7月12日）

▶2 文部科学省（2017）スポーツ基本計画. https://www.mext.go.jp/sports/content/1383656_002.pdf.（最終参照日：2022年7月12日）

▶3 順天堂大学マルチサポート事業（2013）女性アスリート戦略的強化支援方策レポート. https://www.juntendo.ac.jp/athletes/albums/abm.php?f=abm00003725.pdf&n=report.pdf.（最終参照日：2022年7月12日）

▶4 文部科学省（2022）スポーツ基本計画. https://www.mext.go.jp/sports/content/000021299_20220316_3.pdf.（最終参照日：2022年7月12日）

ています[7]。つまり，多くのスポーツ組織が男性中心で形成されているだけでなく，アスリートにとって一番身近な存在であるコーチも男性である可能性が高いといえます。

それでは，こうした「女性のスポーツ関係者やコーチが少ない」という現状は，女性アスリートにどのような影響を与えるのでしょうか。まず考えられるのは，スポーツ実践現場において女性アスリート特有の問題が理解されにくいということです。もちろん，必ずしも男性が多い組織において女性アスリートに対する理解がないわけではありません。また，女性アスリートに対して理解が深い男性コーチも大勢いますし，反対にそうではない女性コーチも存在するでしょう。

しかし，女性特有の身体的問題や生理的問題，あるいは妊娠や出産といったライフイベントとの両立に関することなど，女性アスリートが異性に相談しづらいと感じることは多々あると考えられます。また，実体験のない男性コーチが女性アスリートの身体を理解することには限界があることや，理解しようと思っても繊細な問題にどこまで踏み込んでよいのかなど，困難を感じる男性コーチも少なくないでしょう。このように女性アスリートの周囲に「女性」のコーチや関係者が少ないという現状は，女性アスリートにとっても男性コーチにとっても切実な問題性を孕んでいるといえます。

さらに，この状況は女性アスリートのキャリア形成にも影響を及ぼす可能性があります。女性アスリートの周囲にスポーツに従事する同性が少ないということは，競技引退後のキャリアをイメージできるモデルケースとなる女性や相談できる身近なメンターも少ないということになります。近年では，アスリートのキャリア形成に関する組織的な取り組みもなされていますが，少なくとも競技引退後もスポーツ界で活躍するというイメージは持ちづらくなってしまうでしょう。

加えて，女性アスリートが直面する社会的課題の多くは，アスリートだけでなく同じスポーツの世界で生きる女性コーチにも共通します。このような，いわば「男性優位社会」のスポーツ界の現状は，女性アスリートの競技環境だけでなく，女性コーチの労働環境にも影響を及ぼしているのです。

▶5 スポーツ庁（2019）スポーツ団体ガバナンスコード〈中央競技団体向け〉. https://www.mext.go.jp/sports/content/1420887_1.pdf.（最終参照日：2022年7月12日）

▶6 内閣府は2003年の第2次男女共同参画基本計画において「社会のあらゆる分野において，2020年までに，指導的地位に女性が占める割合が，少なくとも30％程度となるように期待する」ことを掲げた「202030目標」を示している。なお，実際にはこの目標値には及ばず，第5次男女共同参画基本計画（2020年12月）においては「2030年代に指導的地位にある人の性別に偏りがないような社会を目指し，可能な限り早期に30％程度となるよう取り組みを進める」という新たな目標に修正された。

▶7 金谷麻理子（2015）女性競技者の抱える問題，女性指導者増加のための具体的方策．体育学研究，60巻Report号，p.R15_1-R15_11.

3. 女性アスリートの社会的背景からみたコーチングの課題

スポーツ界において，単に「女性が少ない」ということだけが問題だとは言い切れませんが，女性アスリートにとってより良い環境となるためには，女性のスポーツ関係者やコーチの増加が問題解決の第一歩であるといえます。それと同時に女性アスリートのコーチングにおいては，男性・女性の垣根を超えた理解と協力体制の構築が重要であるといえるでしょう。

他方で，女性アスリートは男性アスリートに比べ，コーチに対する依存が高い傾向にあるといわれています[8]。トップアスリートになればなるほど，幼い頃からコーチと二人三脚で競技に打ち込んでいるケースも多く，コーチの言動はアスリートの人間形成に大きな影響を与えます。そのためコーチはアスリートの競技力向上をサポートするだけでなく，女性アスリートを取り巻く社会的環境を理解すること，そしてアスリート本人が自身の身体のことやその後のキャリアについて考えられるようになるための自律心を育てることが重要です。こうした理解を前提として，その上でさらにそれぞれのアスリートに生じる諸課題についてアスリートと一緒に考え，サポートすることが，女性アスリートのコーチングに求められるのではないでしょうか。

（新竹優子）

▶8 阿江美恵子（1999）女性競技スポーツの指導者再考．ヒューマンサイエンス，11(2): 20-25.

18-6 女性アスリートが抱える健康上の課題とコーチング

Key word：月経，パフォーマンス，PMS，FAT

1. 女性アスリートに生じやすい健康上の課題

高いパフォーマンスの発揮を目指すアスリートには様々な健康リスクが付きまといますが，特に女性アスリートにはその身体的特性から直面しやすい問題があります。

多くの女性アスリートに関連するのは，月経周期とパフォーマンスの問題です。月経は女性特有の生理的特徴であり，月経周期による女性ホルモンの変動とともに身体的症状や精神的症状が現れる場合があります。例えば，月経中に起こる下腹部の痛みや腰痛といった「月経困難症」や，月経前に3日〜10日ほど続く心身の不調を指す「月経前症候群（PMS）」などが挙げられます。このような月経周期に伴うコンディションの変化は個人差が大きく，個人内変動も大きいといわれていますが[1]，多かれ少なかれパフォーマンスに影響を及ぼすと考えられています。

また，女性アスリートが陥りやすい医学的障害として「無月経」，「骨粗鬆症」，「利用可能エネルギー不足」が挙げられ，これらは「女性アスリートの三主徴（FAT）」と呼ばれています[2]。FATは1997年にアメリカスポーツ医学会によって最初に定義され，当初は「無月経」，「骨粗鬆症」の他に「摂食障害」が挙げられていましたが，2007年に「摂食障害」という文言から「摂食障害の有無によらない利用可能エネルギー不足」に改訂されました[3]。

FATはどの競技種目でもみられる症状ですが，例えば無月経の場合，一般的に体操競技などの「審美系」と呼ばれるスポーツや，陸上競技の長距離種目などの「持久系」のスポーツにおいてリスクが高まることが指摘されています[4]（図1）。筆者はこれまで女子体操競技の学生アスリートに対するコーチングを行ってきましたが，その中で多くのアスリートが月経とパフォーマンスの問題，FATのいずれかの健康上の問題を抱えていました。一方で，早期の婦人科受診と適切な治療により，PMS症状の緩和や骨密度の回復が認められたケースもありました。

2. 女性アスリートの健康問題からみたコーチングの課題

女性アスリートのコーチングにおいてはこういった健康上の問題を考慮しながらトレーニング計画を練ることが重要ですが，ここにもまた複雑な問題が内包されています。例えばFATでみられる健康上の問題は，そもそもその競技のパフォーマンス向上に必要な身体的条件を整えたり，日々のトレーニングを積む中で発生しているものです。換言すれば，競技に適した身体条件を整える必要がなければ，あるいは健康維持のためのスポーツを楽しむだけであれば，こうした問題に悩まなくてよいのです。

しかし，競技スポーツでは，そのようにはいかないのが現実です。つまり，競技スポーツの世界ではパフォーマンスの向上と女性特有の健康上の課題の解決という，ある意味で矛盾した状況の中で折り合いをつけていかなければならないため，ただ単に健康を目指すことだけでは解決できないことに，この問題の難しさがあります。治療を行うことで一時

▶1 須永美歌子ほか（2019）月経周期が女性アスリートの生理的・心理的コンディションに与える影響，Journal of High Performance Sport, 4: 36-41.

▶2 FATで挙げられている「無月経（運動性無月経）」とは，これまであった月経が3カ月以上停止した状態を指し，「骨粗鬆症」とは骨量が減少し，かつ骨組織の微細構造が変化し，そのため骨がもろくなった状態をいう。また「利用可能エネルギー不足」とは，運動によるエネルギー消費量に対して，食事などによるエネルギー摂取量が不足した状態を指し，これらはスペクトラムとして関連しあっている。
独立行政法人日本スポーツ振興センター・国立スポーツ科学センター（2014）成長期女性アスリート指導者のためのハンドブック．独立行政法人日本スポーツ振興センター・国立スポーツ科学センター．

▶3 Nattiv, A. et al. (2007). American College of Sports Medicine position stand. The female athlete triad. American College of Sports Medicine, 39: 1867-1882.

的にパフォーマンスが低下するケースもあるため，「アスリートはみんなそうだから大丈夫」などと言って，選手の治療に積極的ではないコーチも散見されます。

しかし，ここで重要なのは，パフォーマンスと健康上の課題との兼ね合いが難しいからといって無視してよい問題ではないということです。健康が著しく損なわれることによって競技そのものに支障が出る，あるいは継続できなくなるケースもあります。それこそ，引退後のキャリアにまで影響を及ぼす可能性も十分に考えられます。

したがって，コーチは女性アスリートに生じやすい健康リスクとそのアスリートごとの現状を理解した上で，パフォーマンスの向上と健康維持とのバランスをどのようにとっていくのか，どの時期にどんなアプローチを行うべきか，必要に応じて医師や専門家に相談しながら選手とともに考えていくことが重要です。

▶4 能瀬さやかほか（2014）女性トップアスリートにおける無月経と疲労骨折の検討. 日本臨床スポーツ医学会誌, 22(1): 67-74.

3. 女性アスリートのコーチングに向けて

以上のように，女性アスリートはその身体的特徴から特有の健康リスクを負うことを筆者の経験も踏まえながら述べてきました。

オリンピアンを対象とした調査では，競技引退の理由について「競技を楽しめなくなったため」と回答したオリンピアンは，男性が4.0％であるのに対し，女性は20.6％にも及びます▶5。本来，「好き」で始めたはずのスポーツで高い競技力を獲得したアスリートが，そのような理由で引退するというのは何ともやりきれないことです。楽しめなくなった理由は様々であるとしても，まずは女性アスリートを取り巻く環境の整備を継続・発展していく必要があります。そして，繰り返しになりますが，これらの課題を解決するためにコーチの果たすべき責任と役割は大きいといえます。女性アスリートを取り巻く諸問題の解決を通して，すべての女性アスリートが自主性を持って競技に取り組み，自身の身体と向き合いながらスポーツにおいて本来的に味わうべきである「できる」という深い喜びや達成感を得られることが目指されるべきでしょう。

▶5 笹川スポーツ財団（2015）オリンピアンのキャリアに関する実態調査. https://www.ssf.or.jp/Portals/0/resources/research/report/pdf/2014_report_27.pdf.（最終参照日：2022年7月12日）

また，様々な環境的要因から，競技を引退した後，スポーツの世界から遠ざかってしまう女性アスリートも少なくありません。もちろん，多様なキャリア形成がなされていく中で，多くの可能性があることに越したことはありませんが，女性アスリートが「引退後もこのスポーツの世界に貢献していきたい」と思えるような競技環境になることを切に願っています。

（新竹優子）

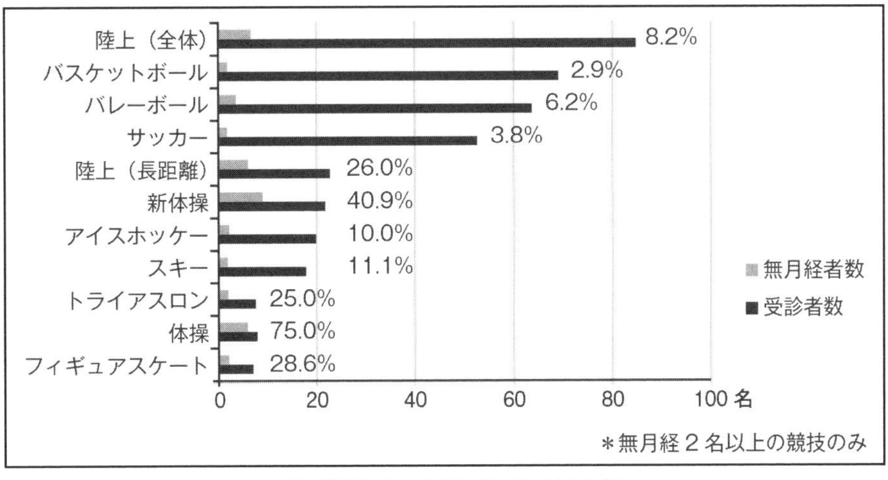

図 1. 競技別にみた無月経の割合（▶4より作成）

18-7 女性アスリートからみたコーチングと社会

Key word：無月経，意思疎通，ジェンダー，出産

☆卜部蘭（陸上競技選手）
白梅学園高等学校ー東京学芸大学教育学部ーNIKE TOKYO TRACK CLUBー積水化学女子陸上競技部/TWOLAPS TRACK CLUB

1. 女性アスリートの難しさ

近年，女性アスリートからの様々な問題提起を契機として，女性アスリートが抱える困難について活発に議論されるようになってきました。こうした中，私自身，改めて「女性アスリートの難しさとは何か」と問われた際，まず思いつくことは「身体の変化への対応」と「女性アスリートの身体をめぐる男性コーチとの意思疎通」です。

まず，女性の身体変化は特に中学・高校時代に生じやすく，私自身も成長段階におけるホルモンバランスのめまぐるしい変化や体重の増加，また，それに対する減量などに苦心しました。女性は，基本的には一定の周期で「月経」が起こりますが，過度なトレーニングなどによって女性ホルモンの分泌がうまくいかなかったり，パフォーマンスを上げるために過度なダイエットを行ったりすると「無月経」[▶1]になってしまうことがあります。無月経は，将来も含め，女性アスリートの心身の健康を蝕むことから，無月経のアスリートに対しては，医師の介入による適切な対処が必要となります。

▶1 「女性アスリートの無月経」の詳細については，第18章第6節を参照のこと。

こうした女性アスリートの健康問題について，現在は少しずつ改善に向けた動きがみられるようになりましたが，以前は正しい知識や情報を得る機会が少なかったように思います。そのため，私も無月経が及ぼす影響について，詳しく知る機会がありませんでした。

これを踏まえて，次に挙げられる難しさは「女性アスリートの身体をめぐる男性コーチとの意思疎通」です。残念な話ですが，女性アスリートを指導するコーチの中には，指導選手に正常に月経がみられることで，逆に「体を追い込めていない，真にトレーニングが積めていない」として，さらに選手を追い込もうとする人が存在します。そして，選手自身もまた，こうしたコーチの指導を受けとめて，「月経があることはアスリートとしてダメなこと」と思い込んでいる事例も散見されます。

この背景の1つには，「スポーツコーチは圧倒的に男性が多い」というスポーツ界の実態が影響しているものと思われます。特に，私の専門としている陸上競技は圧倒的に男性コーチが多い世界とされています。実際，選手の将来も考えずに「鉄剤を打って走れ」[▶2]というようなコーチが存在する現状ですから，やはり女性特有の身体的困難さは理解されにくい環境であるといえるでしょう。

▶2 「駅伝強豪校における不適切な鉄剤注射問題」の詳細については，第1章第5節を参照のこと。

実体験のない男性コーチが女性アスリートの身体を理解することには限界もあるでしょうし，繊細な問題ゆえに，踏み込みにくい男性コーチもいることでしょう。それゆえに，適切な指導がなされず，結果的に競技の世界から離れていってしまう女性アスリートも少なくないのです。

2. 女性アスリートを指導するコーチに求めたいこと

「鉄剤注射問題」に象徴されるように，陸上競技界は，特にコーチによる「管理」が強

い世界だといわれています。鉄剤注射問題をめぐる報道でも，「コーチに言われたからやる」という選手の自己選択権の無さが取り沙汰されました。よくいわれているような「厳しい体重管理」も含め，「管理するのは結果を出すためだから」という常套句に導かれて，選手側も盲目的に従ってしまっているというのが現状です。

しかし，こうした世界はもう変わっていかなければなりません。これまでのような徹底した管理体制を敷いたアスリート育成ではなく，「知って，理解して，ともに学び合えるような関係構築」を目指していくべきです。もちろん，男性と女性では，身体的特徴や生活様式には大きな違いがあり，完全なる理解ということは不可能かもしれません。ですが，大切なのは，「それを自分は経験してないから知らない」と向き合うことを放棄するのではなく，解決に向けて互いに考え，学び合えるような環境を構築していくことではないでしょうか。コーチも選手も，お互いの努力のもとで，そうした環境を作っていってほしいと思います。

3. 女性アスリートの立場から社会に求めたいこと

マスメディアが女性アスリートの結婚を報じる際，記事中に「なお，競技は継続する模様です」といった文言が付されていることを目にします。裏を返せば，そこには暗黙裡に「女性は結婚するなら競技を引退してから」というイメージがあるわけです。

上記はあくまでも一例ですが，社会との関連においては，「女性アスリートはこうあるべきだ」という偏った見方の変革を求めたいと思います。近年は，「個性」や「多様化」というキーワードのもと，性別に対する見方・考え方のステレオタイプを取り払うような，「ジェンダーレス」な社会風潮が台頭しつつありますが，まだ私たちの中には無意識的な「壁」や「カテゴライズ」が存在していると思います。

こうした考え方や眼差しが，結果的に女性アスリートをスポーツ界から遠ざけてしまっているのではないでしょうか。最たる例が，「女性アスリートの出産」です。トップアスリートが出産を経て競技復帰する例はまだ僅少であり，一般的とはいえません。現状では，それが憚られる雰囲気もあり，出産＝引退という見方が，女性アスリートの展望を奪ってしまっているようにも思います。日本社会において女性の社会進出が改めて問われている中，スポーツ界も良い方向へと変わっていくことが望まれます。

4. 新時代の女性アスリートのコーチングをめぐって

スポーツの世界にいると，「スポーツは○○なものだから」という言葉で許されてしまっている文化や思考様式が多いと感じます。それは便利な言葉ゆえに，女性アスリートのコーチングにおいても正当化の盾となり，ときに女性アスリートを苦しめます。

そうした状態から一歩抜け出すためには，「相談」と「疑問」の２つのキーワードが不可欠です。女性アスリート自身が一人で抱え込まないで相談することができれば，周囲の人たちの協力を仰ぎながら，解決に向かって前進していくことができます。そして，「今まではこうだったからやる」のではなく，「なぜなんだろう」という問いが未来を変えます。こうした小さな変化の先に，新時代が待っているのではないでしょうか。

（卜部蘭）

19-1 アメリカにおけるスポーツ教育の動向①：体育科教育

Key word：多様化，アカウンタビリティ，ナショナルスタンダード

1. ますます多様化する子供たち

IT技術の発達と国際化に伴い，アメリカでは人種の多様化がますます進んでいます。その多様化は義務教育の年齢にあたる子供たちにもみられ[1]，2000年には62%だった白人の子供の割合が，2019年には51%へ減少し，特にヒスパニック・ラテン系の子供の割合が増加しています（2000年から2019年の間に16%から25%まで上昇）[1]。一方で，子供の人種の多様化とは相反し，教師の人種割合は，2018年のデータによると79%が白人を占め，近年最も数の増えてきているヒスパニック・ラテン系の教員でさえ9%にとどまっています[2]。同じ人種の教員からの方が子供の学びが高まるという研究結果があることからも，教師の人種の多様化が教育現場での課題となっています[3]。

2. 地位の低い学校体育

アメリカの教育現場では，体育の地位は低いです。この現象は，2001年に施行された教育法であるNo Child Left Behind Act（NCLB）が体育を主要教科外[4]に位置づけたことにより加速したといえるでしょう。この教育法は主要教科の中でも特に，リーディング，算数・数学，理科の3つの教科に州の定める共通テストで一定の水準を上回ることが求められました。そのため，学校現場ではそれらの目標の達成のために，体育の授業を割くこともありました。ところが，2015年に施行された教育法である，Every Student Succeeds Act（ESSA）では，調和のとれた人間の育成（well-rounded education）を掲げ，体育はその目的達成のために重要な教科の一部であると位置づけられました。これは学校教育の中で，体育の位置づけを見直す重要な機会であるとみなされています[5]。

3. 生涯アクティブに生きることを目指した体育科教育

アメリカの体育はSHAPE America（Society of Health and Physical Educators）という組織が包括しています。この組織が打ち出したナショナルスタンダード（日本でいう学習指導要領のようなもの）をもとに，州ごとにそれぞれ異なったスタンダードを掲げています。SHAPE Americaが打ち出す体育の目的は，「健康によい運動を生涯楽しく行うための知識，スキル，自信を併せ持った個人を育てること」です[6]。この大きな目標を達成するために，5つのスタンダードが設置されています（詳しくは表1を参照）。

4. 公衆衛生から社会的正義・秩序への視点の移行

アメリカにおける体育のスタンダードは心技体の育成，そして知識の獲得を目標にしています。しかし，特に過去20年から30年間は，体育は国家的な課題である肥満の増加に対応していくために，公衆衛生面への貢献が期待されてきました。例えば，授業内での運

▶1 子供の人種の多様性の割合は，州によって大きく異なっている。アメリカ合衆国本土50州の中で，白人以外の人種の割合が最も低いのはバーモント州の5.84％，最も高いのはハワイ州で75.05％，その次に首都のワシントンD.C.があるコロンビア特別区で58.73％となっている
Word Population Review (2021). US States by Race. https://worldpopulationreview.com/states/states-by-race. (accessed 2022-7-12)

▶2 National Center for Education Statistics (2021). Characteristics of public school teachers. https://nces.ed.gov/programs/coe/indicator/clr. (accessed 2022-7-12)

▶3 Lindsay, C. A. et al. (2017). Exposure to same-race teachers and student disciplinary outcomes for black students in North Carolina. Educational Evaluation and Policy Analysis, 39(3), 485-510.
Wright, A. et al. (2017) A Kindergarten Teacher Like Me: The Role of Student-Teacher Race in Social-Emotional Development. American Educational Research Journal, 54(1_suppl), 78S-101S.

▶4 主要教科とは，英語，リーディング，算数・数学，理科，歴史，公民・政治，地理，経済，芸術，外国語を含む。

動強度，運動時間の確保や，フィットネスを中心にした指導モデルなども打ち出されてきました。ここ数年では，人種差別に関する問題から，SHAPE America は社会的正義，秩序 (social justice) を体育で指導していくことにも重きを置いています[7]。この，社会的正義，秩序の分野では，人種の問題にとどまらず，性自認，宗教，ボディーイメージなど多くのトピックについて指導していくことを目的としています。しかし，この視点の移行には賛否両論あるのが現実です。

5. 体育授業の量と質を確保するためのアカウンタビリティの欠如

小学校から高校まで，体育は必須教科として多くの州で位置づけられているものの（小学校 86.3%；中学 80.4%；高校 90.2%），高校では，1 年のうちの 1 学期間のみ必修で，その後は選択制になっています。現状，部活やコミュニティスポーツに参加していれば体育授業が免除されることになっているなど，必ずしも十分な時間は取れていません[5]。また，体育の授業は小学校から多くの州で，専科の教員が指導しています。しかし，時間数に関する規定やその時間を守らせるためのシステム（アカウンタビリティ[8]）が欠けていること，また十分な指導施設がないことなど，未だ環境面において多くの課題が存在しています[5]。

また，このような環境面における課題に付随して，授業の質も懸念されています。研究レベルではいろいろな指導モデルが打ち出されてきましたが，それらの研究が生かされている現場は少ないといえるでしょう。このような質の低い体育の授業は Busy，Happy，Good（特に学習目的はなく，生徒が暇せずに，楽しく授業時間を過ごすことができればよい）や rolling out the ball（先生がボールを生徒に渡し，ただバスケットボールやサッカーなどのゲームをさせる）などと表現されています。このような現状の改善のため，子供の学習に対するアカウンタビリティ（児童・生徒の学習をデータとして収集するとともに，それを州や学校地区に提出することで学習進捗状況を把握し，教員に振り返りの機会を与えること）の設置の必要性が叫ばれています[9]。しかし，現状ではそのようなシステムがあるのは 20%程度の州にとどまっています[8]。

6. 体育科教育の今後の展望

今後のアメリカの体育科教育で最も重要な課題となるのは，現在施行中の教育法で掲げられている調和のとれた人間の育成にどのように貢献していけるのか，どのように５つのスタンダードを達成していけるのかという点にあるでしょう。そのためには，授業の量と質の確保をするためのシステムの開発，設置，施行が必要不可欠なステップとなります。

（津田恵実）

表 1. アメリカの体育ナショナルスタンダード（▶６を翻訳し，作成）

スタンダード	内　容
1	様々な運動スキルや動きのパターンを実際に行うことができること
2	運動や動きに必要な理論，原理，戦術や戦略に関する知識を持ち，それを実際に使うことができること
3	健康を増進するために必要な運動量やフィットネスレベルを達成・維持することができる知識やスキルを持つこと
4	自分自身や周りの人を尊重する行動や社会性を示すことができること
5	健康，楽しみ，やりがい，自身の表現，社会との関わりにおける運動の価値を認識することができること

▶5 SHAPE America. (2016). Shape of the nation: Status of physical education in the USA. https://www.shapeamerica.org/uploads/pdfs/son/Shape-of-the-Nation-2016_web.pdf. (accessed 2022-7-12)

▶6 SHAPE America. (2013). National standards & grade-level outcomes for K-12 physical education. Human Kinetics.

▶7 SHAPE America. (2019). Social and emotional learning: What health and physical educators should know. https://www.shapeamerica.org/uploads/pdfs/2019/events/SEL/Et_Cetera_Plus_SEL_FINAL.pdf.

▶8 Tsuda, E. et al. (2019). Recommendations for developing and implementing state-level physical education accountability systems in student learning. Journal of Physical Education, Recreation and Dance, 90(9), 9-15.

▶9 Ward, P. et al. (2021). Chapter 3: PK-12 school physical education: conditions, lessons learned, and future directions. Journal of Teaching in Physical Education, 40(3), 363-371.
van der Mars, H. (2018). Policy development in physical education … the last best chance?: National association for kinesiology in higher education 37th dudley allen sargent commemorative lecture 2018. Quest, 70(2), 169-190.

19-2 アメリカにおけるスポーツ教育の動向②：ユーススポーツ

Key word：コミュニティスポーツ，学校部活動，コーチ

1. 社会的格差のみられるユーススポーツ

スポーツや運動を行うことで得られる多くの価値が近年の研究で明らかにされています。それらは，身体的健康の維持，促進にとどまらず，学力の向上，心理的健康や成長まで多岐にわたります[1]。しかし，2017年のデータによると，スポーツに参加する6歳から17歳までのアメリカの子供は約半数（58%）にとどまっています。また，この参加率は世帯年収[2]により大きく差がみられるのが現状です。例えば，4人家族で106,000ドル（1,160万円程度[3]）の年収のある家庭では75%の子供がスポーツに参加しているのに対し，世帯年収26,500ドル（290万円程度）の4人家族では41%の参加率にとどまっています[1]。これらのスポーツにかかる年間費は，全体の60%の家庭が250ドルから2,500ドル（2.7万円から27万円程度）の範囲であると示しています[1]。

2. 学校部活動のシステムと位置づけ

日本と同様，アメリカの中学，高校でも部活動が盛んに行われています。ただ，日本のように希望者の誰もが参加できるシステムとは異なり，アメリカでは選抜制となっています。さらに，シーズン制も導入されているため，2つ以上の運動部活動に入っている生徒が多く存在します。これは，12歳以下の子供は，ケガやバーンアウトの観点などから1つのスポーツに絞るスペシャリゼーションはすべきでないといわれていることからも，子供の発育・発達において，重要な意義を持つといえるでしょう[1]。

2018年から2019年のデータによると，高校の学校スポーツに参加している生徒は790万人以上となっており，男子の参加率がわずかに高くなっています（約57%）[4]。女子の参加率は1972年のTitle IX（公的高等教育機関の男女機会均等を定めた連邦修正法）をきっかけに著しく向上しました（1972年の女子参加率は7.4%）[4]。

3. コミュニティスポーツ参加の障壁

日本と同様，アメリカでも多くのコミュニティスポーツが存在しますが，その参加にはいくつかの障壁が挙げられています。例えば，交通手段（アメリカは日本のように利便性の高い公共交通機関が少なく，また，歩道の整備や自転車のための環境が整っていない），費用，知識不足，時間の制約などです[1]。さらに，選手のバーンアウトも大きな要因の1つとして挙げられます。

過去のデータによると，選手のドロップアウトに関する一番の原因となっているのが，「練習が楽しくない」というものでした[5]。これらの要因を引き起こしているのはコーチの知識と指導力不足であると指摘されています。

▶1 U.S. Department of Health and Human Services (2019). National youth sports strategy. U.S. Department of Health and Human Services.

▶2 U.S. Department of Health and Human Services (2021) Poverty guidelines. https://aspe.hhs.gov/topics/poverty-economic-mobility/poverty-guidelines/prior-hhs-poverty-guidelines-federal-register-references/2021-poverty-guidelines. (accessed 2022-7-12)

▶3 2021年8月8日為替で計算（1ドル110.25円で計算）した。

▶4 National Federation of State High School Association (2019). 2018-19 High school athletics participation survey. https://www.nfhs.org/media/1020412/2018-19_participation_survey.pdf. (accessed 2022-7-12)

▶5 Payne, V. G. et al. (2016). Human motor development: A lifespan approach. Routledge.

4. ユーススポーツコーチの知識とスキルの欠如

現在，アメリカでは350万人のユーススポーツのコーチが存在するといわれていますが，そのうち，250万人はボランティアであることが報告されています[5]。また，ユーススポーツコーチの年収中央値は36,330ドル（400万円程度）とされており，アメリカ国民の年収中央値の67,251ドル（740万円程度）を大きく下回っているのが現状です[6]。また，3人に1人はスポーツの技術や戦術について必要なトレーニングを受講したことがあると回答したものの，プレーヤーとのコミュニケーションの図り方などについてのトレーニングを受けたことがあると答えた割合は5人に1人にとどまっています[5]。このような現状を改善するために，1995年にNational Standards for Sport Coaches（NSSC）は7つのコーチの主な責任を明記しました。現在はSHAPE America[7]が5つのスタンダードを提言し，それに基づいたコーチ認定プログラムの増加を図っています。それらのスタンダードは，①アスリート中心のコーチング哲学の開発とそれに伴う行動，②生涯にわたる運動参加を促すため，長期アスリート育成モデルを使用すること，③計画と目標を設置し，統一したビジョンを作ること，④ルールや規則をコミュニティや個々人のアスリートに合うように設定すること，⑤プログラムにかかわる予算，人材の管理を行うこと，となっています。

▶6 U.S. BUREAU OF LABOR STATISTICS. (online). Occupational Outlook Handbook. https://www.bls.gov/ooh/entertainment-and-sports/coaches-and-scouts.htm. (accessed 2022-7-12)

▶7 SHAPE America. (2019). National standards for sport coaches (3rd ed.). Annapolis Junction, MD: SHAPE America. https://www.shapeamerica.org/standards/coaching/default.aspx. (accessed 2022-7-12)

5. ユーススポーツの今後の展望

今後さらにユーススポーツへの参加を促進し，プログラムの質を向上していくためには，様々なレベルにおける包括的なサポートが必要であると指摘されています。図1はそれらのレベルを5つの段階に分け（個人，対人関係[8]，組織，地域社会，公共政策レベル），それぞれに期待される内容を簡潔に示したものです[1]。

各々のレベルで関わる人々がユーススポーツにおいて共通のビジョンを持ち，よりよい環境づくりに取り組むことが，子供のスポーツにおける，またスポーツを通した学びにおいて，何よりも大切であるといえるでしょう。

（津田恵実）

▶8 コーチに限らず，両親，メンター，アスレティックトレーナー，教員，健康に関係するスタッフ（例えば，フィジカルセラピスト，小児科の医師等）を含んでいる。

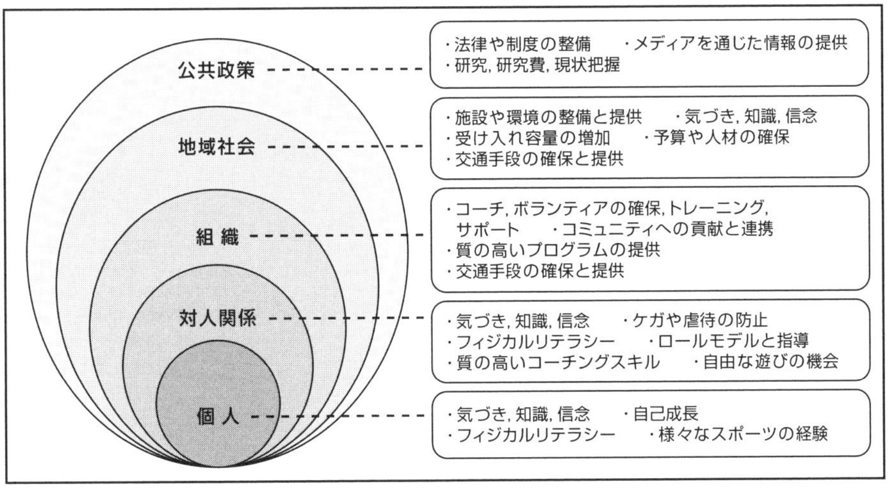

図1. ユーススポーツ参加を促進するためのシステムを示した図式（▶1より翻訳し，作成）

19-3 ヨーロッパ諸国におけるスポーツ教育

Key word：スポーツの価値，インクルーシブ，イベント

1. ヨーロッパ諸国におけるスポーツの役割

ヨーロッパ諸国においてスポーツは，これまで経済や社会の発展に大きな影響を与えてきました。ヨーロッパ諸国の中で特に人気のあるスポーツはフットボールであり，UEFAチャンピオンズリーグなど世界最高峰の大会が日々開催されています。その他にも，ラクビーやクリケット，テニスなどそれぞれの国ごとにスポーツの発展を遂げてきました。また，国際的なスポーツの祭典であるオリンピックを見れば，どの競技でもヨーロッパ出身選手の活躍が目覚ましいのはいうまでもありません。そのオリンピックやパラリンピックの発祥もヨーロッパ諸国であり，歴史的に見てもヨーロッパ諸国は，スポーツの競技性への発展に貢献をしてきたといえるでしょう。そして，近年では健康増進や社会的問題への解決方法の1つとしてスポーツの価値が見出され，スポーツのさらなる発展が期待されています。

ヨーロッパ諸国では，健康的な生活を送るためのスポーツや運動の価値が提唱されているとともに，近年では健康増進のみならず，より多様化した社会の形成にも貢献し得る活動であると考えられています。今日の社会問題である人種差別や男女不平等，マイノリティグループへの理解の欠如など，人と人や国家間に生じる社会的な壁を解決する可能性としてスポーツの促進が期待されています。

その具体的な取り組みの1つとして，ヨーロッパ諸国全体で2018年から開始された“#BeInclusive EU Sport Awards”が挙げられます。この賞は，スポーツを通じたインクルーシブ社会▶1の実現を目指し，差別のない革新的なプロジェクトを実施した個人や組織に与えられます。こうした取り組みからも，ヨーロッパ諸国の社会においてスポーツが重要な役割を果たすであろうと考えられていることが理解できます。

▶1 インクルーシブ社会とは，人種や性別，社会的地位，世代，地域の違いを乗り越え，すべての個人がその能力の有無に関わらず，社会参画する機会や権利が平等に与えられている社会である。

2. 健康問題とスポーツの意義

世界中で，老若男女を問わず，運動時間や運動量が減少傾向にあることが問題視されています。ヨーロッパ諸国においても運動不足は，心臓病や肥満化などの生活習慣病，がんなどの深刻な病気を引き起こす原因の1つだと考えられています。特に子供や若者においては，スマートフォンなどの普及に伴い，ネットゲームやSNSなどの利用時間の増加が，大きく運動不足に影響を与えているとして緊急に対処すべき課題となりつつあります。

そこで，欧州連合（EU）は2008年に“EU Physical Activity Guideline”▶2という子供から大人までに向けた運動時間や運動量の指標を示しました。その中で，子供や若者は毎日最低でも60分以上の運動を実施し，大人は毎日最低でも30分の運動を実施するようにガイドラインが設定されています▶2。そのためEUは，ガイドラインに示されている運動目標を国民が達成するためのスポーツへの参加を重要視し，国および地域ごとのガイドラインの作成やスポーツ推進に向けた大型イベントの開催を推奨する施策を積極的に行っています。そこには単に運動時間を増やすだけではなく，イベントの参加者がスポーツや運

▶2 EU Working Group ‘Sports and Health’ (online) EU physical activity guidelines: Recommended policy actions in support of health-enhancing physical activity. https://ec.europa.eu/assets/eac/sport/library/policy_documents/eu-physical-activity-guidelines-2008_en.pdf. (accessed 2022-7-12)

動の意義，また健康増進についての理解を深めるという教育目的も期待されています。しかし，2018 年に Eurobarometer によって実施された調査によると，ヨーロッパ諸国の全体で半数近くの人が日常生活でほとんど運動やスポーツを行っていないことが明らかになり[3]，今後も運動やスポーツの促進における課題の解決に向け，指標の見直しや新たな取り組みを検討していく必要性があると考えられます。

▶3 Eurobarometer (online) Sport and physical activity. https://europa.eu/eurobarometer/surveys/detail/2164, (accessed 2022-7-12)

3. 国境を超えたスポーツ教育イベント

近年では，ヨーロッパ諸国において国家や国際連盟，ヨーロッパ全土のスポーツパートナーが連携したスポーツを中心とする大規模なプロジェクトが実施されています。その中でも "European Week of Sport" は，ヨーロッパでも類を見ない国境を超えた国際的なスポーツ推進イベントです。このイベントは 2015 年の開始以降，毎年 9 月の最終週に開催され，参加者が健康的であり活発的な生活習慣を築くことができるよう，多種多様な活動を通して支援を行ってきました。2019 年には過去最多となる 41 カ国が参加し，年齢や経歴，運動経験などを問わずすべての人を対象として，個人や公的機関，スポーツ組織，民間企業が協力し合うかたちで発展を遂げてきました。さらにこのイベントによって，教育現場や職場，野外，スポーツクラブの運動施設などを利用しながら，参加者が実生活における運動習慣を自分自身で改善するきっかけを得ています。それぞれの地域において独自にスポーツイベントの内容が企画され，例えば公共のスポーツ施設のある公園を使って，家族全体で散歩やジョギング，フィットネスなどのレクリエーション的な活動や，サッカー，ダンス，サイクリングなど様々なスポーツを専門的に楽しんでいます。そして，活動の様子は SNS でヨーロッパ中に共有され，よりイベントの価値や効果を高めています。"European Week of Sport" を開催する一番の目的は，定期的にスポーツや運動に親しむ人々を増加させることにあり，今後も幅広い世代へスポーツの価値を広げていくことが期待されています。

他方で，教育に特化した活動の例として，"European School Sport Day"（ESSD）が挙げられます。これは，ヨーロッパ各地の学校で毎年実施されている，スポーツを用いた教育推進の大型イベントです[4]。2015 年の初開催時は，3 カ国から 30 万人程度の参加規模でしたが，年々拡大を遂げ，2018 年には 29 カ国・2500 万人以上の子供や若者が参加するまでに成長を遂げています[4]。

ESSD では，①学校における体育・スポーツの認知度を向上すること，②運動を通して楽しい時間をつくること，③生涯学習のための健康とウェルビーイングを促進すること，④学習者の社会的スキルやソーシャル・インクルージョンを促進すること，⑤他のヨーロッパ諸国とつながること，という 5 つの目的を設定しています[5]。具体的な活動内容として，学習者は「最低 120 分以上の運動に参加する」，「開催年の数に合った距離を歩いたり走ったりする（例：2019 年の場合，2019m）」など学校ごとに活動内容を計画します。学校においてスポーツをすることの楽しさを学ぶとともに，なぜ運動する必要があるのか，どのように健康を増進できるかなど，活発的な活動を通して学びの機会の拡大を目指しています。

▶4 European Parliamentary Research Service (online) EU sports policy: Going faster, aiming higher, reaching further. https://www.europarl.europa.eu/RegData/etudes/BRIE/2019/640168/EPRS_BRI (2019) 640168_EN.pdf. (accessed 2022-7-12)

▶5 European School Sports Day (online) https://www.essd.eu, (accessed 2022-7-12)

以上のことから，近年のヨーロッパ諸国におけるスポーツ教育では，学校のみならず家庭や地域コミュニティ，国全体が共通の目的を持ちながら，相互連携のもとで幅広い取り組みが推進されています。

（戸村貴史）

19-4 ドイツにおけるスポーツ教育

Key word：地域スポーツ，生涯スポーツ，フットボール

1. ドイツにおけるスポーツ教育とは

ドイツは，旧西ドイツ時代の1970年代に教科体育の名称として「スポーツ教育」が採用されるなど，長きにわたってスポーツ教育が社会的な注目を集めるとともに，そのプレゼンスを保ってきました。近年においても，生涯スポーツの台頭やドイツの社会状況の変化に合わせながら，多様な展開を見せています。

その際，スポーツ教育において学習者に期待されることは，スポーツに積極的に参加をすることだけではなく，スポーツを1つの教育手段として学校内外での学びの質を高めていくことです。そのため，健康的な生活習慣を実現していくために，学校での学習だけではなく，学外においてもスポーツやレクリエーション活動の経験を積むことができるよう，スポーツ教育を推進する上で地域コミュニティとの連携が重要視されています。本節では，ドイツにおいてどのような環境や文化がスポーツ教育の推進に影響しているかを述べていきます。

2. スポーツを推進する環境の設備

ドイツは，ヨーロッパの中でも特にスポーツ環境が充実した国の1つです。街中には市や地域コミュニティが中心となり設備した自転車専用ロードや公共の遊戯場，公園，サッカーフィールドが数多く設置されています。さらに，2018年に実施された全国規模の調査では，7割以上の青少年が地域のスポーツクラブに参加していることが報告されています[▶1]。このことからも，子供や若者が実生活でスポーツに触れやすい環境や専門的なスポーツの指導を受ける機会が充実していることが窺えます。

筆者はドイツに在住していた際に，青少年だけではなく幅広い世代の人々が，河川敷でランニングやサイクリングをし，BBQをしながらレクリエーションとしてのスポーツを楽しむ姿を目の当たりにしてきました。公園には卓球台やチェス台が設置され，平日・休日を問わずスポーツをする人の姿を頻繁に見かけることができます。地域のスポーツクラブにおいては，例えば陸上競技場ではトレーニング内容は異なるものの，同じ時間帯に小学生から高齢者までの幅広い年代の参加者が一斉に練習することもあります。そういった社会的環境において子供や若者はコミュニティ内で友人や家族，ときには初めて会った人と多種多様なスポーツに参加することができます。このようなスポーツを推進する環境こそが，大人になってからもスポーツやレクリエーション活動に積極的に参加をする意欲や動機を高める大きな要因だと強く感じます。

▶1 Demetriou, Y. et al. (2018). Results from Germany's 2018 report card on physical activity for children and youth. Journal of Physical Activity and Health, 15(2): 363-365.

3. ドイツにおけるフットボールの存在

フットボールは，ドイツにおいて確固たるスポーツ文化を築いてきました[2]。この文化こそが日常生活の中で青少年がフットボールに興味を抱き，積極的にスポーツへ関わっていく態度を育てています。これまでドイツ代表チームはW杯で4度の優勝経験があり，その度にフットボールファンは熱狂してきました。ドイツではフットボール場が至る所に設置され，小さい子供から青少年までの多くが自分の好きなフットボールクラブのシャツを着て街中を行き交います。また，日本のように長時間労働をする文化はなく，夕方になると街の中心地にある駅に多くの人が集まり，地元のフットボールクラブの試合を観戦するために，ビールを片手にフットボールスタジアム行きの満員電車に乗り込む姿が見られます。その姿からもドイツ国民にとってフットボールは，スポーツの中心的な存在であり，プレーをするだけでなく，観戦や応援をすることなどスポーツに関わることが生活の一部になっていることが考えられます。

▶2 Merkel, U. (1999) Football, identity and youth culture in Germany. In Armstrong, G., Giulianotti, R. (eds.) Palgrave Macmillan, London, pp.52-66.

さらに，ドイツのトップリーグであるBundesliga（ブンデスリーガ）では選手の多国籍化が進み，ドイツ国民のみならず世界中のフットボールファンを魅了し続けています。フットボールの人気は観戦だけにとどまらず，子供や青少年のスポーツ参加へも大きい影響を与えています。デュッセルドルフ市を例に挙げると，日系企業の進出に伴って市内に在住する日本人世帯の子供の多くは，地域のフットボールクラブに所属する傾向が強い一面があります。地域のスポーツクラブへの参加を通して，運動技術や身体的な成長だけではなく，現地人との交流の輪を広げたり，言語を習得しやすくしたりと，ドイツの環境や文化に適応していくなかでフットボールの影響は絶大です。そして，Bundesligaではこれまでにも青少年へ，教育的目標を持ち合わせながらスポーツの専門性のみならず健康や平和的共存など幅広いスポーツ教育的プログラムを提供してきました[3]。そのため，ドイツではフットボールを通して，国籍や年齢，性別を問わず実生活の中でスポーツに関わることが日常化し，その文化こそがスポーツを通した教育の実現にも貢献していることが考えられます。

▶3 Deutsche Fussball Liga. (online). Kids-Clubs der Bundesliga und 2. Bundesliga. https//www.dfl.de/de/fans/kids-clubs/fanarbeit-fuer-dennachwuchs/. (accessed 2022-7-12)

4. ドイツのスポーツ教育における今後の課題

今後のドイツにおけるスポーツ教育の課題として，増加傾向にある移民などのマイノリティグループへの支援や配慮の必要性が挙げられます。移民者にとって，新しい環境や学校，職場への適応は避けられない課題ですが，スポーツ活動を促進する上でも，人種の違いや貧困，居住地域に関する情報不足などの理由から地域のスポーツ施設を利用したり，スポーツクラブに参加すること自体が難しい現状があります。移民者においては未就学率の高さや健康に関する知識の乏しさなど，教育も十分に行き届いていない可能性があります。そういった移民の子供たちや若者も参画できるよう言語や文化の違いに左右されにくいスポーツ参加を促進することは，教育的に大きな価値があると考えます。

これまでもスポーツ教育の概念を先進的に築いてきたドイツにおいて，今後はこうした移民を含め，障がい者やLGBTQなどマイノリティグループにも配慮したインクルーシブなスポーツ教育の推進が期待されます。

（戸村貴史）

19-5 ドイツにおける学校スポーツと地域スポーツ

Key word：学校体育，課外活動，スポーツクラブ

1.「健康増進」に向けた動き

ドイツでは児童や青少年が毎日の生活の中で，90分以上の活発的な運動やスポーツに参加することが推奨されています[1]。その背景として，児童や青少年[2]を取り巻く生活スタイルの変化により，運動時間が減少し，肥満などの生活習慣病の割合が高いことが社会問題化していることが挙げられます。2021年の調査によれば，運動時間を十分に確保している児童や青少年の割合は，男女合わせて7-10歳までは26.4%，11-13歳までは18.9%，14-17歳までは11.8%と少ないことが明らかとなっています[3]。そのため，学校や地域社会において，児童や青少年が運動やスポーツへ積極的に参加し，十分な運動時間を確保できる環境や学校におけるカリキュラムの改革が進められています。その中でも，「健康増進」の概念が近年の学校教育や地域のスポーツ組織で注目を浴びています。本節では，ドイツにおいて学校や地域のスポーツ組織が，児童や青少年の「健康増進」にどのように貢献しているかを「学校体育」，「課外活動」，「スポーツクラブ」の3点に基づいて説明します。

2. 学校体育の現状と課題

近年，ドイツの学校体育では「健康増進」に焦点が定められ，児童や青少年が体育の中で「体力を高め，健康への意識を発達」させることが，教育上の目的として位置づけられるようになりました[4]。さらに健康増進だけでなく，社会性や道徳心を養うことも体育の目標の1つだとされています。ドイツでは基礎学校（Grundschule）および中等教育学校（Gymnasiumなど）の両方において体育が必修科目となっています[3]。週に平均3～5時間の体育授業が実施される場合が多いですが，具体的な授業数は州や学校ごとに異なります[4]。2009年には，体育と学校スポーツについて「スポーツのための教育」と「スポーツを用いた教育」の2つの使命が提唱されました[5]。つまり，ドイツの学校体育では，青少年の運動時間を確保したりスポーツに必要な運動能力を指導したりする「スポーツのための教育」と，チームプレーやフェアプレーの精神，健康増進に向けた「スポーツを用いた教育」の両方が推奨されているのです。

その際，ドイツ国内の多くの体育カリキュラムでは，教育目標として「健康増進」の定義が記されています[4]。しかし，実際には体育教師や管理職，保護者の多くは体育における「健康増進」の意義を十分に理解できていない可能性があります[4]。例えば，校長の多くは「健康増進」よりも「公平性」や「社会的理解」を養うことの方が，体育において重要な教育目的だと認識している場合があります。さらに基礎学校では，体育を指導している教員の半数は体育を指導する免許を有していないという実態があります[4]。そのため今後，学校体育の中で児童や青少年が「健康増進」に必要な知識と能力の学習を推進していくために，教師教育の必要性が見直されています。

▶1 Rütten, A. et al. (Hrsg.) (2016). Nationale Empfehlungen für Bewegung und Bewegungsförderung. FAU University Press.

▶2 ドイツでは法律上，14歳未満児童（Kinder），14歳以上18歳未満を青少年（Jugend）と定めている。

▶3 European Commission (online) Germany physical activity factsheet 2021. https://sport.ec.europa.eu/document/germany-physical-activity-factsheet-2021. (accessed 2022-7-12)

▶4 Naul, R. et al. (2014). Physical and Health Education in Germany: From School Sports to Local Networks for Healthy Children in Sound Communities. In Chin, M. K. (eds.) Physical Education and Health : Global Perspectives and Best Practice. Sagmore, pp.191-204.

▶5 Deutscher Olympischer Sportbund et al. (online). Memorandum on Physical Education and School Sports. https://cdn.dosb.de/alter_Datenbestand/fm-dosb/arbeitsfelder/Breitensport/bildung/Memorandum_Schulsport_2009_englisch.pdf. (accessed 2022-7-12)

3. 学校における課外活動の意義

ドイツの学校では，体育授業以外の時間でも運動時間を確保したり，スポーツの経験を養うために，休み時間や放課後に行う課外活動に児童や青少年が参加するよう推奨しています。実際に95％以上の基礎学校で，課外活動として運動やスポーツを用いたプログラムを実施しています[▶6]。スポーツを用いた課外活動は，競技力の向上を目指すとともに青少年がレクリエーションとしてのスポーツに慣れ親しみ，学校生活の中で運動時間を確保することを目的としています。この課外活動には学校だけではなく，地域のスポーツクラブのコーチと体育教師が連携して進める例も多く見られます[▶7]。

課外活動で取り扱うスポーツは，テニスや卓球，バドミントン，サッカーなど幅広く，青少年が興味を持って参加することができるように工夫されています。近年では，課外活動においても「健康増進」に焦点が定められ，学校体育と課外活動の両方を促進していくことで，児童や青少年の肥満防止や運動能力の向上が目指されています。今後は，学校や家庭，地域コミュニティと協力し合うことで，教育を受ける上で課題を抱えている児童や青少年もスムーズにスポーツに参加することができる体制づくりの推進が期待されます。

▶6 Spengler, S. et al. (2019). Are primary school children attending full-day school still engaged in sports clubs? PLoS ONE., 14(11): e0225220.

▶7 Naul, R. et al. (2020). Germany: Home of curricular and extra-curricular school sports. In Naul, R., and Scheuer, C. (eds.) Meyer & Meyer Verlag, Aachen., pp. 106-145.

4. スポーツクラブの発展

ドイツにおいて地域のスポーツクラブは，児童や青少年のスポーツ参加において重要な役割を果たしています。2021年に公表された調査によると，7-14歳までの男女合わせて約66％，15-18歳までの男女合わせて約54％と，高い割合で青少年が地域のスポーツクラブに所属しています[▶8]。ヨーロッパ諸国の別の国と比較してもスポーツクラブに所属する割合が高く，ドイツでは，青少年期にスポーツクラブの中でスポーツを経験することが一般的になっているといえます。

そして，スポーツクラブには，体育や学校での課外活動と比べ，各スポーツの専門的な競技力の育成が期待されています[▶9]。しかし，地域のスポーツクラブの役割は青少年の競技力向上だけにとどまりません。スポーツを通した教育やボランティア，国際交流，健康増進，依存症予防など様々な機会の場にもなっています[▶10]。その中でも，「すべての人のためのスポーツ」や「健康のためのスポーツ」を理念として掲げる Der Deutsche Olympische Sportbund は，ドイツ国内の約9万1,000に上るスポーツクラブへ教育プログラムを提供しています[▶11]。以上のことから，ドイツにおいて地域のスポーツクラブは，青少年が健康についての学びを深め，社会性を伸ばし，犯罪防止などにつながる教育を提供する重要な組織だといえます。

ドイツでは，これまで学校体育や課外活動，地域のスポーツクラブが中心的になって，「健康増進」につながる教育を進めてきました。近年では，「健康増進」がスポーツ教育の目標として注目されていますが，ドイツにおいて社会的問題となりつつある移民の急激な増加による経済格差への対策や多文化理解，インクルーシブ社会の推進もまた，今後の重要なテーマになってくると考えられます。

その他にも，スポーツはその特性からチームワークやフェアプレーの精神など，身体的な成長だけではなく社会性の成長にも期待が寄せられています。そのため，これからもスポーツを用いた教育の推進を通して，児童や青少年が社会問題の解決などにつながるような資質を身につけていくことが望ましいといえるでしょう。

（戸村貴史）

▶8 Deutscher Olympischer Sportbund (online). Bestands-erhebung 2021. Retrieved from: https://cdn.dosb.de/user_upload/www.dosb.de/uber_uns/Bestandserhebung/BE-Heft_2021.pdf. (accessed 2022-7-12)

▶9 Merrem, A. et al. (2019). Acculturation of prospective German physical education teachers. European Physical Education Review, 25(1): 125-142.

▶10 Deutsche Sportjugend (online). Wirü ber uns. https://www.dsj.de. (accessed 2022-7-12)

▶11 Der Deutsche Olympische Sportbund. (online). STARTSEITE. https://www.dosb.de/ueber-uns#akkordeon-1031. (accessed 2022-7-12)

19-6 イギリスにおけるスポーツ教育の動向①：体育の歴史的変遷

Key word：身体的健康，MVPA，疾病生成的，健康生成的

1. 体育のはじまり

イギリスにおける体育のルーツは1800年代半ばに遡ります。まず，1850年代から，学校の子供たちの健康を改善するために，公立小学校のカリキュラムに体育を含めるべきだという議論が始まりました[1]。この議論の結果，1895年に当時の教育省が「身体トレーニング」(Physical Training) を指導科目として認定するに至りました。しかし，この身体トレーニングを実施する最大の関心事は，健康の改善よりも素行の悪い生徒の規律に対処することだったと主張する歴史家もいます[2]。

また，パブリックスクール[3]では，1800年代半ばから，裕福な子供たちの人間形成において，チームゲーム（フットボールなど）が重要な役割を果たすと考えられていました[1]。なぜなら，1800年代のパブリックスクールは，上流階級の人々が社会でのリーダーシップを高めるための基盤となっていたからです。さらに，チームゲームの教育的側面として，「アスレティシズム」(Athleticism) という言葉の信仰が1880年から1920年頃まで隆盛を極めました[4]。「アスレティシズム」には，「スポーツは人格を形成する」という考えが含まれており，ゲームの道徳的特性と身体的な鍛錬を集約した概念でした[5]。このような「スポーツが人格を形成する」という考えが，パブリックスクールをルーツとして，現在においても体育の正当性を保っていると考えられます。

2. 医療的健康に基づく体育

19世紀に入ると，体育の新しいアプローチが始まりました。この背景には，南アフリカにおける第二次ボーア戦争（1899-1902）で大英帝国が苦戦した結果，多くの強靭な身体を有した兵士を育成する必要性を感じるようになったことが挙げられます。そこで，1899年に設立された教育委員会（the Board of Education）は，陸軍の新兵の身体的改善の要求に応えるために，陸軍省と協議して1902年にモデルコース（the 1902 Model Course）と呼ばれるシラバスを発行しました。これは，陸軍の訓練方法に基づいており，武器を扱う軍事訓練や儀礼的なパレードなどで構成されていましたが，軍事訓練やダンベル・ワークなどの運動を子供たちに適合させる試みがなされていないのが実態でした[6]。そのため，1902年のモデルコースは2年後の1904年に身体トレーニングシラバス（the 1904 Physical Training Syllabus）に変更されました。この新しいシラバスはモデルコースの改善とみなされましたが，依然として新兵の訓練のための軍事的な形式の運動が中心でした[2]。

その後，このシラバスは1909年，1919年，1933年に3度改訂され，改訂の過程で，体育は医学的健康（medico-health）に基づく枠組みに組み込まれていきました[1]。その間，教育関係者は治療的なエクササイズと結びつけたアプローチを求め，各シラバスでは子供たちに適切な姿勢を身につけさせることなどの身体的な発達が強調されていました[2]。

例えば，スウェーデン体操，水泳，ダンス，ゲームのスキルなどの身体運動は，この医

▶1 Kirk, D. (1992). Defining physical education. The social construction of a school subject in postwar Britain. London: Falmer Press.

▶2 MacIntosh, P. C. (1952). Physical education in England since 1800. Bell.

▶3 「パブリックスクールにおけるスポーツ教育」の詳細については，第1章第1節を参照のこと。

▶4 Mangan, J. A. (1981). Athleticism in the Victorian and Edwardian public school, Cambridge, Cambridge University Press.

▶5 Harvey, S. et al. (2014). Sport education as a pedagogical application for ethical development in physical education and youth sport. Sport, Education and Society, 19(1), 41-62.

▶6 Smith, W. D. (1974). Stretching their bodies: the history of physical education. David & Charles.

学的健康の観念を促進する役割を果たしていました。このように，体育の主な効果として子供の体格を強化するという考え方は，1933年のシラバスの頃には顕著にみられます。その後，この医療的健康の概念は，1950年代半ばまで体育の中で重要視されるようになりました。

3. 体力とフィットネスの重視

1950年代から，「漸進的過負荷の原則」という当時では最先端の科学的原理による身体運動の開発と測定が，体育で取り上げられるようになりました▶1。この原則は，筋力や持久力を向上させるためには，身体にかかるストレスを徐々に増加させることが必要であるということを示しています。これによって，サーキットトレーニングを使った体力・筋持久力の向上など，体育における身体的，機能的なアプローチが大きく進展しました。その結果，体育においては，体力やフィットネスが重視され始めたのです▶1。さらに，新しい学習指導方法として，子供中心の指導を行うために，教師は補助的な役割に回ることが提案され始めました。しかし，当時の体育教師の指導には，依然として軍隊のトレーニング方法を起源とする命令スタイルが色濃く残っていました。

1960年代から1980年代にかけては，アメリカを中心とした様々な疫学研究に基づいて，健康増進と疾病予防（心臓病，骨粗鬆症，不安や抑うつなど）のために必要な1日60分以上の中強度身体活動（Moderate to Vigorous Physical Activity：MVPA）の確保を優先させた体育の授業づくりが，イギリスにおけるスタンダードになっていきました。つまり，心血管疾患や肥満のリスクを低減するために，できるだけ高いレベルの身体活動を行う機会を提供することが，体育の重要な役割とされていったのです。また，MVPAを確保することで子供の体力向上につながり，それによる体力テストの成績向上によって体育の成果をわかりやすく示せるという考え方が一般的になっていきました。

4. 疾病生成的な視点から健康生成的な視点への変換

1950年代から2000年代までにかけて，体育のあり方に関する議論は，疾病（心臓病や肥満）に焦点を定めた考え方が主流でした。これは「疾病生成的」（pathogenic）な視点と言えます。疾病生成的な視点は，病気になる原因を取り除くことで健康を回復するといった医学的見地に基づいており▶7，歴史上，体育にも大きな影響を与えてきました。MVPAを中心とした体育の授業づくりはその典型例と言えます。

一方で，体育のあり方について，疾病生成的な視点を超えて，新しい視点を求めるべきだという主張もされました▶8。それを受け，「健康生成的」（salutogenic）な視点が，体育のあり方について議論する1つの可能性を有していることが提案され始めました▶9。健康生成的な視点とは，病気を治す，もしくは予防することに焦点を定めるのではなく，生きていく環境の中で健康を生成する要因に焦点を定めた考え方です。体育における健康生成的な視点では，どれだけ身体活動量を確保するかということだけが問題ではありません。子供たちが生涯にわたって健康的な生き方ができるようになるために何をするかということが問題であると言えます。これは，運動に対する意欲，モチベーション，自己肯定感，楽しさ，エンパワーメント，レジリエンスなどの情意領域（affective domain）の学習成果の重要性とも関連しています。情意領域の学習成果を高めるための体育は，今後さらに注目が高まっていくでしょう。

（寺岡英晋）

▶7 Antonovsky, A. (1979). Health, stress and coping. San Francisco, CA, Jossey-Bass.

▶8 Kirk, D. (2006). The 'obesity crisis' and school physical education. Sport, Education and Society, 11(2), 121-133.

▶9 Quennerstedt, M. (2008). Exploring the relation between physical activity and health-a salutogenic approach to physical education. Sport, Education and Society, 13(3), 267-283.

19-7 イギリスにおけるスポーツ教育の動向②：学校体育の現在と展望

Key word：メンタルヘルス，情意領域，課外活動

1. メンタルヘルスと体育

現在，子供たちのメンタルヘルスに関わる問題が，イギリスにおいて深刻な教育問題として取り上げられています。イギリスの4歳から25歳の子供と青少年を対象に1995年から2014年までの期間で実施した調査の報告では，精神疾患の有病率が，イングランドではその調査期間で6倍に増加し，スコットランドでは2003年から2014年の間で2倍以上に増加していることが明らかになりました[1]。このような子供たちのメンタルヘルスに関する教育問題を背景に，体育においては情意領域の学習成果への注目が高まっています。

しかしながら，前節にあるように，多くの研究者や体育教師は「いかに子供たちを運動に参加させるか」ということを中心に考えており，身体活動量が増えることで自動的に情意領域の学習成果も得られるという考えが根強く残っているのが現状です。また，メンタルヘルスに関心があったとしても，教師がメンタルヘルスの改善に必要とされる教育を提供する能力を，十分に備えていない可能性も考えられます。

一方で，イギリスにおける学術研究においては，体育における情意領域の学習成果を効果的に生み出すための学習指導方法や介入プログラムの開発が進められており，例えば，自己決定理論が効果的な学習指導方法の理論的枠組みとしてよく用いられています[2]。自己決定理論によれば，学習者のモチベーションやメンタルヘルスを高めるためには3つの基本的心理欲求（Basic Psychological Need: BPN）を充足させることが重要です[3]。BPNは人間が生得的に持つ欲求であり，自律性欲求（自発的な選択や興味に基づき行動を起こしたいという欲求），有能感欲求（自分自身に能力があると感じることへの欲求），関係性欲求（親密な対人関係を持ちたいという欲求）の3つの要素から構成されています[4]。

また，スポーツ教育学の領域ではBPNを充足させる授業中の教師の行動としてNeed-Supportive Teaching Behaviour（NSTB）の重要性が提唱されています。NSTBとは，例えば，子供たちの運動技能のレベルに合わせた学習課題を複数用意すること，子供たち自身が学習課題を選ぶ場面を組み込むこと，他人との比較ではなく過去の自分との比較をすることなどが挙げられます。さらに，これまでの研究によれば，NSTBの実践は学習者の身体的（Physical），認知的（Cognitive），社会的（Social），情意的（Affective）領域を含む多元的な学習成果に作用する可能性を示しています[2]。

昨今のような先行き不透明な時代に対応する体育のあり方として，情意領域の学習成果の重要性が提唱されており，それを直接的・意図的に生み出す取り組みの総称は“pedagogies of affect”と表現されています[5]。新型コロナウイルス感染症の拡大は，将来の予測が困難な状況を深刻化させ，体育において“pedagogies of affect”の重要性がさらに浮き彫りになりました。上述のNSTBは“pedagogies of affect”の1つの例です。他にも，責任学習モデル（Teaching Personal and Social Responsibility model）[6]やアクティビスト・アプローチ（Activist Approach）[7]といった“pedagogies of affect”に関連する新しい実践がイギリスの体育では実証的に行われ始めています。

▶1 Pitchforth, J. et al. (2019). Mental health and well-being trends among children and young people in the UK, 1995-2014: analysis of repeated cross-sectional national health surveys. Psychological Medicine 49, 1275 -1285.

▶2 Teraoka, E. et al. (2021). Affective learning in physical education: a systematic review. Journal of Teaching in Physical Education, 40(3), 460-473.

▶3 Ryan, R. M. et al. (2017). Self-determination theory: basic psychological needs in motivation, development, and wellness. Guilford Press.

▶4 Aelterman, N. et al. (2019). Toward an integrative and fine-grained insight in motivating and demotivating teaching styles: The merits of a circumplex approach. Journal of Educational Psychology, 111(3), 497-521.

▶5 Kirk, D. (2020). Precarity, critical pedagogy and physical education. Routledge.

2. 体育の今後の展望

従来までの体育は，子供たちの身体的健康のみに注視した授業が実践されているという実態がありましたが，近年は，子供たちのメンタルヘルスに関わる諸問題が深刻化していることを背景に，情意領域への関心が高まってきています。しかしながら，その多くは子供たちの心理面を測る尺度の開発や，体育を含むスポーツ活動への参加が心理的効果に及ぼす影響などを扱っており，体育の授業で実際に何が行われていて，どのように情意領域の学習成果を得ているのかについては不明瞭な部分が多くあります。

そのため，今後はカリキュラム，教師行動，学習成果，評価などからなる教育学的要素を複合的に検討していく研究が求められます。どのように体育が子供たちのメンタルヘルスに貢献していくかは，スポーツ教育における重要課題となっているのです。また，これはイギリスだけではなく，世界共通の問題として捉えることができるため，今後はさらに国際的な協力関係の構築が求められていきます。

▶6 Hellison, D. (2003). Teaching responsibility through physical activity (Second edition). Champaign: Human Kinetics.

▶7 Oliver, K. L. et al. (2015). Girls, gender and physical education: An activist approach. Routledge.

3. 課外スポーツ活動の位置づけ

イギリスでは，課外活動として各学校に様々なスポーツクラブがあります。イギリスの課外スポーツ活動は，日本やアメリカにおける運動部活動とは異なる特徴を持っています。一般的に，活動時間は週に3時間程度で，ランチタイムや放課後に実施され，希望すれば誰でも参加することができます。チームのコーチは体育教師や地域のボランティアが受け持つ場合が多いようです。しかし，イングランドの私立学校（Independent school）では，課外スポーツ活動を選抜制のエリートスポーツとして位置づけているところもあります。

ほとんどの公立学校（State-funded school）には，それぞれのスポーツのチームがあり，週末には地域毎の学校対抗の試合や大会が開催されています。代表的な課外スポーツ活動は，フットボール（サッカー），ラグビー，ホッケー，ネットボール，バスケットボール，テニスなどですが，人気のスポーツは地域によって異なります。例えば，イングランドではクリケットが盛んですが，スコットランドではほとんど見かけません。

日本におけるスポーツ庁のような行政機関もイギリスの課外スポーツ活動を支援しています。例えば，スコットランドでは，Sport Scotland が Active Schools という課外スポーツ活動を支援するプログラムに年間 1,200 万ポンド（約 18 億円）を拠出しています[▶8]。スコットランドは 32 のカウンシル（地方政府）に分かれていますが，すべてのカウンシルで Active Schools プログラム専門のコーディネーターを雇用しており，コーディネーターは課外スポーツ活動におけるボランティアや有償のコーチを募って，課外スポーツ活動を支援するための活動を行っています。

▶8 Horrell, A. et al. (2012). Health and wellbeing: a policy context for physical education in Scotland. Sport, Education and Society, 17(2): 163-180.

4. 課外スポーツ活動の今後の展望

課外スポーツ活動は子供たちのスポーツ参加率を向上させ，生涯にわたって健康でより良い生活を送ることを目的にしています。しかし，貧困や家庭環境などの理由で，自由にスポーツを経験できない子供たちもいます。課外スポーツ活動は，経済的地位に関係することなく，すべての子供たちがスポーツを経験する機会を提供できる可能性を持っており，多くの人々がその重要性に気づくことが必要です。課外スポーツ活動の良質で持続的な運営のためには，行政機関や慈善団体からの経済的支援を受けることも重要な課題といえるでしょう。

（寺岡英晋）

おわりに

1 Sport Pedagogy and Andragogy

Key word：生涯スポーツ，成人学習論，ノールズ，経験

1. 一歩進んだ議論に向けて

ここまで本書では，多様な視点・テーマからスポーツ教育学について論じてきました。これまで論じてきた内容を整理すると，改めてスポーツ教育は子供や学校の中だけのものではないということが理解できるのではないでしょうか。近年の生涯スポーツの振興・発展やスポーツ参加者の多様なニーズを踏まえれば，こうした見方を反映させた上で，さらに一歩進んだ議論が展開されていくことが望まれます。

そこで注目したいのが，“Andragogy”という概念です。本節では，これまでのスポーツ教育学ではほとんど取り上げることのなかった“Andragogy”に着目して，これからのスポーツ教育学に向けた提言を行いたいと思います。

2. Andragogyとは

すでに第2章第4節においても取り上げたように，“Andragogy”とは，1960年代に米国の教育学者であるノールズ（Knowles, M. S.）によって体系化された成人学習論です。具体的には，大人に変化をもたらすことを目的とした，意図的かつ専門的に導かれる活動を意味し▶1，広義には成人教育のための政策や制度，さらには実施過程全体を体系的に研究する学問として位置づけられます。ギリシャ語で成人を意味する“Aner”と，指導を意味する“Agogus”の合成語であり，Pedagogyと対比的な概念として捉えられています。

Andragogyでは，学習者は自律的に学びを進める存在とみなされます。すなわち，教師主導のもとで標準化された教材などに沿って学習を展開することが期待されている子供とは異なり，成人は自分が学びたい内容を，学びたいときに学ぼうとします。成人が学びの場に参加するのは，例えば，「キャリアアップのために資格を取りたい」というように，明確な目的が生じた時機が多いのではないでしょうか。このように，成人教育の特徴は，成人自身が何らかの課題を自覚し，その学習の必要性を実感したときに，内発的に動機づけられていく点にあるといえます。

このようなAndragogyには，①知る必要性（The need to know），②自己概念（The learners' self-concept），③学習経験（The role of the learners' experiences），④学習準備（Readiness to learn），⑤学習志向（Orientation to learning），⑥動機づけ（Motivation）という6つの前提があるとされています▶1。成人の有する経験は学びの資源とされ，学びへの方向づけは課題達成的なものになるということです。その中で自身の経験を意味づけることは大きな動機となり，経験の意味を修正・変容，そして再統合させるといった連続的なプロセスを経ることが指摘されています▶2。

他方で，PedagogyとAndragogyの関係を理解する上で注意すべき点があります。それは，決して両者を二項対立的に捉えるべきではないということです。実際，PedagogyとAndragogyを分離的に捉えることで，研究上の断絶が生じやすくなるといった指摘もなされています▶3。それこそ，実際には自己決定的に行動できる子供もいれば，他者依存

▶1 Knowles, M. S., et al. (2014) The adult learner: The definitive classic in adult education and human resource development. Routledge.

▶2 Jarvis, P. (1992). Paradoxes of Learning: On Becoming An Individual in Society. Routledge.

▶3 Reischmann, J. (2005). Andragogy. In L. M. English. (ed.). International Encyclopedia of Adult Education. Palgrave Macmillan, p.61.

的な成人もいます。また，成人以上に貴重な学習経験を重ねる子供もいます。このように，Pedagogy と Andragogy は対立する概念ではなく，融合的な関係性のもとで捉えていく必要があるでしょう。

3. Sport Pedagogy and Andragogyという見方・考え方

それでは，スポーツ教育学において Andragogy はどのように捉えることができるでしょうか。注目したいのが，スポーツ教育学の表記です。現状のスポーツ教育学関連の表記は，以下のように整理されます。

☆ドイツ語表記：Sportpädagogik
☆英語表記：Sport pedagogy
☆代表的国際誌：Physical Education and Sport Pedagogy
☆日本スポーツ教育学会：Japanese Society of Sport Education
☆スポーツ教育学研究（学会誌）：Japanese Journal of Sport Education Studies

このように，スポーツ教育学をめぐる表記は，基本的には“Pedagogy や“Education”を前提としています。もちろん，こうした表記が一概に子供だけを念頭に置いているとは言い切れません。しかし，近年では，より広く・長いライフステージや多様な個人を対象とした「生涯スポーツ」，多様なスポーツ参加者個人に目を向ける「セラピューティックレクリエーション」などを引き取りながら，スポーツ教育は裾野を広げています。こうした実態がある以上，多様で広範な概念としてのスポーツ教育学の現在を解き明かすためには，より明確な表記にシフトしていく必要があるのではないでしょうか。少なくとも，従来のような Pedagogy を前提としたスポーツ教育学の表記では，広範な概念としての成人を対象としたスポーツ教育の実態は含み込まれにくいように思います。

以上の状況を踏まえて，本書ではこれからのスポーツ教育学に向けて，“Sport Pedagogy & Andragogy”という見方・考え方を提言します。それは，生涯スポーツ時代への呼応であり，さらには学校を超えたスポーツ教育の広がりを象徴することに他なりません。ここに，新時代の構築につながる１つの道を見出したいと考えます。

近年では，Andragogy の概念を用いたスポーツ教育学系研究の萌芽もみられています▶4。今後は，体育教師やプロアスリート，コーチ，さらには生涯スポーツに打ち込む高齢者など，スポーツ教育学の研究対象となる人たちも拡張していくことでしょう。

以上までに論じてきたことは，単に Sport Pedagogy に Andragogy を足しただけの提言だと思われるかもしれません。しかし，少なくともこの試みには，これまでのスポーツ教育学の射程からこぼれ落ちてきた人たちや対象を掬い上げることができる可能性が含まれています。現に，本書では「多様性」の一言では表すことのできない対象やステージ，概念が登場してきました。これらを議論の俎上に載せ，発展的な議論につなげていくためには，こうした一歩進んだチャレンジが重要であると考えます。

本節での議論や提言は，まだ緒に就いたばかりといわざるを得ません。ここを起点に新しい道を開き，これからのスポーツ教育学が，さらに豊かなスポーツ実践の展開につながっていくことを目指していきます。

（小野雄大・梶将徳）

▶4 スポーツ教育学系の研究においてAndragogyの概念・枠組みを用いた研究のパイオニアとして，例えば下記の研究が挙げられる。
Sato, T. et al. (2017). Developing Online Graduate Coursework in Adapted Physical Education Utilizing Andragogy Theory. Quest, 69(4): 453-466.

おわりに

2 スポーツ教育学の新時代に向けて

Key word：オリジナリティ，学問的価値，学際性，倫理

1. 新時代のスポーツ教育学に問いかけるもの

本書では，第1章でこれまでのスポーツ教育学を総論的に振り返った上で，これからのスポーツ教育学を展望する上で重要であると考えられる18個のテーマについて論じてきました（図1）。これらのテーマの多くは，これまで体育授業に関する研究を核としてきた日本のスポーツ教育学にあって，「その存在を認識してはいるが詳しくは知らない」というような，いわば周辺的な位置づけにあったと思われます。その中には，これまでのスポーツ教育学では全く発現しなかったテーマも含まれています。

本書が何より重要視したことは，そのような「周辺」を拡張することによって，スポーツ教育学の新たな展開を切り拓き，活性化を促すことです。本書における「生涯発達とスポーツ実践」，「スポーツと日本社会の関係」，「身体・パフォーマンス」という3つの視点と18個のテーマは，こうした狙いのもとで設定・選択されました。以下では，本書の議論を振り返りながら，本書の総括を行いたいと思います。

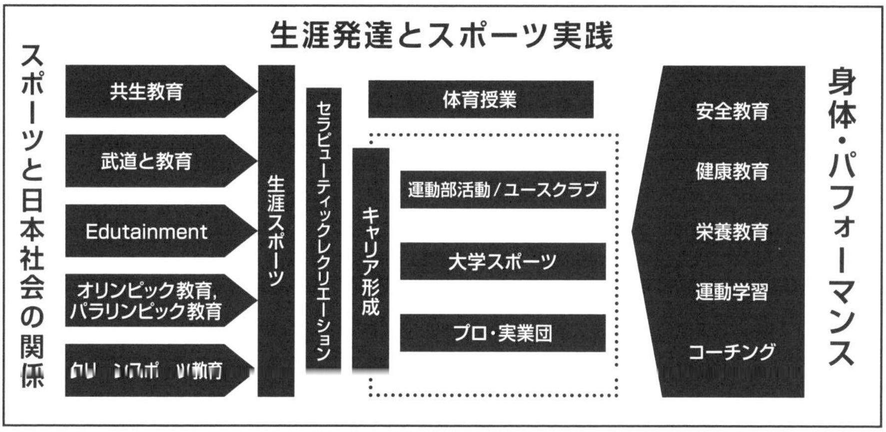

図1. 新時代のスポーツ教育学を構築するキーワード

2. スポーツ教育学の総体性と学際性

1つ目の視点である「生涯発達とスポーツ実践」では，スポーツ実践の「ヒト」と「場」を主題とし，6つのテーマについて論じました。これまでの日本のスポーツ教育学の中心に位置づいてきた「体育授業に関する研究」を再考しつつ，ユース世代の多様なスポーツ状況，大学スポーツやプロスポーツ，そして，その後に続く生涯スポーツへの関わりというように，生涯発達という観点から研究対象の開拓に努めました。ともすれば研究対象が偏りがちであったスポーツ教育学にあって，シンプルにこうした試みは，スポーツ教育学の幅を広げる有力な一手になると思われます。ここで論じられた各々の方向性や課題を引き取りながら，これから多様な研究が進められていくことを期待します。

2つ目の視点である「スポーツと日本社会の関係」では，スポーツ実践から得られる教育的価値や文化，そしてそれらを脅かす諸要因など6つのテーマについて論じました。ここでは，今をときめくテーマ（クリーンスポーツ教育，オリンピック教育・パラリンピック教育，共生教育）が並ぶ一方で，「e スポーツ」や「スポーツマンガ」のような，これまでのスポーツ教育学では縁遠いものとして捉えられがちであった挑戦的なテーマにも迫りました。こうした現代的なテーマに真正面から切り込むことで，スポーツ教育学を活性化させるエッセンスを示せたのではないでしょうか。現代の社会的潮流を柔軟に取り組んで積極的に議論をすることは，次世代のスポーツ教育学を構築するための一途になると考えます。

3つ目の視点である「身体・パフォーマンス」では，スポーツ教育を実践していくために必要となるスポーツ科学的知識を主題とし，5つのテーマについて論じました。スポーツ教育学を名乗る以上，他の諸学との差異化によって自らのオリジナリティや存在意義を示す必要がありますが，同時に眼前の教育実践の質の向上に資するためには，柔軟さを持って諸学との連携を深めることが求められます。そのため，本書ではあえて「スポーツ教育学を専門としていない研究者」に各人の研究フィールドからスポーツ教育学を臨んでもらうことで，その学際性を際立たせることに挑みました。これにより，これまでは近くて遠い存在に感じていた近接分野から，新しいスポーツ教育学の萌芽を見出すことができたと思います。

そして，第 19 章では「諸外国におけるスポーツ教育の動向」を取り上げ，スポーツ教育学の先進諸国の現在や展望について論じました。各論において，各国の社会状況を反映したスポーツ教育学の様相と，そこに内在する諸種の課題が描き出されています。「健康」や「社会的格差」などを軸に，日本のスポーツ教育学の展望にもつながる視点が散りばめられていることから，改めて諸外国のスポーツ教育学の姿に目を向けていくことの重要性が浮き彫りとなりました。

以上のように，本書では，これまでの日本のスポーツ教育学が孕んできた偏りを照らし出し，その現況を転換するための手掛かりを見出してきました。本書の検討を踏まえて，改めてスポーツ教育学を問うてみると，それは多様な生涯発達の中で行われるスポーツ実践について，身体・社会・文化などとの関連から教育学的に探究する学問であるといえそうです。ここを起点に，新時代のスポーツ教育学への一歩を踏み出したいと思います。

3. まとめにかえて

最後に，これからのスポーツ教育学を考える上で付記しておきたいのが，スポーツ教育学と倫理の問題です。近年，スポーツ教育の現場やその周辺では，倫理に関わる問題，特に諸種のハラスメントが未だに後を絶ちません。本書の各所でも論じたように，悲しくもスポーツ教育の歴史はハラスメントと向き合っていく歴史でもありました。

それはすなわち，スポーツ教育の主体者や，それに関わる人たちの個々の倫理が問われているということです。理論と実践の乖離は，学問上の説得力を低下させるだけでなく，学問的価値の喪失にもつながります。スポーツ教育が倫理を失くし，惰性の中に自閉してしまったら，その学問は輝きと未来を失うでしょう。スポーツ教育学が，多くの人の人間形成や生涯の軌跡に寄り添う学問であるからこそ，私たちは改めてスポーツ教育学という学問に内省的に向き合っていく必要があると考えます。

これからスポーツ教育学に関わる多くの人たちに，本書が刻んだ新たな試みと信念が届くことを願って，まとめの言葉にかえたいと思います。

（小野雄大・梶将徳）

〈索引〉

〈執筆者一覧〉

荒木 絵里香 (ARAKI Erika)
トヨタ車体クインシーズチームコーディネーター / 早稲田大学大学院スポーツ科学研究科修士課程在学
1984 年生まれ
成徳学園高等学校 卒業
・北京五輪 (2008),ロンドン五輪 (2012) 銅メダル,リオデジャネイロ五輪 (2016), 東京五輪 (2021) 女子バレーボール日本代表

安藤 梢 (ANDO Kozue)
筑波大学体育系 助教
1982 年生まれ
筑波大学大学院人間総合科学研究科体育科学専攻修了
博士 (体育科学) 筑波大学
専門はサッカーコーチング学。
主な論文に, "Validity and reliability of computerized adaptive test of soccer tactical skill" (2018, *Football Science*) など。
・FIFA 女子ワールドカップ 2011 ドイツ大会優勝, ロンドン五輪 (2012) 女子サッカー銀メダル, UEFA 女子チャンピオンズリーグ 2015 優勝
主な表彰は, 国民栄誉賞など。

卜部 蘭 (URABE Ran)
積水化学工業株式会社 / TWOLAPS Track Club
1995 年生まれ
東京学芸大学教育学部 卒業
・東京五輪 (2021) 陸上競技日本代表

大伴 茉奈 (OTOMO Mana)
ハイパフォーマンススポーツセンター国立スポーツ科学センター 研究員
1988 年生まれ
早稲田大学大学院スポーツ科学研究科博士後期課程
単位習得後退学 博士 (スポーツ科学) 早稲田大学
専門はスポーツ医学。
主な著書・論文に,「スポーツに参加する子ども, 指導者, 教師, 保護者を対象とした脳振盪の教育に関するレビュー」(2019, 日本臨床スポーツ医学会誌),『研究の最前線:頭部外傷』(2020, みんなでつくる学校のスポーツ安全) など。

大林 太朗 (OBAYASHI Taro)
筑波大学体育系 助教
1988 年生まれ
筑波大学大学院人間総合科学研究科博士後期課程修了
博士 (体育科学) 筑波大学
専門は体育史・スポーツ人類学。2019 年 NHK 大河ドラマ「いだてん～東京オリムピック噺～」時代考証 (スポーツ史) を担当。
主な著書, 論文に, "Recovery from the Great Kanto Earthquake of 1923 through Sport Events in Tokyo, Japan" (2017, *The International Journal of the History of Sport*), "Nation-wide Olympic education programme for Tokyo 1964 initiated by the Japanese Government" (2017, *Olympic Education: An international review*, Routledge) (pp.35-46) など。

岡田 優介 (OKADA Yusuke)
プロバスケットボール選手 (アルティーリ千葉所属) / 3x3 バスケットボールチーム「TOKYO DIME」代表
1984 年生まれ
青山学院大学国際政治経済学部 卒業 (公認会計士)
・バスケットボール元日本代表

片岡 千恵 (KATAOKA Chie)
筑波大学体育系 准教授
1980 年生まれ
筑波大学大学院人間総合科学研究科学校教育学専攻博士課程 (5 年一貫制) 修了 博士 (教育学) 筑波大学
専門は学校保健学。
主な論文に, "Japanese health and physical education teachers' experiences in sexuality education of secondary education" (2021, *International Journal of Sport and Health Science*),「高校生における危険行動防止のための規範意識の育成を重視した保健教育の授業実践」(2019, 学校保健研究) など。

木村 文子 (KIMURA Ayako)
株式会社エディオン / 広島大学大学院人間社会科学研究科博士前期課程在学
1988 年生まれ
横浜国立大学教育人間科学部 卒業
・ロンドン五輪 (2012), 東京五輪 (2020) 陸上競技日本代表

久古 健太郎 (KYUKO Kentaro)
デロイトトーマツコンサルティング合同会社 コンサルタント
1986 年生まれ
青山学院大学文学部 卒業
元プロ野球選手 (東京ヤクルトスワローズ投手)

近藤 衣美 (KONDO Emi)
筑波大学体育系 日本学術振興会特別研究員 (PD)
1983 年生まれ
大阪体育大学大学院スポーツ科学研究科博士後期課程修了 博士 (スポーツ科学) 大阪体育大学

専門はスポーツ栄養学。
主な論文に，“Effects of an overnight high-carbohydrate meal on muscle glycogen after rapid weight loss in male collegiate wrestlers” (2021, *BMC Sports Sci Med Rehabil*)，“Energy Deficit Required for Rapid Weight Loss in Elite Collegiate Wrestlers” (2018, *Nutrients*)” など。

齋藤 里香 (SAITO Rika)

日本アンチ・ドーピング機構 教育部 職員
1983 年生まれ
早稲田大学大学院スポーツ科学研究科修士課程修了
修士（スポーツ科学）早稲田大学
専門はスポーツ社会学。
主な論稿に，「アスリートの立場から考えるアンチ·ドーピング」（2020，臨床スポーツ医学）など。
・北京五輪（2008）ウエイトリフティング日本代表

坂口 真康 (SAKAGUCHI Masayasu)

兵庫教育大学大学院学校教育研究科 講師
1985 年生まれ
筑波大学大学院人間総合科学研究科 3 年制博士課程ヒューマン・ケア科学専攻修了　博士（教育学）筑波大学
専門は教育社会学・比較教育学。
主な著書，論文に，「『共生社会』と教育：南アフリカ共和国の学校における取り組みが示す可能性」(2021，春風社)，「学校教育における『多様性』と『統一性』の折衷点に関する一考察：南アフリカ共和国西ケープ州の教育省行政官と学校教員の認識を事例として」（2021，教育学研究）など。

新竹 優子 (SHINTAKE Yuko)

筑波大学体育系 助教
1991 年生まれ
筑波大学大学院人間総合科学研究科コーチング学専攻 3 年制博士課程修了　博士（コーチング学）筑波大学
専門はスポーツ運動学（発生運動学），体操競技。
主な論文に，「宙返り技の動感形態化に関する超越論的静態分析的一考察」（2018，体育学研究），「平均台運動における技幅に関する発生運動学的一考察」（2021，スポーツ運動学研究）など。
・北京五輪（2008），ロンドン五輪（2012）女子体操競技日本代表

高松 祥平 (TAKAMATSU Shohei)

神戸親和女子大学 講師
1988 年生まれ
神戸大学大学院人間発達環境学研究科博士後期課程修了 博士（学術）神戸大学
専門はスポーツマネジメント。
主な論文に，"The effect of sport team reputation on team attachment and community attachment: A comparison of fans, local residents, and sponsors” (2021, *Sport Management Review*), "Effect of coaching behaviors on job satisfaction and organizational commitment: The case of comprehensive community sport clubs in Japan” (2018, *International Journal of Sports Science & Coaching*) など。

髙井 恵理 (TAKAI Eri)

ハイパフォーマンススポーツセンター国立スポーツ科学センター 研究員
1980 年生まれ
早稲田大学大学院スポーツ科学研究科博士後期課程単位取得後退学　博士（スポーツ科学）早稲田大学
専門はスポーツ栄養学。
主な論文に，「発育期の栄養摂取とスポーツ外傷・障害予防」(2019，子どもと発育発達)，“Effects of nonexhaustive bouts of high-intensity intermittent swimming training on GLUT-4 expression in rat skeletal muscle” (2010, *Jounal of Phycological Sciences*) など。

津田 恵実 (TSUDA Emi)

West Virginia University Assistant Professor
1987 年生まれ
The Ohio State University, College of Human Ecology, Kinesiology 修了　Ph.D.（Physical Education Teacher Education）The Ohio State University
専門は体育科教育学。
主な論文に，"Developing intercultural competence in elementary physical education: An online international collaboration between the U.S. and Japan” (2021, *Curriculum Studies in Health and Physical Education*), “The tennis common content knowledge measure validation” (2021, *European Physical Education Review*) など。

寺岡 英晋 (TERAOKA Eishin)

日本体育大学スポーツ文化学部 助教
1989 年生まれ
University of Strathclyde, School of Education, Doctoral course 修了　Ph.D. (Education)　University of Strathclyde
専門はスポーツ教育学。
主な論文に，“Exploring physical education teachers’ awareness of observed teaching behaviour within pedagogies of affect” (2022, *Physical Education and Sport Pedagogy*), “Affective learning in physical education: A systematic review” (2021, *Journal of Teaching in Physical Education*) など。

冨田 洋之（TOMITA Hiroyuki）
順天堂大学スポーツ健康科学部 准教授
1980 年生まれ
順天堂大学大学院スポーツ健康科学研究科博士後期課程修了　博士（スポーツ健康科学）順天堂大学
専門は体操競技，スポーツ運動学。
主な著書･論文に,『自分を操る』(2021，産業編集センター)，“Connectome analysis of male world-class gymnasts using probabilistic multi-shell, multi-tissue constrained spherical deconvolution tracking”（2021，*Journal of Neuroscience Research*）など。
・アテネ五輪（2004）体操競技男子団体金メダル・種目別平行棒銀メダル，北京五輪（2008）体操競技男子団体銀メダル

戸村 貴史（TOMURA Takafumi）
筑波大学大学院人間総合科学研究科博士後期課程在学
1992 年生まれ
筑波大学大学院博士前期課程つくば国際スポーツアカデミー（TIAS）修了　修士（スポーツ・オリンピック学）筑波大学
専門は体育科教育学。
主な論文に，"Japanese elementary classroom teachers' experiences with parental involvement of immigrants regarding physical education" (2022, *Education 3-13*), “Japanese physical education teachers' workplace learning at middle schools in urban city school districts” (2021, *Curriculum Studies in Health and Physical Education*) など。

中島 賢一（NAKASHIMA Kenichi）
福岡 e スポーツ協会会長 / NTT e-Sports 取締役
1971 年生まれ
熊本大学大学院自然科学研究科修士課程修了　修士（無機化学専攻）熊本大学
民間 IT 企業を経て，2004 年に福岡県庁に入庁。2013 年に福岡市役所に移籍し,映像係長や創業支援係長として，ゲーム，映像などのクリエイティブ分野やスタートアップ企業のビジネス支援に奔走。その後，2016 年に福岡アジア都市研究所にて，都市政策をベースとした研究事業のコーディネータとして活動し，2018 年 9 月に福岡 e スポーツ協会を立ち上げ，2019 年に NTT 西日本に入社。

永田 真一（NAGATA Shinichi）
筑波大学体育系 助教
1984 年生まれ
Indiana University-Bloomington, School of Public Health, Department of Recreation, Park, and Tourism Studies 修了 Ph.D. (Leisure Behavior) Indiana University-Bloomington
専門は余暇学。
主な論文に，“Depression and leisure-based meaning-making: Anhedonia as a mediating factor” (2022, *Leisure Studies*), “Physical activity as treatment for depression in recreation therapy: Transition from research to practice” (2020, *Therapeutic Recreation Journal*) など。

日髙 裕介（HIDAKA Yusuke）
早稲田大学大学院スポーツ科学研究科博士後期課程在学
1993 年生まれ
早稲田大学大学院スポーツ科学研究科修士課程修了
修士（スポーツ科学）早稲田大学
専門はスポーツ社会学，スポーツ教育学。
主な論文に，「高校教育の発展史にみるスポーツ強豪校の形成過程に関する研究：学校経営と運動部活動の関係史に着目して」（2020，スポーツ教育学研究）など。

舟橋 弘晃（FUNAHASHI Hiroaki）
中京大学スポーツ科学部 准教授
1986 年生まれ
早稲田大学大学院スポーツ科学研究科博士後期課程修了
博士（スポーツ科学）早稲田大学
専門はスポーツ経済学 , スポーツマネジメント。
主な論文に，“Valuing elite sport success using the contingent valuation method: A transnational study” (2020, *Sport Management Review*), “Modelling public trust in elite sport institutions: A theoretical synthesis and empirical test” (2022, *European Sport Management Quarterly*) など。

Fred Ariel Hernandez
National Science Foundation Postdoctoral Fellow Department of Anthropology University of California, Irvine
1983 年生まれ
Department of Gender Studies, University of California, Los Angeles 修了　Ph.D. (Gender Studies) University of California, Los Angeles
専門はジェンダー学。
主な論文に，“Tracing the Privatization of US Public School Extracurricular Sports: Neoliberal Government Policies and Non-Teacher Coaching Personnel.” (2020, *Sport and Olympic-Paralympic Studies Journal*), “Pandemic mitigation and communication strategies during local sports tournaments in Japan.” (2020, Sport and the Pandemic: Perspectives on Covid-19's Impact on the Sport Industry, *Routledge: In Pedersen, P. M. et al. (Eds.)* など。

星野 映（HOSHINO Utsuru）
早稲田大学グローバルエデュケーションセンター 講師
1990 年生まれ
早稲田大学大学院スポーツ科学研究科博士後期課程修了
博士（スポーツ科学）早稲田大学
専門はスポーツ史，柔道史。
主な著書・論文に，「1940-1944 年の占領期パリにおける柔道の確立：フランス柔術クラブの活動を中心に」（2019，体育学研究），『フランス柔道とは何か：教育・学校・スポーツ』（2022，青弓社）など。

細川 由梨（HOSOKAWA Yuri）
早稲田大学スポーツ科学学術院 准教授
1988 年生まれ
Department of Kinesiology, College of Agriculture, Health and Natural Resources, University of Connecticut 修了 Ph.D.（Exercise Science）University of Connecticut
専門はアスレティックトレーニング，環境運動生理学。
主な論文に，"Prehospital Management of Exertional Heat Stroke at Sports Competitions: International Olympic Committee Adverse Weather Impact Expert Working Group for the Olympic Games Tokyo 2020"（2021, *British Journal of Sports Medicine*），「日本の高等学校における熱中症対策：アスレティックトレーナーによる介入事例」（2020，日本アスレティックトレーニング学会誌）など。

森田 達貴（MORITA Tatsuki）
早稲田大学大学院スポーツ科学研究科博士後期課程在学
1995 年生まれ
早稲田大学大学院スポーツ科学研究科修士課程修了
修士（スポーツ科学）早稲田大学
専門はスポーツ教育学。
主な論文に，「高校野球指導者が指導において抱える心理的困難の構造に関する研究」（2022，コーチング学研究）。

山本 浩二（YAMAMOTO Koji）
関西福祉大学 准教授
1983 年生まれ
兵庫教育大学大学院学校教育研究科修士課程修了 修士（学校教育学）兵庫教育大学
専門は体育心理学。
主な論文に，「大学生柔道選手におけるライフスキル獲得がキャリア成熟に及ぼす影響」（2019，体育学研究），「中学校体育におけるフィードバック行動の認知が学習成果に及ぼす影響」（2022，体育学研究）など。

山本 真由美（YAMAMOTO YaYa Mayumi）
日本アンチ・ドーピング機構 教育部部長
Institute of Sport & Leisure Policy, School of Sport & Exercise Sciences, Loughborough University, Ph.D. (Sport Policy and Management) 取得 The Loughborough University
世界アンチ・ドーピング機構（WADA）教育専門委員会，国際検査機構（ITA）教育専門委員，国際パラリンピック委員会（IPC）アンチ・ドーピング規律パネル委員。
専門はアンチ・ドーピング政策，スポーツ政策学。
主な論文に "Public opinion in Japan and the UK on issues of fairness and integrity in sport: implications for anti-doping policy" (2020, *International Journal of Sport Policy and Politics*), "Development of the sporting nation: sport as a strategic area of national policy in Japan" (2012, *International Journal of Sport Policy and Politics*) など。

横田 真人（YOKOTA Masato）
TWOLAPS Track Club 代表
1987 年生まれ
University of Florida, College of Health and Human Performance 修了 M.S. (Sports Management) University of Florida
・ロンドン五輪（2012）陸上競技日本代表

〈編者紹介〉

小野 雄大（ONO Yuta）
早稲田大学スポーツ科学学術院 講師
1987 年生まれ
早稲田大学大学院スポーツ科学研究科博士後期課程修了
博士（スポーツ科学）
専門はスポーツ教育学，スポーツ社会学
主な論文：
・Ono, Y. et al. (2020). Who is the student athlete? Focusing on positioning in the campus unrest period in Japan. *Sport in Society*, 23(12): 1986-2004.
・Ono, Y. and Kaji, M. (2020). Development of the physical competence scale for elementary school students in Japan. *International Journal of Sport and Health Science*, 18: 122-133.
・Ono, Y. and Kaji, M. (2022). A study of the worries that emerge in the career selection of Japanese student athletes. Journal of Physical Education and Sport, 22(4): 1009-1017.
日本スポーツ教育学会学会賞（2016 年），日本体育学会浅田学術奨励賞（2019 年）受賞

梶 将徳（KAJI Masanori）
早稲田大学スポーツ科学研究センター研究員
1991 年生まれ
早稲田大学大学院スポーツ科学研究科博士後期課程修了
博士（スポーツ科学）
専門は体育科教育学，スポーツ教育学
主な論文：
・Kaji, M. and Ono, Y. (2020). Structure of subjective adjustment to physical education classes for elementary school students. *International Journal of Sport and Health Science*, 18: 57-66.
・Kaji, M. and Ono, Y. (2021). Study on successful experiences of elementary school students in physical education classes in Japan. *Cogent Education*, 8(1): 1-13.
・Kaji, M. and Ono, Y. (2021). Study on learning strategies in elementary school physical education. *Journal of Physical Education and Sport*, 21(6): 3211-3217.

新時代のスポーツ教育学
—Neo Sport Pedagogy and Andragogy—

2022 年 8 月 23 日　初版第 1 刷発行
2022 年 9 月 8 日　初版第 2 刷発行

編著者：**小野 雄大・梶 将徳**（おの ゆうた・かじ まさのり）

発行者：**神宮字 真**
発行所：**株式会社 小学館集英社プロダクション**
東京都千代田区神田神保町 2-30 昭和ビル
編集 03-3515-6823 ／販売 03-3515-6901
https://books.shopro.co.jp

印刷・製本：**大日本印刷株式会社**
本文組版：**有限会社 アスールプランニング**
校正：**株式会社 聚珍社**
翻訳協力（4 章 5,6 節）：**株式会社 インターブックス**
編集：**比嘉 啓明**

Printed in Japan
ISBN 978-4-7968-7894-4